IGUALDAD, VIOLENCIA DE GÉNERO Y DERECHOS HUMANOS

Mujer, Universidad, Ciencia y Sociedad

IGUALDAD, VIOLENCIA DE GÉNERO Y DERECHOS HUMANOS

Mujer, Universidad, Ciencia y Sociedad

José Luis Sánchez Barrios
Mª Inmaculada Sánchez Barrios
Directores

tirant lo blanch
Valencia, 2025

Copyright ® 2025

Todos los derechos reservados. Ni la totalidad ni parte de este libro puede reproducirse o transmitirse por ningún procedimiento electrónico o mecánico, incluyendo fotocopia, grabación magnética, o cualquier almacenamiento de información y sistema de recuperación sin permiso escrito de los autores y del editor.

En caso de erratas y actualizaciones, la Editorial Tirant lo Blanch publicará la pertinente corrección en la página web www.tirant.com.

© José Luis Sánchez Barrios
Mª Inmaculada Sánchez Barrios
Y autores

© TIRANT LO BLANCH
EDITA: TIRANT LO BLANCH
C/ Artes Gráficas, 14 - 46010 - Valencia
TELFS.: 96/361 00 48 - 50
FAX: 96/369 41 51
Email: tlb@tirant.com
www.tirant.com
Librería virtual: www.tirant.es
DEPÓSITO LEGAL: V-2273-2025
ISBN: 978-84-1095-520-2

Si tiene alguna queja o sugerencia, envíenos un mail a: *atencioncliente@tirant.com*. En caso de no ser atendida su sugerencia, por favor, lea en *www.tirant.net/index.php/empresa/politicas-de-empresa* nuestro procedimiento de quejas.

Responsabilidad Social Corporativa: http://www.tirant.net/Docs/RSCTirant.pdf

Directores

JOSÉ LUIS SÁNCHEZ BARRIOS

Mª INMACULADA SÁNCHEZ BARRIOS

Autores

ESTHER B. DEL BRÍO GONZÁLEZ

LAURA CABEZA GARCÍA

JORGE ULISES CARMONA TINOCO

Mª ÁNGELES CARMONA VERGARA

ADÁN CARRIZO GONZÁLEZ-CASTELL

AMELIA CASTRESANA HERRERO

CARLOS R. CONSTENLA

JOSÉ LUIS DOMÍNGUEZ ÁLVAREZ

MARÍA ALMUDENA ESPINEL GONZÁLEZ

MARÍA JOSÉ FERNÁNDEZ GARCÍA

JAVIER GUSTAVO FERNÁNDEZ TERUELO

Mª DEL MAR GÓMEZ LOZANO

Mª CECILIA GÓMEZ LUCAS

MARIA DEL PILAR GONZALEZ BÁREZ

Mª ÁNGELES GONZÁLEZ BUSTOS

MARÍA ÁNGELES GUERVÓS MAÍLLO

Mª CONCEPCIÓN IGLESIAS ESPINOSA

VICENTE J. MARCET RODRÍGUEZ

LAURA PEÑARRUBIA NAVARRO

CARLOS ALEJANDRO RUEDA ANGARITA

Índice

Prólogo / Presentación

JOSÉ LUIS SÁNCHEZ BARRIOS
INMACULADA SÁNCHEZ BARRIOS
Universidad de Salamanca

Constituye una satisfacción llevar a cabo de forma conjunta la publicación de este libro colectivo y además poder realizar la presentación del mismo y hacerlo igualmente al unísono. Esta publicación tiene su base en el *IV Congreso Internacional sobre "Igualdad, Violencia de Género y Derechos Humanos"*, que también organizamos y dirigimos de forma conjunta, en plena pandemia, desarrollándose íntegramente en formato *on line*, al ser imposible su realización de forma presencial, por las importantes restricciones que existían todavía al efecto, a pesar de que ya se habían superado los momentos más difíciles provocados por la Covid y los meses de confinamiento.

En aquellos momentos ocupábamos sendos cargos en la Universidad de Salamanca, siendo responsables de las dos instituciones existentes en la misma como órganos de tutela, cuales son el *Defensor Universitario* y la *Unidad de Igualdad*, encargados de velar por los derechos de todos los miembros de su Comunidad Universitaria, es decir por los derechos de todas las personas que forman parte de esta Universidad, tanto estudiantes como personal docente e investigador y personal técnico, de gestión y de administración y servicios. No es de extrañar, pues, que entre las inquietudes de quienes dirigimos aquel Congreso y ahora prologamos este libro, estuviesen muy presentes todos los aspectos relacionados con un derecho tan necesario como es el de la igualdad, en concreto, la igualdad entre mujeres y hombres, así como con una de las principales lacras de la sociedad, la violencia de género. No se trataba sólo de una inquietud. Había una obligación, o al menos un compromiso desde nuestros cargos respectivos, de velar y fomentar esa igualdad en el seno de la Universidad, entre sus miembros, y al propio tiempo expandir/transferir a la sociedad la necesidad de continuar trabajando todas y todos para hacer real y efectiva la igualdad de género, poniendo sobre la mesa algunos de los avances producidos al respecto, en el plano normativo, en el plano social, y en la práctica profesional diaria, y sobre todo algunos de los déficits que aún se observan en la materia, con posibles soluciones y propuestas de *lege ferenda*.

Por razones diversas esta obra no ha podido ver la luz hasta ahora, dos años después del momento previsto para su publicación. No obstante esta circunstancia, los trabajos aquí recogidos no han perdido un ápice de su importancia ni de su "frescura", aunque bien es cierto que algunas referencias deban ponerse en su contexto temporal, considerando la fecha en que fueron elaborados los mismos.

La igualdad de género, por desgracia, presenta aún aspectos a mejorar, muchos de ellos relacionados con presuntos roles sociales de las mujeres y de los hombres. Ciertamente que el papel y reconocimiento de la mujer ha evolucionado en la sociedad y también a nivel profesional, pero aún queda camino por recorrer.

En ese avance hacia la igualdad real y efectiva la educación y la formación es fundamental, y no sólo en nuestro ámbito universitario, sino también, y de manera importante, en los ciclos previos al universitario, cuando está forjándose la personalidad y los valores en la niñez y en la adolescencia, así como en la formación profesional. Sólo desde la formación de la población, sobre todo en edades tempranas, es posible mejorar y alcanzar los objetivos en materia de igualdad, y en otras muchas materias relacionadas con los Derechos Humanos. Las administraciones públicas educativas a nivel estatal y autonómico, las universidades -no sólo las públicas, sino también las privadas-, y los centros educativos -públicos, concertados y privados- que imparten los diferentes niveles educativos, tienen la responsabilidad de hacer que el alumnado incorpore esos valores universales y los cimente para que los mantenga en el futuro.

La Universidad es, y ha de ser, motor de cambio, y, en este sentido, tiene que impulsar iniciativas que promuevan la igualdad de género en las propias estructuras universitarias, en la comunidad universitaria y en todas las esferas de la sociedad, tanto públicas como privadas. La docencia, la investigación y la transferencia del conocimiento, como misiones o funciones esenciales de las universidades -en la anterior Ley Orgánica de Universidades, y ahora en la Ley Orgánica del Sistema Universitario-, han de contribuir al objetivo de lograr que la igualdad sea una *realidad efectiva* en cada uno de esos ámbitos, siendo precisamente ése el cometido de aquel Congreso Internacional, como ahora lo es de este libro; esa era la intención de quienes estando al frente de sendos órganos de tutela de derechos en la Universidad de Salamanca decidieron organizarlo conjuntamente, si bien es cierto que la Unidad de Igualdad ya venía organizando desde años anteriores otros Congresos, Jornadas y Cursos extraordinarios sobre igualdad y violencia de género.

Resulta de interés señalar la relación entre la temática del Congreso y quienes lo organizaron y dirigieron, y desgranar, siquiera sea brevemente, el cometido de los dos órganos de tutela referidos.

Mª Inmaculada Sánchez Barrios, profesora de Derecho Procesal en la USAL desde hace más de tres décadas, ha venido desempeñado varios cargos de responsabilidad y de gestión, siendo, además, desde 2016, la directora de la Unidad de Igualdad, puesto en el que continua en la actualidad. En 2019 creó la *Red de Igualdad de la Universidad de Salamanca*, dependiente directamente de la Unidad de Igualdad, y en 2020 participó activamente en la constitución de la *Red de Unidades de Igualdad de las Universidades de Castilla y León*, auspiciada por las Consejerías de Familia e Igualdad de Oportunidades y de Educación de la Junta de Castilla y León. Además, participa también en la *Red de Unidades de Igualdad de Género para la Excelencia Universitaria (RUIGEU)*, que reúne las unidades de igualdad de las universidades públicas españolas y aquellas privadas que soliciten su adhesión, habiendo sido en ella la Profª. Sánchez Barrios, durante tres años (2021-2024), la coordinadora a nivel nacional del Grupo de trabajo/Comisión sobre "Investigación y Transferencia con perspectiva de Género".

José Luis Sánchez Barrios, profesor de Derecho Mercantil también en la USAL desde hace treinta años, ejerció el cargo de Defensor Universitario de dicha Universidad desde 2012 a 2021, formando parte de la ejecutiva de la *Conferencia Estatal de Defensores Universitarios (CEDU)*. En 2018 participó en la creación y puesta en marcha de la *Red Iberoamericana de Defensorías Universitarias (RIdDU)*, siendo miembro cofundador de la Red y presidente de la primera *Comisión electoral de RIdDU*. Ese mismo año organizó la *Jornada Técnica de CEDU* en la Universidad de Salamanca, en conmemoración de su *VIII Centenario*, con la presencia de medio centenar de defensorías universitarias. La codirección del Congreso internacional que se erige como basamento principal de esta publicación fue una de las últimas actividades que realizó como Defensor.

El *Defensor Universitario*, o la *Defensoría Universitaria*, es el órgano de tutela encargado de velar por el respeto de los derechos y las libertades de los miembros de la Comunidad Universitaria. No está sometido a mandato imperativo alguno, actuando con plena autonomía e independencia de cualquier órgano universitario, procurando siempre buscar la mejora de la calidad universitaria en todos sus ámbitos, según se estableció en la Disposición Adicional Decimocuarta de la Ley Orgánica 6/2001, de 21 de diciembre, de Universidades (LOU), antes de ser derogada por la LO 2/2023, de 22 de marzo, del Sistema Universitario (LOSU). Fue la LOU la que vino a establecer el carácter obligatorio de esta figura en todas las universidades españolas, siendo así que la Universidad de Salamanca la incorporó en los Estatutos aprobados en 2003, designando el Claustro Universitario ese mismo año la primera persona en ocupar dicho cargo, si bien desde años antes la Usal ya contaba con una *Comisión de Garantías*, siendo de las primeras universidades en dotarse de órganos de esta índole.

La Universidad de Salamanca regula la figura del *Defensor del Universitario* -denominación que debiera cambiarse- en los arts.

176 y 177 de sus Estatutos, en los arts. 25 y 38.1 del Reglamento de Funcionamiento Interno del Claustro de la Universidad de Salamanca y en el propio Reglamento del Defensor del Universitario de la USAL, normativa donde se expresa que será nombrado por el Claustro Universitario, por mayoría absoluta de sus miembros, cada cuatro años, y que le corresponde: atender y tramitar las quejas o reclamaciones que le sean presentadas, para lo que podrá recabar de las distintas instancias universitarias cuanta información considere oportuna para el cumplimiento de sus fines, solicitar la comparecencia de los responsables de cualquier órgano universitario, asistir a las sesiones de los órganos colegiados de la Universidad que traten alguna materia relacionada con las actuaciones que lleve a cabo en ese momento; atender las consultas relacionadas con cualquier tema universitario, elaborar informes y efectuar las propuestas que considere adecuadas para la solución de los casos que sean sometidos a su conocimiento y actuar en mediaciones o conciliaciones cuando sea requerido para ello. Además, debe presentar anualmente al Claustro Universitario una Memoria de sus actividades en la que se recojan recomendaciones y sugerencias para la mejora de la Universidad y de las personas y servicios que la integran.

Por su parte, la *Unidad de Igualdad de la Universidad de Salamanca* se creó en noviembre de 2008, con el objeto de impulsar el proceso de creación de consenso sobre política universitaria de igualdad, permitir el seguimiento de su Plan de Igualdad entre mujeres y hombres, así como velar por el cumplimiento de las normas vigentes sobre la materia. Nuestra Unidad de Igualdad fue una de las que primero se instituyó (la creación de estas unidades en todas las universidades fue una exigencia de la Ley Orgánica 4/2007, de 12 de abril, por la que se modificó la Ley Orgánica 6/2001, de 21 de diciembre, de Universidades, en concordancia con la Ley Orgánica 3/2007, de 22 de marzo, para la Igualdad efectiva de Mujeres y Hombres) y además se convirtió en la primera en ser definida en los Estatutos de una universidad española.

Este órgano se encuentra regulado a reglón seguido del Defensor del Universitario -no por casualidad, sino para marcar su mismo carácter de órgano de tutela de derechos, aunque con funciones más específicas-, en los arts. 175 bis, 177 bis y 177 ter de los Estatutos de la Universidad de Salamanca, así como en los arts. 26 y 38.2 del Reglamento de funcionamiento interno del Claustro Universitario de la USAL, siendo elegidos los miembros de la Unidad por el propio Claustro; y dispone igualmente de su propio Reglamento interno, pudiendo destacarse entre sus funciones la promoción de la igualdad efectiva de mujeres y hombres en un amplio sentido, el seguimiento del desarrollo y cumplimiento de la legislación y de los planes y medidas de igualdad, recabar información estadística elaborada por la Universidad y asesorar en ello a los órganos o servicios competentes, asesorar igualmente en la elaboración del diagnóstico de situación, fomentar el conocimiento del alcance y significado del derecho de igualdad mediante la formulación de propuestas de acciones formativas y de campañas informativas y presentar una memoria de actividades al Claustro Universitario, anualmente, en la que se recojan todas las actividades que ha llevado a cabo (organización de jornadas, congresos nacionales e internacionales, exposiciones, cursos de formación en igualdad, premios y ayudas, etc.) y, en su caso, recomendaciones y sugerencias. En la actualidad la Universidad de Salamanca está elaborando un nuevo *Plan de Igualdad* con el impulso de la Unidad de Igualdad, cuya directora preside la Comisión Negociadora del mismo, esperando que en muy breve plazo sea una realidad.

Es de significar que el Defensor Universitario y la Unidad de Igualdad participaron en la creación de las dos Comisiones contra el Acoso que hay en la Universidad de Salamanca: la Comisión de Prevención del Acoso en el ámbito laboral, y la Comisión de Prevención del Acoso a estudiantes, así como en la elaboración de los respectivos Reglamentos de aplicación, tanto en los Reglamentos de Prevención de Acoso en cada uno de esos ámbitos, en los cuales se presta una atención específica al *acoso sexual* y al *acoso por razón de sexo* -modalidades de acoso que constituyen manifestaciones reprobables de una equivocada creencia de superioridad del hombre sobre la mujer-, como en los Reglamentos de Funcionamiento Interno de ambas Comisiones, a cuyas reuniones el Defensor y la dirección de la Unidad de Igualdad venían asistiendo desde su constitución. En estos momentos, por imperativo legal, en el seno de la mencionada anteriormente Comisión Negociadora del nuevo Plan de Igualdad de la USAL presidida por la directora de la Unidad de Igualdad, se está acabando de elaborar un Protocolo específico sobre *acoso sexual* y *acoso por razón de sexo.*

Volviendo al acto académico germen de este libro colectivo, el *IV Congreso Internacional sobre "Igualdad, Violencia de Género y Derechos Humanos"* se desarrolló a lo largo de dos días completos, el 10 y el 11 de diciembre de 2020, con más de trescientas personas inscritas, en sesiones maratonianas de mañana y tarde, íntegramente *online,* durante más de veinte horas. Inauguraron el Congreso D. Ricardo Rivero Ortega, *Rector Magnífico de la Universidad de Salamanca*; D. Carlos García Carbayo, *Alcalde del Excelentísimo Ayuntamiento de Salamanca*; Dª Encarnación Pérez Álvarez, *Subdelegada del Gobierno*; D. Enrique Cabero Morán, *presidente del Consejo Económico y Social de Castilla y León* y Dª Ruth Pindado González, *Directora General de la Mujer,* además de la *directora de la Unidad de Igualdad* y del *Defensor del Universitario,* como directores del congreso. Y lo clausuraron estos últimos, acompañados de D. Efrem Yildiz Sadak, *Vicerrector de Relaciones Internacionales de la USAL* y de D. Tomás Quintana López, *Procurador del Común de Castilla y León.* A todos ellos el más sincero agradecimiento, por su asistencia y sus palabras.

Se celebraron diez mesas redondas en las que participaron cincuenta ponentes de gran relevancia en su ámbito académico o en su profesión, tanto de la Universidad de Salamanca, como de otros lugares de España y del extranjero (Alemania, Francia, Italia, Argentina, Brasil, Colombia, México, Venezuela y China), cuyas intervenciones pusieron de manifiesto el marcado carácter multidisciplinar de la actividad, pero bajo el hilo conductor de la igualdad entre hombres y mujeres y las diferentes amenazas que puede sufrir, limitándola, y todo ello bajo la búsqueda del respeto y la protección de los Derechos Humanos, lo que la convertía al mismo tiempo, o más bien, en una actividad interdisciplinar.

Los aspectos jurídicos constituyeron una parte fundamental del Congreso y lo son en esta obra colectiva, apreciándose que la mayor parte de los estudios se centran en el ámbito del Derecho Penal, Procesal, Administrativo, Mercantil, Tributario o de Historia del Derecho, pero sin perder de vista también aspectos económicos, educativos y sanitarios. Han de señalarse también las aportaciones de personas con destacados puestos institucionales y de distintos profesionales en sectores muy diversos. El conocimiento transferido fue por ello más allá de lo estrictamente académico, compartiendo experiencias reales, habilidades y buenas prácticas desarrolladas en diferentes cargos y profesiones, como se puso de manifiesto en varias de las ponencias contenidas en el libro, conformando una mezcolanza -buscada, por otra parte, en las ponencias y en los trabajos-, como expresión de lo que es la sociedad, considerada holísticamente. La actividad tuvo pues, también, un carácter transdisciplinar, más allá de la multi/interdisciplinariedad. Desde estas líneas quiere reiterarse el agradecimiento a todas ellas, a unas y otras personas e instituciones.

La igualdad entre mujeres y hombres es un principio jurídico universal que aparece reconocido en diversos textos internacionales. La Carta de las Naciones Unidas, que se encuentra en vigor desde 1945, reafirma los derechos fundamentales de todo ser humano, además de la dignidad y el valor de la persona, así como la igualdad de derechos entre hombres y mujeres. También puede mencionarse la Declaración Universal de Derechos Humanos, adoptada por la Asamblea General de la ONU el 10 de diciembre de 1948, y la Convención sobre la eliminación de todas las formas de discriminación contra la mujer (CEDAW), aprobada por la Asamblea General de Naciones Unidas en diciembre de 1979 y ratificada por España en 1983. Del mismo modo son de destacar las diversas conferencias mundiales sobre la mujer, celebradas al amparo de Naciones Unidas (México, en 1975; Copenhague, en 1980; Nairobi, en 1985; y Beijing, en 1995, adoptada por 189 países de forma unánime, a la que ha seguido ya cinco exámenes quinquenales) y, como no, el Convenio del Consejo de Europa sobre prevención y lucha contra la violencia contra las mujeres y la violencia doméstica -el Convenio de Estambul-, de 11 de mayo de 2011.

De igual forma la igualdad es un principio fundamental en la Unión Europea. La igualdad entre mujeres y hombres y la eliminación de las desigualdades entre unas y otros, desde la entrada en vigor del Tratado de Ámsterdam, el 1 de mayo de 1999, son un objetivo a integrar en todas las políticas y acciones de la Unión Europea y de sus miembros. Desde entonces, y sobre unas sólidas bases jurídicas que han ido sucediéndose (art. 3.2. TCE, art. 3.3. TUE, art. 8 TFUE), se ha ido desarrollado paulatinamente, pero sin pausa, un acervo comunitario sobre igualdad de género de gran amplitud e importancia, que ha venido integrándose en los sistemas jurídicos de los Estados Miembros, con muy numerosa normativa al respecto, aunque todavía insuficiente en diversos aspectos.

Como basamento de la normativa aprobada al respecto, y de la que quede por venir, debe significarse en el derecho originario en particular el art. 8 TFUE (antes apartado 2º del art. 3 TCE), conforme al cual, la Unión Europea -la Comunidad, antes-, en todas sus acciones "se fijará el objetivo de eliminar las desigualdades entre el hombre y la mujer y promover su igualdad". Y por otra parte, ha de ponerse en alto valor una Declaración política aprobada por la Comisión Europea entre el Tratado de Ámsterdam de 1997 y el Tratado de Lisboa de 2007, la conocida como *Carta de la Mujer* del año 2010: *Comunicación de la Comisión de 5 de marzo de 2010 [COM(2010) 78 final] «Un compromiso reforzado en favor de la igualdad entre mujeres y hombres - Una Carta de la Mujer»* (con motivo del Día Internacional de la Mujer 2010 en conmemoración del 15º aniversario de la Conferencia Mundial de Beijing, y del 30º aniversario de la Convención de las Naciones Unidas). La Comisión subraya la necesidad de contemplar la igualdad de género en el conjunto de sus políticas, proponiendo cinco ámbitos de actuación específicos: la independencia económica, la igualdad de salario de hombres y mujeres, la representación de las mujeres en la toma de decisiones y en los puestos de responsabilidad, el respeto de la dignidad e integridad de las mujeres, así como la erradicación de la violencia de género, y la acción exterior de la UE en materia de igualdad entre mujeres y hombres, comprometiéndose a defender esa igualdad en el marco de sus relaciones con terceros países. Como resultado de ello, en septiembre de 2010 la Comisión aprobó una primera estrategia quinquenal en materia de igualdad entre mujeres y hombres, estrategia a la que han seguido otras posteriormente, siendo la actual la *Estrategia 2020-2025*.

Centrándonos ya en España, el art.14 de nuestra Constitución proclama el derecho a la igualdad y a la no discriminación, entre otros motivos, por razón de sexo, como derecho fundamental. Y el art. 9.2 de la misma consagra la obligación de los poderes públicos de promover las condiciones para que la igualdad del individuo y de los grupos en que se integra sean reales y efectivas. Ha de señalarse que uno de los cuatro ejes del *Plan Nacional de Derechos Humanos* es sobre la "igualdad entre mujeres y hombres en todas sus vertientes, desde la lucha contra la violencia de género hasta el combate a las brechas en el empleo, los cuidados y la conciliación", habiendo sido aprobado el vigente Plan Nacional (*2023-2027*) en junio de 2023, coincidiendo con el 75.º aniversario de la Declaración Universal de los Derechos Humanos, y el 45.º aniversario de la Constitución Española. El ordenamiento jurídico interno español también cuenta con específicas disposiciones normativas que promocionan la igualdad y actúan contra la violencia de género en todos los ámbitos (estatal, autonómico y local) con un carácter transversal, o incluso, en ocasiones, dirigidas a sectores concretos de actividad. No podemos dejar de mencionar, por citar sólo algunas de las normas más importantes a nivel estatal y con carácter de transversalidad, la Ley Orgánica 1/2004, de 28 de diciembre, de

Medidas de Protección Integral contra la Violencia de Género, la Ley Orgánica 3/2007, de 22 de marzo, para la igualdad efectiva de mujeres y hombres, y la reciente Ley Orgánica 2/2024, de 1 de agosto, de representación paritaria y presencia equilibrada de mujeres y hombres, entre otras muchas.

Por todo ello resulta lógico y normal subrayar que el logro de la igualdad real y efectiva entre mujeres y hombres es una preocupación constante a nivel mundial, es universal. No es una cuestión que interese únicamente a la mitad de la sociedad o a concretos países -aunque ciertamente hay algunos en los que está avanzada su protección, en otros se encuentra en ciernes y los hay, pocos, que ni siquiera han comenzado a actuar-. La labor para lograrla y también para erradicar la violencia de género –como violación o limitación más grave de la igualdad- se extiende universalmente, no sólo territorialmente hablando, sino igualmente desde el punto de vista material, en todos los planos: jurídico, económico, sanitario, laboral, educativo… y desde todas las perspectivas, lo que vuelve a reafirmar el carácter multidisciplinar y transversal de esta materia, que se recoge en varios de los trabajos que forman parte de esta obra colectiva, los cuales representan solo una parte de las ponencias que se presentaron y defendieron en el congreso.

Antes de finalizar esta presentación a modo de prólogo debemos mencionar que las materias que se han ido apuntando repercuten en toda la sociedad y, en los campos que nos son más cercanos. Por ello, además del título del Congreso que da pie al mismo, se ha querido subtitular este libro con los términos "Mujer, Universidad, Ciencia y Sociedad", cuatro palabras de género femenino que se han empleado en múltiples actividades que ha organizado la Unidad de Igualdad de la Universidad de Salamanca para poner de manifiesto la importancia de la igualdad de género, para que la "Mujer" realmente tenga igualdad de derechos y de oportunidades, que se materialice y se logre en nuestro ámbito más cercano, la "Universidad" y la "Ciencia", pero también en el conjunto de la "Sociedad", acabando con discriminaciones y violencias que aún hoy, y a pesar de denodados y constantes esfuerzos sociales y personales y de la implementación de abundante normativa, todavía siguen existiendo.

Por último es justo agradecer a la Junta de Castilla y León el apoyo prestado, gracias a las subvenciones de la misma recibidas por la Unidad de Igualdad de la Usal en los últimos años y también a la ayuda concedida en virtud del Convenio celebrado entre la Gerencia de Servicios Sociales de la Junta de Castilla y León y la Universidad de Salamanca, para la realización de actuaciones de promoción de la igualdad de oportunidades entre mujeres y hombres y la prevención de la violencia de género.

Nuestro agradecimiento igualmente a todas las personas que participaron en la organización del congreso generador de este libro, a los miembros de la Unidad de Igualdad de la Universidad de Salamanca y a las/los investigadoras/es de los Proyectos de Investigación I+D del Ministerio de Ciencia, Innovación y Universidades, en los que la Profª Sánchez Barrios ha participado, sobre "Evaluación de las necesidades criminógenas específicas de los menores infractores en la justicia juvenil" (RTI2018-096289-B-I00) y sobre "Análisis retrospectivo de factores concurrentes en los feminicidios de pareja y su evolución en el tiempo para el diseño de mecanismos de prevención" (PID2022-142009OB-I00), que colaboraron en el mismo.

Esperamos que este libro colectivo resulte de interés para los lectores que se acerquen a él, que facilite la importante construcción de interrogantes que antes no se habían planteado, lo cual es fundamental para avanzar en cualquier materia, y que igualmente den respuesta a muchas de las cuestiones que nos preocupan, y preocupan al conjunto de la sociedad.

Salamanca, septiembre de 2024

De la invisibilidad económica de la mujer a la mesa del consejo. Avances en igualdad de género en los consejos de administración españoles desde una perspectiva económica

ESTHER B. DEL BRÍO GONZÁLEZ
Catedrática de Economía Financiera de la Universidad de Salamanca

LAURA CABEZA GARCÍA
Catedrática de Organización de Empresas de la Universidad de León

CARLOS ALEJANDRO RUEDA ANGARITA
Doctor–Programa de Doctorado en Economía de la Empresa. Universidad de Salamanca

SUMARIO

Resumen: La diversidad de género se ha convertido en los últimos años en un tema de gran importancia e interés a nivel académico, empresarial y político. Si bien poco a poco las mujeres han empezado a jugar un papel importante dentro de la economía, aún está sin cumplir plenamente el reto de ocupar cargos en la alta dirección y en el máximo órgano de gobierno, el consejo se administración, al estar las cifras lejos de las esperadas, al menos en nuestro país. Desafío que tiene su apoyo en varias teorías y que los resultados empíricos, en términos generales, parecen también corroborar, pues la diversidad de género puede enriquecer el funcionamiento y la toma de decisiones estratégicas, derivando en mejores resultados.

1. INTRODUCCIÓN

Es sin duda un tema de enorme interés estudiar y comprender cómo se ha producido la evolución a lo largo del tiempo de la presencia de las mujeres en la alta dirección de la empresa y, muy especialmente, en los consejos de administración. En este trabajo vamos a estudiar la evolución de la ratio de presencia femenina en los consejos de administración en España con especial énfasis en las empresas cotizadas, que es donde se han alcanzado mayores ratios. Comenzaremos por revisar brevemente la situación que ha permitido pasar de una presencia o ratio femenina del 4% en 2007 al 24% en el año 2020 en los consejos de administración de las compañías cotizadas, a pesar de que estemos muy lejos del objetivo del 40% que en su día la Ley de Igualdad estableció como objetivo para, precisamente, el año 2020. Analizaremos también el papel de los consejos de administración como mecanismo de buen gobierno y la importancia de su diversidad y haremos algunas pequeñas pinceladas a las teorías económicas que han demandado esta mayor presencia femenina.

2. NACIMIENTO Y EVOLUCIÓN DE LA DEMANDA DE LA INCORPORACIÓN DE LA MUJER A LOS CONSEJOS DE ADMINISTRACIÓN

La presencia de mujeres en el consejo de administración de las empresas, máximo órgano dentro de la estructura jerárquica de las corporaciones empresariales, ha sido una de las últimas conquistas importantes en la lucha por la igualdad de la mujer. La economía y la diversidad de género han tenido una relación muy particular a lo largo de la historia. Tradicionalmente el término que mejor definía a la mujer en términos económicos hasta bien entrado el siglo XIX es el de "invisibilidad". La mujer, a lo largo de la historia, había realizado tradicionalmente trabajos no retribuidos, como el cuidado de la unidad familiar, las tareas del hogar, la ayuda en el campo o en pequeños negocios, pero todos ellos eran trabajos no retribuidos, de tal forma que la mujer, por así decirlo, no aparecía en el mapa económico. O dicho con mayor exactitud, el trabajo de la mujer no quedaba registrado en la cifras ni micro ni macroeconómicas, siendo especialmente relevante, que su trabajo no entrase a formar parte del PIB (producto interior bruto) en ningún país.

Para salir de esa invisibilidad ha sido precioso llevar a cabo una revolución silenciosa que ha tenido lugar durante más de un siglo. Se inició al producirse el acceso de las mujeres a la industria, casi de forma circunstancial, al sustituir a los hombres en las fábricas durante las guerras posteriores a la primera revolución industrial. Mientras los hombres se encontraban en el frente de batalla las mujeres fabricaban textiles, armas y alimentos para abastecer a la nación y a los propios soldados. Las mujeres llegaron a la empresa para nunca marcharse y aunque fueron muchos los derechos que se les negaron por ser mujeres y muchas las dificultades que abordaron, su independencia económica y sus ganas de demostrar que podían realizar su trabajo en igualdad con sus compañeros varones han sido el acicate perfecto para que las mujeres comenzaran a demandar el reconocimiento de sus derechos en igualdad con los hombres. No solo derechos laborales o económicos, su independencia económica favoreció, por ejemplo, que se ejerciera uno de sus primeros derechos, el derecho al voto, que en España se reconoció por primera vez en 1922 precisamente de forma exclusiva para las mujeres que disfrutaban de independencia económica, mujeres solteras con una profesión y un salario propios y mujeres viudas. Este sería el primer paso hasta que en 1931 se reconociera el derecho universal al voto para todas las mujeres independientemente de su situación económica. Por tanto, la economía ha estado detrás de muchos de los avances no solo económicos, tecnológicos, sino también avances legales y sociales.

Sin embargo, estas mujeres, a las que a finales del siglo XX ya nadie discute su valía ni su derecho al ejercicio en igualdad de una profesión, se enfrentan a una situación complicada: la dificultad para promocionar a puestos superiores en la escala jerárquica, viendo tremendamente complicado el acceso a los cargos de la alta dirección y muy especialmente a un pequeño órgano de gobierno, el más alto de la escala jerárquica y para cuya participación es preciso no solo una alta formación y experiencia sino una alta reputación: los consejos de administración.

Esta comienza a ser una demanda social en muchos países, tanto desde el punto de vista de los agentes sociales, como desde la política y desde luego desde la academia. A partir de la década de los setenta, con trabajos como el de Kanter (1977), la literatura de organización y finanzas comienza a demandar una mayor diversidad de los órganos de decisión de la empresa para garantizar una mejor y más flexible toma de decisiones empresariales. Aumentar la diversidad de los perfiles de los miembros del consejo de administración se entiende como una forma de aumentar la creatividad y la innovación a la hora de resolver los problemas empresariales. Se entendía que un consejo formado por doce miembros que fueran todos hombres, de raza caucásica, mayores de sesenta años y con formación tradicionalmente en derecho razonablemente llegarían siempre a soluciones homogéneas y se estaría desperdiciando la oportunidad de encontrar otras soluciones y estrategias que pudieran resultar más rentables para la empresa. Es, por tanto, desde la demanda de una mayor diversidad desde la que se produce la reivindicación de una mayor presencia femenina, de la misma forma que se solicitará una mayor diversidad racional, de etnia o de credo.

¿Cómo respondió la empresa ante estas demandas de presencia femenina? En principio le pareció que la academia y la política estaban invadiendo un área de decisión que solo les correspondía a las corporaciones, entidades de capital privado dueñas de sus propias decisiones empresariales. También hubo quejas de que se demandase la presencia de mujeres en los órganos superiores de las organizaciones para los que ellos entendían que no había mujeres preparadas para cumplir las funciones del consejo y que se estaba demandando "que se empezase la casa por el tejado". Pero ¿cuáles son, por tanto, las funciones de este consejo de administración para que los directivos no viesen aún preparadas a las mujeres? Las funciones del consejo son fundamentalmente dos, una de control y otra de asesoramiento y provisión de recursos (Del Brío, Yoshikawa, Connelly y Tan, 2013). La función de control es obvia, centrada en controlar a los directivos para que sus decisiones estén alineadas con los intereses de los accionistas. En cuanto a la función de asesoramiento ésta se refiere al apoyo y aportación de soluciones en la toma de decisiones estratégicas de la empresa, y la provisión de recursos se refiere a la aportación de recursos informales y relacionales para la compañía.

Tareas, por tanto, de difícil ejecución, pero para las que fue posible encontrar poco a poco mujeres con la suficiente trayectoria en el seno de la empresa o la academia. Así, la presencia de las mujeres en los consejos de administración comenzó a ser una realidad, si bien de forma poco satisfactoria. Las empresas las incorporaban a los consejos de forma muy lenta, y para muchos autores no fue más que una actuación de maquillaje, pues las mujeres consejeras ejercían especialmente funciones de relaciones institucionales y no ocupaban las comisiones más relevantes del consejo. Estamos hablando ya de los años noventa, al menos en España, donde su presencia se inicia de forma muy tímida pero que despegaría después con mayor intensidad. ¿Qué razones se argumentaban en ese primer momento en España para requerir la presencia de mujeres en los consejos de administración? Las primeras demandas vinieron de la mano de la responsabilidad social corporativa (en adelante, RSC), y, en concreto, dentro de las mayores demandas de sostenibilidad, de transparencia y de reconocimiento de las necesidades de otros grupos de interés o *stakeholders* más allá de la empresa; especialmente de los grupos de interés más infrarrepresentados, entre los que se sitúan a las mujeres. Una demanda muy similar a la que se recoge actualmente en los objetivos de desarrollo sostenible en su objetivo número 5 de reclamación de igualdad de género, pero treinta años antes.

El punto de inflexión en estos temas se produciría, inesperadamente, a partir de 2001. Las crisis de Enron o Parlamat en las que los pequeños accionistas se vieron perjudicados por grandes quiebras empresariales no previstas en sus cuentas financieras produciría una revisión absoluta de la gobernanza empresarial que comenzaría a extenderse a todos los países, a través de sus comisiones reguladoras de los mercados (la SEC en EEUU o la CNMV en España) mediante los códigos de bueno gobierno. Dentro de los aspectos que se regularon en relación con los consejos de administración destacaron la no dualidad del CEO y presidente del consejo, el número de reuniones y la transparencia de las mismas, la creación de una comisión de nombramientos y de retribuciones, de una comisión de auditoría, el aumento de consejeros independientes y la inclusión de la diversidad y la paridad de género en los consejos de administración. Así, la demanda de presencia femenina en los consejos empezaba a tener un gran adalid en la parte no normativa pero sí propositiva de los mayores órganos de control de las empresas cotizadas a través de las recomendaciones de sus códigos de buen gobierno. En España concretamente el Código Unificado de Buen Gobierno de 2006 en su recomendación número 14 relativa a la diversidad, y como novedad respecto al Código Olivencia y al Informe Aldama, recomendaba que el consejo refleje la diversidad de conocimientos, género, y de experiencias precisas para desempeñar correctamente su función.

Un poco antes, en diciembre de 2003, el Parlamento noruego aprobó una enmienda a la Ley de Sociedades Anónimas por la que se reclamaba un equilibrio de género en las empresas y sus respectivos consejos de administración, convirtiéndose así en el primer Estado del mundo en exigir el equilibrio de género dentro de los consejos de administración de las sociedades anónimas. Así mismo, el 1 de enero de 2004 esta modificación entró en vigor en las compañías de propiedad estatal, mientras que en las sociedades anónimas privadas lo hizo el 1 de enero de 2006 (Rodríguez-Domínguez, Gallego-Álvarez y García-Sánchez, 2009). En ese momento España contaba con una representación de un 4% de mujeres en los consejos de administración de las compañías que conformaban el IBEX35, conforme a Del Brío y Del Brío (2009). El Código Unificado de Buen Gobierno y la Ley de Igualdad de 2006 y 2007, respectivamente, iniciarían la senda de la incorporación de formas de discriminación positiva para lograr el acceso de la mujer a la alta dirección. Juntos lograrían impulsar un crecimiento de la ratio femenina hasta el 8% en las empresas cotizadas integrantes del IBEX35. Aunque suponía doblar las cifras existentes, los valores seguían siendo muy bajos, más aún cuando el objetivo que se establecía en la ley era el 40% de presencia femenina en 2020. En 2020 en España la cifra ha alcanzado únicamente un 24%, valor muy alejado del 40% aunque un poco más próximo al 30% que es el recomendado en los códigos de buen gobierno de la CNMV. Para el resto de empresas, el camino es aún más difícil, pues la mayor presencia de mujeres tiene lugar en las empresas cotizadas versus las no cotizadas, y dentro de las no cotizadas, la mayor presencia corresponde a las empresas familiares por los lazos familiares existentes.

El camino ha sido lento, aunque aparentemente seguro, pero no ha tenido la velocidad suficiente o al menos la velocidad que esperaban los legisladores. ¿A qué puede deberse esa situación? Para muchos juristas el problema se deriva de la propia Ley de Igualdad, una ley que siendo normativa no es, sin embargo, imperativa o coercitiva, pues no obligaba por ley a mejorar la cuota femenina en el consejo, sino que solamente lo recomendaba. De forma que la propia ley no sumaba mayor coerción a la recomendación que ya existía en el código de buen gobierno. Aunque su papel fue correcto en el sentido de que sirvió para poner el debate sobre la mesa y ayudar a modificar la cultura del país, algo no desdeñable, sin embargo, careció de obligatoriedad, lo que habría garantizado un crecimiento real de la ratio, y supuso muchas esperanzas rotas y promesas incumplidas ante muchos agentes demandantes de este crecimiento. A quienes dejó más tranquilas fue a las propias empresas que no concebían que el regulador estableciese normas imperativas sobre decisiones empresariales de naturaleza interna a operadores económicos privados.

De hecho, el que hace la ley, hace la trampa, y pronto las compañías observaron la posibilidad de mejorar su ratio de presencia femenina en el consejo simplemente mediante la reducción del número de consejeros. De este modo, cuando un consejero cumplía su mandato y no se le sustituía, la mera reducción del tamaño del consejo, suponía por sí mismo un incremento de la ratio femenina sin haber llegado a incorporar ninguna mujer. Esta situación permitió a algunas empresas, consciente o inconscientemente, subir hasta quince puestos en el ranking de cuota femenina, pues al ser tan pequeño el número de mujeres cualquier pequeña variación tenía un impacto muy significativo. Esta situación es a la que se refiere Del Brío, Cabeza y Egido (2020) denominándola "gestión pasiva" versus "gestión activa". De tal forma que exige que en las mediciones económicas se tenga presente no solo la variación de la cuota si no también el número efectivo de mujeres para conocer la verdadera gestión de la empresa.

En medio de este incipiente crecimiento de la cuota y también motivado por el intenso debate empresarial, político y académico en torno a la justificación "social" de la presencia de mujeres, muchas voces, comenzando por las propias empresas empezaron a discutir cuál era el valor "económico" de la presencia de mujeres. De hecho, el propio presidente de la CNMV justificó su incorporación al código de buen gobierno por el importante impacto económico que esta medida representaba. Comenzaron así a realizarse en España estudios que calibraban el impacto de la presencia de mujeres en el consejo de administración sobre el valor de mercado de la empresa, o su rentabilidad económica o financiera. Solo si existe una relación directa y positiva entre estas variables la empresa estará dispuesta a asumir que la presencia de la mujer no se debe únicamente a objetivos de RSC, como se justificaba hasta el momento.

Lo cierto es que existe evidencia en todos los sentidos, tanto de impacto positivo, como negativo o falta de impacto[1]. Personalmente cualquier resultado de este tipo puede tener un efecto trampa, pues efectivamente que la mera presencia de una mujer, dos o a lo sumo tres, en el consejo de administración tenga un verdadero impacto sobre la rentabilidad de la empresa no dejaría de ser sorprendente y convertiría a esas mujeres en las mejores ejecutivas y deseo de contratación en cualquier compañía. La teoría de la masa crítica, a la que nos referiremos más adelante, entrará precisamente a analizar estos aspectos. Por esta razón, nos parece más relevante centrarnos no tanto en qué consigue la empresa por contratar mujeres, si no en qué es lo que lleva a una compañía a contratar mujeres. Así, el trabajo de Del Brío y Del Brío (2009), por ejemplo, se centra en cuáles son las características que tienen las empresas que han contratado mujeres en sus consejos de administración, de tal forma que su conocimiento pudiera provocar un efecto imitación. Son tradicionalmente empresas con alta inversión en I+D+i, es decir, empresas innovadoras, compañías de mayor tamaño, volumen de ventas y transparencia, en países con mayores niveles educativos, y más en empresas cotizadas que en no cotizadas (como ya hemos comentado), las que parecen tener más mujeres.

---

1 Post y Byron (2015) ofrecen un meta-análisis sobre la relación entre mujeres consejeras y la *performance* empresarial. Véase, Post, C. & Byron, K. (2015). Women on boards and firm financial performance: A meta-analysis. *Academy of Management*, 58(5), 1546-1571.

Lo cierto es que, al margen de especificidades, se percibe una mejoría en el entorno empresarial, o al menos se percibía en el periodo pre-covid, y ya no parece que se produzca ese efecto maquillador en la contratación de mujeres si no que existe ya una filosofía y una imposición moral, y no legal, para seguir contratando mujeres. Cada vez son menos las voces que les achacan a las mujeres falta de ambición, falta de liderazgo o demasiada juventud e inexperiencia (Oakley, 2000). No obstante, los avances deben seguir produciéndose. Recientemente, una de las autoras de este capítulo, la profesora y también senadora, Del Brío, ha propuesto la creación de un índice bursátil femenino, el *Gender Equality* IBEX, que de forma similar al índice *4Good* IBEX, que incorpora a las compañías cotizadas más sostenibles, incorpore a las empresas con mayor presencia femenina en la alta dirección. De esta forma, no solo ayudaría a dar más visibilidad a las compañías que integren más a las mujeres, sino que ayudaría a la inclusión financiera de la mujer, al ponerle frente al espejo productos femeninos y productos de gestión femenina por los que es posible que tuviera preferencia inversora, como se ha demostrado ya en la inversión de fondos éticos, en los que se ve una preferencia femenina muy clara. Tenemos por delante un panorama esperanzador, pero vamos a continuación a analizar un poco más despacio cuál es el papel de los consejos de administración dentro del gobierno corporativo, así como cuál ha sido el soporte teórico que ha permitido este importante proceso de visibilización de la mujer y que ha sido objeto de innumerables publicaciones científicas.

3. EL PAPEL DEL CONSEJO DE ADMINISTRACIÓN EN EL GOBIERNO CORPORATIVO

Como indicábamos, fue la necesidad de modificar el gobierno corporativo de nuestras empresas lo que provocó los cambios que han conducido a la incorporación de la mujer a los órganos de alta dirección de la empresa, incluido el consejo de administración. En este apartado veremos cuál es el rol del gobierno corporativo y muy especialmente el rol que el gobierno corporativo atribuye al consejo de administración y, en concreto, a su diversidad.

Entre los principales beneficios asociados a un buen gobierno se encuentra la búsqueda de nuevas inversiones, una mayor solidez y competitividad (Bhagat y Bolton, 2008), la mejora de la confianza en la compañía y de la transparencia (Fernández-Rodríguez, Gómez-Ansón y Cuervo-García, 2004), el fomento de un sistema de control interno (Farrell y Hirsch, 2005), así como un aumento del valor social de la empresa mediante la adopción de buenas prácticas (Torchia, Calabrò y Huse, 2011). Además, todo ello a su vez permite a las compañías acceder a mejores condiciones en los mercados en los que se desenvuelven, generando productos más aceptados, vendidos y una mejor reputación, así como un aumento en el flujo de capitales (Carter, Simkins y Simpson, 2003). El gobierno corporativo incluye los procesos, normas y principios, por los que se fijan los objetivos de la compañía con relación al contexto social, normativo y de mercado, donde los mecanismos de gobierno incluyen el seguimiento de las acciones, políticas, prácticas y decisiones de las compañías, sus agentes y grupos de interés, estando dichas prácticas limitadas por el intento de alinear los intereses de las partes involucradas en la empresa (Tricker, 2009). El buen gobierno deberá proveer los incentivos necesarios para proteger los intereses de la compañía y de los involucrados, gestionar la creación de valor y el uso eficiente de los recursos, brindando transparencia a través de la información divulgada[2]. La Figura 1 muestra los principales objetivos del buen gobierno corporativo, así como las interacciones entre los *stakeholders* a fin de alcanzar los beneficios de las buenas prácticas.

---

2 OCDE (2004). Principles of Corporate Governance. 2004 Edition. Retrieved from https://www.oecd.org/daf/ca/corporategovernanceprinciples/33931148.pdf

Figura 1. Representación de interacciones en el gobierno corporativo

Fuente: Deloitte Touche (2012)[3]

Entre los mecanismos internos de gobierno se pueden destacar la estructura de propiedad, los sistemas de incentivos y el consejo de administración. Por su parte, entre los mecanismos externos se encuentran principalmente el sistema legal, el mercado de control corporativo, el mercado de capitales, el mercado laboral de los directivos y el grado de competencia en el mercado de bienes y servicios (Mathiesen, 2002)[4]. Centrándonos en el

---

3 Deloitte Touche, L. (2012). Transparency report. Retrieved form https://www2.deloitte.com/content/dam/Deloitte/se/Documents/about-deloitte/Transparency%20Report%202012%20final.pdf.

4 Se puede consultar una revisión de los principales mecanismos de gobierno en los siguientes artículos: Shleifer, A. & Visnhy, R. (1997). A survey of corporate governance. *Journal of Finance*, 52, 737-783; Denis, D. & McConnell, J. (2003). International corporate governance. *Journal of Financial and Quantitative Analysis*, 38, 1-36; Bebchuk, L.A. & Weisbach, M.S. (2010). The state of corporate governance research. *Review of Financial Studies*, 23, 939-961 ; Veldman, J. & Willmott, H. (2019). Performativity and convergence in comparative corporate governance. *Competition & Change*, 24(5), 408-428. Por su parte, véase Ghaeli, M.R. (2019). The role of gender in corporate governance:

consejo de administración, como uno de los principales mecanismos de gobierno, Fama y Jensen (1983) proponen que el consejo tiene como fin servir como mecanismo de control de los gestores de la empresa. Por otro lado, Carter, Simkins y Simpson (2003) mencionan que el papel del consejo de administración es resolver los problemas de agencia entre accionistas y directivos ajustando la compensación, así como sustituyendo aquello en la empresa que no cree valor para los accionistas. En todo caso, es necesario garantizar el mejor funcionamiento posible del consejo que puede estar ligado a algunas de sus características, como su tamaño, composición, nivel de actividad, la dualidad de cargos, o el grado de diversidad, entre otras, que influirán en generar un buen gobierno corporativo.

Centrándonos en esta última variable, en la diversidad, es una característica del consejo que aumenta la variedad de estrategias y puntos de vista para encontrar soluciones (Arfken, Bellar y Helms, 2004; Cabo, Mangas y Nogués, 2006). Carter, Simkins y Simpson (2003) señalan que la diversidad en el consejo promueve una mejor compresión del mercado, aumenta la creatividad y la innovación además de brindar soluciones más eficaces. Los grupos diversos tienen una mayor variedad de ideas y perspectivas para buscar y diseñar soluciones en la etapa de desarrollo de nuevos productos (Miller y Triana, 2009). Esta idea se encuentra en línea con los resultados de Miller y Triana (2009), donde tanto la diversidad de género en el consejo como la diversidad racial se relacionaron positivamente con la innovación, sugiriendo que opiniones e información variada pueden traducirse en un aumento de la inversión en I+D.

La investigación empírica sobre la toma de decisiones grupales ha demostrado que grupos heterogéneos producen decisiones de mayor calidad que grupos homogéneos en tareas complejas

---

A state of art review. *Accounting*, 5(1), 31-34, para una revisión del estado del arte del papel del género en el gobierno corporativo.

(Amason, 1996) y generan soluciones más innovadoras que grupos homogéneos a través del conflicto cognitivo (Chen, Liu y Tjosvold, 2005). En el consejo de administración esto ocurre a menudo pues los consejeros pueden proporcionar perspectivas divergentes. Así, distintas investigaciones, tales como Burgess y Tharenou (2002), han demostrado que la falta de diversidad en el consejo de administración puede resultar en algunas limitaciones para resolver problemas corporativos, o conducir a problemas de pensamiento de grupo, así como a la incapacidad de alcanzar algunos logros dentro de la empresa (Larkin, Bernardi y Bosco, 2012). Por otro lado, un consejo más diverso resulta en un mejor proceso de toma de decisiones, debido a la existencia de una variedad de puntos de vista éticos y morales en las discusiones (Arfken, Bellar y Helms, 2004) y a una visión más completa de los temas que se deben discutir en el mismo (Adams y Flynn, 2005). En línea con la teoría de recursos y capacidades, en un consejo homogéneo puede haber menor diversidad de habilidades y experiencia, lo que puede conducir a una peor toma de decisiones y a un peor funcionamiento (Ali, Ng y Kulik, 2014). Según diversos estudios (por ejemplo, Siciliano, 1996; Erhardt, Werbel y Shrader, 2003), por el contrario, un consejo diverso ofrece mayor creatividad, o resolución eficaz de problemas, derivando en una ventaja competitiva para la empresa (Galia y Zenou, 2013).

Por ejemplo, en el caso específico de la diversidad de género, estudios previos argumentan que la presencia de mujeres en el consejo de administración puede ayudar en la actualización de productos y servicios, a fidelizar clientes, a mejorar el conocimiento del mercado, además de contribuir al aumento de la reputación y traer mayor calidad en la resolución de problemas (Carter, Simkins, y Simpson, 2003; Bernardi, Bosco y Vassill, 2006). Además, las mujeres aportan creatividad en la toma de decisiones (Byron y Post, 2016), fomentan la innovación (Torchia, Calabrò y Huse, 2011), tienen una mayor orientación hacia los grupos de interés y están menos orientadas al poder que los hombres (Burgess y Tharenou, 2002; Williams, 2003).

Favorecen también la sostenibilidad y la RSC en general (Cabeza-García, Fernández-Gago y Nieto, 2018), fomentan discusiones en el consejo (Schwartz-Ziv, 2017) y promueven un entorno de trabajo más agradable en el consejo (Nielsen y Huse, 2010). Recientemente, se ha demostrado también que las empresas con una mayor diversidad de género realizan menos fraudes financieros (Wahid, 2019) y que reducen también la toma de decisiones arriesgadas dado que las mujeres son más adversas al riesgo que los hombres (Levi, Li y Zhang, 2014). Finalmente, aunque existe un importante debate en este aspecto, se considera que existe un efecto imitación pues la presencia de mujeres en el consejo sirve para estimular la promoción de otras mujeres al producirse un cierto efecto mentoring o inspirador para que las mujeres sigan rompiendo el techo de cristal.

Así, rechazar a alguien que tenga el nivel para formar parte del consejo, básicamente por sus características demográficas, significará cerrar la puerta a que una compañía entre en contacto con información y conocimientos que pueden volver más competitiva su estrategia de actuación. Como indica Ferreira (2015), se pueden extraer seis conclusiones de la literatura empírica sobre la diversidad en términos generales en el consejo: las empresas parecen elegir a los consejeros por sus características y diferentes tipos de compañías eligen diferentes niveles de heterogeneidad entre sus consejeros; las empresas eligen a los consejeros como un medio para lidiar con el entorno externo; los CEOs y los altos ejecutivos parecen preferir a consejeros que son similares a ellos; las redes sociales y la existencia de vínculos personales parecen afectar a los nombramientos de los consejeros y a la dinámica del consejo; los consejeros de grupos minoritarios perciben su estatus de minoría como un obstáculo para su trabajo en el consejo; y, finalmente, los consejeros minoritarios pueden servir a otros intereses de los de los accionistas.

4. TEORÍAS QUE SUSTENTAN LA DIVERSIDAD DE LOS CONSEJOS DE ADMINISTRACIÓN

Dentro del amplio rango de teorías de la economía de la empresa que se han aproximado al estudio de la diversidad de género en los consejos de administración, sin duda podemos señalar las siguientes como las más aplicadas en la literatura, desde la teoría de la agencia que establece la necesidad de que los accionistas controlen la actuación de los directivos; pasando por la teoría de los *stakeholders*, que defiende que el objetivo de la compañía no puede ser la maximización del valor empresarial, sino que hay un conjunto de grupos de interés a los que hay que satisfacer con una gestión sostenible e inclusiva; o la teoría de recursos y capacidades. Pero también enfoques más recientes, como la teoría de la identidad social, o estrechamente relacionada, pero con diferente enfoque, la teoría del rol social, hasta la teoría del comportamiento de la empresa, y, finalmente, la teoría de la masa crítica (ver Figura 2 y para un análisis más detallado puede consultarse Rueda (2019) y Cabeza-García, Del Brío y Rueda (2021)).

La *teoría de la agencia* (Jensen y Meckling, 1976) es la base para cualquier estudio del conflicto de confianza o de falta de alineación de intereses que puede producirse en el seno de la empresa entre los accionistas (o principal) y el equipo directivo (o agente). En esta situación de conflicto es preciso que la compañía establezca un conjunto de mecanismos de control entre los que destaca el consejo de administración como órgano encargado del control y la supervisión del equipo directivo a fin de que no se produzcan comportamientos oportunistas que perjudiquen a los accionistas (Francoeur, Labelle y Sinclair-Desgagné, 2008). En este sentido, la composición del consejo tiene influencia a la hora de alinear los intereses de los gestores y de los accionistas y, más concretamente, la diversidad de género defiende la mayor eficiencia del mix de gobierno corporativo al identificar a la mujer con una mayor independencia (existe evidencia empírica de que las mujeres son más propensas que los hombres a actuar de manera similar a los consejeros independientes; Adams y Ferreira, 2009), y en definitiva a garantizar un mejor control y buen gobierno (Labelle, Francoeur y Lakhal, 2015). Sin embargo, es interesante remarcar que la teoría de la agencia tiene una opinión contraria a la imposición de cuotas o acciones reguladoras que afecten a la gestión interna de la empresa al afectar negativamente a los contratos óptimos inicialmente fijados por los accionistas (Labelle, Francoeur y Lakhal, 2015).

En segundo lugar, tenemos la *teoría de los stakeholders* (Freeman, 1984; 1988; Oakley, 2000) que define a un conjunto de grupos de interés cuyos objetivos deben ser considerados por la compañía a fin de devolver a la sociedad los costes sociales que se derivan de las externalidades negativas de su gestión sobre la sostenibilidad del planeta. Así, promueve la intervención de terceros en el gobierno de la empresa, y esta pluralidad se traduce en una composición del consejo de administración más diversa y mucho más sensible a la realidad del mercado heterogéneo en el que se opera.

En tercer lugar, tenemos la *teoria de recursos y capacidades* (Barney, 1991), a partir de la cual se puede afirmar que la presencia de mujeres en el consejo facilita una mayor variedad de recursos, habilidades y acceso a nuevos contactos fuera de la empresa, lo que puede derivar en una mejor toma de decisiones y de resultados. En esta línea, Ali, Kulik y Metz (2011) y Jhunjhunwala y Mishra (2012) indican que las compañías que tienen un consejo de administración homogéneo podrían presentar carencias en su capital relacional y muy especialmente fallar en la actual fase de cambio tecnológico. Allemand, Barbe y Brullebaut (2014) sugieren expresamente que la presencia de mujeres ayuda a aumentar ese capital relacional al romper con la homogeneidad de los consejos. Las mujeres en cargos ejecutivos pueden aumentar, por ejemplo, la reputación que la compañía alcanza por su enfoque hacia la responsabilidad social, incluso si la empresa históricamente no habría estado motivada por actuar en esta área (Kakabadse, Figueira, Nicolopoulou, Hong Yang, Kakabadse y Özbilgin, 2015).

En cuarto lugar, la *teoría de la identidad social* (Tajfel, 1978; Turner, Hogg, Oakes, Reicher y Wetherell, 1987) es la única que se opone a una mayor diversidad de los consejos de administración desde la perspectiva de que los individuos usan atributos demográficos, como la edad, la raza y el género y, por tanto, la heterogeneidad, ya sea racial, de edad o de género, obstaculiza la cohesión del grupo (Jehn, Northcraft y Neale, 1999; Van Knippenberg y Schippers, 2007). Solo algunos de sus representantes como Hillman, Nicholson y Shropshire (2008) o Richard, Kirby y Chadwick (2013) piensan que los conflictos de las múltiples identidades se minimizan cuando los individuos convergen en situaciones específicas y si la empresa goza de una diversidad con la plena participación de todos los integrantes del consejo se podrá alcanzar un rendimiento empresarial superior. Poco relacionada con la anterior, a pesar de la proximidad de sus nombres, está la *teoría del rol social* que considera que las diferencias de sexo en el comportamiento social se derivan de la división social del trabajo entre los sexos (Eagly, 1987; Archer, 1996). Esto nos llevaría a una concepción antigua del rol de la mujer asociada a las tareas del hogar y trabajos no retribuidos, que ha ocasionado retrocesos en los planteamientos de género desde hace ya mucho tiempo. Aún así la teoría defiende la presencia de la mujer en el seno de los consejos de administración centrándose en características propias de su rol como son el ser buenas comunicadoras, facilitadoras y gestoras colaborativas (Limerick y Lingard, 1995), su enfoque opuesto pero complementario al de los hombres (Krüger, 2008), o el efecto de mentoring o imitación de una mujer sobre otras al que ya nos hemos referido anteriormente (De Nmark, 1993).

Una de las teorías más recientes es la *teoría del comportamiento* de la empresa que sostiene que cuanto más extensa sea la búsqueda o el proceso de recopilación de información para la toma de decisiones, mejor y más innovadora será la decisión que adoptará el grupo (Hambrick y Mason, 1984; Miller y Triana, 2009); y este proceso básicamente se multiplica cuando existe diversidad, incluida la diversidad de género, en el consejo. Finalmente, la *teoría de la masa crítica* es una de las explicaciones más relevantes sobre el impacto de las mujeres en la dirección empresarial (Kanter, 1977; Torchia, Calabrò y Huse, 2011). En el consejo de administración la mayoría a menudo puede descartar o devaluar las opiniones e ideas de la minoría (Turner, Hogg, Oakes, Reicher y Wetherell, 1987; Jia y Zhang, 2013), por eso es imprescindible que las mujeres estén presentes en un número mínimo dentro del consejo para que su papel no sea devaluado y despreciado. Tras distintos estudios esta teoría concluyó que dos consejeras son una "presencia" y tres representan "la voz" o masa crítica (Kristie, 2011). A partir de ese momento la presencia de mujeres o cualquier otra minoría podrá tener impacto sobre los resultados empresariales.

Figura 2. Teorías explicativas del papel de la mujer en la empresa

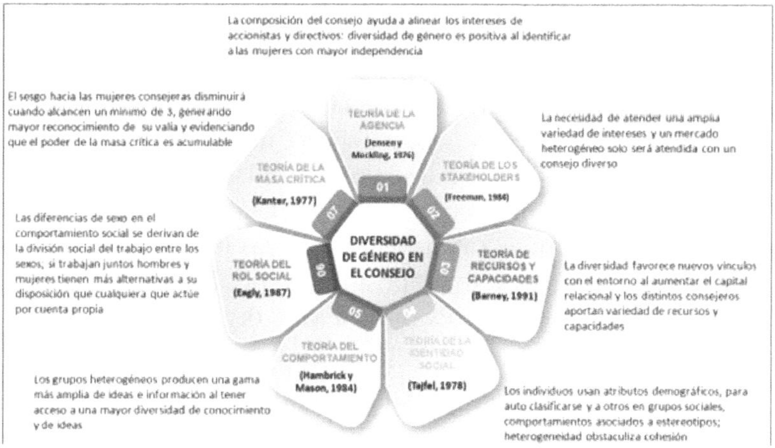

Fuente: Elaboración propia

5. CONCLUSIONES

El presente trabajo ha tratado de dar una visión de todo el proceso de visibilización que ha llevado a la mujer a pasar de realizar tareas sin retribución económica que las dejaba fuera de la contabilidad nacional y del peso de la historia, hasta una situación en la que la mujer defiende sus derechos en condiciones de igualdad frente a los hombres y sigue luchando por llegar a las cotas más altas de la representación empresarial, concretamente a los consejos de administración. Con el apoyo de una sociedad cada vez más igualitaria, de un mercado de trabajo al que la mujer accede cada vez más en condiciones de igualdad, pero con los conocidos problemas de suelo pegajoso, techo de cristal y brecha salarial de género por delante, las mujeres creen cada vez más en sí mismas y deben exigir a los gobiernos buenas políticas de conciliación y corresponsabilidad.

Los autores hemos tratado en este trabajo de demostrar como el paso de las demandas de incorporación de la mujer como una razón de RSC, al apoyo recibido desde la revisión de los modelos de gobierno corporativo de las empresas, especialmente las cotizadas, hasta las demandas desde diferentes leyes de igualdad, han ido allanando el camino hacia el reconocimiento del papel de la mujer en todos los órganos de gobierno, incluidos los del sector empresarial. Su impacto sobre la rentabilidad de la empresa, su capacidad de atraer inversión femenina y de favorecer la inclusión financiera de la mujer son aspectos que las propias compañías valoran o tienen que valorar positivamente, dando una mayor diversidad, innovación y flexibilidad a sus órganos de gobierno.

Es un camino que hemos recorrido entre todos, pero que aún no ha llegado a su final. Por ello, animar a los lectores de este capítulo a que piensen que con un poco de suerte su generación podrá ser aquella que llegue a vivir en igualdad, con consejos de administración y alta dirección paritarios, siempre desde el respeto mutuo, pero también siempre sin mirar atrás, sin perder ninguno de los derechos adquiridos, ejerciendo los que ya tenemos y aportando un granito de arena que permita vivir mejor a las nuevas generaciones.

BIBLIOGRAFÍA

Adams, R.B. & Ferreira, D. (2009). Women in the boardroom and their impact on governance and performance. *Journal of Financial Economics*, 94(2), 291-309.

Adams, S.M. & Flynn, P.M. (2005). Local knowledge advances women's access to corporate boards. *Corporate Governance: An International Review*, 13(6), 836-846.

Ali, M., Kulik, C.T. & Metz, I. (2011). The gender diversity–performance relationship in services and manufacturing organizations. *The International Journal of Human Resource Management*, 22(7), 1464-1485.

Ali, M., Ng, Y. & Kulik, C. (2014). Board age and gender diversity: A test of competing linear and curvilinear predictions. *Journal of Business Ethics*, 125(3), 497-512.

Allemand, I., Barbe, O. & Brullebaut, B. (2014). Institutional theory and gender diversity on European boards. *Vie & Sciences de l'entreprise*, 198(2), 73-92.

Amason, A.C. (1996). Distinguishing the effects of functional and dysfunctional conflict on strategic decision making. *Academy of Management Journal*, 39(1), 123-148.

Archer, J. (1996). Sex differences in social behavior: Are the social role and evolutionary explanations compatible? *American Psychologist*, 51(9), 909-917.

Arfken, D.E., Bellar, S.L. & Helms, M.M. (2004). The ultimate glass ceiling revisited: The presence of women on corporate boards. *Journal of Business Ethics*, 50(2), 177-186.

Barney, J. (1991). Firm resources and sustained competitive advantage. *Journal of Management*, 17(1), 99-120.

Bernardi, R., Bosco, S. & Vassill, K. (2006). Does female representation on boards of director's associate with Fortune's 100 best companies to work for list? *Business & Society*, 45(2), 235-248.

Bhagat, S. & Bolton, B. (2008). Corporate governance and firm performance. *Journal of Corporate Finance*, 14(3), 257-273.

Burges, Z. & Tharenou, P. (2002). Women board directors: Characteristics of the few. *Journal of Business Ethics*, 37(1), 37-38.

Byron, K. & Post, C. (2016). Women on boards of directors and corporate social performance: A meta-analysis. *Corporate Governance: An International Review*, 24(4), 428-442.

Cabeza-García, L., Fernández-Gago, R. & Nieto, M. (2018). Do board gender diversity and director typology impact CSR reporting? *European Management Review,* 15(4), 559-575.

Cabeza-García, L., Del Brío, E. & Rueda, C. (2021). The moderating effect on innovation on the gender and performance relationship in the outset of the gender revolution. *Review of Managerial Science,* 15(3), 755-778.

Cabo, R.M., Mangas, L.E. & Nogués, R.G. (2006). Análisis de la presencia de la mujer en los consejos de administración de las mil mayores empresas españolas. Working paper Fundación de las Cajas de Ahorros (FUNCAS) No. 263.

Carter, D.A., Simkins, B.J. & Simpson, W.G. (2003). Corporate governance, board diversity, and firm value. *The Financial Review,* 38(1), 33-53.

Chen, G., Liu, C. & Tjosvold, D. (2005). Conflict management for effective top management teams and innovation in China. *Journal of Management Studies,* 42(2), 277-300.

De Nmark, F.L. (1993). Women, leadership, and empowerment. *Psychology of Women Quarterly,* 17(3), 343-356.

Del Brío, E. & Del Brío, I. (2009). Los consejos de administración en las sociedades cotizadas: Avanzando en femenino. *Revista de Estudios Empresariales. Segunda Época,* 1,102-118.

Del Brio, E.B., Yoshikawa, T., Connelly, C.E. & Tan, W.L. (2013). The effects of CEO trustworthiness on directors' monitoring and resource provision. *Journal of Business Ethics,* 118(1), 155-169.

Del Brío, E., Cabeza, L. & Egido, M. (2020). *Mosaicos económicos: Género y economía.* Ediciones Universidad, Salamanca.

Eagly, A.H. (1987). Sex differences in social behavior: A social role interpretation. Hillsdale, NJ: Erlbaum.

Erhardt, N.L., Werbel, J.D. & Shrader, C.B. (2003). Board of director diversity and firm financial performance. *Corporate Governance: An International Review,* 11(2), 102-111.

Fama, E.F. & Jensen, M. (1983). Separation of ownership and control. *Journal of Law and Economics,* 26(2), 301-325.

Farrel, K.A. & Hirsch, P.L (2005). Additions to corporate boards: The effect of gender. *Journal of Corporate Finance,* 11(1/2), 85-106.

Fernández-Rodríguez, E., Gómez-Ansón, S. & Cuervo-García, Á. (2004). The stock market reaction to the introduction of best practices codes by Spanish firms. *Corporate Governance: An International Review, 12*(1), 29-46.

Ferreira, D. (2015). Board diversity: Should we trust research to inform policy? *Corporate Governance: An International Review*, 23(2), 108-111.

Francoeur, C., Labelle, R. & Sinclair-Desgagné, B. (2008). Gender diversity in corporate governance and top management. *Journal of Business Ethics*, 81(1), 83-95.

Freeman, R.E. (1984). *Strategic management: A stakeholder approach*. Boston: Pitman.

Freeman, R.E. (1998). A stakeholder theory of the modern corporation. En T. Beauchamp & N. Bowie (Eds.), *Ethical theory and business* (pp. 75-93). Englewood Cliffs, NJ: Prentice Hall.

Galia, F. & Zenou, E. (2013). Does board diversity influence innovation? The impact of gender and age diversity on innovation types. In XXII Conference Internationale de Management Strategique, Clermont-Ferrand, France.

Hambrick, D.C. & Mason, P.A. (1984). Upper echelons: The organization as a reflection of its top managers. *Academy of Management Review*, 9(2), 193-206.

Hillman, A.J., Nicholson, G. & Shropshire, C. (2008). Directors' multiple identities, identification, and board monitoring and resource provision. *Organization Science*, 19(3), 441-456.

Jehn, K.A., Northcraft, G.B. & Neale, M.A. (1999). Why differences make a difference: A field study of diversity, conflict and performance in workgroups. *Administrative Science Quarterly*, 44(4), 741-763.

Jensen, M.C. & Meckling, W.H. (1976). Theory of the firm: Managerial behavior, agency costs and ownership structure. *Journal of Financial Economics*, 3(4), 305-360.

Jhunjhunwala, S. & Mishra, R.K. (2012). Board diversity and corporate performance: The Indian evidence. *IUP Journal of Corporate Governance*, 11(3), 71-79.

Jia, M. & Zhang, Z. (2013). Critical mass of women on BODs, multiple identities, and corporate philanthropic disaster response: Evidence from privately owned Chinese firms. *Journal of Business Ethics*, 118(2), 303-317.

Kakabadse, N.K., Figueira, C., Nicolopoulou, K., Hong Yang, J., Kakabadse, A.P. & Özbilgin, M.F. (2015). Gender diversity and board performance: Women's experiences and perspectives. *Human Resource Management*, 54(2), 265-281.

Kanter, R.M. (1977). Some effects of proportions on group life: Skewed sex ratios and responses to token women. *American Journal of Sociology*, 82(5), 965-990.

Kristie, J. (2011). The power of three. *Directors & Boards*, 35(5), 22-32.

Krüger, M.L. (2008). School leadership, sex and gender: Welcome to difference. *International Journal of Leadership in Education*, 11(2), 155-168.

Labelle, R., Francoeur, C. & Lakhal, F. (2015). To regulate or not to regulate? Early evidence on the means used around the world to promote gender diversity in the boardroom. *Gender, Work & Organization*, 22(4), 339-363.

Larkin, M.B., Bernardi, R.A. & Bosco, S.M. (2012). Board gender diversity, corporate reputation and market performance. *The International Journal of Banking and Finance*, 9(1), 1-26.

Levi, M., Li, K. & Zhang, F. (2014). Director gender and mergers and acquisitions. *Journal of Corporate Finance*, 28, 185-200.

Limerick, B. & Lingard, B. (1995). *Gender and changing educational management.* Hodder Education, a division of Hodder Headline Australia.

Mathiesen, H. (2002). Managerial ownership and finance performance. Dissertation presented at Copenhagen Business School.

Miller, T. & Triana, M.C. (2009). Demographic diversity in the boardroom: Mediators of the board diversity-firm performance relationship. *Journal of Management Studies*, 46(5), 755-786.

Nielsen, S. & Huse, M. (2010). Women directors' contribution to board decision-making and strategic involvement: The role of equality perception. *European Management Review*, 7(1), 16-29.

Oakley, J.G. (2000). Gender-based barriers to senior management positions: Understanding the scarcity of female CEOs. *Journal of Business Ethics*, 27(4), 321-334.

Richard, O.C., Kirby, S.L. & Chadwick, K. (2013). The impact of racial and gender diversity in management on financial performance: How participative strategy making features can unleash a diversity advantage. *The International Journal of Human Resource Management*, 24(13), 2571-2582.

Rodríguez-Domínguez, L., Gallego-Álvarez, I., & García-Sánchez, I. M. (2009). Corporate governance and codes of ethics. *Journal of Business Ethics*, 90(2), 187-202.

Rueda, C.A. (2019). *Mujeres en el consejo de administración, desempeño empresarial y determinantes.* Tesis Doctoral, Universidad de Salamanca.

Schwartz-Ziv, M. (2017). Gender and board activeness: The role of a critical mass. *Journal of Financial and Quantitative Analysis*, 52(2), 751-780.

Siciliano, J.L. (1996). The relationship of board member diversity to organizational performance. *Journal of Business Ethics*, 15(12), 1313-1320.

Tajfel, H.E. (1978). *Differentiation between social groups: Studies in the social psychology of intergroup relations.* Oxford, England: Academic Press.

Torchia, M., Calabrò, A. & Huse, M. (2011). Women directors on corporate boards: From tokenism to critical mass. *Journal of Business Ethics*, 102(2), 299-317.

Tricker, B. (2009). *Corporate governance: Principles, policies, and practices*. New York: Oxford University Press.

Turner, J.C., Hogg, M.A., Oakes, P.J., Reicher, S.D. & Wetherell, M.S. (1987). *Rediscovering the social group: A self-categorization theory*. Oxford y Nueva York: Basil Blackwell.

Van Knippenberg, D. & Schippers, M.C. (2007). Work group diversity. *Annual Review of Psychology*, 58(1), 515-541.

Wahid, A.S. (2019). The effects and the mechanisms of board gender diversity: Evidence from financial manipulation. *Journal of Business Ethics*, 159(3), 705-725.

Williams, R.J. (2003). Women on corporate boards of directors and their influence on corporate philanthropy. *Journal of Business Ethics*, 42(1), 1-10.

Una aproximación a la protección internacional de los derechos de las mujeres a través de las instituciones interamericanas de Derechos Humanos

JORGE ULISES CARMONA TINOCO
Defensor de los Derechos Universitarios de la UNAM
Investigador en el Instituto de Investigaciones Jurídicas de la UNAM (México).
Investigador Nacional Nivel II, por el CONACYT

I. NOTAS GENERALES ACERCA DEL SISTEMA INTERAMERICANO DE DERECHOS HUMANOS (SIDH).

El Continente Americano consta de 35 países, la Carta fundacional de la Organización de Estados Americanos (OEA), data de 1948 y junto con la Declaración Americana de Derechos y

Deberes del Hombre de ese mismo año, constituyen el arranque normativo del Sistema Interamericano de Protección de los Derechos Humanos. El sistema interamericano en sus más de setenta años de existencia, ha sido objeto de una constante evolución y adaptación para dar cuenta de los retos constantes y las nuevas realidades, que debe enfrentar la salvaguarda de la dignidad humana de todas las personas en la región.

Dicha evolución se ha manifestado, por una parte, en la adopción de un número cada vez mayor de instrumentos internacionales que buscan contribuir a erradicar las desigualdades que históricamente han marcado la diferencia en el respeto a los derechos humanos especialmente de las mujeres, las personas indígenas y afrodescendientes, así como a la población de personas Lesbianas, Gays, Bisexuales, Transexuales (LGBT) entre otros grupos, cuyos contextos han evidenciado la vulnerabilidad que se traduce en violaciones especialmente lacerantes[1]. Por otro lado, a través de estos instrumentos internacionales, se han ido precisando y diversificando los deberes de los Estados para respetar, proteger, garantizar y aplicar medidas de carácter temporal que

---

1 Podemos señalar a las convenciones interamericanas sobre concesión de los derechos civiles y sobre concesión de los derechos políticos a las mujeres, respectivamente (ambas de 1948); la Convención Americana sobre Derechos Humanos (1969), así como los tratados en materia de prevención y sanción de la tortura (1985); derechos económicos, sociales y culturales (1988); para la abolición de la pena de muerte (1990); sobre desaparición forzada de personas (1994); para prevenir, sancionar y erradicar la violencia contra la mujer (1994); para la eliminación de todas las formas de discriminación contra las personas con discapacidad (2009); contra el racismo, la discriminación racial y formas conexas de intolerancia (2013); contra toda forma de discriminación e intolerancia (2013); y sobre la protección de las derechos humanos de las personas mayores (2015). A estas se han sumado instrumentos declarativos de diversa índole, en materia de democracia, social, pueblos indígenas, libertad de expresión, personas privadas de libertad, y personas migrantes, refugiadas, apátridas y víctimas de trata.

contribuyan al disfrute de los derechos humanos por parte de estos sectores históricamente vulnerables. A su vez, se han venido modificando las reglas de procedimiento en el ámbito internacional, para permitir un mayor campo de actuación a las víctimas, así como dotar a las instancias de garantía internacional, como son la Comisión y la Corte Interamericanas, de algunos cambios para llevar a cabo de mejor manera su labor[2]. Para comprender de mejor manera el funcionamiento de la garantía interamericana de los derechos humanos, hay que recordar que la tramitación de peticiones o quejas individuales surgió en 1965, cuando se dotó a la CIDH, creada en 1959, con la atribución de conocer de casos específicos de violación al catálogo contenido en la Declaración Americana. Esta facultad se vio fortalecida con la adopción de la Convención Americana sobre Derechos Humanos (CADH) en 1969, misma que adicionó el mandato de la Comisión, esta vez respecto a los Estados partes en ésta, y se sumó al sistema (artículo 52 y ss. de la CADH) a la Corte Interamericana de Derechos Humanos, que se instaló en 1979, como instancia jurisdiccional de interpretación oficial, de adopción de medidas provisionales y de decisión definitiva de los casos específicos de violaciones a los derechos establecidos en la Convención, y de otros tratados. El primer caso contencioso admitido a trámite y decidido por la Corte IDH en 1988, involucró a Honduras y estuvo relacionado con hechos de desaparición forzada de personas.

En el marco de la OEA, donde se inserta el SIDH se cuenta con cuatro grandes maneras de supervisar que los Estados cumplan con los estándares en materia de derechos humanos.

---

2 Un acercamiento actual sobre la Corte IDH, véase Astudillo, César y García Ramírez, Sergio (Coords.). *La Corte Interamericana de Derechos Humanos, Organización, Funcionamiento y Trascendencia,* México, Instituto de Investigaciones Jurídicas de la UNAM y Tirant lo blanch, 2001.

a) El análisis de informes periódicos de los Estados, en particular en materia de DESCA y de lucha contra la violencia contra la mujer.

b) La posibilidad de realizar visitas *in loco* o *in situ* a los países por parte de la CIDH, las que además pueden también ser con motivo de la elaboración de informes temáticos.

c) La tramitación de quejas ante la CIDH, de lo cual surgen Informes con recomendaciones a los países en casos específicos.

d) La tramitación de procesos ante la Corte IDH, de la que surgen sentencias en casos concretos, que pueden declarar la responsabilidad internacional de los Estados y cuyo cumplimiento es obligatorio para éstos. Uno de los aspectos más relevantes al respecto son las medidas provisionales en casos de extrema urgencia y las medidas de reparación a favor de las víctimas de violaciones a los derechos humanos.

A estas cuatro vías de supervisión internacional, se suman labores igual de importantes como la celebración de audiencias temáticas ante la CIDH, o la emisión de un nutrido grupo de informes de países y temáticos sobre la situación de diversas problemáticas en el Continente a la luz de los Derechos Humanos, resaltando los informes sobre la situación de violencia y discriminación contra las mujeres, niñas y adolescentes que aborda las buenas prácticas y los desafíos en América Latina y el Caribe.

II. EL SIDH Y LA PROTECCIÓN DE LOS DERECHOS DE LAS MUJERES.

La violencia contra la mujer ha sido un problema de derechos humanos reconocido por la comunidad internacional desde 1993, la Asamblea General de las Naciones Unidas reconoció oficialmente el derecho de las mujeres a vivir libre de violencia y en 1994 fue reconocido en la Convención Interamericana para Prevenir, Sancionar y Erradicar la Violencia contra la Mujer

(Convención Belém do Pará). Este dato representa la primera intención de reconocer la violencia de genero en la región la cual se identificó que es alentada por la subordinación social, económica y jurídica de la mujer en muchos entornos. Para efectos de este trabajo nos enfocaremos en tres grandes líneas, que son la protección convencional, la labor que se realiza desde la CIDH y desde la Corte IDH para erradicar los patrones que contribuyen a la violencia contra las mujeres en la región.

1. Los estándares convencionales.

La fuente contemporánea más emblemática del derecho internacional son los tratados o convenciones internacionales. En temas de derechos humanos, los tratados que los consagran y protegen consideran como titulares de los mismos a las personas, sin distinción de ninguna índole, en este sentido, por supuesto los derechos previstos en la Convención Americana sobre Derechos Humanos y el resto de los tratados, se dirigen a reconocer y proteger la esfera de libertades de mujeres y hombres por ígual; sin embargo, la histórica violencia de género que ha afectado principalmente a las personas pertenecientes a los grupos en situación de vulnerabilidad en la región, es lo que ha llevado a reconocer la necesidad de incorporar tratados internacionales que protejan los derechos humanos de las mujeres, las personas indígenas, las personas migrantes, la población LGBTTTI, entre otras, lo anterior con el fin de proteger a estos grupos que históricamente cuentan con alguna condición en particular, para contrarrestar o erradicar una situación contraria a la dignidad humana, o para luchar contra una violación específica especialmente lacerante, como la tortura sexual, la anticoncepción forzada, la ejecución extrajudicial o la desaparición forzada por mencionar solo algunas violaciones graves a las que son objeto.

Tal es el caso de la violencia contra la mujer, cuya problemática, incidencia generalizada y arraigo, es un afrenta indudable a la dignidad humana y un obstáculo al goce de muchos otros derechos humanos, que afecta a la civilidad de la sociedades en su conjunto. En este sentido, para luchar en particular contra la violencia ejercida contra las mujeres, se logra en 1994 la aprobación de la Convención Interamericana para Prevenir, Sancionar y Erradicar la Violencia contra la Mujer, "Convención de Belém do Pará", misma que entró en vigor el 3 de mayo de 1995.

Dicha Convención tiene características distintivas que es importante resaltar, pues su propósito va encaminado a reconocer los derechos humanos con enfoques diferenciados, dejando claro los deberes del Estado frente a la violencia contra la mujer.

En este sentido, dicha Convención es la primera en la región que califica expresamente la violencia contra la mujer en el ámbito público, como en el privado, como una trasgresión a los derechos humanos de las mujeres, además reconoce tipos y modalidades de violencia y su íntima relación con la discriminación, los roles los estereotipos de género.

De igual manera, entre los deberes de los Estados (artículos 7 y 8 de la Convención), incorpora la generación de políticas públicas, la cual ha dado pie a que en los países de la región se promulgan nuevas normativa internas como leyes que previene la violencia contra la mujer, las que alientan la igualdad entre mujeres y hombres y las que castigan las violencias tanto en el ámbito público como en el privado, además de la incorporación de tipos penales como el feminicidio y la violencia de género.

Lo anterior ha obligado a los estados de la región a actuar con debida diligencia, modificar los patrones socioculturales de conducta de hombres y mujeres, y garantizar la investigación y recopilación de estadísticas y demás información pertinente sobre las causas, consecuencias y frecuencia de la violencia contra la mujer, con el fin de evaluar la eficacia de las medidas adoptadas. Deberes estos que de suyo constituyen un avance en la diversificación de los deberes del Estado hacia los derechos humanos y la supervisión internacional.

Asimismo, entre los medios o mecanismos de supervisión internacional de su cumplimiento, la Convención, contempla:

- La presentación de informes nacionales a la Comisión Interamericana de Mujeres sobre la implementación de la Convención (artículo 10), para lo cual se creó adicionalmente el Mecanismo de Seguimiento de la Convención de Belém do Pará (MESECVI), en el 2004[3].
- La presentación de quejas ante la CIDH por la violación del artículo 7 de la Convención (artículo 12), respecto a cuya violación por parte de los Estados se ha pronunciado la Corte Interamericana.
- Posibilidad de solicitud de Opiniones Consultivas ante la Corte IDH sobre la interpretación de la Convención (artículo 11).

2. La labor de la CIDH.

A) Casos conocidos y decididos por la CIDH.

Con esta categoría nos referimos a aquellos casos que admitió, tramitió y decidió la CIDH, en el sentido de hacer público un Informe de Fondo, esto es, aquellos casos que por alguna razón de técnica jurídica o de oportunidad, no fueron llevados ante la Corte IDH.

---

3 Dicho Mecanismo es considerado como "... una metodología de evaluación multilateral sistemática y permanente, fundamentada en un foro de intercambio y cooperación técnica entre los Estados Parte de la Convención y un Comité de Expertas/os. El MESECVI analiza los avances en la implementación de la Convención por sus Estados Parte, así como los desafíos persistentes en las respuestas Estatales ante la violencia contra las mujeres." En el 2020 fue presentado el tercer Informe del mencionado Mecanismo sobre los avances en la materia, lo cual puede ser consultado en el sitio: https://www.oas.org/es/mesecvi/nosotros.asp

Para ubicar los casos sobre los que se ha pronunciado la CIDH en esta materia, seguimos tres fuentes, el documento publicado por la propia Comisión intitulado "Estándares jurídicos vinculados a la igualdad de género y a los derechos de las mujeres en el sistema interamericano de derechos humanos: desarrollo y aplicación", publicado en 2011 y vuelto a publicar actualizado en el 2015[4], el Anexo II al documento publicado en 2019 también por la CIDH "Violencia y discriminación congtra mujeres, niñas y adolescentes: Buenas prácticas y desafíos en America Latina y el Caribe"[5], así como los casos en la materia señalados en el sitio de la Relatoría sobre los Derechos de la Mujeres de la CIDH[6].

La propia Comisión refiere que el primer caso en el que aplicó por vez primera la Convención de Belém do Pará fue en el Informe de Fondo N° 54/01, derivado del Caso 12.051, *Maria Da Penha Fernandes* (Brasil), 16 de abril de 2001. El caso involucra "la tolerancia por parte de la República Federativa de Brasil (en adelante "Brasil" o "el Estado") de la violencia perpetrada en su domicilio por M.A.H.V. en perjuicio de su entonces esposa Maria da Penha Maia Fernandes durante años de su convivencia matrimonial y que culminó en una tentativa de homicidio y nuevas agresiones en mayo y junio de1983. Maria da Penha, como producto de esas agresiones padece de paraplejia irreversible y otras dolencias desde el año 1983. Se denuncia la tolerancia estatal por no haber

4 OEA/Ser.L/V/II.143 Doc. 60, 3 noviembre 2011, publicado y actualizado en 2015, consultable en el sitio: http://www.oas.org/es/cidh/informes/pdfs/EstandaresJuridicos.pdf

5 OEA/Ser.L/V/II. Doc. 233, 14 noviembre 2019, cuyo anexo II se intitula Impactos de casos de discriminació n y violencia contra mujeres, niñas y adolescentes, consultable en el sitio: https://www.oas.org/es/cidh/informes/pdfs/violencia-discriminacion-mujeres-Anexo2-es.pdf

6 Consultables en el sitio: https://www.oas.org/es/cidh/jsForm/?File=/es/CIDH/r/DMujeres/cidh.asp#2

tomado por más de quince años medidas efectivas necesarias para procesar y penar al agresor, pese a las denuncias efectuadas"[7].

Luego de la tramitación del asunto, al analizar las trasgresiones a la Convención de Belém do Pará, la CIDH afirmó que la falta de investigación y juzgamiento del responsable de la violencia contra la víctima, esto es, la impunidad es "55… un acto de tolerancia por parte del Estado de la violencia que Maria da Penha sufrió, y esa omisión de los tribunales de justicia brasileños agrava las consecuencias directas de las agresiones por su ex-marido sufridas por la señora Maria da Penha Maia Fernandes. Es más, como ha sido demostrado previamente, esa tolerancia por los órganos del Estado no es exclusiva de este caso, sino una pauta sistemática. Es una tolerancia de todo el sistema, que no hace sino perpetuar las raíces y factores psicológicos, sociales e históricos que mantienen y alimentan la violencia contra la mujer.", y culminó afirmando que se trata de un patrón general de negligencia y falta de efectividad del Estado, que "… crea el ambiente que facilita la violencia doméstica, al no existir evidencias socialmente percibidas de la voluntad y efectividad del Estado como representante de la sociedad, para sancionar esos actos."

En otros casos, la CIDH tuvo oportunidad y declaró que la violencia sexual es tortura, como son los Informes de Fondo No 5/96, Caso 10.970, *Raquel Martín de Mejía* (Perú) del 1o de marzo de 1996; y el No 53/01, Caso 11.565, *Ana, Beatriz, y Cecilia González Pérez* (México), 2 de abril de 2001 -tres mujeres indígenas violadas sexualmente por elementos del Ejército.

En el último de los casos señalados, la CIDH consideró la situación de las víctimas, mujeres, alguna de ellas menor de edad, e indígenas, como factores que evidencian la intersección de las formas de discriminación, previsto como principio en la

---

7 Dicho Informe puede ser consultado en el sitio: http://www.cidh.oas.org/annualrep/2000sp/capituloiii/fondo/brasil12.051.htm

Convención de Belém do Pará, que agravan la vulnerabilidad y la gravedad de violaciones a derechos humanos cometidas[8].

En el Anexo II (Impactos de casos de discriminación y violencia contra mujeres, niñas y adolescentes), al que ya hicimos referencia, la CIDH reseña los casos ya señalados, a los que agrega los siguientes:

Caso 11.625, Informe de Fondo No. 4/01, María Eugenia Morales de Sierra (Guatemala), que versa sobre la compatibilidad de los derechos plenos de la mujer frente a diversas disposiciones del Código Civil Guatemalteco, por cierto usuales en diversas codificaciones civiles del siglo XIX y aún del siglo XX, que afectan conceptos como la capacidad jurídica, la representación y el patrimonio, en los que la mujer quedaba en un segundo o nulo plano frente al hombre. La CIDH señaló que los preceptos eran incompatibles con los estándares interamericanos de derechos humanos, en los términos siguientes:

> La Comisión señaló que esos nueve artículos del Código Civil institucionalizaban desequilibrios en los derechos y los deberes de los cónyuges, ya que establecían "una situación de dependencia *de jure* para la esposa y crea[ban] un desequilibrio incorregible en la autoridad de los esposos dentro del matrimonio" y aplicaban "conceptos estereotipados de las funciones de la mujer y del hombre que perpetúan una discriminación de facto contra la mujer en la esfera familiar y que tienen el efecto ulterior de dificultar la capacidad de los hombres para desarrollar plenamente sus papeles dentro del matrimonio y de la familia". La CIDH agregó que dichos artículos hacían depender el derecho de la mujer a trabajar del consentimiento de su esposo y negaban a la mujer el derecho equitativo a buscar empleo y beneficiarse de la mayor autodeterminación que ello comporta[9].

---

8 Estos pueden ser consultados por país y por año en el sitio de la CIDH: https://www.oas.org/es/cidh/decisiones/fondos.asp

9 Anexo II al documento publicado en 2019 también por la CIDH "Violencia y discriminación congtra mujeres, niñas y adolescentes: Buenas prácticas y desafíos en America Latina y el Caribe", párrafo 26, p. 17.

Caso 12.626, Informe de Fondo No. 80/11, Jessica Lenahan (Gonzales) (Estados Unidos), un caso de violencia doméstica con resultados fatales, que contó como muchos otros con la indiferencia de las autoridades, por ser considerados como temas de derecho privado. El asunto cobra importancia, además, por un aspecto adicional, que son aún escasos los casos de países que no han ratificado los tratados interamericanos sobre derechos humanos, como lo son los Estados Unidos, por lo que la CIDH tiene que hacer uso del marco que ofrece la protección de los derechos humanos por vía de la Declaración Americana de Derechos y Deberes del Hombre de 1948, así como de su propio Estatuto.

Es por ello que la CIDH ubica al asunto como en el que "... se pronunció por primera vez sobre el tema de la discriminación contra las mujeres en el marco de la Declaración Americana y su estrecho vínculo con el problema de la violencia contra las mujeres. La Comisión abordó el derecho de las víctimas a la protección judicial de acuerdo con el artículo XVIII de la Declaración y explicó que este artículo garantiza el derecho a la investigación y la aclaración de los hechos. En vista de que no se había hecho una investigación adecuada y diligente de la muerte de las niñas y de que habían transcurrido más de once años sin que se aclararan la causa, el lugar y la hora de su muerte, determinó que se había violado el derecho a la protección judicial"[10]. En el asunto en comento la CIDH fue incluso más allá al señalar que formaba parte de un contexto más amplio en el que asuntos de violencia doméstica en los Estados Unidos, seguían siendo considerado como asuntos privados.

Caso 12.551, Informe de Fondo No. 51/13, Paloma Angélica Escobar Ledezma y otros (México), un caso más de una ineficiente procuración e impartición de justicia ante una desaparición

---

10 Anexo II al documento publicado en 2019 también por la CIDH "Violencia y discriminación congtra mujeres, niñas y adolescentes: Buenas prácticas y desafíos en America Latina y el Caribe", párrafo 44, p. 24.

y muerte de una mujer, que deja el asunto en la impunidad. Destaca el énfasis de la CIDH en que la investigación de este tipo de hechos sea investigado con perspectiva de género.

Caso 11.656, Informe de Fondo No. 122/18, Marta Lucía ÁlvarezGiraldo (Colombia), en el que fue declarada la responsabilidad internacional del Estado, por negar a la víctima, mujer privada de su libertad en un penal, que recibiera la visita íntima de una persona de su mismo sexo. La normatividad y el sistema carcelario en este caso mostró estereotipos contrarios a los derechos humanos, en este caso la libertad sexual de la mujer recluida, pero además en su condición de mujer lesbiana. La CIDH en este caso señaló "las circunstancias que interfieren en la posibilidad de una mujer de decidir asuntos relativos al ejercicio de su sexualidad deben estar libres de conceptos estereotipados sobre el alcance y contenido de este aspecto de su vida privada, especialmente cuando se combinan con la consideración de su orientación sexual". Por último, en lo que respecta a la denegación de la visita íntima de la señora Álvarez para proteger "derechos de terceros" determinó que el Estado no puede usar supuestos sociales estereotipados que rechazan los actos sexuales entre mujeres como justificación para denegar los derechos de las personas que se encuentran bajo su jurisdicción[11].

Como puede apreciarse, la CIDH ha tenido oportunidad de pronunciarse e ir aplicando y avanzando los derechos de la mujer a través de diversos casos concretos, lo que va gestando un cúmulo importante de precedentes. Hay que decir que los casos e informes de referencia culminaron con las recomendaciones internacionales propias del caso, tendientes en particular a la atención y reparación integral de las violaciones a favor de las víctimas o, en su caso, sus familiares, además de diversas me-

---

11 Anexo II al documento publicado en 2019 también por la CIDH "Violencia y discriminación congtra mujeres, niñas y adolescentes: Buenas prácticas y desafíos en America Latina y el Caribe", párrafo 56, p. 31.

didas a efecto de que la situación tenga un efecto preventivo y transformador para casos similares futuros.

Resulta interesante e importante destacar que el documento al que hemos hecho referencia, está acompañado de un análisis sobre el grado de cumplimiento de las recomendaciones emitidas, así como los aspectos generales derivados de la experiencia acumulada a través de los casos sobre el impacto de las recomendaciones emitidas. La propia CIDH da seguimiento a sus Informes hasta su total atención.

B) Otras vías de proteccion y promoción de los derechos de las mujeres ante la CIDH.

Si bien el sistema de peticiones individuales es la columna vertebral del sistema interamericano para la protección de los derechos humanos, es importante considerar también las audiencias temáticas, la elaboración de otros informes por parte de la CIDH y la labor de la Relatoría sobre los Derechos de la Mujeres de la propia Comisión.

a) Los informes de la CIDH temáticos y de situación en los países.

Nos referimos, por una parte, a aquellos informes que realiza como parte de su labor de supervisión de la situación de los derechos humanos en los diversos países, los que se elaboran derivados de las visitas que realiza la Comisión a invitación o con la anuencia de ellos[12] y, por la otra, a los que elabora como parte de su labor de promoción de los derechos o a través de sus relatorías temáticas, que involucran estudios, datos sobre determinada problemática y sistematización de los estándares y

---

12 Estos pueden ser consultados en el sitio: https://www.oas.org/es/CIDH/jsForm/?File=/es/cidh/informes/pais.asp

precedentes sobre algún tema en particular[13]. Es importante destacar que mientras los denominados informes respecto a países contienen recomendaciones dirigidas a éstos en particular a las que se les da seguimiento, en los informes temáticos se ofrecen por lo regular directrices y guías para que los propios Estados puedan llevar a cabo cambios o tomar las acciones pertinentes.

Los informes a este respecto son abundantes, de los cuales destacamos:

Informes temáticos:

- Violencia y discriminación contra mujeres, niñas y adolescentes, 2019.
- Mujeres periodistas y libertad de expresión, 2018.
- Mujeres Indígenas, 2017.
- Acceso a la información, violencia contra las mujeres y administración de justicia, 2015.
- Estándares jurídicos: igualdad de género y derechos de las mujeres, 2015 .
- Acceso a la Justicia para mujeres víctimas de violencia sexual: La educación y la salud, 2011 .
- Estándares jurídicos vinculados a las igualdad de género y a los derechos de las mujeres en el sistema interamericano de derechos humanos: desarrollo y aplicación, 2011.
- Acceso a la justicia para las mujeres víctimas de violencia sexual en Mesoamérica, 2011.
- Acceso a la Información en materia reproductiva desde una perspectiva de derechos humanos, 2011.

---

13 Estos pueden ser consultados a texto completo en el sitio: https://www.oas.org/es/CIDH/jsForm/?File=/es/cidh/informes/tematicos.asp

- El camino hacia una democracia sustantiva: La participación política de las mujeres en las Américas, 2011.
- El trabajo, la educación y los recursos de las mujeres: La ruta hacia la igualdad en la garantía de los derechos económicos, sociales y culturales, 2011.
- Acceso a Servicios de Salud Materna desde una Perspectiva de Derechos Humanos, 2010.
- Acceso a la Justicia para las Mujeres Víctimas de Violencia en las Américas, 2007.
- Informe de la CIDH sobre la Condición de la Mujer en las Américas, 1998.

Algunos de los informes de país o alguna situación específica en éstos podemos destacar:

- Informe sobre los derechos de las mujeres en Chile: la igualdad en la familia, el trabajo y la política, 2009.
- El derecho de las mujeres a una vida libre de violencia y discriminación en Haití, 2009.
- Las Mujeres Frente a la Violencia y la Discriminación Derivadas del Conflicto Armado en Colombia, 2006.
- Situación de los derechos de la Mujer en Ciudad Juárez, México: El derecho a no ser objeto de violencia y discriminación, 2003.
- Segundo Informe sobre la Situación de Derechos Humanos en el Perú, 2000.

b) Relatoría sobre los Derechos de la Mujeres en la CIDH.

En el marco de sus actividades de promoción y protección, la CIDH creó desde 1994 la Relatoría sobre los Derechos de las Mujeres[14], cuyo mandato implicaba analizar la situación normativa y de prácticas en los Estados en el cumplimiento de sus deberes frente a los derechos de las mujeres derivados de la Declaración Americana de Derechos y Deberes del Hombre, de la Convención Americana sobre Derechos Humanos y de la Convención de Belém do Pará, esto es, abarcando prácticamente a la totalidad de los Estados del Continente.

De acuerdo con la propia CIDH, el mandato de la Relatoría se ha ampliado no sólo en términos del cumplimiento de los deberes estatales, o de los factores de violencia contra la mujer, sino desde el ángulo de las mujeres para identificar los obstáculos o barreras que éstas encuentran para la plena realización de sus derechos, incluyendo los de índole social, económico y cultural.

En su labor, la Relatoría apoya a la CIDH en la investigación de los temas afines a su mandato, labor de la que han surgido los informes temáticos elaborados y publicados por la Comisión, que se detallaron en el punto anterior.

Los Informes de la Relatoría, así como los precedentes generados a partir de su intervención son sin duda de gran utilidad para determinar la situación de los estándares y aplicabilidad de los derechos de las mujeres, de lo cual destaca la incidencia de su intervención en la adopción de medidas cautelares y de casos individuales.

c) Audiencias temáticas.

Las audiencias temáticas son los espacios que la CIDH le da a la sociedad civil y a los estados miembros para tratar asuntos de interés estatal o regional. En estas audiencias los peticionarios pueden formular alguna serie de recomendaciones para la que

---

14 El trabajo de la Relatoría, su mandato y la información vinculada al mismo y a su labor pueden consultarse en el sitio: https://www.oas.org/es/cidh/jsForm/?File=/es/CIDH/r/DMujeres/mandato.asp

la CIDH se las haga extensivas a los estados. En el caso concreto sobre los Derechos Humanos de las Mujeres la CIDH ha otorgado decenas de audiencias que han dado cuenta de la histórica violencia hacia la mujer, destacando las audiencias de contextos específicos como por ejemplo la audiencia realizada en el 114 periodo de sesiones de la CIDH llevado a cabo el 7 de marzo de 2002, en el que se abordó el tema de los Derechos Humanos de las Mujeres en Ciudad Juarez y que posteriormente se convirtió en uno de los casos mas emblemáticas que han caracterizado al sistema interamericano por la violencia feminicida cometida en el caso Campo Algodonero vs México.

3. Casos decididos por la Corte IDH.

Además de los casos conocidos y decididos por la CIDH, están aquellos que ésta sometió a conocimiento de la Corte IDH y que culminaron en sentencias condenatorias hacia los Estados involucrados. Las sentencias del tribunal interamericano son obligatorias, de manera que una vez emitidas hay un seguimiento hasta su total cumplimiento.

Uno de los aspectos distintivos de la Corte IDH es que sus sentencias han desarrollado una muy importante jurisprudencia en materia sustantiva, pero también de reparaciones, que en los casos de protección de los derechos de las mujeres resultan de la mayor trascendencia.

La Corte IDH comenzó a desarrollar una especial linea jurisprudencial acerca de los derechos de las mujeres a partir de 2006, por vía de diversos casos, sin que ello signifique que su previa jusprudencia no haya dejado de servir de base para ulteriores desarrollos. La propia Corte IDH sistematizó temáticamente sus criterios, que incluyen medidas provisionales, opiniones consultivas y decisiones en casos contenciosos, algunos de los cuales destacaremos[15].

Los temas abordados son en principio aquellos que afirman la igualdad, la no discriminación y el género, tema que fue central en su Opinion Consultiva OC-24/17, en que se determinó:

> "79... es posible que una persona resulte discriminada con motivo de la percepción que otras tengan acerca de su relación con un grupo o sector social, independientemente de que ello corresponda con la realidad o con la auto-identificación de la víctima... la prohibición de discriminar con base en la identidad de género, se entiende no únicamente con respecto a la identidad real o auto-percibida, también se debe entender en relación a la identidad percibida de forma externa, independientemente que esa percepción corresponda a la realidad o no. En ese sentido, se debe entender que toda expresión de género constituye una categoría protegida por la Convención Americana en su artículo 1.1."[16].

En otros casos la Corte IDH ha reafirmado el derecho de las mujeres a no ser discriminadas en modo alguno, destacando que en muchos casos se está ante patrones culturales arraigados socialmente, cuya modificación incumbe también al Estado. En atención a que los casos decididos por el Tribunal Interamericano son recientes, comparados con los avances alcanzados al nivel de Naciones Unidas por el Comité CEDAW en sus observaciones generales, o por vía de

---

15 Véase a este respecto Corte Interamericana de Derechos Humanos. Cuadernillo de Jurisprudencia de la Corte Interamericana de Derechos Humanos No. 4, Derechos Humanos y Mujeres, s.e, s.f, disponible en el sitio de la propia Corte IDH: https://www.corteidh.or.cr/sitios/libros/todos/docs/cuadernillo4.pdf

16 Opinión Consultiva OC-24/17 de 24 de noviembre de 2017. Identidad de género, e igualdad y no discriminación a parejas del mismo sexo. Obligaciones estatales en relación con el cambio de nombre, la identidad de género, y los derechos derivados de un vínculo entre parejas del mismo sexo (interpretación y alcance de los artículos 1.1, 3, 7, 11.2, 13, 17, 18 y 24, en relación con el artículo 1 de la Convención Americana sobre Derechos Humanos).

mecanismos temáticos, éstos han sido reconocidos y adaptados al SIDH, como en el Caso del Penal Miguel Castro Castro Vs. Perú, decidido en 2006, en el que se toma el criterio del mecionado Comité en el sentido de la discriminación contra la mujer "303... incluye la violencia basada en el sexo, "es decir, la violencia dirigida contra la mujer porque es mujer o que la afecta en forma desproporcionada", y que abarca "actos que infligen daños o sufrimientos de índole física, mental o sexual, amenazas de cometer esos actos, coacción y otras formas de privación de la libertad"[17].

En otro de los casos insignia en la materia en el SIDH, como lo es el Caso González y otras ("Campo Algodonero") Vs. México, decidido en el 2009, en el que la Corte IDH construye un contexto en principio negado por el Estado:

> 133. Distintos informes coinciden en que aunque los motivos y los perpetradores de los homicidios en Ciudad Juárez son diversos, muchos casos tratan de violencia de género que ocurre en un contexto de discriminación sistemática contra la mujer. Según Amnistía Internacional, las características compartidas por muchos de los casos demuestran que el género de la víctima parece haber sido un factor significativo del crimen, influyendo tanto en el motivo y el contexto del crimen como en la forma de la violencia a la que fue sometida. El Informe de la Relatoría de la CIDH señala que la violencia contra las mujeres en Ciudad Juárez "tiene sus raíces en conceptos referentes a la inferioridad y subordinación de las mujeres". A su vez, el CEDAW resalta que la violencia de género, incluyendo los asesinatos, secuestros, desapariciones y las situaciones de violencia doméstica e intrafamiliar "no se trata de casos aislados, esporádicos o episódicos de violencia, sino de una situación estructural y de un fenómeno social y cultural enraizado en las costumbres y mentalidades" y que estas situaciones de violencia están fundadas "en una cultura de violencia y discriminación basada en el género"[18].

---

[17] Caso del Penal Miguel Castro Castro Vs. Perú. Fondo, Reparaciones y Costas. Sentencia de 25 de noviembre de 2006.

[18] Caso González y otras ("Campo Algodonero") Vs. México. Excepción Preliminar, Fondo, Reparaciones y Costas. Sentencia de 16 de noviembre de 2009.

En otro importante párrafo del propio fallo, el Tribunal califica la indiferencia estatal hacia las víctimas y la impunidad imperante en el sentido de que "400… reproduce la violencia que se pretende atacar, sin perjuicio de que constituye en sí misma una discriminación en el acceso a la justicia. La impunidad de los delitos cometidos envía el mensaje de que la violencia contra la mujer es tolerada, lo que favorece su perpetuación y la aceptación social del fenómeno, el sentimiento y la sensación de inseguridad en las mujeres, así como una persistente desconfianza de éstas en el sistema de administración de justicia".

En otro fallo reciente, en el caso I.V. Vs. Bolivia, decidio en el 2016, que involucra un tema de contracepción forzada, la Corte desde otro ángulo señaló: "243. La Corte reconoce que la libertad y autonomía de las mujeres en materia de salud sexual y reproductiva ha sido históricamente limitada, restringida o anulada con base en estereotipos de género negativos y perjudiciales, tal como lo describió el propio médico durante la audiencia. Ello se ha debido a que se ha asignado social y culturalmente a los hombres un rol preponderante en la adopción de decisiones sobre el cuerpo de las mujeres y a que las mujeres son vistas como el ente reproductivo por excelencia. En particular, la Corte advierte que el fenómeno de la esterilización no consentida está marcado por estas secuelas de las relaciones históricamente desiguales entre las mujeres y los hombres…"[19]

Un grupo adicional de casos decididos por la Corte, han calificado sucesos como conductas estereotipadas, las que en su momento fueron determinantes para señalar la responsabilidad estatal en la violación a los derechos humanos. Tal es el Caso Atala Riffo y Niñas Vs. Chile, decidido en el 2012, que involucró el retiro a Atala Riffo de la custodia de sus tres hijas, por decisión judicial, a instancia del padre de éstas, por motivo de que la pareja

---

[19] Caso I.V. Vs. Bolivia. Excepciones Preliminares, Fondo, Reparaciones y Costas. Sentencia de 30 de noviembre de 2016.

sentimental de la primera, de su mismo sexo, pasó a vivir con Atala y sus hijas; en dicha oportunidad el tribunal interamericano consideró que "140… exigirle a la madre que condicionara sus opciones de vida implica utilizar una concepción "tradicional" sobre el rol social de las mujeres como madres, según la cual se espera socialmente que las mujeres lleven la responsabilidad principal en la crianza de sus hijos e hijas y que en pos de esto hubiera debido privilegiar la crianza de los niños y niñas renunciando a un aspecto esencial de su identidad…"[20].

En otro caso, originado por hechos que involucran haber dado en adopción por parte de la madre a una niña sin que el padre biológico tuviera certeza sobre su existencia y paternidad, quien emprendió una batalla judicial infructuosa por años por su reconocimiento y recuperación de su custodia y convivencia, la Corte IDH afirmó: "93… La Corte considera en el presente caso que la decisión unilateral de una mujer de no considerarse en condiciones para asumir su función de madre, no puede constituir para la autoridad judicial interviniente una fundamentación para negar la paternidad… 94. Por el contrario, la Corte observa que tales afirmaciones responden a ideas preconcebidas sobre el rol de un hombre y una mujer en cuanto a determinadas funciones o procesos reproductivos, en relación con una futura maternidad y paternidad. Se trata de nociones basadas en estereotipos que indican la necesidad de eventuales vínculos afectivos o de supuestos deseos mutuos de formar una familia, la presunta importancia de la "formalidad" de la relación, y el rol de un padre durante un embarazo, quien debe proveer cuidados y atención a la mujer embarazada, pues de no darse estos presupuestos se presumiría una falta de idoneidad o capacidad del padre en sus funciones con respecto a la niña, o incluso que el padre no estaba interesado en proveer cuidado y bienestar a ésta… 99. Asimismo, esta Corte ya ha establecido

---

20 Caso Atala Riffo y Niñas Vs. Chile. Sentencia de 24 de febrero de 2012.

que una determinación a partir de presunciones y estereotipos sobre la capacidad e idoneidad parental de poder garantizar y promover el bienestar y desarrollo del niño no es adecuada para asegurar el interés superior del niño. Adicionalmente, el Tribunal considera que el interés superior del niño no puede ser utilizado para negar el derecho de su progenitor por su estado civil, en beneficio de aquellos que cuentan con un estado civil que se ajusta a un determinado concepto de familia[21].

Un caso adicional en esta misma línea es Artavia Murillo y otros (Fecundación in vitro) Vs. Costa Rica, decidido en 2012. El asunto se originó a partir de que un procedimiento de fecundación in vitro autorizado jurídicamente en sede administrativa, fue con posterioridad declarado inconstitucional por la Corte Suprema, afectando con ello a diversas parejas que habían optado por dicho procedimiento.

En esa oportunidad, el Tribunal interamericano señaló: "294. La Corte considera que la prohibición de la FIV puede afectar tanto a hombres como a mujeres y les puede producir impactos desproporcionados diferenciados por la existencia de estereotipos y prejuicios en la sociedad" y más adelante afirmó: "302. La Corte resalta que estos estereotipos de género son incompatibles con el derecho internacional de los derechos humanos y se deben tomar medidas para erradicarlos. El Tribunal no está validando dichos estereotipos y tan sólo los reconoce y visibiliza para precisar el impacto desproporcionado de la interferencia generada por la sentencia de la Sala Constitucional."[22]

En un caso posterior, decidido en 2015, designado como Caso Velásquez Paiz y otros Vs. Guatemala, originado por un entorno creciente de violencia contra las mujeres e impunidad

---

21 Caso Fornerón e Hija Vs. Argentina. Sentencia de 27 de abril de 2012.

22 Caso Artavia Murillo y otros (Fecundación in vitro) Vs. Costa Rica. Sentencia de 28 de noviembre de 2012.

enmarcado en los años 2004 y 2005, en los que se evidenciaron justificaciones de las autoridades sobre circunstancias de las propias víctimas, la Corte IDH reiteró que "180... el estereotipo de género se refiere a una pre-concepción de atributos, conductas o características poseídas o papeles que son o deberían ser ejecutados por hombres y mujeres respectivamente , y que es posible asociar la subordinación de la mujer a prácticas basadas en estereotipos de género socialmente dominantes y socialmente persistentes. En este sentido, su creación y uso se convierte en una de las causas y consecuencias de la violencia de género en contra de la mujer, condiciones que se agravan cuando se reflejan, implícita o explícitamente, en políticas y prácticas, particularmente en el razonamiento y el lenguaje de las autoridades estatales ."[23]

En un caso reciente, decidido en el 2018, que es el Caso Ramírez Escobar y otros Vs. Guatemala, originado por la adopción internacional irregular de dos niños ocurrida en 1998 y que implicó la separación de sus padres biológicos y de su abuela a su cuidado, la Corte IDH, señaló:

> 301. La Corte constata que, en el presente caso, se descartó la posibilidad de que el cuidado de los hermanos Ramírez se transfiriera a la abuela materna, porque tenía "preferencias homosexuales [y podría] trasmit[ir] esta serie de valores a los niños que tenga a cargo" (supra párr. 98). A pesar de que la resolución judicial que declaró a los niños en estado de abandono no contiene una motivación explícita, queda establecido que dicha autoridad judicial consideró que ninguno de los familiares de los hermanos Ramírez constituía un recurso adecuado para su protección y que uno de los argumentos para fundamentar esta consideración fue la orientación sexual de la abuela materna. La Corte reitera que la orientación sexual no puede ser utilizada como un elemento decisorio en asuntos de custodia o guarda de niñas y niños . Las consideraciones basadas en estereotipos por la orientación sexual, como las utilizadas en este caso, es decir, pre-concepciones de los atributos, conductas o características

---

[23] Caso Velásquez Paiz y otros Vs. Guatemala. Sentencia de 19 de noviembre de 2015

> poseídas por las personas homosexuales o el impacto que estos presuntamente puedan tener en las niñas y los niños no son idóneas para garantizar el interés superior del niño, por lo que no son admisibles . Tomando en cuenta que la orientación sexual de la abuela materna se tuvo en cuenta, de manera explícita, para adoptar la decisión de declarar a los niños Ramírez en estado de abandono y separarlos de su familia biológica, este Tribunal considera que ello constituyó un elemento adicional de discriminación en el presente caso[24].

Luego de este panorama general de cómo la Corte IDH fue sentando las bases de su jurisprudencia sobre protección de los derechos de las mujeres, se pueden identificar un numero cada vez más importantes de casos en temas muy diversos, entre otros, la maternidad y la protección de la mujer embarazada, la violencia sexual contra las mujeres y los casos en que equivale a tortura, asuntos de mujeres en situación de vulnerabilidad, mujeres privadas de su libertad en centros penitenciarios, mujeres indígenas, mujeres en situación de desplazamientos por conflictos armados y casos de mujeres defensoras de derechos humanos[25].

De manera complementaria al desarrollo jurisprudencial de los derechos de las mujeres, su especificidad y alcances, la Corte IDH también ha señalado múltiples deberes reforzados a cargo del Estado en la erradicación de la violencia contra la mujer, el acceso a la justicia y las medidas de reparación con perspectiva de género, incluyendo políticas públicas y medidas relacionadas con la educación. De forma meramente ejemplificativa de las

---

24 Caso Ramírez Escobar y otros vs. Guatemala. Sentencia de 9 de marzo de 2018.

25 Para un análisis detallado de los pronunciamientos de la Corte IDH en estos temas, véase a este respecto Corte Interamericana de Derechos Humanos. Cuadernillo de Jurisprudencia de la Corte Interamericana de Derechos Humanos No. 4, Derechos Humanos y Mujeres, s.e, s.f, disponible en el sitio de la propia Corte IDH: https://www.corteidh.or.cr/sitios/libros/todos/docs/cuadernillo4.pdf

temáticas anteriores, dado el importante número de casos que en la última década ha conocido el tribunal interamericano, podemos mencionar a manera de ejemplo los siguientes casos.

En los casos Masacre de Plan de Sánchez vs. Guatemala, de 2004, y Masacre de las Dos Erres Vs. Guatemala, de 2009, la incidencia de la violencia sexual contra la mujer fue identificada y calificada como "una práctica del Estado, ejecutada en el contexto de las masacres, dirigida a destruir la dignidad de la mujer a nivel cultural, social, familiar e individual"[26]. En otro contexto la calificación de violencia sexual atribuida a agentes del estado se amplió a la situación de mujeres recluidas, que fueron obligadas a permanecer desnudas en un área de hospital, vigiladas por hombres armados, no obstante el estado precario de salud en que se encontraban[27].

Otro avance importante es el paso que dio la Corte IDH al considerar que la violación sexual en determinado contexto es calificable adicionalmente como tortura[28]. La gravedad de la incidencia de este tipo de conductas atribuibles al Estado, se evidenciaron en el caso Masacres de Río Negro vs. Guatemala, decidido en 2012, en que la Corte IDH señaló; "59. Igualmente, este Tribunal ha establecido que durante el conflicto armado las mujeres fueron particularmente seleccionadas como víctimas de violencia sexual. Así, durante y de modo previo a las mencionadas masacres u "operaciones de tierra arrasada", miembros de las fuerzas de seguridad del Estado perpetraron violaciones sexuales masivas o indiscriminadas y públicas, acompañadas en ocasiones de la muerte de mujeres embarazadas y de la inducción

---

26 Caso Masacre Plan de Sánchez Vs. Guatemala. Sentencia 19 de noviembre de 2004, párrafo 49 y Caso de la Masacre de las Dos Erres Vs. Guatemala. Sentencia de 24 de noviembre de 2009, párrafo 139.

27 Caso del Penal Miguel Castro Castro Vs. Perú. Sentencia 25 de noviembre de 2006 , párrafo 308.

28 Caso Fernández Ortega y otros. Vs. México. Sentencia de 30 de agosto de 2010, párrafo 128.

de abortos. Esta práctica estaba dirigida a destruir la dignidad de la mujer a nivel cultural, social, familiar e individual. Además, cabe señalar que según la CEH, cuando eran perpetradas en contra de comunidades mayas, "las violaciones masivas tenían un efecto simbólico, ya que las mujeres mayas tienen a su cargo la reproducción social del grupo [... y] personifican los valores que deben ser reproducidos en la comunidad".

En materia de los deberes reforzados, medidas integrales y la debida diligencia de los Estados en casos de violencia contra la mujer, destaca el precedente del caso González y otras ("Campo Algodonero") vs. México, reiterado en casos ulteriores, en el que la Corte IDH insistió en que "... los Estados deben adoptar medidas integrales para cumplir con la debida diligencia en casos de violencia contra las mujeres. En particular, deben contar con un adecuado marco jurídico de protección, con una aplicación efectiva del mismo y con políticas de prevención y prácticas que permitan actuar de una manera eficaz ante las denuncias. La estrategia de prevención debe ser integral, es decir, debe prevenir los factores de riesgo y a la vez fortalecer las instituciones para que puedan proporcionar una respuesta efectiva a los casos de violencia contra la mujer. Asimismo, los Estados deben adoptar medidas preventivas en casos específicos en los que es evidente que determinadas mujeres y niñas pueden ser víctimas de violencia. Todo esto debe tomar en cuenta que en casos de violencia contra la mujer, los Estados tienen, además de las obligaciones genéricas contenidas en la Convención Americana, una obligación reforzada a partir de la Convención Belém do Pará. La Corte pasará ahora a analizar las medidas adoptadas por el Estado hasta la fecha de los hechos del presente caso para cumplir con su deber de prevención."[29]

[29] Caso González y otras ("Campo Algodonero") Vs. México. Sentencia de 16 de noviembre de 2009, párrafo 258.

En el caso Veliz Franco y otros Vs. Guatemala[30], el Tribunal acentúo dichos deberes estatales cuando se trata de la particular vulnerabilidad de las niñas a la violencia, de manera que los Estados tiene el deber de "... actuar con la mayor y más estricta diligencia para proteger y asegurar el ejercicio y goce de los derechos de las niñas frente al hecho o mera posibilidad de su vulneración por actos que, en forma actual o potencial implicaren violencia por razones de género o pudieren derivar en tal violencia".

Por último, la importancia de la salvaguarda de los derechos de la mujer ha dejado huella en los temas de reparación integral a las víctimas de las violaciones a los derechos. En el caso "Campo Algodonero", se abonó a los criterios de dicha reparación en el sentido de que "... teniendo en cuenta la situación de discriminación estructural en la que se enmarcan los hechos ocurridos en el presente caso y que fue reconocida por el Estado [...], las reparaciones deben tener una vocación transformadora de dicha situación, de tal forma que las mismas tengan un efecto no solo restitutivo sino también correctivo. En este sentido, no es admisible una restitución a la misma situación estructural de violencia y discriminación.."[31].

Otra modalidad impresa a las reparaciones a cargo del Estado, fue en el sentido de que las mismas tengan además un alcance comunitario a fin de reintegrar a la víctima a su espacio vital y de identificación cultural, amen de restablecer el tejido comunitario[32]. Asimismo, que las investigaciones de las violaciones a derechos humanos y el juzgamiento de los responsables sea llevada a cabo con perspectiva de género[33].

---

30 Sentencia de 19 de mayo de 2014, párrafo 134.

31 Caso González y otras ("Campo Algodonero") vs. México. Excepción Preliminar, Sentencia de 16 de noviembre de 2009, párrafo 450.

32 Caso Fernández Ortega y otros Vs. México. Sentencia de 30 de agosto de 2010, párrafo 267.

33 Caso Favela Nova Brasília Vs. Brasil. Sentencia de 16 de febrero de 2017, párrafo 293.

293. Finalmente, respecto a los hechos de violencia sexual, tal como se ha dispuesto en otras oportunidades relacionadas con este tipo de casos , tanto la investigación como el proceso penal consiguiente deberán incluir una perspectiva de género, emprender líneas de investigación específicas respecto de la violencia sexual, de conformidad con la legislación interna, y en su caso, la participación adecuada durante la investigación y el juzgamiento en todas las etapas. Asimismo, la investigación debe realizarse por funcionarios capacitados en casos similares y en atención a víctimas de discriminación y violencia por razón de género. Además, deberá asegurarse que las personas encargadas de la investigación y del proceso penal, así como, de ser el caso, otras personas involucradas, como testigos, peritos, o familiares de la víctima, cuenten con las debidas garantías de seguridad.

Por último, como parte de las medidas de no repetición se encuentran los temas de educación y capacitación en materia de derechos humanos, que en virtud del precedente también reiterado en casos subsecuentes del caso de “Campo Algodonero”, se avanzó por parte de la Corte IDH, que ordenó al Estado “.. continúe implementando programas y cursos permanentes de educación y capacitación en: i) derechos humanos y género; ii) perspectiva de género para la debida diligencia en la conducción de averiguaciones previas y procesos judiciales relacionados con discriminación, violencia y homicidios de mujeres por razones de género, y iii) superación de estereotipos sobre el rol social de las mujeres.”[34]

4. Consideración conclusiva.

En el presente trabajo hemos intentado reflejar las distintas vías en que el SIDH ha afirmado, promovido y protegido los derechos de las mujeres en el Continente Americano derivado

[34] Caso González y otras (“Campo Algodonero”) Vs. México. Sentencia de 16 de noviembre de 2009, párrafo 541.

de un gran contexto de violaciones graves cometidos en contra de las mujeres en la región. El cúmulo de actividades, órganos, normas, procedimientos, guías, informes, recomendaciones y sentencias, son notorios y no dejan duda alguna de que se cuenta con un marco normativo e institucional supranacional que busca incidir y responder a una realidad aún lacerante sobre la discriminación, desigualdad, violencia, carencias y obstáculos, generalizados y estructurales en muchos casos, que afectan y enfrentan las mujeres en su dignidad y vida cotidiana.

El recorrido sucinto que mostramos, la gravedad de las situaciones y casos son indicativos que entre normas y eficacia de las mismas existe aún una gran brecha. Si bien el SIDH es una fuente indiscutible de estándares, deberes y pautas de actuación, no se debe perder de vista que los Estados son quienes tienen los deberes primarios y directos de incidir en la realidad de las sociedades que los conforman.

Si en efecto los Estados están comprometidos con los derechos de las mujeres, deberían empezar por el cumplimiento cabal al menos de los siguientes deberes básicos: a) la armonización normativa que permita que los estándares de fuente internacional se incorporen a los ordenamientos internos, dando lugar a legislación y normatividad administrativa enfocada a la efectiva protección de las niñas, adolescentes y mujeres; b) cumplir sin cortapisas las recomendaciones y sentencias internacionales a cabalidad, que proveen una vía para la reparación integral del daño a las mujeres víctimas, en particular la investigación y sanción de los responsables a efecto de mandar un mensaje claro en contra de la impunidad imperante; c) adoptar en el ámbito interno los precedentes internacionales en su valor y utilidad jurídicos, sacando el mayor provecho de su efecto incluso didáctico y preventivo, esto es, que sean invocables y vinculantes en su atención por parte de las instancias administravias y judiciales internas; d) fortalecer la respuesta institucional en la erradicación de la violencia hacia las mujeres, sin que su viabilidad o eficacia se vean condicionadas por cuestiones políticas o presupuestales, pues se trata de una necesidad imperiosa.

La perspectiva de género en el enjuiciamiento penal

Mª ÁNGELES CARMONA VERGARA
Vocal del Consejo General del Poder Judicial
Presidenta del Observatorio contra la Violencia Doméstica y de Género

La igualdad entre mujeres y hombres es un principio universal reconocido jurídicamente en todos los textos internacionales sobre derechos humanos, entre los que destaca la Convención para la Eliminación de todas las formas de Discriminación Contra la Mujer, CEDAW aprobada por la Asamblea General de Naciones Unidas en diciembre de 1979 y ratificada por España en diciembre de 1983.

La IV Conferencia Mundial de Mujeres, celebrada en Pekín en 1995, puso de relieve de manera destacada y por vez primera que el principio de igualdad de mujeres y hombres nunca llegaría a hacerse efectivo si su aplicación continuaba realizándose de manera sectorial y aislada.

La igualdad entre mujeres y hombres es un valor fundamental de la Unión Europea, proclamado en el Tratado de la Unión, así como en la Carta de la Mujer, marzo 2010 (Comisión Europea) y por supuesto en nuestra Constitución Española. (Arts. 14.1 y 9.2).

La Ley Orgánica 3/2007, de 22 de marzo, para la igualdad efectiva de mujeres y hombres, que en el artículo 4 establece que «La igualdad de trato y de oportunidades entre mujeres y hombres es un principio informador del ordenamiento jurídico y, como tal, se integrará y observará en la interpretación y aplicación de las normas jurídicas» y que todas las administraciones públicas deben promover este principio de igualdad.

El verdadero cambio en la situación de las mujeres tan sólo se lograría mediante la implicación de la sociedad en su conjunto a través de «la integración de la perspectiva de género en todas las políticas y los programas, para analizar sus consecuencias para las mujeres y los hombres respectivamente, antes de tomar decisiones»

Las recomendaciones del Comité de Ministros del Consejo de Europa aprobadas en marzo de 2019 para erradicar el sexismo, se refiere a esa implicación necesaria de todas las instituciones públicas y de toda la sociedad.

Es importante destacar dos puntos de las referidas recomendaciones que desde el punto de vista judicial afectan directamente a las competencias del órgano de gobierno de los jueces (CGPJ).

Uno es el que se refiere al acceso de la mujer a las esferas profesionales de autoridad, que en el mundo judicial se traduce a la promoción de las mujeres juezas a los altos cargos de libre designación.

La inmensa mayoría de las sentencias y resoluciones judiciales dictadas en España están firmadas por mujeres. Actualmente, según el informe anual sobre la estructura de la carrera judicial que elabora el CGPJ, el 54% de los miembros de la judicatura son mujeres.

Si bien observamos que la edad media de las mujeres juezas es mucho más bajo que la de los hombres. Hay que considerar que la primera mujer jueza en España ingresa en el año 1977, aunque durante la República hubo algunas magistradas después se prohibió expresamente que pudieran opositar aunque sí se les permitía ser notarias o registradoras. Hay una Orden Ministerial del año 1934 que dice que si bien no está expresamente prohibido es fácil entender que las funciones de juez fiscal y secretario judicial no son adecuadas para las mujeres que tenían que desplazarse fuera del domicilio y que era de todo punto incompatible con la maternidad.

Pero ¿qué ocurre en los altos cargos?

En el Tribunal Supremo hay un 21% de mujeres, una de ellas preside la Sala Cuarta.

En la Audiencia Nacional un 42%, sólo una mujer preside una Sala, la de lo Penal.

En los Tribunales Superiores de Justicia un 36% son mujeres, dos de ellas presiden los Tribunales de Valencia y Extremadura y 20 de ellas presiden salas.

Por último, en las Audiencias Provinciales 10 mujeres han sido nombradas presidentas y hay 39% de juezas. Es cierto que en estos últimos años han accedido un porcentaje mucho mayor pero queda aún un largo camino para conseguir la igualdad en este punto, sobre todo porque observamos pocas candidaturas de mujeres que aún tienen que conciliar su vida familiar en detrimento de su vida profesional.

Un dato curioso es que el 72% de los juzgados de violencia sobre la mujer está servido por mujeres juezas. Se aprecia esa especial sensibilidad e implicación.

El otro punto se refiere a la formación periódica y adecuada para los miembros de la carrera judicial sobre derechos humanos e igualdad de género y sobre los efectos nocivos de los sesgos y estereotipos de género y el uso de un lenguaje sexista especialmente en los casos de violencia contra mujeres y niñas.

El CGPJ está especialmente ocupado en la formación especializada en esta materia, sobre todo desde la última modificación de la Ley Orgánica del Poder Judicial, que establece la especialidad propia en la carrera de violencia de género.

Estamos mejorando y ampliando la especialización en el sistema judicial asegurando que todos los operadores jurídicos que atienden violencia de género, trata y violencia sexual trabajan con formación especializada y perspectiva de género. Esto se traduce en el temario de oposiciones para el acceso a la carrera judicial, en los cursos prácticos de formación de la Escuela Judicial, y en general en la formación continua evaluada cuantitativa y cualitativamente por el CGPJ.

¿Qué es lo que aprenden los jueces con estos cursos?

El poder judicial a través de las sentencias y demás resoluciones no sólo está obligado a aplicar el principio de igualdad y por tanto a extender a las mujeres los derechos que tienen los hombres y que les han sido negados, sino que además el poder judicial está obligado a combatir los estereotipos de género o prejuicios para garantizar la igualdad efectiva. Nadie está libre de esos prejuicios y tampoco las mujeres.

Los estereotipos de género son absolutamente nocivos porque se trata de opiniones de prejuicios sociales históricos acerca de atributos o características de tradicionalmente tienen o deben tener los hombres y las mujeres o de las funciones sociales que desempeñan o deben desempeñar.

La mayoría de los estereotipos de género son hostiles para las mujeres. Se dicen que son más débiles, irracionales, histéricas o no saben de política. Otros prejuicios parecen más intrascendentes como que cuidan su aspecto físico, que son más protectoras y cuidan a los niños y ancianos, pero también son nocivos porque las relegan a ocupaciones de poca responsabilidad de poca trascendencia.

Para dictar una resolución justa y para aplicar plenamente el principio de independencia y objetividad, las resoluciones deben estar libres de estos prejuicios ya que no solo afectan al caso concreto resuelto sino que sus efectos negativos se proyectan más allá, tiene mucha más repercusión porque lo respalda el Poder Judicial, el poder del estado que normalmente tiene la última palabra.

¿Cómo identificar los estereotipos de género a la hora de dictar resoluciones?

Primero, identificando la asignaciones de los roles socioculturales de hombres y mujeres y segundo, interpretando las normas aplicables sin introducir los estereotipos, atendiendo a las circunstancias objetivas de los hechos enjuiciados.

En ese sentido hemos visto conocidas resoluciones de la CEDAW que inciden especialmente en la credibilidad de la mujer. Como el caso en el que la Sala Tercera del Tribunal Supremo admite la responsabilidad por mal funcionamiento de la Administración de justicia en el asesinato de la hija menor de Ángela Carreño a manos de su padre; sentencias en las que se ha hecho referencia a la minifalda que vestía la denunciante o votos particulares que entendieron que una violación era un jolgorio.

Todo esto tiene que ser aplicable a todos los órdenes jurisdiccionales, pero tiene especial relevancia sin duda alguna en el ámbito de la violencia de género.

Centrándonos en el tema de la violencia machista me gustaría hacer una serie de importantes consideraciones sobre la evidente evolución que la jurisprudencia española está experimentando en el enjuiciamiento con perspectiva de género. Para ello, es importante destacar las principales sentencias del Tribunal Supremo que se refieren a casos de violencia sobre la mujer en las que se aplica la perspectiva de género.

Sentencia del Tribunal Supremo 16/2012, de 20 de enero. Alevosía de género

Existe una modalidad especial de alevosía convivencial basada en la relación de confianza proveniente de la convivencia, generadora para la víctima de su total despreocupación respecto de un eventual ataque que pudiera tener su origen en acciones del acusado.

Esta alevosía doméstica, derivada de la relajación de los recursos defensivos como consecuencia de la imprevisibilidad de un ataque protagonizado por la persona con la que la víctima convive día a día, hace que la inmensa mayoría de los homicidios perpetrados por hombres sobre sus parejas sean calificados como asesinatos.

Sentencia del Tribunal Supremo, 14 de marzo de 2017. Alevosía de género

Confirma la condena a 27 años de prisión por un delito consumado de asesinato, con la agravante de parentesco y reincidencia, y otro delito de violencia física y psíquica habitual a un hombre que mató a su mujer tras asestarle 54 cuchilladas en el domicilio conyugal en Barcelona. Concurre una "alevosía doméstica basada en la relación de confianza proveniente de la convivencia, generadora para la víctima de su total despreocupación respecto de un eventual ataque que pudiera tener su origen en acciones del acusado". Para la Sala, este tipo especial de alevosía "deriva de la relajación de los recursos defensivos como consecuencia de la imprevisibilidad de un ataque protagonizado por la persona con la que la víctima convive día a día".

Sentencia Tribunal Supremo 765/2017, de 27 de noviembre

El agresor, marido de la víctima, le asestó varias puñaladas mientras ambos estaban en el salón de la vivienda.

Aun cuando la víctima trató de defenderse del ataque con las manos, la Sala entiende que el ataque es alevoso, resaltando que el mismo quebranta la atmósfera de confianza que rige en el propio hogar, clima de confianza acentuado por la presencia de los tres hijos menores de edad; configurando así un escenario que, declara el Tribunal, "*alevosía doméstica*' o 'alevosía convivencial'"».

Sentencia del Tribunal Supremo, Sala de lo Penal, sección 1ª, 22-06-2012 (rec. 10158/2012)

El Tribunal Supremo confirma la sentencia de instancia que condena por asesinato, violencia familiar habitual y delito de maltrato. Continuidad en el trato despreciativo y humillante del hombre sobre la mujer, ejerciendo un férreo control sobre todos los aspectos de la vida de ésta.

Refiere la eficacia de la declaración de testigos de referencia que conocían la situación por boca de la fallecida.

Sentencia Tribunal Supremo Sala Segunda 14-03-2017. Celos

"Los celos no constituyen justificación del arrebato u obcecación" y añade que los presupuestos de la atenuación deben ser lícitos y acordes con las normas de convivencia. "De ahí que no pueda aceptarse como digna de protección una conducta que no hace sino perpetuar una desigualdad de género",

Sentencia Tribunal Supremo, 247/2018. Escenario del miedo

Maltrato habitual. Se configura con unas características de especial crueldad en el autor que en el círculo de su propio hogar familiar ejerce un maltrato prolongado en el tiempo, que crea una especie de "escenario del miedo", y que aunque se desdobla en actos aislados de hechos que pueden conllevar, individualmente considerados, una penalidad reducida, la reiteración en esos hechos provoca un doble daño en la víctima, tanto físico, si se trata de agresiones causando lesión o sin causarlas, o en expresiones que profiere el autor y constan probadas, como psíquico, por afectar a la psique de las víctimas, no solo las expresiones que se profieren, sino el maltrato físico habitual viniendo del autor del que vienen los hechos, que no se trata de un tercero ajeno a las víctimas, sino de la pareja de la víctima, o el padre de las mismas, como aquí ocurre, lo que agrava el padecimiento de las víctimas de violencia de género y doméstica.

Sentencia Tribunal Supremo 247/18. Retraso en denunciar

Resiliencia de la víctima:

"El tribunal es consciente de la crudeza de los episodios vividos por la víctima y toma en cuenta, como ha expuesto, aquellos momentos en los que dados los hechos probados le puede resultar sostener el relato de lo sufrido, ya que en este caso no se trata de un ilícito concreto, sino de un "iter delictivo" en un contexto de un "infierno" vivido por la víctima y con la preeminencia de un miedo en ésta que le hacía incapaz de contar lo que estaba viviendo, perfil que es extensivo a muchas víctimas de este tipo de casos que no pueden encontrar una puerta por la que salir. Y, además, es la gravedad de los hechos lo que les impide "salir de un bucle" de violencia que impregna su capacidad de decisión, lo que lleva a perpetuar el maltrato, y que el retraso en denunciar conlleve un acrecentamiento de la violencia en los hechos que es lo que permite que pueda llevar a causar una secuela psíquica tan grave como la producida...

El denominado síndrome de Estocolmo en estos casos lleva a muchas víctimas, como aquí ha ocurrido, a negar hasta los hechos de maltrato, alegando en centros médicos que las lesiones son ajenas a actos de maltrato para escudar o esconder la conducta y actitud de su pareja. Por esto, en este entorno de actos de maltrato y de las dificultades de salir del mismo, el tribunal puede valorar, como aquí ha hecho, el contexto de una situación de subyugación y de dominación que dificulta a las víctimas salir del entorno de maltrato al no ser capaces de denunciar, hasta que llega un momento en el que toma la decisión de salir del "pozo de esta dominación y agresividad" para denunciar una relación de hechos como los aquí relatados"

Y la circunstancia del retraso en denunciar, poniendo de manifiesto que las víctimas lo silencian por miedo, temor a una agresión mayor, o a que las maten, lo que pudo ocurrir en este caso.

Pero ese «silencio» de las víctimas no puede correr contra ellas cuando finalmente lo cuentan a raíz de un hecho más grave, como en este caso, y el autor les cuestiona el silencio como sinónimo de faltar a la verdad cuando relatan unos hechos de maltrato habitual.

No puede admitirse, por ello, —se dice en la sentencia— que el estado de pánico y terror que sufren las víctimas les suponga una «traba de credibilidad» cuando éstas se deciden a denunciarlo más tarde, ya que el retraso en denunciar hechos de violencia de género, o doméstica, no es sinónimo de falsedad en una declaración, sino que es perfectamente admisible entender veraz esa declaración por las especiales características de los hechos de maltrato.

Sentencia Tribunal Supremo 349/19 de 4 de julio, "el silencio cómplice en materia de violencia sobre la mujer"

Gravedad extrema de hechos probados.- Lesiones graves, deformidad nasal, agresión sexual… "Pese al intento de restar importancia al escándalo que se oía, fue suficiente para despertar a una persona profundamente dormida, para que esta persona llamara a su madre y llamaran a la puerta de la vivienda"

Aspectos fundamentales.- 1) La falta de denuncia no puede suponer una duda acerca de la credibilidad de la denuncia tardía 2) Soledad de la víctima.- "No hemos de pasar por alto la soledad y vulnerabilidad que transmite la situación de la víctima, que en el momento de seguir adelante con la denuncia se queda sola y ve como sus paisanos declaran a favor del acusado, organizando incluso eventos de apoyo popular al mismo… SILENCIO CÓMPLICE…"

Sentencia Tribunal Supremo 282/18 de 13 de junio. Valor de la declaración de la víctima

- Matices diferenciadores a tener en cuenta en la declaración de la víctima de violencia de género como sujeto pasivo, frente al testigo visual no víctima directa.
- Elementos a tener en cuenta en la valoración de la declaración de la víctima como testigo cualificado dada su condición de sujeto pasivo.
- El tribunal debe valorar sus gestos, su firmeza, su persistencia, coherencia... Pero esos requisitos no pueden ser rígidos No se puede exigir que la víctima recuerde detalles fechas lugares o declare exactamente lo mismo cada vez que es llamada a declarar.

Sentencia Tribunal Supremo 119/19, de 6 de marzo. Situación de vulnerabilidad de la víctima

Además de los 11 criterios a tener en cuenta para valorar la declaración de la víctima como prueba suficiente para enervar el principio de presunción de inocencia, debe tenerse en cuenta:

1. Dificultades que puede expresar la victima ante el Tribunal por estar en un escenario que le recuerda los hechos de que ha sido víctima y que puede llevarle a signos o expresiones de temor ante lo sucedido que trasluce en su declaración.
2. Temor evidente al acusado por la comisión del hecho dependiendo de la gravedad de lo ocurrido. Miedo a no ser creídas. Miedo a perder a sus hijos.
3. Temor a la familia del acusado ante posibles represalias, aunque estas no se hayan producido u objetivado.
4. Deseo de terminar cuanto antes la declaración.
5. Deseo al olvido de los hechos.

6. Posibles presiones de su entorno o externas sobre su declaración.

Sentencia Tribunal Supremo 677/18, de 20 diciembre. Agresión mutua

Es recomendable cribar la racionalidad de la denuncia cruzada para evitar situaciones de victimización secundaria institucional.

El Pleno del Tribunal Supremo (TS) ha fijado en una sentencia que en una agresión mutua entre un hombre y una mujer que tengan una relación de pareja o ex pareja, e, incluso, aunque haya sido ella la que ha iniciado la pelea física, la violencia que él ejerce sobre ella debe considerarse de género o machista.

El Supremo recalca que los actos de violencia que ejerce el hombre sobre la mujer en una relación afectiva de pareja constituyen "actos de poder y superioridad con independencia de cuál sea la motivación o la intencionalidad" y constituyen un delito de violencia de género.

Sentencia Tribunal Supremo 667/19, de 14 de enero de 2020. Consentimiento de la mujer

"El consentimiento de la víctima de violencia sobre la mujer no puede operar como circunstancia atenuante" -protección efectiva de la víctima- interés colectivo indisponible (Convenio Estambul).

Sentencia Tribunal Supremo 247/2018, de 8 de mayo. Crisis de pareja riesgo

Este tipo de casos evidencian la necesidad de llevar a cabo un esfuerzo en la valoración de la presencia de incremento del riesgo en las víctimas con una especial atención en su detección en las denuncias que presentan las víctimas, y que se debe acompañar en la denuncia policial al estudio que al efecto se elabore.

Las Administraciones deben adoptar las medidas conducentes a dar protección a las víctimas, como estas mismas para darles información y asesoramiento sobre el riesgo de una posible decisión de reanudar la convivencia.

Sentencia Tribunal Supremo 420/2018, de 25 de septiembre. Carácter celoso: los celos no son circunstancia atenuante

Los hechos probados en la sentencia relatan que el acusado estaba casado y mantenía una relación de afectividad sin convivencia con la víctima, con rupturas y discusiones frecuentes derivadas del carácter celoso y posesivo del hombre. En una de esas discusiones, el acusado movido por los celos al creer que la mujer se estaba comunicando por teléfono con otro hombre, aprovechó el momento en que se encontraba en el servicio para coger un cuchillo y abalanzarse sobre la víctima dándole cuchilladas, al tiempo que profería expresiones como "si no eres mía no eres de nadie"

AGRAVANTE DE GÉNERO.-

No solo para la violencia en pareja

Art. 416 Interpretación que impide espacios de impunidad para los agresores

Sentencia Tribunal Supremo de 25/09/2018 GENERO/SEXO STS 232/2015 de 20 de abril STS 232/2015 (Sala 2ª)

La agravante por razones de género se caracteriza, precisamente, por la concurrencia de ese elemento, y, además, porque el hecho debe ser cometido en el ámbito de las relaciones de pareja, lo que le atribuye una evidente especificidad.

Sin embargo, podría plantearse si todos los posibles supuestos en que sería de aplicación la agravante por razones de género quedarían también cubiertos por la agravación por razón de sexo o de parentesco. Respecto del parentesco, se exige el carácter estable de la relación, lo que no es preceptivo en la agravante por razones de género. Estos son, pues, supuestos en los que no sería aplicable el parentesco pero si la agravación por razones de género.

En cuanto al sexo, es generalmente admitido que hace referencia a las características biológicas y fisiológicas que diferencian los hombres de las mujeres, papeles, comportamientos, actividades y atributos construidos socialmente que una sociedad concreta considera propios de mujeres o de hombres (Convenio de Estambul, art. 3.c). Es claro que la agravación por discriminación por razón del sexo de la víctima puede ser apreciada fuera del ámbito de las relaciones de pareja. Y, aun cuando en ocasiones pudieran ser coincidentes las bases de ambas agravaciones, será posible distinguir la base de una y otra.

Sentencia Tribunal Supremo 232/2015, de 20 de abril . MALTRATO HABITUAL NO BIS IN IDEM

Tipo penal del artículo 173.2 del Código Penal, es la dignidad de la persona y su derecho a no ser sometida a tratos inhumanos o degradantes en el ámbito de la familia, protegiéndose al tiempo, de esta forma, la paz en el núcleo familiar como bien jurídico colectivo. (474/2010; 889/2010; 1154/2011; 168/2012.)

La violencia física y psíquica a que se refiere el tipo es algo distinto de los concretos actos violentos o vejaciones aisladamente considerados, remarcando que el bien jurídico que protege este tipo penal es más amplio y relevante que el mero ataque a la integridad, quedando afectados fundamentalmente valores inherentes a la persona y dañado el primer núcleo de toda sociedad, el familiar.

Se trata de un tipo con sustantividad propia que sanciona la consolidación por parte del sujeto activo de un clima de violencia y dominación; de una atmósfera psicológica y moralmente irrespirable, capaz de anular a la víctima e impedir su libre desarrollo como persona, precisamente por el temor, la humillación y la angustia inducidos.

Auto del Tribunal Supremo de 31 de julio de 2013. Descarta la necesidad de la concurrencia de un elemento subjetivo para la culminación del delito, basándose en la STC 59/2008, de 14 de mayo.

Sentencia Tribunal Supremo 254/2019 de 21 de mayo de 2013 El Tribunal Supremo recuerda que no existe el "débito conyugal" en el matrimonio o la pareja, y condena por violación cuando se ejerce violencia o intimidación en la relación.

El matrimonio no supone sumisión de un cónyuge al otro, ni mucho menos enajenación de voluntades ni correlativa adquisición de un derecho ejecutivo cuando se plantee un eventual incumplimiento de las obligaciones matrimoniales, si así puede entenderse la afectividad entre los casados o ligados por relación de análoga significación", añade el Alto Tribunal

Sentencia Tribunal Supremo 568/15. Sala de lo Penal. Menores testigos

Es patente que el hecho de haber presenciado la menor el ataque de su progenitor a su madre acuchillándole repetidas veces constituye un dato que acredita suficientemente el nexo entre el delito y el perjuicio para el desarrollo integral de la menor, que se vería victimizada del hecho de mantener el padre la patria potestad y el derecho de visitas, por lo que se cumple el requisito de conexión que exige el art. 50 del Código Penal

PLENO del Tribunal Supremo de 20 de marzo de 2018

La expresión «en presencia de Menores» debe abarcar tanto los supuestos en los que el menor contempla visualmente los hechos como aquellos otros en los que el menor, con simultaneidad al momento en el que se están desarrollando, los percibe de cualquier otro modo, siendo consciente del acto de violencia.

SALA DE LO CONTENCIOSO ADMINISTRATIVO ST 1263/2018, 17 DE JULIO. CEDAW ANGELA CARREÑO

Funcionamiento inadecuado que propició que su hija fuese asesinada a manos de su ex-pareja, muerte que se podría haber evitado si la Administración de Justicia hubiese funcionado correctamente manteniendo el régimen de visitas con vigilancia que se estableció en un primer momento para regular la separación matrimonial.

Sentencia del Tribunal Supremo 396/18, de 26 de julio. ABUSO SEXUAL

Cualquier acción que implique un contacto corporal inconsentido con significación sexual, en la que concurra el ánimo tendencial ya aludido, implica un ataque a la libertad sexual de la persona que lo sufre y, como tal, ha de ser constitutivo de un delito de abuso sexual previsto y penado en el artículo 181 CP; sin perjuicio de que la mayor o menor gravedad de dicha acción tenga reflejo en la individualización de la pena.

Sentencia Tribunal Supremo 13/19, de 17 de enero. PARAFILIA

Al tratarse de trastornos caracterizados por una incapacidad de inhibición de impulsos, la voluntad estaría alterada, no así la comprensión de la ilicitud del hecho.

Sentencia Tribunal Supremo 344/2019, de 4 de julio. Asunto "LA MANADA"

"A juicio de la Sala los vídeos evidencian de una parte la pasividad doliente de la víctima y de otra el abusivo comportamiento de los acusados, que inician sin prolegómeno alguno y desarrollan sin miramiento un atentado contra el derecho a la libre determinación personal de la joven, prevaliéndose de su número y fuerza, escarneciendo su situación de desamparo.”.

Sentencia Tribunal Supremo 636/20. ASESINATO pena prisión permanente revisable

Se afirma igualmente que “el único posible atractivo o interés racional que para el acusado puede tener la nave como lugar adonde trasladar a la víctima viva es el que deriva de su aislamiento y abandono, es decir, de ser un lugar donde sus actos no serían percibidos por terceros y donde podría continuar la sujeción de la víctima a sus propósitos”.

Derechos humanos y acceso a la justicia de las mujeres migrantes[1]

ADÁN CARRIZO GONZÁLEZ-CASTELL
Profesor Contratado Doctor de Derecho Procesal
Universidad de Salamanca

SUMARIO. 1. INTRODUCCIÓN. 2. EL DERECHO DE ACCESO A LA JUSTICIA COMO GARANTÍA DE LOS DERECHOS HUMANOS: LAS REGLAS DE BRASILIA COMO MARCO DE REFERENCIA PARA IDENTIFICAR LOS FACTORES DE VULNERABILIDAD A LOS QUE DEBE ENFRENTARSE LA POBLACIÓN MIGRANTE. 3. EL DERECHO DE ACCESO A LA JUSTICIA COMO PRINCIPIO RECTOR DEL PACTO MUNDIAL PARA UNA MIGRACIÓN SEGURA, ORDENADA Y REGULAR. 4. LA VIOLENCIA DE GÉNERO COMO FACTOR DE VULNERABILIDAD ESPECÍFICO EN EL ACCESO A LA JUSTICIA DE LA MUJER MIGRANTE. 4.1 PROTOCOLOS DE ACTUACIÓN CON LAS MUJERES MIGRANTES VÍCTIMAS DE VIOLENCIA DE GÉNERO. 4.2 PROTOCOLOS PARA PREVENIR, COMBATIR Y ERRADICAR LA TRATA DE PERSONAS EN EL CONTEXTO DE LA MIGRACIÓN INTERNACIONAL. 5. LA ASISTENCIA JURÍDICA GRATUITA COMO GARANTÍA DEL ACCESO A LA JUSTICIA DE LA POBLACIÓN MIGRANTE. 6. REFLEXIÓN FINAL.

---

1 El presente trabajo se enmarca dentro de los Proyectos de Investigación titulados *Diagnóstico y evaluación por el Estado español del Pacto Mundial de Migraciones desde una perspectiva de género*, con referencia PID2019-106159RB-100. Entidad financiadora: Agencia Estatal de Investigación, Ministerio de Ciencia e Innovación, así como del titulado *Multiculturalismo, seguridad y Derechos humanos. Innovación en políticas públicas para la inclusión y la defensa de las mujeres migrantes*, con referencia: SA074G19. Entidad financiadora: Junta de Castilla y León de los que es investigadora principal la Dra. Nieves Sanz Mulas, Catedrática de Derecho Penal de la Universidad de Salamanca.

RESUMEN

El presente trabajo aborda la discriminación que sufre la población migrante en el acceso a la justicia, un fenómeno que podríamos catalogar dentro de las denominadas nuevas formas de discriminación y que evidencia la necesidad de que los Estados adopten políticas públicas que tengan en cuenta la situación de grupos vulnerables. Y todo ello, desde la óptica de las Reglas de Brasilia sobre acceso a la justicia de la población en condición de vulnerabilidad.

Se analizan así, las disposiciones que, en este sentido, se recogen en el Pacto Mundial para la Migración Segura, Ordenada y Regular desde una perspectiva interseccional y de discriminación múltiple, incorporando una visión de género que promueva la igualdad y el empoderamiento de todas las mujeres y niñas migrantes prestando especial atención a las mujeres víctimas de violencia de género o de trata de personas, proponiendo la adopción de medidas necesarias para prestar servicios justos, transparentes, eficaces, no discriminatorios y responsables que promuevan el acceso a la justicia, en la línea marcada por los objetivos de desarrollo sostenible recogidos en la Agenda 2030 de Naciones Unidas.

1. INTRODUCCIÓN.

Es evidente, tal y como se desprende de diferentes estudios[2], el grado de feminización que ha existido desde siempre en el fenómeno migratorio, aunque este haya sido silenciado u obviado durante décadas, basándose la importancia de las migraciones femeninas no solo en su peso demográfico sino también en la aportación que las mujeres realizan en distintas esferas de la comunidad de acogida como la económica y la social, pasando de

---

2 Para un análisis de estos datos puede consultarse https://migrationdataportal.org/themes/gender-and-migration Fecha de última consulta: 30 de julio de 2021. Para una certera aproximación a los datos referidos a la migración puede consultarse NIETO LIBRERO A. B. y GONZÁLEZ GARCÍA, N., "Aproximación estadística al fenómeno migratorio" en *Derechos Humanos y migraciones. Una mirada interdisciplinaria (SANZ MULAS, N., dir.)*, Tirant lo Blanch, Valencia, 2020.

sumarse al proceso migratorio del cónyuge varón, a ser ellas quienes asumen el protagonismo del proyecto migratorio familiar, actuando en muchas ocasiones como agentes de integración[3].

Esta es, sin duda, una de las principales razones por la que el Pacto Mundial para una Migración Segura, Ordenada y Regular, firmado en Marrakech en diciembre de 2018[4], aparte de establecer el acceso a la justicia de la población migrante, como uno de sus principios rectores transversales e interdependientes, señala también la necesidad de incluir una perspectiva de género que favorezca el empoderamiento de las mujeres y de las niñas migrantes, haciéndolas sentirse protagonista de su propia realidad, lo que permitirá identificar factores de exclusión y desarrollar mecanismos de integración que garanticen la igualdad de oportunidades. Y esto es así porque, en muchas ocasiones, el género puede tener un efecto en las experiencias de la migración mayor al que pueda producir el país de origen o de destino, la edad, clase, raza o cultura, debiendo ser considerado, como así se impulsa desde el Pacto, como un tema transversal en las políticas públicas adoptadas en este ámbito.

En este sentido, y en cuanto a la normativa española se refiere, la Ley Orgánica 3/2007, de 22 de marzo para la igualdad efectiva de mujeres y hombres, ya señala en su Exposición de Motivos que debe contemplarse "una especial consideración con los supuestos de doble discriminación y con las singulares dificultades en que se encuentran las mujeres que presentan especial vulnerabilidad, como son las que pertenecen a minorías, las mujeres migrantes y las mujeres con discapacidad", algo en

---

3 Sobre este tema puede consultarse LLORENT, V. y TERRÓN, M. T., "La inmigración marroquí en España: Género y Educación" en *Estudios sobre Educación*, 24, 2013.

4 Puede consultarse el documento final del Pacto Mundial, en español, en el siguiente enlace: https://undocs.org/es/A/CONF.231/3 Fecha de última consulta: 30 de julio de 2021.

lo que se fueron centrando los diferentes Planes Estratégicos de Ciudadanía e Integración, que reconocen la mayor vulnerabilidad de las mujeres migrantes que pueden sufrir una doble discriminación por el hecho de ser mujeres y por el hecho de ser migrantes, debiendo prestarse una atención especial que garantice la igualdad de trato y de oportunidades en las diferentes esferas de las intervenciones públicas y de la vida social, al tratarse de uno de los colectivos con mayor riesgo de exclusión[5].

En el caso de España, la feminización de estos flujos migratorios debe ser abordada partiendo del hecho de que las mujeres migrantes constituyen un colectivo heterogéneo, diverso en itinerario y en opciones, con una significativa presencia de mujeres altamente cualificadas. En este sentido sería erróneo basarnos en un modelo de mujer dependiente, analfabeta, inactiva, atrasada en términos culturales y marginada de la sociedad, mostrado en muchas ocasiones por los medios de comunicación y que pretenden orientar las políticas públicas desde una óptica paternalista o incluso xenofóbica en ocasiones[6].

A la espera de tener un nuevo Plan Estratégico para la Igualdad de Oportunidades (2018-2021) que se encuentra en proceso de elaboración, y cuya aprobación viene siendo reclamada por parte de instituciones tanto públicas como privadas, debemos destacar que en el último que fue aprobado, vigente para el periodo (2014-2016), también dedica especial atención a las mujeres migrantes.

---

5 Sobre los conceptos de vulnerable y vulnerabilidad aplicados a la población migrante puede consultarse PICADO VALVERDE, E. M., "¿El migrante vulnerable o vulnerabilidad del proceso migratorio?" en *Derechos Humanos y migraciones. Una mirada interdisciplinaria (SANZ MULAS, N., dir.)*, Tirant, Valencia, 2020.

6 Sobre la percepción que el fenómeno migratorio llega a producir en la sociedad puede verse CEREZO PRIETO, M. y MARCOS RAMOS, M., "Migración y medios de comunicación: representación y percepción en la sociedad de la información" en *Derechos Humanos y migraciones. Una mirada interdisciplinaria (SANZ MULAS, N., dir.)*, Tirant, Valencia, 2020.

Sea como fuere, lo que resulta claro es que, dicho nuevo Plan Estratégico, deberá ir en sintonía con lo previsto en la Comunicación de la Comisión al Parlamento Europeo, al Consejo, al Comité Económico y Social Europeo y al Comité de las Regiones *Una Unión de la igualdad: Estrategia para la Igualdad de Género 2020-2025* donde se recoge que las mujeres constituyen un grupo heterogéneo y pueden ser objeto de una discriminación interseccional basada en varias características personales, señalándose como ejemplo específico el que una mujer migrante con discapacidad puede sufrir discriminación por tres o más motivos[7].

En este sentido, las disposiciones legislativas de la UE, sus políticas y la aplicación de ambas deben responder, por tanto, a las necesidades y circunstancias específicas de las mujeres y las niñas de distintos grupos, prestándose especial atención a las mujeres y las niñas en el ámbito del asilo y la migración.

Por este motivo, y a través del *Fondo de Asilo y Migración*, la Comisión animará a los Estados miembros a favorecer acciones que apoyen las necesidades específicas de las mujeres en el procedimiento de asilo, así como actuaciones que apoyen la integración de las mujeres en la sociedad de acogida, intensificando la protección de los grupos vulnerables, incluidas las mujeres que han sido víctimas de violencia de género en contextos de asilo y migración, aspectos a los que también nos referiremos en nuestro trabajo, cumpliendo así con esa perspectiva interseccional que siempre deberá inspirar las políticas de igualdad de género.

---

7 Comunicación de la Comisión al Parlamento Europeo, al Consejo, al Comité Económico y Social Europeo y al Comité de las Regiones Una Unión de la igualdad: Estrategia para la Igualdad de Género 2020-2025, de 5 de marzo de 2020. COM/2020/152 final. Disponible en https://eur-lex.europa.eu/legal-content/ES/TXT/?uri=CELEX:52020DC0152 Fecha de última consulta: 30 de julio de 2021.

2. EL DERECHO DE ACCESO A LA JUSTICIA COMO GARANTÍA DE LOS DERECHOS HUMANOS: LAS REGLAS DE BRASILIA COMO MARCO DE REFERENCIA PARA IDENTIFICAR LOS FACTORES DE VULNERABILIDAD A LOS QUE DEBE ENFRENTARSE LA POBLACIÓN MIGRANTE.

La importancia del acceso a la justicia deriva de que, a través del mismo se le da contenido material a la igualdad formal permitiendo exigir el cumplimiento del resto de los Derechos incluso ante el mismo Estado, siendo concebido como una especie de "derecho bisagra", en cuanto permite dar efectividad a los distintos derechos, ya sean políticos, económicos, sociales o culturales, abriendo el camino para reclamar por su incumplimiento garantizándose así la igualdad, el respeto a la diversidad y al principio de no discriminación, en plena consonancia con lo señalado en lo recogido en el ODS 16 de la Agenda 2030 de las Naciones Unidas[8].

A esta cuestión, y al análisis de los problemas que, en el acceso a la justicia, presentan algunos colectivos, es a lo que dedicaremos gran parte de nuestro trabajo, centrándonos en intentar realizar, un estado de la cuestión acerca del grado de cumplimiento de las denominadas Reglas de Brasilia, a las que nos referiremos con mayor detalle más adelante, sobre acceso a la justicia de determinadas personas en condiciones de vulnerabilidad, prestando especial atención a este tema en relación con los movimientos migratorios, y más concretamente al acceso a la justicia de las mujeres migrantes[9].

---

8 Resolución (A/70/L.1) de 25 de septiembre de 2015, de la Asamblea General de las Naciones Unidas, *Transformar nuestro mundo: la Agenda 2030 para el Desarrollo Sostenible.* Disponible en https://unctad.org/system/files/official-document/ares70d1_es.pdf Fecha de última consulta: 30 de julio de 2021.

9 Las Reglas de Brasilia sobre acceso a la justicia de las personas en situación de vulnerabilidad, aprobadas durante la XIV Cumbre Judicial Iberoamericana, pueden consultarse, en su versión original en

El derecho de acceso a la justicia encuentra su más importante formulación normativa en la aprobación de la Declaración Universal de Derechos Humanos por parte de la Asamblea General de las Naciones Unidas el 10 de diciembre de 1948, instrumento que fue redactada como un ideal común, que todos los pueblos y naciones deberían esforzarse en cumplir, estableciendo, por primera vez en la historia, una serie de derechos civiles, políticos, económicos, sociales y culturales básicos de los que todos los seres humanos debían gozar, siendo ampliamente aceptado, con el paso de los años, como la norma fundamental en materia de Derechos Humanos, que debían ser respetados y protegidos.

Y, dentro de ese elenco de derechos, como no podrías ser de otra manera, nos encontraríamos con el derecho de acceso a la justicia, al que va dedicado nuestro presente trabajo en relación con la población migrante, concretamente el artículo 8 donde se señala que *"Toda persona tiene derecho a un recurso efectivo ante los tribunales nacionales competentes, que la ampare contra actos que violen sus derechos fundamentales reconocidos por la constitución o por la ley"* que se vería completado por el artículo 10 de la misma Declaración, donde se recoge el derecho que toda persona tiene *"en condiciones de plena igualdad, a ser oída públicamente y con justicia por un tribunal independiente e imparcial, para la determinación de sus derechos y obligaciones o para el examen de cualquier acusación contra ella en materia penal"* y el artículo 11 donde se establece además la publicidad de las actuaciones judiciales y el derecho de defensa.

Por otro lado, el artículo 14 del Pacto Internacional de Derechos Civiles y Políticos, hecho en Nueva York, el 16 de diciembre de 1966, señala que *"Todas las personas son iguales ante los tribunales y cortes de justicia. Toda persona tendrá derecho a ser oída públicamente y con las debidas garantías por un tribunal competente, independiente e imparcial, establecido por la ley, en la substanciación de cualquier acu-*

---

el siguiente enlace https://www.acnur.org/fileadmin/Documentos/BDL/2009/7037.pdf Fecha de última consulta: 30 de julio de 2021.

sación de carácter penal formulada contra ella o para la determinación de sus derechos u obligaciones de carácter civil" estableciéndose una serie de limitaciones al principio de publicidad de las actuaciones judiciales, cuando por circunstancias especiales del asunto en cuestión, la presencia de la prensa o del público, pudiera resultar perjudicial para los intereses de la justicia.

Pero no solo a nivel de Naciones Unidas, sino también al de otras organizaciones de ámbito territorial más específico, se han adoptado instrumentos que reflejan las preocupaciones concretas en materia de derechos humanos de esa particular zona geográfica, y en los que se establecen determinados mecanismos de protección para garantizar el acceso a la justicia. En esta línea tenemos el artículo 6 del Convenio Europeo de Derechos Humanos, de 4 de noviembre de 1950, donde se reconoce el derecho que toda persona tiene *"a que su causa sea oída equitativa, públicamente y dentro de un plazo razonable por un tribunal independiente e imparcial, establecido por la ley, que decidirá los litigios sobre sus derechos y obligaciones de carácter civil o sobre el fundamento de cualquier acusación en materia penal dirigida contra ella"* [10], o la previsión contenida en el artículo 8 de la Convención Americana de los Derechos Humanos, o Pacto de San José, de 1969, donde se señala que "*Toda persona tiene derecho a ser oída, con las debidas garantías y dentro de un plazo razonable, por un juez o tribunal competente, independiente e imparcial, establecido con anterioridad por la ley, en la sustanciación de cualquier*

[10] Sobre este tema puede verse SALINAS ALCEGA, S., "Protección de Derechos Humanos en el ámbito del Consejo de Europa: el Convenio de Roma de 1950 y el Tribunal Europeo de Derechos Humanos", en *Derechos humanos y desapariciones forzadas,* Cuadernos Digitales de Formación núm. 59, Poder Judicial, 2017 y, más concretamente sobre el derecho de acceso a la justicia: ARANGÜENA FANEGO, C., "Introducción a un proceso equitativo y a las exigencias contenidas en el artículo 6.1 CEDH, en particular, el derecho de acceso a un tribunal", en *La Europa de los derechos: el Convenio Europeo de Derechos Humanos,* Centro de Estudios Políticos y Constitucionales, 2005.

acusación penal formulada contra ella, o para la determinación de sus derechos y obligaciones de orden civil, laboral, fiscal o de cualquier otro carácter". Del mismo modo, el artículo 25 del mismo instrumento internacional establece la obligación positiva del Estado de conceder a todas las personas bajo su jurisdicción, un recurso judicial efectivo contra actos violatorios de sus derechos fundamentales, derechos fundamentales que pueden estar reconocidos en la Convención Americana o por la propia ley interna.

Todos estos instrumentos, junto con otros más específicos, como la Carta de Derechos Fundamentales de la Unión Europea, vigente desde la entrada en vigor del Tratado de Lisboa en el año 2009, donde se recoge el derecho que toda persona tiene a que su causa sea oída equitativa y públicamente y dentro de un plazo razonable por un juez independiente e imparcial, establecido previamente por la ley, y que sin ninguna duda constituyen la columna vertebral del derecho internacional de derechos humanos, requieren a su vez, que los Estados hagan suyos dichos derechos.

Pero para que los Estados hagan suyos los instrumentos de carácter internacional, que establecen las obligaciones que deben respetar, están obligados a ratificarlos ya que, al pasar a formar parte de éstos, asumen, a su vez, en virtud del derecho internacional, la obligación de respetarlos, protegerlos y realizarlos[11].

En este sentido, la obligación de respetarlos significa que los Estados deben abstenerse de interferir en el disfrute de los derechos humanos, o de limitarlos; la obligación de protegerlos exige que los Estados impidan los abusos de los derechos humanos contra individuos y grupos, mientras que la obligación de realizarlos significa que los Estados deben adoptar medidas positivas

---

11 Sobre la necesidad de adaptar las políticas públicas y la normativa a estos instrumentos se pronuncia JIMENEZ TELLO, P., "Inmigración, estado de la cuestión ¿necesidad de regulación?" en *Derechos Humanos y migraciones. Una mirada interdisciplinaria (SANZ MULAS, N., dir.)*, Tirant, Valencia, 2020.

para facilitar el disfrute de los derechos humanos básicos, en la línea de lo establecido en el artículo 2 del Pacto Internacional de Derechos Civiles y Políticos al que antes hicimos referencia, donde se señala que *"cada Estado se compromete a adoptar, con arreglo a sus procedimientos constitucionales y a las disposiciones del presente Pacto, las medidas oportunas para dictar las disposiciones legislativas o de otro carácter que fueran necesarias para hacer efectivos los derechos reconocidos en el presente Pacto y que no estuviesen ya garantizados por disposiciones legislativas o de otro carácter".*

Esta obligación permite que, en el caso de que los procedimientos judiciales nacionales no aborden los abusos contra los Derechos Humanos, se establezcan mecanismos y procedimientos en el plano regional e internacional para presentar denuncias o comunicaciones individuales, que contribuyan a garantizar que las normas internacionales de Derechos Humanos sean efectivamente respetadas, aplicadas y acatadas en el plano estatal, tales como el recurso al Tribunal Europeo de Derechos Humanos o a la Corte Interamericana de Derechos Humanos, entre otros, y cuya rica jurisprudencia sirve para ir configurando con mayor precisión el contenido y alcance de dichos derechos[12].

La importancia del acceso a la justicia dentro de los Derechos Humanos, como se ha dicho, proviene de que, por medio de este derecho, se le da contenido material a la igualdad formal mediante la exigibilidad de otros derechos y la resolución de conflictos entre particulares o entre particulares y el Estado ya que, si este no existiera, las personas no podrían hacer oír su voz, ejercer sus derechos, hacer frente a la discriminación o hacer que rindan cuentas los encargados de la adopción de decisiones.

---

12 Sobre este tema puede consultarse VENTURA ROBLES, M. E., "La jurisprudencia de la Corte Interamericana de Derechos Humanos en materia de acceso a la justicia e impunidad", *Taller Regional sobre Democracia, Derechos Humanos y Estado de Derecho*, Oficina del Alto Comisionado de las Naciones Unidas para los Derechos Humanos (OACDH), 2005.

Todo ello, además, ha sido puesto en valor, por Naciones Unidas, que no solo a la hora de establecer el ODS 16 de la ya citada Agenda 2030, sino también, en sus Reuniones de Alto Nivel sobre el Estado de Derecho, ha insistido en el derecho a la igualdad de acceso a la justicia para todos, incluidos los miembros de los grupos vulnerables, reafirmando el compromiso de los Estados Miembros de adoptar todas las medidas necesarias para prestar servicios justos, transparentes, eficaces, no discriminatorios y responsables que promuevan el acceso a la justicia para todos, a través de un fortalecimiento de las políticas públicas de los gobiernos que tengan en cuenta de manera especial la situación de grupos vulnerables, como los pueblos indígenas, los jóvenes y las mujeres, especialmente las víctimas de violencia de género y de trata y tráfico de seres humanos[13].

En similares términos, y con una finalidad más que parecida, encontramos el Programa iberoamericano de Acceso a la Justicia, cuyo objetivo es promover un mayor acceso a la justicia en Iberoamérica, especialmente de los grupos más vulnerables, a través de un fortalecimiento de las políticas públicas de los gobiernos de la región, incrementando las capacidades de diagnóstico, seguimiento y evaluación gracias a la elaboración e intercambio

---

13 Las actividades de las Naciones Unidas en apoyo de las iniciativas de los Estados Miembros para asegurar el acceso a la justicia son un componente básico de la labor en la esfera del estado de derecho, prestando apoyo a los Estados Miembros en el fortalecimiento de la justicia en esferas como: la supervisión y la evaluación; el empoderamiento de los pobres y marginados para buscar recursos y reparaciones ante la injusticia; la mejora de la protección jurídica, la sensibilización jurídica y la asistencia letrada; la supervisión de la sociedad civil y parlamentaria; la respuesta ante desafíos en el sector de la justicia como la brutalidad policial, las condiciones inhumanas de encarcelamiento, los prolongados períodos de detención preventiva, así como la impunidad de los autores de violencia sexual y de género y otros delitos graves relacionados con conflictos; y el fortalecimiento de los vínculos entre las estructuras oficiales y oficiosas.

de buenas prácticas que tendrán en cuenta de manera especial la situación de grupos vulnerables[14].

Y es que, si algo ha sido una preocupación constante para los sistemas judiciales iberoamericanos al igual que para los europeos, es el problema de que ciertos grupos, por diversas condiciones, pueden encontrar barreras de distinta índole que nieguen, limiten o restrinjan el acceso a la justicia, observándose la existencia de grandes sectores de la población que no tienen posibilidad efectiva de acceder a la justicia para la defensa de sus derechos, o que solo lo pueden hacer tras superar enormes dificultades[15].

En este sentido, las ya mencionadas Reglas de Brasilia, nacen con el objetivo principal de garantizar a todas las personas, indistintamente de su condición, un efectivo acceso a la justicia, lo que implica identificar las barreras que históricamente han obstaculizado o peor aún, negado, el acceso a la justicia de diversos sectores de población que se encuentran en condiciones de especial vulnerabilidad como los que analizaremos a continuación, para así definir y ejecutar políticas públicas orientadas

---

14 Aprobado en la XX Cumbre Iberoamericana de Jefes de Estado y de Gobierno (Mar del Plata, 3 y 4 de diciembre de 2010), según mandato de la XVII. Reunión Plenaria de Ministros de Justicia, de México, en octubre 2010. En este sentido, la elaboración e implementación de Planes Nacionales sobre Acceso a la Justicia, apoyados por el Programa y evaluados periódicamente, constituyen un elemento central, ya que servirán de herramienta para el desarrollo de políticas públicas en la materia. Asimismo, el diseño y ejecución de Planes subregionales y regionales, igualmente evaluados, permitirá el trabajo conjunto de los países y un aprendizaje recíproco de sus experiencias y sus buenas prácticas, para fortalecer las labores en la materia.

15 Un buen ejemplo de la aplicación de las políticas públicas en materia de Derechos Humanos en América Latina puede verse en BOSCAN, G., BIDERBOST, P. y GRANADOS, C.., "Inmigración políticas públicas y derechos humanos en América Latina. Detección de patrones a parir de la aplicación del índice MIPEX" en *Derechos Humanos y migraciones. Una mirada interdisciplinaria (SANZ MULAS, N., dir.)*, Tirant, Valencia, 2020.

a eliminar las injusticias y las desigualdades en el acceso a la justicia, para que esta sea un servicio público accesible, digno y de calidad, en el que no tenga cabida ningún tipo de discriminación y que, por supuesto, respete la diversidad.

Sin embargo, las Reglas de Brasilia, no se limitan a ser una mera declaración de intenciones, que propugne la aplicación de unos difusos principios de actuación, sino que, por el contrario, aportan elementos que permiten a los destinatarios reflexionar sobre los problemas que generan las dificultades de acceso de las poblaciones más desfavorecidas, al dirigirse no solo a los políticos responsables del diseño, implementación y evaluación de políticas públicas dentro del sistema judicial; sino también a todos los operadores del sistema judicial y quienes intervienen de una u otra forma en su funcionamiento, en cuyo trabajo cotidiano también se pretende influir para mejorar aún más la eficacia del sistema.

Por su parte, los presuntos beneficiarios hacia quienes van dirigidas las Reglas no han sido definidos de forma cerrada, ya que, afortunadamente se supera el concepto de persona vulnerable para, por el contrario, definir una serie de factores que pueden constituir causas de vulnerabilidad, sin excluir cualquier otra que pudiera presentarse y dando cabida a la posibilidad de que puedan concurrir dos o más de estas condiciones en una misma persona, fenómeno que ya hemos mencionado al hablar de la Estrategia Europea para la Igualdad de Género (2020-2025) y que se conoce con el nombre de discriminación múltiple o *interseccionalidad*, reconociendo la posibilidad de priorizar las actuaciones destinadas a facilitar el acceso a la justicia en estos supuestos[16].

---

16 Sobre la importancia de la interseccionalidad en el abordaje del fenómeno migratorio y su evolución puede verse GUZMÁN ORDAZ, R. y LUZARDO BOCCARATO, D., "Los alcances actuales de la interseccionalidad para el estudio de las migraciones internacionales" en *Derechos Humanos y migraciones. Una mirada interdisciplinaria (SANZ MULAS, N., dir.)*, Tirant, Valencia, 2020.

Se trata, por tanto, de que la justicia se constituya verdaderamente en un factor de cohesión social, al garantizar el acceso a la misma, sin ningún tipo de discriminación de estos colectivos, gran parte de los cuales han sido tradicionalmente discriminados y excluidos debido a las relaciones de poder que se desarrollan en la sociedad, reconociéndose además que algunas de estas situaciones pueden ser dinámicas y cambiantes, siendo todas las personas susceptibles de poder experimentarlas en un momento determinado, como sería por ejemplo, la relativa a la migración o la pobreza, definida como una situación de exclusión social, que no define al sujeto de derechos, sino que reconoce y visibiliza las causas de su situación de vulnerabilidad, causas en las que podría encontrarse una persona o un grupo de personas en un momento dado.

Las Reglas de Brasilia, por tanto, configuran nuevas formas de subjetividad poniendo al descubierto la discriminación, la fragmentación y la marginalidad que muchas de estas circunstancias de vulnerabilidad crean, imponiendo al órgano judicial, y esto es quizás lo más importante, el deber de hacerse cargo de que las mismas hacen vulnerables a millones de personas más allá de que el derecho los declare iguales, ya que tiene poca utilidad que un Estado reconozca formalmente un derecho si su titular no puede acceder de forma efectiva al sistema de justicia para obtener la tutela de dicho derecho.

Así, el artículo 3 de las Reglas de Brasilia señala que se consideran en condición de vulnerabilidad *"aquellas personas que, por razón de su edad, género, estado físico o mental, o por circunstancias sociales, económicas, étnicas y/o culturales, encuentran especiales dificultades para ejercitar con plenitud ante el sistema de justicia los derechos reconocidos por el ordenamiento jurídico"* puntualizándose que la concreta determinación de las personas en condición de vulnerabilidad en cada país dependerá de sus características específicas, o incluso de su nivel de desarrollo social y económico.

Por otro lado, el artículo 4 no establece un listado cerrado de factores o causas de vulnerabilidad, limitándose a decir que podrán, serlo, entre otras, las siguientes: la edad, la discapacidad, la pertenencia a comunidades indígenas o a minorías, la victimización, la migración y el desplazamiento interno, la pobreza, el género y la privación de libertad, incorporándose a este listado, en la revisión de estas Reglas llevada a cabo en Quito (Ecuador) en el año 2018: la orientación sexual, la identidad de género, así como las relacionadas con las creencias y/o prácticas religiosas, o la ausencia de estas[17].

Así, en lo referente a la edad, aparte de indicarse que el envejecimiento también puede constituir una causa de vulnerabilidad cuando la persona adulta mayor encuentre especiales dificultades para ejercitar sus derechos ante el sistema de justicia, se señala que todo niño, niña y adolescente debe ser objeto de una especial tutela por parte de los órganos del sistema de justicia en consideración a su desarrollo evolutivo, entendiéndose por niño, niña y adolescente a toda persona menor de dieciocho años, salvo que haya alcanzado antes la mayoría de edad en virtud de la legislación nacional aplicable. En este sentido, conviene puntualizar que la revisión del año 2018 a la que antes hicimos referencia insistió en que siempre deberá prevalecer el interés superior del menor cuando interactúa con el sistema de justicia, perspectiva que también recoge como principio transversal el Pacto Mundial para una Migración Segura, Ordenada y Regular, como veremos más adelante.

Del mismo modo, y en relación con la discapacidad como factor de vulnerabilidad, las Reglas de Brasilia recogen que se entiende por discapacidad la deficiencia física, mental o sen-

---

17 La versión actualizada de las Reglas de Brasilia, aprobadas durante el transcurso de la Asamblea Plenaria de la XIX Cumbre Judicial Iberoamericana, celebrada en abril de 2018, en Quito (Ecuador) pueden consultarse en http://www.cumbrejudicial.org/comision-de-seguimiento-de-las-reglas-de-brasilia/documentos-comision-de-seguimiento-de-las-reglas-de-brasilia/item/817-cien-reglas-de-brasilia-actualizadas-version-abril-2018-xix-cumbre-judicial-asamblea-plenaria-san-francisco-de-quito Fecha de última consulta: 30 de julio de 2021.

sorial, ya sea de naturaleza permanente o temporal, que limita la capacidad de ejercer una o más actividades esenciales de la vida diaria, que puede ser causada o agravada por el entorno económico y social. En este sentido, las políticas públicas deberán establecer las condiciones necesarias para garantizar la accesibilidad de las personas con discapacidad al sistema de justicia, incluyendo aquellas medidas conducentes a utilizar todos los servicios judiciales requeridos y disponer de todos los recursos que garanticen su seguridad, movilidad, comodidad, comprensión, privacidad y comunicación.

De la misma forma, y en lo que más interesa a nuestro trabajo, el género, también constituye un frecuente factor de vulnerabilidad, ya que, sin ninguna duda, la discriminación que las mujeres sufren en determinados ámbitos supone un obstáculo para el acceso a la justicia, que se ve agravado en aquellos casos en los que además concurre alguna otra causa de vulnerabilidad.

En este sentido debemos señalar que, a los efectos de las Reglas de Brasilia, se entiende por discriminación contra las mujeres toda distinción, exclusión o restricción basada en el sexo que tenga por objeto o resultado menoscabar o anular el reconocimiento, goce o ejercicio por la mujer, independientemente de su estado civil, sobre la base de la igualdad del hombre y la mujer, de los derechos humanos y las libertades fundamentales en las esferas política, económica, social, cultural y civil o en cualquier otra esfera[18].

De la misma forma, se considera violencia contra la mujer, como veremos más adelante: cualquier acción o conducta, basada en su género, que cause muerte, daño o sufrimiento físico, sexual o psi-

---

18 Sobre la discriminación en relación con determinados derechos civiles de la población migrante y, en especial de las mujeres puede consultarse LEÓN ALONSO, M., "La participación política de la población extranjera en España. El fracaso de una normativa electoral ineficaz" en *Derechos Humanos y migraciones. Una mirada interdisciplinaria (SANZ MULAS, N., dir.)*, Tirant, Valencia, 2020.

cológico a la mujer, tanto en el ámbito público como en el privado, mediante el empleo de la violencia física o psíquica, incorporándose, tras la revisión del año 2018 el daño patrimonial, así como las amenazas de tales actos, la coacción o la privación de libertad.

Así, y en consonancia también con los ODS de la Agenda 2030 a los que ya hemos hecho referencia, y concretamente con el número 5 de la misma: se impulsarán las medidas necesarias para eliminar la discriminación contra la mujer en el acceso al sistema de justicia para la tutela de sus derechos e intereses legítimos, logrando la igualdad efectiva de condiciones y se prestará una especial atención en los supuestos de violencia contra la mujer, estableciendo mecanismos eficaces destinados a la protección de sus bienes jurídicos, al acceso a los procesos judiciales y a su tramitación ágil y oportuna.

Por su parte, y respecto a las personas pertenecientes a las comunidades indígenas, se constata las dificultades que estas pueden tener en relación con el acceso a los servicios de justicia de carácter estatal y, en este sentido, se señala que deberán llevarse a cabo políticas públicas que promuevan las condiciones destinadas a posibilitar que las personas y los pueblos indígenas puedan ejercitar con plenitud tales derechos ante dicho sistema de justicia, sin discriminación alguna que pueda fundarse en su origen o identidad indígenas, a lo que la revisión del año 2018 añade la condición económica, adoptándose del mismo modo, cuando procedan, medidas que contribuyan a armonizar sus sistemas propios de resolución de conflictos con el sistema público estatal, algo que puede llegar a darse en los desplazamientos forzosos dentro del propio territorio de un Estado.

También constituye una causa de vulnerabilidad, a los efectos de las Reglas de Brasilia, la pertenencia de una persona a una minoría nacional o étnica, religiosa y lingüística, debiéndose respetar su dignidad cuando tenga contacto con el sistema de justicia, o la privación de libertad, que puede generar dificultades para ejercitar con plenitud ante el sistema de justicia el resto de los derechos de los que es titular la persona privada de libertad, especialmente cuando concurre alguna otra causa de vulnerabilidad, como puede ser la de ser migrante en situación irregular recluido en algún centro de internamiento para extranjeros[19].

Por último, también podrían constituir factores de vulnerabilidad tanto la victimización, incluso de grupos de personas, conforme a la revisión del año 2018, como la pobreza, así como la condición de población migrante, fenómeno de gran trascendencia para nuestro trabajo, y cuyo estudio detallado abordaremos en el siguiente apartado de forma específica atendiendo a los objetivos planteados y las medidas adoptadas en el Pacto Mundial para una Migración Segura, Ordenada y Regular.

3. EL DERECHO DE ACCESO A LA JUSTICIA COMO PRINCIPIO RECTOR DEL PACTO MUNDIAL PARA UNA MIGRACIÓN SEGURA, ORDENADA Y REGULAR.

A pesar de que en un principio las políticas públicas de los Estados sobre los flujos migratorios fueron concebidas como un asunto exclusivo de su competencia sin intervención alguna del resto de la comunidad internacional, centrándose sobre todo el control y seguridad de las fronteras como expresión de su soberanía, lo cierto es que, en la actualidad, esta idea ha ido cediendo paso a la concepción de unas políticas públicas basadas en el reconocimiento de las personas migrantes como sujetos titulares de derechos humanos y, por ende, dirigidas a garantizar su ejercicio y protección[20].

---

19 Sobre este asunto puede consultarse SEIXAS VICENTE, I., "Un viaje por los centros de internamiento para extranjeros" en *Políticas públicas en defensa de la inclusión, la diversidad y el género III: migraciones y derechos humanos (ÁLAMO GÓMEZ, N. y PICADO VALVERDE, E. dirs.)* Ediciones Universidad de Salamanca, 2021.

20 Sobre el fenómeno migratorio y su evolución puede verse ÁLVAREZ CUARTERO, I., "Una historia mínima de las migraciones" en *Derechos*

En esta línea se pronuncia el Pacto Mundial para una Migración segura, ordenada y regular, al establecer como el primero de sus principios rectores el deber de centrarse en las personas. Así, el Pacto Mundial reconoce tener una importante dimensión humana, que es inherente a la experiencia misma de la migración, promoviendo por esta razón el bienestar de los migrantes y los miembros de las comunidades en los países de origen, tránsito y destino[21].

De esta forma, deben implementarse políticas que pongan el acento en la persona migrante y en el reconocimiento de sus derechos teniendo como fin su integración social, económica y cultural, y a la vez garanticen el respeto, la protección y el cumplimiento efectivo de los derechos humanos de todos los migrantes, independientemente de su estatus migratorio, durante todas las etapas del ciclo de la migración, en lugar de poner el foco exclusivamente en la lucha contra la inmigración irregular, como suelen hacer algunos partidos de extrema derecha cuyo discurso del odio puede dañar el cumplimiento de estos objetivos[22].

En este sentido el Pacto Mundial para una Migración Segura, Ordenada y Regular, recoge entre sus principios rectores, que el respeto del Estado de Derecho, las garantías procesales y el acceso a la justicia son fundamentales para todos los aspectos de la gobernanza migratoria, señalando que esto significa que el Estado y las instituciones y entidades públicas y privadas, así como

---

Humanos y migraciones. Una mirada interdisciplinaria (SANZ MULAS, N., dir.), Tirant, Valencia, 2020.

21 Prueba de ello sería, en el caso de España, el derecho de los inmigrantes irregulares a los servicios y prestaciones sociales básicas, dirigidos a toda la población con independencia de sus características sociales y demográficas, como acertadamente nos indica GUERVÓS MAILLO, M. A., "Tratamiento fiscal de las migraciones" en *Derechos Humanos y migraciones. Una mirada interdisciplinaria (SANZ MULAS, N., dir.),* Tirant, Valencia, 2020.

22 Sobre este tema compartimos la opinión de SANZ MULAS, N., *Delitos culturalmente motivados,* Tirant lo Blanch, Valencia, 2018.

las propias personas, están sujetas a unas leyes que se promulgan públicamente, se hacen cumplir por igual y se aplican con total independencia por los órganos judiciales correspondientes.

Y es que, la concepción del acceso a la justicia como un derecho fundamental de los ciudadanos conlleva que podamos afirmar que goza, por un lado, de una dimensión judicial, cuyo garante sería el propio Poder Judicial, que entra en juego en el momento en el que las partes se abocan ya al proceso como forma de solución de un conflicto, pero también de una dimensión política, previa al proceso, en la que el acceso a la justicia se concibe como un verdadero deber del Estado.

Esta segunda dimensión política, que se concretaría a través de las políticas públicas llevadas a cabo por los diferentes Ministerios de Justicia, tendría como objetivo principal: establecer las garantías mínimas para que todas las personas tengan la posibilidad de acceder al sistema de Justicia, aún antes de que se vean involucradas en un conflicto, algo particularmente importante en el caso de la población migrante, frecuentemente percibida desde una óptica criminalizadora[23].

Un hecho que evidencia la preocupación por el acceso a la justicia es que una gran cantidad de países, sobre todo en el espacio judicial iberoamericano, han iniciado una profunda reforma de sus sistemas de justicia, a través de las cuales, los Estados han intentado afrontar, con mayor o menor éxito según los casos, los problemas que históricamente han padecido sus sistemas judiciales, derivados, en su gran mayoría, de su falta de independencia y de imparcialidad, algo que exige el Pacto

---

[23] Sobre esta criminalización del migrante se pronuncia DAUNIS RODRÍGUEZ, A., "La criminalización de la migración como factor de la construcción del mito inmigrante-delincuente" en *Políticas públicas en defensa de la inclusión, la diversidad y el género III: migraciones y derechos humanos (ÁLAMO GÓMEZ, N. y PICADO VALVERDE, E. dirs.)* Ediciones Universidad de Salamanca, 2021.

Mundial para una Migración Segura, Ordenada y Regular, como garantía fundamental de la igualdad en la aplicación de las leyes que supone el acceso a la justicia.

Sin embargo, y pese a que estas reformas han producido cambios relevantes, lo cierto es que algunos de estos sistemas siguen presentando serias insuficiencias en materia de acceso a la justicia, lo que provoca que, no pueda garantizarse plenamente el respeto, la protección y el cumplimiento efectivo de los derechos humanos de todos los migrantes, independientemente de su estatus migratorio, durante todas las etapas del ciclo de la migración, tal y como el Pacto exige.

De forma especial, debe garantizarse el derecho a no ser discriminado y poder acceder, en condiciones de igualdad ante el sistema judicial, por constituir un derecho que atraviesa y sustenta a los demás, ya que, si ponemos obstáculos al acceso a la justicia, estaríamos impidiendo precisamente el derecho que permite buscar reparación ante la violación del resto de derechos. Por este motivo, no solo deben instaurarse políticas públicas que equiparen a los grupos vulnerables con el resto de la población en el goce y ejercicio de sus derechos, sino que también deben eliminarse, por parte del Estado, todos los obstáculos que impiden que tales derechos sean efectivos, tales como el racismo, la xenofobia y la intolerancia, que se manifiestan como las principales formas de discriminación contra los migrantes y sus familias, para lo que será necesario proporcionar una cobertura de asistencia social sólida y estable que permita el acceso seguro a este tipo de recursos[24].

Sin embargo, y aunque en las últimas décadas puede apreciarse un incremento muy significativo acerca de la necesidad de mejo-

---

[24] En relación con el acceso a estos servicios puede consultarse ÁLAMO GÓMEZ, N., "La inmigración en España y el acceso a los servicios y prestaciones sociales: el gran mito", en *Derechos Humanos y migraciones. Una mirada interdisciplinaria (SANZ MULAS, N., dir.)*, Tirant, Valencia, 2020.

rar la calidad e impacto de los sistemas de justicia, el derecho de acceso a la justicia, a pesar de tratarse de uno de los aspectos más cruciales en materia judicial, debido al impacto que tiene sobre el adecuado ejercicio de los derechos por parte de la población y en definitiva para el funcionamiento del sistema judicial mismo, no ha sido de los puntos más desarrollados o que han requerido mayor atención, probablemente por la invisibilidad social de aquellos a quienes resulta difícil o imposible acceder a dicho sistema, lo que se ha traducido a menudo en políticas públicas y diseños institucionales que presentan serias deficiencias.

El escenario existente hace ineludible el diseño de estrategias que conecten las metas y los objetivos de las políticas públicas con el conjunto de principios y estándares propuestos en el campo de los derechos humanos, especialmente en lo referente al alcance del derecho a la igualdad y a la no discriminación, y el derecho de acceso a la justicia, que ha sido definido, por la Cumbre Judicial Iberoamericana como *"el derecho fundamental que tiene toda persona para acudir y promover la actividad de los órganos encargados de prestar el servicio público de impartición de justicia, con la finalidad de obtener la tutela jurídica de sus intereses a través de una resolución pronta, completa e imparcial"* y cuya efectividad se presenta como uno de los principales retos a los que se enfrentan los sistemas judiciales.

De esta forma, el Pacto Mundial insta a los Gobiernos a que proporcionen a los migrantes recién llegados una información y orientación jurídica, lo más amplia posible, sobre sus derechos y obligaciones, que sea específica para ellos, acerca de cuestiones de carácter administrativo, como la obtención de permisos de trabajo y residencia, la modificación del estatus, el registro ante las autoridades, o la prestación de servicios básicos, pero también y en lo que respecta a nuestra materia, sobre el acceso a la justicia para denunciar las violaciones de sus derechos que puedan sufrir. Y es que, si esa información no se ofrece de forma accesible y comprensible para estas personas, nunca podrán exigir el respeto de los derechos que le asisten, y que el de acceso a la justicia se encarga de garantizar.

En la misma línea, el Pacto también recoge, dentro del objetivo número 7, que pretende abordar y reducir las vulnerabilidades en la migración, la obligación para los Estados de velar por que los migrantes puedan contar con asistencia y representación jurídica, ya sea pública o independiente, pero asequible, en los procedimientos judiciales que les afecten, incluso durante cualquier audiencia judicial o administrativa conexa, para que en todas partes se reconozca que todos los migrantes son personas ante la ley y para que la administración de justicia sea imparcial y no cometa ningún tipo de discriminación, aspecto al que dedicaremos el último apartado de nuestro trabajo.

Tratamiento similar encontraremos en los supuestos de los refugiados, solicitantes de asilo o víctimas de desplazamientos forzados, entendidos como aquellas personas o grupos de personas que se han visto forzadas u obligadas a escapar o huir de su hogar o de su lugar de residencia habitual, en particular como resultado o para evitar los efectos de un conflicto armado, de situaciones de violencia generalizada, de violaciones de los derechos humanos o de catástrofes naturales o provocadas por el ser humano, y que no han cruzado una frontera estatal internacionalmente reconocida, sumándose a estas causas, desde la revisión del año 2018, los desplazamientos forzados producidos por el cambio climático[25].

Como ya se ha dicho, desde Naciones Unidas se insiste con frecuencia en la importancia del derecho de acceso a la justicia y de que este se lleve a cabo en condiciones de igualdad para todos, incluidos los miembros de los grupos vulnerables. En esta línea, el Pacto Mundial para la Migración Segura, Ordenada y Regular además hace referencia de forma expresa a que el fortalecimiento

---

25 Sobre la evidente relación del fenómeno migratorio con el cambio climático puede consultarse el magnífico trabajo de SANZ MULAS N., "Neoliberalismo ambiental, migraciones y gestión de la diversidad" en *Derechos Humanos y migraciones. Una mirada interdisciplinaria (SANZ MULAS, N., dir.)*, Tirant, Valencia, 2020.

de las políticas públicas de los gobiernos deberá tener en cuenta, de manera especial, la situación de grupos vulnerables, especialmente de las mujeres, incorporando una perspectiva de género que promueva la igualdad entre los géneros y el empoderamiento de todas las mujeres y niñas, reconociendo su independencia, su capacidad de actuar y su liderazgo, para dejar de percibir a las migrantes casi exclusivamente desde el prisma de la victimización.

De esta forma se reafirma el ya mencionado compromiso de los Estados de adoptar las medidas necesarias para garantizar la prestación de unos servicios justos, transparentes, eficaces, no discriminatorios y responsables que promuevan el acceso a la justicia para todos prestando especial atención a los colectivos más desfavorecidos, en la línea señalada por las denominadas Reglas de Brasilia sobre acceso a la justicia de la población en condición de vulnerabilidad a las que ya hicimos referencia, centrándonos ahora en la violencia de género como factor de vulnerabilidad en el acceso a la justicia de la mujer migrante, habida cuenta de que la incidencia de este fenómeno en España es el doble con respecto a las autóctonas[26].

4. LA VIOLENCIA DE GÉNERO COMO FACTOR DE VULNERABILIDAD ESPECÍFICO EN EL ACCESO A LA JUSTICIA DE LA MUJER MIGRANTE.

La violencia de género, desgraciadamente, sigue siendo en la actualidad, una de las principales lacras existentes en una sociedad que, sin embargo, realiza día a día, innumerables esfuerzos para

---

26 Nos alerta sobre esta situación MILLÁN FRANCO, M., "Género y migraciones: reflexiones desde el trabajo social y los derechos humanos" en P*olíticas públicas en defensa de la inclusión, la diversidad y el género III: migraciones y derechos humanos (ÁLAMO GÓMEZ, N. y PICADO VALVERDE, E. dirs.)* Ediciones Universidad de Salamanca, 2021.

intentar paliar sus efectos, a través de campañas de prevención, detección precoz y erradicación de esta. El éxito de estas campañas deriva, en gran medida, de la aplicación certera y eficaz de protocolos de actuación que contribuyan a que los operadores, jurídicos o no, que deban actuar sobre las víctimas especialmente vulnerables, sepan cómo hacerlo en cada momento y a quien deben derivar la situación si excede del marco de sus competencias.

Y dentro de estos operadores a los que hacíamos referencia, ocupan un lugar esencial determinados colectivos, como las fuerzas y cuerpos de seguridad del Estado, los responsables de servicios sociales o los profesionales sanitarios ya que los estudios han demostrado que una buena y completa atención por parte de este personal contribuye a la prevención, detección y tratamiento integral de este problema considerado como prioridad de salud pública en todo el mundo[27], al afectar a las mujeres en todas las etapas de su vida y en cualquier país desde los más desarrollados a los menos desarrollados, entendiendo como violencia contra la mujer tal y como fue definida en el artículo 1 de la *Declaración de la ONU sobre la Eliminación de la Violencia contra la Mujer* como "todo acto de violencia basado en la prevalencia al sexo femenino que tenga o pueda tener como resultado un daño o un sufrimiento físico, sexual, psicológico para la mujer, inclusive las amenazas de tales actos, la coacción o la privación arbitraria de la libertad, tanto si se producen en la vida pública como en la privada".

Este concepto, sin embargo, se aleja mucho, del actualmente contemplado en nuestra Ley Orgánica 1/2004 de 28 de diciembre, de Medidas de Protección Integral contra la Violencia de Género que, pese a ser fruto de un enorme consenso en su apro-

---

27 Resolución de la ONU número 48/104, de 20 de diciembre de 1993. Sobre este aspecto es útil consultar *La violencia contra las mujeres considerada como problema de Salud Pública. Documento de apoyo para la atención a la salud de las mujeres víctimas,* Documentos Técnicos de Salud Pública, Instituto de Salud Pública de la Comunidad de Madrid, Madrid, 2003.

bación, parece a todas luces desfasado, por cuanto solo recibiría la denominación de violencia de género aquella que, como manifestación de la discriminación, la situación de desigualdad y las relaciones de poder de los hombres sobre las mujeres, se ejerce sobre éstas por parte de quienes sean o hayan sido sus cónyuges o de quienes estén o hayan estado ligados a ellas por relaciones similares de afectividad aún sin convivencia[28].

En este sentido, el Pacto de Estado aprobado el 27 de septiembre de 2017, propuso ampliar el concepto de violencia de género a todos los tipos de violencia contra las mujeres contenidos en el Convenio de Estambul[29], haciendo referencia expresa no solamente a la ejercida por el varón que sea o haya sido cónyuge o que esté o haya estado ligado a la víctima por relaciones similares de afectividad, aun sin convivencia, sino a otras muchas más, tales como la violencia física, psicológica y sexual, incluida la violación; la mutilación genital femenina, el matrimonio forzado, el acoso sexual y el acoso por razones de género, el aborto forzado y la esterilización forzada, incluso en aquellos casos en que no exista con el agresor la relación reque-

---

28 Ya en el momento de la aprobación de la Ley algunos autores criticaron las limitaciones del artículo 1.1 de la Ley 1/2004 de medidas de protección integral con la violencia de género, que en opinión de MARTINEZ GALLEGO, E. M.ª, *Ley de Medidas de Protección Integral contra la Violencia de Género,* Comentarios Breves Iustel, Madrid, 2005, p. 37, resta méritos al Legislador al limitar el ámbito de aplicación de la Ley a la violencia intrafamiliar, sin tener en cuenta el resto de los supuestos de violencia que se puedan ejercer sobre las mujeres en otros ámbitos.

29 Convenio del Consejo de Europa sobre prevención y lucha contra la violencia contra la mujer y la violencia doméstica, hecho en Estambul el 11 de mayo de 2011, cuyo instrumento de ratificación fue publicado en el *BOE* núm. 137 de 6 de junio de 2014. Sobre este tema puede consultarse GALLEGO SÁNCHEZ, M. G., "El Convenio de Estambul: ¿por qué un convenio sobre la violencia contra la mujer?", *Cuadernos Digitales de Formación* núm. 1, Consejo General del Poder Judicial, 2016.

rida para la aplicación de la Ley Orgánica 1/2004 de medidas de protección integral contra la violencia de género.

Señala el Pacto que la atención y recuperación, con reconocimiento de derechos específicos, de las mujeres víctimas de cualquier acto de violencia contemplado en el Convenio de Estambul, que no esté previsto en la Ley Orgánica 1/2004 de medidas de protección integral contra la violencia de género, deberá desarrollarse a través de leyes específicas e integrales que aborden cómo debe llevarse a cabo la intervención con este tipo de víctimas y las necesidades especiales de protección que se deriven de cada tipo de violencia. En nuestra opinión, este mandato expreso al legislador supone que deberá abordarse la protección integral de las mujeres víctimas de violencia, bien elaborando nuevas leyes, que determinen el tratamiento procesal que debe darse a las víctimas de los otros tipos de violencia que ahora también pasan a ser considerados como violencia de género, o bien reformando leyes ya existentes, que en cualquier caso deberían contener ese enfoque multidisciplinar del que ya goza la Ley Orgánica 1/2004, atendiendo, igualmente, las recomendaciones efectuadas por diversos organismos internacionales en el sentido de proporcionar una respuesta global a la violencia que se ejerce sobre las mujeres[30].

Sin embargo, en nuestra opinión, y esto se reflejaría en los Protocolos a los que ahora nos referiremos, este enfoque no solo debe ser multidisciplinar, que abarca o afecta a varias disciplinas, sino que debe ser interdisciplinar, es decir, que se realiza con la cooperación de varias disciplinas, ya que desde nuestro punto de vista, el enfoque no debe simplemente abarcar a diferentes

---

30 Para una aproximación a los problemas prácticos que plantea esta divergencia puede verse TARDON OLMOS, M., "Definiciones del Convenio de Estambul y ámbito de aplicación, en relación con la Ley 1/2004", *Cuadernos Digitales de Formación* núm. 1, Consejo General del Poder Judicial, 2016.

ámbitos: el social, el educativo, el sanitario, el jurídico, etc., sino que lo que debe es realizarse con una estrecha cooperación entre todos ellos, ya que el fenómeno de la violencia de género tiene múltiples frentes y requiere de una actuación conjunta de todos los agentes implicados en su erradicación.

4.1 Protocolos de actuación con las mujeres migrantes víctimas de violencia de género.

Establecida la necesaria interdisciplinariedad de la lucha contra la violencia de género y la aconsejable cooperación con otros operadores, ya sean policiales, de servicios sociales o sanitarios que, en muchas ocasiones, son los que van a gozar de una posición privilegiada a la hora de conocer si las mujeres que acuden a ellos pueden ser víctimas de violencia de género, optaremos por la implantación de Protocolos que nos indiquen a quien debemos derivar a las víctimas, incluidas por supuesto las mujeres migrantes, víctimas de este tipo de violencia, para poder darles una respuesta más eficaz[31].

No se trata con esto de disminuir ni de despreciar la labor que realizan estos profesionales sino de insistir en la necesaria formación que éstos deben recibir, y que les proporcionará fórmulas de acogida y de escucha, de cercanía y de atención hacia las causas psicológicas y sociales de los síntomas, racionalizando la prestación de los servicios y derivando hacia los profesionales adecuados a las mujeres que presenten síntomas de ser víctimas de violencia de género, superando las posibles faltas de coordinación

---

31 De esta opinión se muestra VILLAZÓN GONZÁLEZ, J., "Violencia de género: problema social en el contexto sanitario", en *Violencia de género. Reflexiones sobre intervenciones sanitarias y judiciales*, Emilio Torres Manzanera y Mari Luz Carro Menéndez Editores, Avilés, 2006, p. 34 que destaca la importante labor de los trabajadores sociales tanto en la información como en la orientación de las mujeres víctimas.

que puedan producirse, ya que, aunque su misión principal no sea la protección de las víctimas, su actuación sin embargo debe formar parte de una estrategia integrada de actuación con todos los estamentos implicados, ya sean jurídicos, sociales o de empleo[32].

En este sentido, el artículo 32 de la Ley Orgánica de Medidas de Protección Integral contra la violencia de género ya señalaba que los poderes públicos elaborarían planes de colaboración que garanticen la ordenación de sus actuaciones en la prevención, asistencia y persecución de los actos de violencia de género, que deberán implicar a las administraciones sanitarias, la Administración de Justicia, las Fuerzas y Cuerpos de Seguridad y los servicios sociales y organismos de igualdad. En desarrollo de dichos planes las Administraciones con competencias sobre estas materias debían promover la aplicación, permanente actualización y difusión de protocolos que contuvieran pautas uniformes de actuación, tanto en el ámbito público como privado que asegurasen una actuación global e integral de las distintas administraciones y servicios implicados, y que garantizasen la actividad probatoria en los procesos que se sigan, promoviéndose e impulsando actuaciones para la detección precoz de la violencia de género y adoptándose las medidas que se estimen necesarias a fin de optimizar la lucha contra este tipo de violencia, desarrollando, en particular, programas de sensibilización y formación continuada de estos profesionales con el fin de mejorar e impulsar el diagnóstico precoz, la asistencia y la rehabilitación de la mujer en las situaciones de violencia de género[33].

---

32 Sobre las políticas de empleo adoptadas en España con la población migrante víctimas de violencia de género puede consultarse CARRERA GARROSA, V., "Breve análisis de la situación de las personas inmigrantes en España ¿protección o desprotección laboral?" en *Derechos Humanos y migraciones. Una mirada interdisciplinaria (SANZ MULAS, N., dir.)*, Tirant, Valencia, 2020.

33 Sobre este tema puede consultarse GENSANA RIERA, M. A., "El papel de las administraciones públicas en la lucha contra la violencia

Del mismo modo se señala, apostando de una forma decidida por prever las necesidades del mañana, que las Administraciones educativas competentes asegurarán que en los ámbitos curriculares de las licenciaturas y diplomaturas y en los programas de especialización de estos profesionales, se incorporen contenidos dirigidos a la capacitación para la prevención, la detección precoz, intervención y apoyo a las víctimas de la violencia de género. Se prevé, por tanto, a través de esta medida, y la de incorporar temas específicos sobre estas cuestiones en los temarios de oposición en las ofertas de empleo público, de dotar a los profesionales que vayan a tratar con las mujeres migrantes de unos conocimientos y de una formación que les permita no solo detectar los casos de violencia de género sino también afrontarlos de forma completa y segura[34].

En relación con esto se prevé que las Administraciones implicadas en materia de empleo, seguridad social, sanidad o asuntos de interior elaboren Protocolos de actuación que marquen a los profesionales una serie de pautas sobre cómo detectar el problema y, una vez detectado, cómo saber derivar a la mujer migrante que lo sufre hacia los servicios correspondientes.

En este sentido, y en nuestra opinión, los Protocolos no deben tanto aspirar a la elaboración doctrinal de conceptos o figuras alejadas de la realidad sino más bien, y por el contrario, acercar

---

sobre las mujeres" en *La protección de la víctima de violencia de género: Un estudio multidisciplinar tras diez años de la aprobación de la Ley Orgánica 1/2004*, pp. 25-56, Aranzadi, 2016.

34 De esta forma, algunas de nuestras propuestas pasarían por hacer referencia a la necesidad de introducir más temas de Derecho Antidiscriminatorio, un término que convendría definir, incluyendo la perspectiva de género y la transversalidad, en los temarios de las diferentes oposiciones. De este parecer se muestra FARALDO CABANA, P. y CATALINA BENAVENTE, M. A., "La formación y especialización de los agentes implicados en la lucha contra la violencia de género", *Revista Vasca de Derecho Procesal y Arbitraje*, núm. 2, 2016, pp. 181-225.

este fenómeno a los profesionales, para que puedan de una manera sencilla y clara, tomar conciencia de su importante función en la lucha contra la violencia de género y desarrollen la misma de la mejor manera posible para contribuir de una forma más eficaz a la erradicación de la misma entre las mujeres, no solo migrantes, sino cualquiera afectada o no por cualquier otro tipo de factor de vulnerabilidad en el acceso a la justicia[35].

4.2 Protocolos para prevenir, combatir y erradicar la trata de personas en el contexto de la migración internacional.

Dentro de ese concepto amplio que recoge el Convenio de Estambul, y que consideramos necesario adoptar, nos encontraríamos también con las mujeres víctimas de la trata de personas, que, unen a su condición de mujer y de migrante, la de ser víctima de trata de personas y para las que el Pacto Mundial para una Migración Segura, Ordenada y Regular propone adoptar una serie de medidas que sirvan para prevenir, combatir y erradicar dicho fenómeno en el contexto de la migración internacional[36].

En este sentido, en nuestra opinión debería aumentarse la capacidad de la cooperación internacional para investigar, enjuiciar y castigar la trata de personas, desalentando la demanda que fomenta la explotación conducente a la trata, y poniendo

---

35 Para una aproximación a estos protocolos, concretamente en el ámbito sanitario puede verse nuestro trabajo CARRIZO GONZÁLEZ-CASTELL, Adán. "Víctima vulnerable y protocolos de actuación: tratamiento de la violencia de género por el personal sanitario". *Proceso penal y víctimas especialmente vulnerables: aspectos interdisciplinares (BUJOSA VADELL, L. M., Dir.)* Tirant lo Blanch, Valencia, 2019.

36 Sobre la vinculación del proceso migratorio con la trata de personas puede consultarse GORJÓN BARRANCO, M. C, "La necesidad de migrar y su relación con la trata de personas con fines de explotación sexual: una aproximación al problema" en *Derechos Humanos y migraciones. Una mirada interdisciplinaria (SANZ MULAS, N., dir.),* Tirant, Valencia, 2020.

fin a la impunidad con la que habitualmente actúan las redes de trata[37]. Con estas actuaciones, pensamos que sería más fácil vigilar eficazmente las rutas de migración irregular, para evitar que puedan ser aprovechadas por este tipo de redes, compartiendo la información y los datos de inteligencia pertinentes mediante mecanismos transnacionales y regionales, fortaleciendo la cooperación entre todas las instituciones para detectar e interrumpir las corrientes financieras relacionadas con la trata de personas, e intensificar la cooperación judicial y la aplicación de la ley para asegurar la rendición de cuentas y poner fin a la impunidad.

También se debería, creemos, llevar a cabo una mejora de la identificación y protección de las migrantes que han sido víctimas de la trata y prestarles más asistencia, adoptando medidas que aborden las vulnerabilidades particulares de las mujeres, aunque también de los hombres, las niñas y los niños que se han convertido o corren el riesgo de convertirse en víctimas de la trata de personas y otras formas de explotación, independientemente de su estatus migratorio, facilitando su acceso a la justicia y a la posibilidad de denunciar sin temor a ser detenidos, deportados o castigados, centrándose en la prevención, la identificación y la protección y asistencia apropiadas, y haciendo frente a formas específicas de abuso y explotación[38].

---

37 En relación con la actuación de estas redes GUISASOLA LERMA, C., "Formas contemporáneas de esclavitud y trata de seres humanos: una perspectiva de género", en *Estudios Penales y Criminológicos*, núm. 39, 2019.

38 Se trataría de aplicar un enfoque victimocéntrico, en la línea marcada por VILLACAMPA ESTIARTE, C., "La nueva Directiva Europea relativa a la prevención y la lucha contra la trata de seres humanos y a la protección de las víctimas ¿Cambio de rumbo de la política de la Unión en materia de trata de seres humanos?" en *Revista Electrónica de Ciencia Penal y Criminología*, núm. 13-14, 2011, para quien la Directiva 2011/36/UE relativa a la prevención y la lucha contra la trata de seres humanos y a la protección de las víctimas y por la que se sustituye la Decisión Marco 2002/29/JAI del Consejo, supuso un nuevo planteamiento en las políticas europeas sobre este asunto, orientándose a la protección y reconocimiento de las víctimas.

Para ello, consideramos necesario la ratificación por los Estados que aún no lo hayan hecho, del Protocolo para Prevenir, Reprimir y Sancionar la Trata de Personas, especialmente de mujeres y niños, y la correcta aplicación del Plan de Acción Mundial de las Naciones Unidas para Combatir la Trata de Personas, tomando en consideración las recomendaciones pertinentes del Manual para la lucha contra la trata de personas de la Oficina de las Naciones Unidas contra la Droga y el Delito (UNODC) y otros documentos que complementan dicho marco normativo al formular y aplicar políticas y medidas nacionales y regionales relativas a la trata de personas.

Por último, y en relación con este tema, pensamos que se debería reforzar la legislación adoptándose los Protocolos pertinentes para evitar que se criminalice a los migrantes que son víctimas de la trata de personas proporcionándoles protección y asistencia y tomando medidas para su recuperación física, psicológica y social, así como otras que les permitan permanecer en el país de destino, temporal o permanentemente, cuando proceda, facilitando el acceso de las víctimas a la justicia, incluidas las vías de recurso y reparación, de conformidad con el derecho internacional.

5. LA ASISTENCIA JURÍDICA GRATUITA COMO GARANTÍA DEL ACCESO A LA JUSTICIA DE LA POBLACIÓN MIGRANTE

Como ya tuvimos ocasión de señalar con anterioridad, la pobreza también constituye una causa de exclusión social, tanto en el plano económico como en los planos social y cultural, y supone un serio obstáculo para el acceso a la justicia especialmente en aquellas personas en las que también concurre alguna otra causa de vulnerabilidad, como puede ser el caso de la población migrante, dado que la falta de medios económicos constituye una de las principales dificultes a las que se enfrenta dicho colectivo[39].

En este sentido, los sistemas judiciales también deberán promover la cultura o alfabetización jurídica de las personas en situación de pobreza, más aún cuando a ello se añade su situación de migrante, así como las condiciones para mejorar su efectivo acceso al sistema de justicia, porque, aunque la falta de educación jurídica que dificulta el acceso a la justicia no se daría solamente entre los grupos económicos o socialmente desaventajados, sino que atravesaría todas las clases sociales, lo cierto es que, cuanto menores son los recursos de los que se dispone, mayor seria esa vulnerabilidad, al ignorarse que se tiene ese derecho.

Así, la revisión del año 2018 de las Reglas de Brasilia apuesta por que pueda proponerse, entre otras medidas de carácter económico, el establecimiento de un sistema de asistencia jurídica gratuita, siendo el colectivo de la población migrante uno de sus principales destinatarios, ya que pensar que las personas migrantes pueden acceder a la justicia en igualdad de condiciones que el resto de ciudadanos sería pecar de ingenuidad, pues de hecho se trata de un colectivo que tiene que hacer frente a no pocos obstáculos para ver satisfechos sus derechos e intereses legítimos, siendo uno de los más destacados la insuficiencia de recursos económicos, de ahí que para que el derecho de acceso a la justicia sea eficaz se requiera el reconocimiento del derecho a la asistencia jurídica gratuita, pues solo de esta forma se logra un

---

39 En este sentido YURREBASO MACHO, A, "Mitos sobre el migrante en España. Una revisión actualizada" en *Derechos Humanos y migraciones. Una mirada interdisciplinaria (SANZ MULAS, N., dir.)*, Tirant, Valencia, 2020, señala que: "con respecto a las personas migrantes, la población española fija exclusivamente su mirada en la inmigración irregular cuando se refiere al inmigrante, asociándolo a la pobreza y la desesperanza (…) y a la pugna de puestos de trabajo, en un entorno de difícil acceso al empleo" lo que contribuye a crear una percepción negativa y alarmista que se refleja en los estudios sociológicos.

acceso igualitario a la justicia sin ningún tipo de discriminación, y con ello una justicia efectiva, todo lo cual con independencia de la situación administrativa de la persona.

La principal referencia que encontramos en nuestro país, en relación con el derecho a la asistencia jurídica gratuita de las personas migrantes, aparte de su reconocimiento al máximo nivel en el artículo 119 de la Constitución Española donde se recoge que *"la justicia será gratuita cuando así lo disponga la ley y, en todo caso, respecto de quienes acrediten insuficiencia de recursos para litigar"*, la encontramos en la propia Ley 1/1996, de 10 de enero, de asistencia jurídica gratuita que establece en su artículo 2 a) que los ciudadanos españoles, los nacionales de los demás Estados miembros de la Unión Europea y los extranjeros que se encuentren en España tendrán derecho a la asistencia jurídica gratuita cuando acrediten insuficiencia de recursos para litigar.

Dicha disposición, además, se ve completada por la Ley Orgánica 4/2000, de 11 de enero, sobre derechos y libertades de los extranjeros en España y su integración social, y su posterior reforma por la Ley Orgánica 8/2000, de 22 de diciembre, mediante la que se reconocía el derecho a la asistencia jurídica gratuita a los extranjeros que se hallaran en España en aquellos procedimientos administrativos o judiciales en materia de denegación de entrada, devolución y expulsión del territorio español, así como en los procedimientos de asilo, cuando no dispusieran de medios económicos suficientes, redacción que venía a zanjar la polémica existente sobre si gozarían de este derecho todos los extranjeros que se hallaran en España o solo aquellos que residieran legalmente en España, cuestión que fue objeto de un recurso de inconstitucionalidad ante el Tribunal Constitucional por cuanto pareciera que se estaba excluyendo del derecho a la asistencia jurídica gratuita a los inmigrantes que se encontraran de forma irregular en nuestro país[40].

---

40 Sobre este aspecto se pronuncia, sugiriendo una innovadora propuesta TIERNO BARRIOS, S., "Tutela judicial efectiva y migraciones: pers-

6. REFLEXIÓN FINAL

Como se ha venido observando a lo largo del presente trabajo, las dificultades en el acceso a la justicia afectan a gran parte de la población migrante, pero sin embargo, estas se agravan y, se hacen mucho más profundas, en el caso de las mujeres que se ven afectadas por el fenómeno de la interseccionalidad, sumando un nuevo factor de vulnerabilidad a su condición de migrante, condición que en muchas ocasiones vendrá acompañada de otras circunstancias como la pobreza o la situación de irregularidad, y a las que se sumaría, en el peor de los casos la victimización, al poder ser sujeto pasivo de delitos como pueden ser la violencia de género o la trata de personas.

Por este motivo, y a la vista de esta más que probada realidad, consideramos que no es suficiente con la aprobación del Pacto Mundial para una migración segura, ordenada y regular, por más que este se encuentre lleno de buenos propósitos e intenciones ya que, al ser un instrumento de *soft law*, es decir, no vinculante, no servirá para nada si no viene acompañado de políticas públicas y medidas efectivas adoptadas por parte de los diferentes Estados.

En nuestra opinión, solo con una verdadera voluntad política, necesariamente alineada con los objetivos de desarrollo sostenible contenidos en la Agenda 2030 de las Naciones Unidas, seremos capaces de dar respuesta no solo a la crisis migratoria que, desgraciadamente asola nuestro planeta, sino también a la más grave situación que sufren las mujeres afectadas por la misma.

---

pectivas desde la asistencia jurídica gratuita y la cultura "*pro bono*"" en *Políticas públicas en defensa de la inclusión, la diversidad y el género III: migraciones y derechos humanos (ÁLAMO GÓMEZ, N. y PICADO VALVERDE, E. dirs.)* Ediciones Universidad de Salamanca, 2021.

La voz de las mujeres en la historia de Roma

AMELIA CASTRESANA HERRERO
Catedrática de Derecho romano de la Universidad de Salamanca[1]

INTRODUCCIÓN

"La cultura occidental lleva miles de años de práctica en lo relativo a silenciar a las mujeres"[2], y el Derecho romano forma parte en este caso, como en otros muchos, de esa cultura occidental que

---

1 Este trabajo constituye la última publicación de la profesora Amelia Castresana (†), con carácter póstumo. Permanece en nuestro recuerdo y con nuestro reconocimiento.

2 M. Beard, *Mujeres y poder. Un manifiesto*, trad. Silvia Furió, Barcelona, 2018, p.12.

durante siglos ha consolidado una historia de las mujeres como historia de silencios y desigualdades. Y a ello me voy a referir con detalle en las páginas de este artículo. Pero esa experiencia del pasado en Roma no acaba ahí; también hubo momentos reivindicativos de no pocas mujeres que lucharon contra la desigualdad de género e hicieron valer públicamente sus derechos en pie de igualdad con los hombres. Los valores personales, la capacidad intelectual y la sensibilidad social de las mujeres fueron proclamadas en la calle a fuerza de gritos reivindicativos de muchas matronas, esposas y madres "feministas" que recorrían la ciudad reclamando libertad e igualdad. Creo sinceramente que estos hechos no son anecdóticos. Son hechos muy relevantes que ponen de manifiesto "otra posible historia alternativa de las mujeres en Roma". Y esa historia alternativa quiero destacarla hoy, en el siglo XXI y en un entorno cultural cargado de reivindicaciones feministas. Algunas de ellas ya son solo historia, historia de un pasado injusto y discriminatorio, superado con buenos resultados para las mujeres. Pero aún quedan pendientes -como también quedaron en Roma- muchas reivindicaciones para lograr una igualdad real y efectiva entre hombres y mujeres... y hay que seguir luchando por ellas. El futuro es importante. Pero ese futuro se explica desde el pasado que nos revela cómo está hecho el presente, porque el pasado y el presente siempre están en diálogo. Y el pasado nos avanza y nos aclara todo lo que está por llegar..., o, como decía Miguel de Unamuno, "el inquieto presente es el esfuerzo del pasado por hacerse porvenir".

1. LA DISCRIMINACIÓN POR SEXO SE PONE EN MARCHA EN LA HISTORIA DE ROMA

Hay ocasiones en las que la Historia parece enmudecer ante las voces sin nombre de ciertos protagonistas. Éste es el caso de la historia de las mujeres, una historia, por lo demás, ininterrumpida en sus prolongados silencios, constante en su sometimiento a la voz de los varones y extraordinariamente fecunda en su desprecio a ese otro ser humano que es mujer y llamamos sexo femenino.

La Antigüedad clásica es un buen ejemplo de este quehacer histórico. Por ello siempre resulta tentador volver la vista atrás y fijar nuestra atención en las condiciones de vida de las mujeres romanas. Salvar el obstáculo de la distancia cronológica que media entre nuestro tiempo actual y el Imperio romano, conocer y valorar debidamente las diferencias materiales y espirituales de dos épocas son inconvenientes menores, si de lo que se trata es de crear por primera vez, o recrear cuantas veces sucesivas haga falta, la historia de las mujeres desde el comienzo de nuestra cultura.

Poner voz a los silencios femeninos, reconocer ciertas capacidades a sujetos históricamente incapaces, descubrir aptitudes varias allí donde solo parecía existir "*imbecillitas sexus*" son, sin lugar a duda, tareas sumamente sugestivas. Georges Duby y Michelle Perrot advierten de las no pocas ni pequeñas dificultades de semejante proyecto. Su primera pregunta pone en entredicho la existencia misma de esa historia de mujeres:

"Destinadas al silencio de la reproducción maternal y casera, en la sombra de lo doméstico que no merece tenerse en cuenta ni contarse, ¿tienen acaso las mujeres una historia? Elemento frio de un mundo inmóvil, son agua estancada mientras el hombre arde y actúa: lo decían los antiguos y todos lo repiten. Testigos de escaso valor, alejadas de la escena donde se enfrentan los héroes dueños de su destino… (las mujeres) son casi siempre sujetos pasivos que aclaman a los vencedores y lamentan su derrota, eternas lloronas cuyos coros acompañan en sordina todas las tragedias"[3] .

En la Historia de Roma la vida de las mujeres está gobernada por reglas, inventadas unas por la Ética social, y otras por la Religión y el Derecho; y esas reglas determinan los papeles

---

[3] Duby, G. y Perrot, M., *Historia de las mujeres.* La Antigüedad, Madrid, 1991, p.7.

femeninos, repletos de discriminación machista respecto de aquellos que corresponden a los hombres:

"Los romanos habían dicho a las mujeres: nosotros somos la fuerza que vive de sometimientos y vosotras seréis sometidas...vosotras pasearéis entre los hombres que combaten y gobiernan... humildes e ignoradas, sin ni siquiera disponer de un nombre que tenga importancia civil. Desde la cuna hasta la tumba viviréis vuestra vida bajo el continuo imperio del hombre, del que no conseguiréis liberaros jamás. Vuestro asilo doméstico podrá convertirse en el teatro de vuestro suplicio"[4] .

Es cierto que el mundo femenino pudo adquirir cierto protagonismo histórico en la medida en que incidía en la esfera de acción masculina. Solo entonces los hombres deciden relatar, informar, explicar o incluso justificar algunos detalles de la vida de las mujeres. Todo esto sucedía en Roma sobre el escenario de un teatro o en las páginas de no pocos libros. Escritores de prestigio como Cicerón, Séneca, Livio, Juvenal y Marcial, entre otros, crearon un ideal femenino desde la parcialidad de su razonamiento "machista", dejando escritos los pensamientos, las emociones, los gustos... y los modos de vida de la mujer. Ellas formaban parte del guion de las obras masculinas, incluso ellas mismas parecían ejecutar la acción de tales guiones, pero no eran en realidad protagonistas de su propia historia. Eran los hombres los que diseñaban y dejaban escrita la historia de las mujeres para conocimiento de la posteridad. De ahí que la condición femenina nazca en buena medida de la afirmación expansiva del "ser masculino", tolerada por la mujer, y de la práctica negación de la personalidad femenina.

Desde Roma la historia de las mujeres recrea una historia protagonizada por ciertas tensiones entre los dos sexos; una

---

4 E. Ciccotti, *Donna e política negli ultimi anni della Reppublica romana*, Napoli, 1985, pp.3-4.

historia que se alimenta de la sutilmente justificada superioridad de uno de los dos sexos sobre el otro. La igualdad no forma parte de esa historia. Y es así como la feminidad vio suplantada sus íntimos deseos de mujer, sus singulares sentimientos de madre y sus legítimos derechos de ciudadana. El sexo femenino existe solo en el orden natural, como las plantas, la tierra cultivable o los animales de tiro y carga. Se ignora su personalidad y se le adjudica cierto protagonismo histórico por razón de un destino: servir al amo y asegurar a éste la continuidad de su sistema potestativo. Más allá de la casa, fuera de la familia, en la vida pública de la ciudad el sistema copia sus modos domésticos y en la política se mantiene la exclusividad del imperio masculino.

La mujer conquista su dignidad cuando cumple aquel destino histórico y atiende la llamada masculina para ser esposa y madre. De pronto, la "imbecilidad" del carácter femenino y la debilidad de espíritu de la mujer se transforman en sabiduría y coraje. Poetas, filósofos e historiadores comienzan, una vez más, a construir con sus palabras la historia de las mujeres. Unos escriben versos sobre la hinchazón del vientre de la gestante; otros justifican el "no al aborto" y defienden mantener las esperanzas de vida en el útero femenino, y todos coinciden en calificar la maternidad como estado cuasi divino del sexo femenino.

2. DOS MODELOS DE VIDA PARA LA MUJER

En la Historia de Roma el orden natural no creó un modelo femenino diferenciado -o discriminado- del modelo masculino; más bien, al contrario, el orden natural tiende a limar diferencias entre sexos y prescinde de discriminaciones, porque la naturaleza dota de los mismos valores al hombre y a la mujer. El sexo femenino queda prácticamente igualado en capacidades personales, carácter y emociones a su homólogo, el sexo masculino. Precisamente la reflexión de los filósofos insiste en la igualdad de género que consagra la naturaleza. Séneca usa este tipo de argumentos para consolar a Marcia:

"Sé lo que me vas a decir: olvidas que estás consolando a una mujer y sólo ofreces ejemplos de hombres. Pero ¿quién podría decir que la naturaleza ha sido menos generosa en los talentos de la mujer y que ha reducido el campo de sus virtudes? Las mujeres tienen -puedes creerme- el mismo vigor que los hombres, la misma capacidad moral que los hombres cuando soportan el dolor y la fatiga…" [5].

Y las palabras de Musonio Rufo, a propósito de la conveniencia de que las mujeres se incorporen al estudio de la filosofía, no dejan ninguna duda sobre la igualdad entre los dos sexos en el orden natural:

"Cuando alguien le preguntó si también las mujeres deberían estudiar filosofía, enseñó que también ellas deberían hacerlo: las mujeres, al igual que los hombres, dijo, han recibido de los dioses la razón que usamos en el trato con los demás y por la que juzgamos cuándo una cosa es buena o mala, recta o errónea. De igual modo, la mujer tiene las mismas sensaciones que el hombre, como ver, oír, oler y otras. Ambos tienen las mismas partes del cuerpo y ninguno tiene más que el otro. Además, no solo los hombres, también las mujeres, tienen una inclinación natural hacia la virtud, así como la capacidad de adquirirla, y la naturaleza de las mujeres, al igual que la de los hombres, está hecha para sentirse a gusto con las obras buenas y justas, y para rechazar las opuestas…"[6] .

Sin embargo, esta situación de igualdad entre hombres y mujeres que establecía el orden natural no interesó a la religión ni asumió ningún protagonismo social en la historia de las mujeres; todo lo contrario, la política y, sobre todo, las leyes romanas generaron una importante cultura de desigualdad. El modelo de mujer, que recrean los textos escritos por hombres y que es el único históricamente relevante, surge de la formación artificial

---

5 *Ad Marciam de consolatione* XV, 1.

6 *Reliquiae* 3.

y manipulada del mismo a través de la literatura y el derecho. Y en ese arquetipo de discriminación de las mujeres residen ciertas virtudes descritas y catalogadas por los hombres como "virtudes femeninas ideales" que representan la mejor feminidad.

Porque la historia de las mujeres en Roma no es una única y exclusiva historia, la misma para todas las mujeres. Hay trato discriminatorio dentro del género femenino. Cicerón lo deja claro con las siguientes palabras:

"el género mujer admite dos formas: una es la de las madres de familia (que son aquellas que están sometidas al poder marital del esposo); la otra corresponde a las que tan solo se tienen por mujeres"[7].

Y Joaquín Sabina reconoce también diferencias entre mujeres cuando canta "19 días y 500 noches":

"Tenían razón mis amantes, en eso de que antes el malo era yo... Y regresé a la perdición de locales de copa, a *las cenicientas de saldo y esquina*, ...volviéndome loco, derrochando la bolsa y la vida la fui poco a poco dando por perdida... *¡tanto la quería! Que tardé en aprender a olvidarla diecinueve días y quinientas noches...*".

Y esas dos historias de las mujeres en Roma, con formas y fondos de vida muy distintos, tiene que ver con el carácter multidisciplinar del género femenino: hubo mujeres fieles a la "feminidad ideal", gobernadas por la austeridad, el pudor y la obediencia; y hubo mujeres que vivieron la libertad y disfrutaron de la educación, la cultura, el trabajo y la independencia económica. Hubo madres encerradas en casa, dedicadas a las tareas domésticas y al cuidado de los niños, y hubo madres que salieron a la calle y reivindicaron la dignidad de las mujeres, el respeto al sexo femenino..., porque la mujer "usada y disfrutada" como objeto sexual deseado dio vida al anti- modelo femenino en la vieja historia de Roma.

---

7 *Topica* 3, 14.

El mayor número posible de mujeres debe aproximarse a ese ideal femenino en el que los hombres reconocen a su madre, o a su esposa, o incluso a su hija. Y las muchachas desde niñas deben aprender cómo hacerse esposas y madres ejemplares.

La recomendación de Marcial para conseguirlo es ésta:

"Que lean a Sulpicia todas las muchachas que quieren agradar a sus esposos. Ella no se adjudica el frenesí del sexo ni los festines del vino... ella enseña los amores castos y virtuosos...ninguna habrá más honrada que ella... podría ser más sabia, sin dejar de ser casta..."[8].

Juvenal, en el prólogo de su Sátira VI -muy conocida por la utilización de lo obsceno como recurso de ironía social-, habla de la mujer-modelo representada -e incluso divinizada- en la *Pudicitia.* El escritor hace una loa de la honestidad y el pudor de las mujeres prehistóricas; recuerda bucólicamente y con nostalgia el tiempo de las cavernas y "el buen vivir" modélico de las esposas de entonces, porque ahora, en el tiempo y en la sociedad en los que vive Juvenal, ya no queda nada de aquello.

La mujer idealizada por Juvenal es, como comenta Zusi[9], una mujer que no deja entrar entre sus pequeños vicios los traídos por el obsceno dinero; es una mujer radicalmente distinta de aquella "emancipada" y "desinhibida" que viola constantemente el pudor femenino y no asume el papel que la sociedad romana ha reservado a la mujer-modelo. La *Pudicitia* representa la castidad matronal y es el símbolo de un tipo de vida sano, sencillo y casto; la desaparición de la faz de la tierra de ese ideal femenino causa preocupación y angustia a Juvenal.

Séneca utiliza las siguientes palabras para escenificar la representación de la feminidad ideal y del modelo de mujer:

---

8 *Epigrammata* X, 35.

9 Zusi, L., *Plotina e Giovenale,* Sodalitas A.Guarino 3, Napoli, 1984, pp.1097-1101.

"El mal dominante del siglo, la desvergüenza, no te cuenta entre sus innumerables víctimas, ni las piedras preciosas ni las perlas te han seducido; la riqueza no ha brillado para ti como el mayor mal bien de la humanidad; a ti, educada dignamente en una casa austera, no te ha desviado la imitación de las peores, peligrosa incluso para la gente de bien. Jamás te has avergonzado de tu fecundidad, como si te reprochara tu edad; nunca, a ejemplo de otras que buscan toda su recomendación en la belleza, escondiste como una carga inconveniente la hinchazón de tu vientre ni destruiste la esperanza de vida de hijos concebidos en tus entrañas"[10].

La esposa ejemplar -que cumple con los códigos de conducta establecidos por la política machista dominante- recibe un importante premio: es atraída al círculo de poder del padre de familia y se hace dueña y señora de la casa, aunque siempre en segundo plano, por detrás de su esposo y sometida a sus órdenes machistas... La fuerza extraordinaria del soberano de la casa crea una mujer sumisa que satisface todas las necesidades del hombre, obedece las instrucciones de quien manda en casa y se pliega y da gusto a los caprichos del jefe de familia. Marcial se expresa con claridad en este sentido:

"Sila está dispuesta a casarse conmigo a cualquier precio, pero yo no quiero tomar a Sila por esposa. Pero al insistir ella, le dije: tú aportarás un millón de sestercios en oro en calidad de dote... no haré el amor contigo, aunque fuera la primera noche ni haré lecho común a tu lado, Abrazaré a mi amante y tú no lo impedirás; me enviarás a mi alcoba a tu esclava cuando yo te lo ordene. Ante tu mirada un doméstico -tanto mío como tuyo- me dará besos lascivos. Acudirás conmigo a una comida, pero te sentarás lejos de mí, no quiero que mis ropas rocen las tuyas. A lo largo de la fiesta me darás unos pocos besos, pero no me darás besos de

---

[10] *Ad Helviam de consolatione* XVI, 3.

esposa, sino de abuela. Si admites todo esto y puedes soportarlo, encontrarás a alguien que esté dispuesto a tomarte por esposa"[11].

Sin embargo, a la mujer que no puede o no quiere acceder al ideal femenino, el hombre le solicita otra forma de ser y de comportarse muy distinta, con la libertad sexual, las fiestas y los baños públicos como protagonistas de su vida diaria. Lo que el hombre no desearía para su madre, su esposa o su hija, lo anhela, se lo exige a su amante. A esa mujer deseada y poseída el hombre le reclama incontinencia sexual frente a la castidad modélica de la matrona. A la amante se le pide extroversión, casi descaro, frente a la introversión y el pudor del ideal femenino. A la mujer deseada se le toleran gustos y caprichos sin control alguno, incluso infidelidades frente a la fidelidad impuesta a la matrona. Así lo relata Marcial:

"Tú quieres que haga el amor contigo, pero no quieres Saufeia bañarte desnuda conmigo. Sospecho que hay en ello algo inconfesable. O bien de tus pechos cuelgan unas mamas rugosas, o temes dejar ver desnudos los surcos de tu vientre, o tu ingle hundida se abre en canal, o alguna protuberancia surge de la boca de tus genitales. Pero no hay nada de eso; estoy convencido, eres bellísima desnuda. Si eso es verdad, tienes un defecto peor: eres una mojigata"[12].

"Tu esclavo, Celia, se baña contigo cubierto con un taparrabos de cobre. Y ¿por qué?, te ruego que me lo aclares... Según creo, no quieres ver su verga. Y ¿por qué te bañas con la multitud? ¿Somos acaso todos eunucos para ti? Así pues, para no pasar porque tienes envidia, concede, Celia, gracia de su broche a tu esclavo"[13].

Las impresiones extraídas de la literatura son, a mi juicio, sobradamente generosas en su asfixiante afán de modelar la forma de ser y actuar de la mujer con arreglo al arquetipo de feminidad ideal, creado y sostenido por los hombres. Además, a lo largo de

---

11 *Epigrammata* XI, 23.

12 *Epigrammata* III, 72.

13 *Epigrammata* XI, 75.

la Historia de Roma, desde los tiempos de la República y hasta el Imperio, las referencias al modelo de mujer persisten. Leyendo las recomendaciones de Musonio Rufo percibo que las aptitudes naturales de la mujer se transforman en condiciones de servicio a capricho del hombre. Y la igualdad entre hombres y mujeres desaparece para ser sustituida por la obediencia y el sometimiento de la mujer a los mandatos masculinos. La desigualdad de género hace acto de presencia en las siguientes letras del filósofo:

"Examinamos con detalle las cualidades que convienen a una mujer para ser buena... En primer lugar, una mujer tiene que ser una buena ama de casa y hábil calculadora de los intereses de la casa... pero conviene también que la mujer sea dueña de sí misma; debe ser capaz de conservarse pura respecto a amores ilícitos y a placeres sexuales inmoderados. No debe ser esclava del deseo, ni ser pendenciera, ni muy gastadora, ni extravagante en la indumentaria. Éstas son las obras de una mujer virtuosa y a ellas habrá que añadir las siguientes: controlar su temperamento, no dejarse vencer por la tristeza, sobreponerse a toda emoción... una mujer tal está preparada para alimentar a sus hijos con su pecho, para atender a su marido con sus propias manos y para hacer con diligencia aquello que algunas consideran obra de esclavos. ¿Realmente no sería una mujer así una gran ayuda para el que se hubiera casado con ella, un adorno para sus familiares y un noble ejemplo para cuantos la conocen... Finalmente, la enseñanza de los filósofos exhorta a la mujer a estar contenta con su misión..."[14] .

3. LA DISCRIMINACIÓN POR SEXO DESDE ROMA HASTA NUESTRA ACTUALIDAD

La discriminación sexual -con su larga historia de desigualdades entre hombres y mujeres- se hace una drástica realidad

---

14 *Reliquiae* III.

en Roma, reconocida y protegida por el Derecho. El texto de Papiniano es elocuente en este sentido:

"en muchos extremos de nuestro derecho es peor la condición de las mujeres que la de los hombres"[15].

La libertad sexual, la afición a las fiestas y el vino no formaban parte de los gustos de la esposa. Más bien constituían el escenario usado por las mujeres anti-modelo. Aunque la esposa participara en la vida social de su esposo y asistiera a alguna fiesta, sus costumbres estuvieron presididas siempre por el pudor y la austeridad. En los banquetes las esposas permanecían sentadas, sin tumbarse ni reclinarse; y no bebían vino, sino *mulsum*, un vino rebajado con agua y miel, porque a los hombres les preocupaba extraordinariamente que el efecto del vino trajera sexo y la esposa borracha incumpliera la fidelidad conyugal.

Aulo Gelio no puede ser más claro en este punto cuando asegura:

"Las mujeres en Roma y en el Lacio debían ser, toda su vida, abstemias, es decir, abstenerse rigurosamente de beber vino... Catón llegó incluso a afirmar que por beber vino ellas eran censuradas y condenadas por el juez por un eventual adulterio..."[16].

La vieja castidad matronal marca ciertas pautas de continencia sexual para esposas y madres. Educadas desde niñas en la castidad y el pudor, veían limitada su sexualidad, porque la práctica de sexo solo se haría dentro del matrimonio y con un objetivo único: quedar embarazada y parir hijos legítimos. La homosexualidad y la sexualidad no reproductiva correspondían a las mujeres anti -modelo, libertarias, prostitutas o esclavas, dispuestas a convertirse en mercancía de uso sexual a disposición de los hombres. Este tipo de prácticas generó abusos sexuales y el Derecho romano tuvo que reaccionar ante tales casos. Parece que se promulgó una ley,

---

15 Digesto 1,5,9 (31, *quaest.*).

16 *Noctes Atticae* X, 23.

la *lex Scantinia*, que impuso multas en caso de estupros cometidos con niños o entre adultos acompañados de escándalo público.

El erotismo no formaba parte tampoco de los gustos del modelo de mujer. Era un ámbito vetado a las matronas: solo prostitutas y esclavas, amantes y concubinas podían dejarse seducir por los hombres y quedar atrapadas por esos juegos de amor y sexo; pero nunca podría hacerlo la esposa del jefe de familia, una mujer casta cuya vida personal estaba regida por el máximo pudor y una continencia sexual sin límites.

Y estas historias del pasado se han hecho universales, han seguido formando parte de la vida de muchas, muchísimas mujeres de razas, culturas y religiones muy diferentes. Zaratustra advirtió a la mujer persa que debía adorar al hombre como a la divinidad y repetir nueve veces cada mañana, de pie ante él: "¿qué quieres, señor mío, que haga?

En España, Felipe II a través de la Junta Magna de 1568 prohibió el mestizaje e impuso la llamada "pureza de sangre", fundó un nuevo orden social basado en "las castas" de la discriminación racista y machista: las mujeres blancas para el matrimonio, las indígenas, negras y esclavas para el sexo.

Y en América Latina y el Caribe, como ha dejado escrito Maria Bidegain: "las preocupaciones de hoy nos exigen hacer del mundo una casa común donde hombres y mujeres vivamos con dignidad y respeto entre nosotros... Sin embargo, día a día nos encontramos con abusos y asaltos a la dignidad de las mujeres de todas las edades, clases sociales y razas que componen nuestro universo femenino. La explotación laboral femenina, unida a una pérdida del 30% de sus derechos salariales por igual trabajo con respecto a los hombres, es otro de los atropellos que sufren las mujeres y que el Papa Francisco considera "un escándalo". A lo que Maria Bidegain añade: "el acceso a la educación por parte de las mujeres ha estado ligado a su preparación para un buen ejercicio de la maternidad. No se tomaba en consideración el desarrollo personal e intelectual de las mujeres para que accedieran al mundo laboral y pudieran ocupar puestos de trabajo. Y lo mismo ha sucedido en el mundo de la política, tradicionalmente vetado a las mujeres. Hasta la segunda mitad del siglo XIX no se abrieron escuelas públicas para niñas dentro de los planes de reformas liberales. Algunas mujeres de la élite lograron una muy buena educación y consiguieron el reconocimiento social de sus aptitudes como la historiadora, novelista y ensayista Soledad Acosta de Samper. Hubo también mujeres dedicadas a la investigación de la geografía universal y la naturaleza. Y hubo periodistas y católicas chilenas que lucharon por el derecho al sufragio desde las elecciones de 1856, y mexicanas liberales que en el año 1870 -en medio de un cierto ambiente feminista- reivindicaron la participación política para las mujeres. Y a finales del siglo XIX maestras e institutrices reclamaron el acceso de las mujeres a los estudios universitarios". Había que romper con esas exigencias discriminatorias, que venían del pasado, y que obligaban "a las mujeres a concentrarse en la construcción y la reproducción de las relaciones intrafamiliares, alejándose de la acción socio-política y del trabajo que no fuera el doméstico y sin salario alguno..., porque la casa era el espacio femenino"[17].

4. LAS PRIMERAS MANIFESTACIONES FEMINISTAS

Roma vuelve a tomar protagonismo en la historia de las mujeres. Ovidio –en *La Odisea*- insiste en la necesidad de hacer del silencio la regla habitual de conducta femenina, además de convertir la casa en el reducto único y exclusivo de las matronas. Porque el joven Telémaco se dirige a su madre solicitándole, o, más bien, exigiéndole "que se calle" y "que se quede en casa": "madre mía,

---

[17] Bidegain, M., *Obstáculos y puntos de apoyo para la promoción de las mujeres en la realidad latinoamericana,* en La mujer, pilar en la edificación de la iglesia y de la sociedad en América Latina, Actas de la reunión plenaria de 6-9 de marzo de 2018, Ciudad del Vaticano, pp.24-26.

vete adentro de la casa y ocúpate de tus labores propias, del telar, de la rueca... el discurso público corresponde a los hombres, me corresponde a mí. Mío es el gobierno de la casa". Y la madre se mete en casa sin rechistar y se encierra en su alcoba para seguir tejiendo.

Y en su obra *Metamorfosis* advierte cómo Júpiter convirtió en vaca a la pobre Ío para que solo pudiera mugir y, en ningún caso, hablar. Incluso Tereo, después de violar a Filomena, decidió cortarle la lengua, no fuera a denunciarle por violación, si es que conservaba la capacidad de hablar. Probablemente en ese momento al violador le vino a la cabeza la historia de Lucrecia, otra mujer violada que decidió hablar y denunció la violación que había sufrido antes de clavarse la espada en el pecho para acabar ella misma con su propia vida: "no quiero sobrevivir tras la deshonra que he sufrido...", gritó.

Hace más de 2000 años, las mujeres romanas salieron a la calle para protestar públicamente contra las agresiones sexuales y los abusos de poder de los hombres. La primera manifestación feminista tuvo lugar el año 450 a.C. tras la muerte de Virginia; fue su padre quien la mató para evitar los abusos sexuales del todopoderoso Apio Claudio que presidía la Comisión legislativa y formaba parte del gobierno de la República. La pasión de Apio Claudio se encendió al contemplar el cuerpo de la joven Virginia, todavía virgen. Ordenó a uno de sus secuaces que la comprase como esclava y se la llevase inmediatamente a casa porque tenía intención de abusar de ella y violarla cuantas veces le diera la gana...; la mujer es simplemente una cosa, propiedad del hombre, un objeto sexual usado a capricho por el hombre. Enterado el padre de Virginia de semejante conspiración, optó por coger un cuchillo en una taberna próxima y dar muerte a su propia hija para evitar que la joven cayese en poder de quien se proponía violarla.

Tras estos hechos trágicos la movilización feminista no se hizo esperar. Las mujeres decidieron abandonar su casa y su silencio habitual durante un buen rato. Salieron a la calle para manifestarse en contra de ese vergonzante poder masculino que representaba Apio Claudio. No estuvieron solas; lograron el apoyo de muchos hombres que siempre habían reivindicado la libertad y la igualdad de género. La presión social -y también lo que hoy llamamos poder mediático- de semejante movilización tuvo graves consecuencias políticas: todos los miembros del gobierno renunciaron a su cargo y fueron desterrados, mientras Apio Claudio quedó encarcelado.

Éste fue solo el comienzo de una vieja reivindicación feminista que, con el paso del tiempo, creció y se hizo más visible. El año 195 a.C. las matronas romanas se manifestaron durante varios días contra una ley machista y discriminatoria, la ley *Oppia.* Fueron las mismas matronas las que salieron a la calle a protestar, reivindicando libertad e igualdad; y se manifestaron sin miedo, con valor y coraje, sin titubeos y con mucha firmeza contra los preceptos de la ley *Oppia.* Exigieron a gritos la derogación inmediata de las normas discriminatorias que negaban los derechos de la mujer.

La reacción de los hombres no se hizo esperar, aunque no fue una sola y la misma. Se convocó de urgencia al Senado para una sesión extraordinaria y allí Catón se manifestó contrario a la derogación de la ley. Fue rotundo su talante machista: aseguró que, si finalmente se llevaba a cabo la derogación de la ley *Oppia,* habría una clara victoria femenina, y los hombres, en tal caso, quedarían sometidos a la igualdad política y jurídica con las matronas. Y eso era un gravísimo error que había que evitar, aseguró Catón a sus compañeros del Senado:

"Las mujeres no deben ocuparse de las cuestiones públicas y pretender incluso influir en las decisiones políticas que adoptamos los hombres. Deben estar en casa y, sobre todo, que no se les meta en la cabeza ser iguales a los hombres... "Si las mujeres salen a la calle y se inmiscuyen en asuntos masculinos, los hombres acabaremos perdiendo nuestra libertad", dijo Catón.

Afortunadamente triunfó el bando contrario y la ley *Oppia* fue derogada. Los hombres perdieron la batalla y las mujeres ganaron algo de libertad.

Tito Livio nos relata así todo lo sucedido durante los ritos de Baco, una de las fiestas más anheladas por la ciudadanía: "una vez que el vino ha inflamado los ánimos y que la mezcla de hombres y mujeres ha eliminado cualquier sensación de pudor, empezaron a surgir depravaciones de todo tipo, estupros, violaciones, drogas y muertes. Se intentaban muchas cosas con engaños y violencia, que quedaban ocultas gracias al clamor de los tambores y los címbalos. No se podía escuchar ninguna voz de las mujeres que a gritos pedían socorro en medio de los estupros, las violaciones y las muertes de las víctimas...".

Tenemos que eliminar definitivamente esta larga y dramática historia de violencia machista. Porque los más de 2000 años transcurridos desde los ritos de Baco hasta los San Fermines de Pamplona no han sido capaces de tumbar definitivamente los abusos sexuales y las violaciones con engaños, violencia y muertes cuya víctima es una mujer. Desechemos para siempre la vulnerabilidad femenina que sufren quienes son víctimas de la violencia, respetemos la dignidad de la mujer.

Hoy en día el Papa Francisco ha pronunciado estas elocuentes palabras: "La historia lleva las huellas de los excesos de las culturas patriarcales, donde la mujer era considerada de segunda clase...". (*Amoris laetitia,* 54). Porque lamentablemente los más de 2000 años de historia no han logrado abolir ciertos gestos machistas y algunas frases discriminatorias entre hombres y mujeres. Cómo no recordar esa viñeta que circuló en el Reino Unido durante el congreso del Partido Laborista de 2017 en el que una mujer se transformó en "*Maydusa*", una imagen de Caravaggio con la cabeza de Medusa decapitada, chillando y chorreando sangre a borbotones, y las serpientes retorciéndose..., aunque "la señora llevaba un peinado muy bonito", como escribió el Daily Express. Igual que sucedió durante la campaña electoral de 2016 en USA cuando los partidarios de Donald Trump difundieron imágenes de su adversaria política convertida en Medusa y sus rizos en serpientes para terminar siendo degollada por Perseo.

No me sorprende que mi colega, Josiah Osgood, catedrático de la Universidad de Yale, en unas declaraciones a *20 minutos* a propósito de la publicación de su obra "*Roma. La creación del Estado Mundo*", afirme: "Trump es como un hombre nuevo de la política romana... es un *schowman* similar a Marco Antonio...".

Aunque algunos éxitos no nos faltan hoy en día a las mujeres. En Europa ha sido noticia reciente el nombramiento de tres mujeres para ocupar cargos públicos relevantes en la Unión Europea: una mujer, Presidenta de la Comisión Europea, otra mujer, Directora Gerente del Fondo Monetario Internacional y una tercera, Presidenta del Banco Central Europeo.

Y en España hace un par de años fue noticia de portada en los periódicos el nombramiento de cuatro mujeres como portavoces de grupos parlamentarios en el Congreso de los Diputados... ¿Qué es lo que llama la atención, la fórmula feminista o el trasfondo femenino? ¿Cuál es la verdadera razón de la noticia, el número de mujeres accediendo a cargos públicos relevantes, o el reconocimiento público de la capacidad de la mujer para ejercer ciertos oficios históricamente reservados en exclusiva a los hombres?

5. UNOS CUANTOS EJEMPLOS HISTÓRICOS DE MUJERES EXCEPCIONALES EN ROMA

¿Hay que prescindir de la historia? Creo que no; el pasado hay que retomarlo, analizando con detalle ciertas cosas, porque, como muy bien decía Winston, el protagonista de la novela *1984* de George Orwell, "el que controla el pasado, controla el futuro". Y la historia hay que reconsiderarla tras descubrir unas cuantas excepciones a la regla general. Ya lo adelantó Gabriel García Márquez en el acto de recepción del Premio Nobel de Literatura cuando habló de la historia de América Latina, "esa patria inmensa de hombres alucinados y mujeres históricas".

Las mujeres "disfrutaban" por razón de su sexo de una suerte de incapacidad para el desempeño de cargos políticos y de ciertas funciones civiles tradicionalmente consideradas como oficios masculinos.

Las mujeres "no pueden ser jueces, ni asumir una magistratura, ni actuar como abogadas, ni intervenir en representación de alguien, ni ejercer de procuradoras"[18].

"Y las mujeres quedan excluidas del oficio de banquero, pues es cosa propia de hombres"[19].

Pero en Roma hubo mujeres excepcionales que no aceptaron el silencio como norma habitual de conducta de su vida. Todo lo contrario; dejaron oír sus voces femeninas y actuaron como letradas y procuradoras ante varones sorprendidos por el valor y el atrevimiento de semejantes "colegas". La primera mujer excepcional, de nombre *Mesia*, se defendió a sí misma ante los tribunales de justicia, y quedó catalogada como "la andrógina". *Afrania* fue la segunda mujer que se atrevió a interponer ella misma las demandas judiciales: una descarada que defendía sus intereses con "ladridos" y "gruñidos". Y la tercera fue *Hortensia*, una mujer valiente que consiguió, gracias a su constancia, actuar -en una sesión extraordinaria del Senado-, como portavoz de todas las mujeres tras haber sido sometidas a un impuesto especial sobre el patrimonio para financiar supuestas luchas armadas. En su discurso Hortensia reivindicó para las mujeres la exención del impuesto, porque las mujeres no merecían el trato discriminatorio tributario que sufrían. Mientras las mujeres "ricas" -por ser mujeres-, estaban obligadas a pagar un impuesto patrimonial, los hombres poderosos económicamente -por su condición masculina- eran exonerados de semejante tributo. Y era urgente derogar cuanto antes semejante trato injusto y dis-

---

18 Ulpiano, Digesto 50,17,2pr. (1, *Sab.*).

19 Calístrato, Digesto .2,13,12 (1, *ed. monit.*).

criminatorio. Hortensia convenció a la mayoría de los senadores con su larga y justificadísima intervención a favor de la igualdad entre hombres y mujeres como contribuyentes del impuesto de patrimonio. Es cierto que le costó conseguirlo. Hubo que suspender la sesión un tiempo para replantear la propuesta. Y la mayoría del Senado votó finalmente en contra de la discriminación machista, y Hortensia ganó la batalla y consiguió su objetivo: igualdad fiscal entre contribuyentes, sean hombres o mujeres.

Además de estas tres mujeres, no podemos olvidarnos de *Cornelia*, la madre de los Graco: fue una matrona ejemplar, una mujer muy hábil que hacía buenos discursos y organizaba encuentros intelectuales en casa con intensos debates en los que ella intervenía con frecuencia. Puso así en valor su prosa cultivada, y la sociedad romana no miró para otro lado, ignorando la valiosa personalidad de *Cornelia*; al contrario, tuvo un amplio reconocimiento social como matrona singular. Tras su muerte, los romanos erigieron una estatua de bronce en honor de "*Cornelia*, madre de los Graco" una matrona única, excepcional… El sexo débil había desaparecido en este caso, y la inferioridad de la mujer también; *Cornelia* fue una mujer valiente, fuerte, bien educada, con una amplia cultura y no pocas capacidades intelectuales, además de una matrona elegante, volcada en el cuidado de su familia.

Aunque la historia de las mujeres excepcionales no acaba aquí, con los nombres de las citadas hasta ahora. En Roma hubo más casos de mujeres valientes que quisieron liberarse del trato discriminatorio de género y reivindicaron el acceso de la mujer a ciertos puestos de trabajo. Y su lucha fue un éxito: hubo mujeres que desarrollaron profesiones liberales como la medicina, y también hubo mujeres que se hicieron cargo de la explotación de minas, barcos y hoteles de su propiedad. Hubo "mujeres de negocios", respetadas empresarias que administraban el comercio de telas, aceite, vino y cereales. Y, tras su larga o corta vida profesional, recibieron un merecido reconocimiento por parte de los hombres. Estas son las palabras registradas en el epitafio *in memoriam* de una obstetra:

"*Scantia Redempta*, mujer incomparable... modelo ejemplar de vida ante la mediocridad de los hombres... íntegra, pura, generosa con los suyos..., fue tenaz y discreta. Maestra versada en el arte de la medicina a pesar de su juventud".

Hoy en el mundo estos viejos vetos machistas de la cultura jurídica romana forman parte de la historia del pasado, un pasado que lamentablemente aún no se ha superado y sigue dejando algunas huellas. La historia de silencios y desigualdades de la mujer en la vida política se mantiene todavía activa, no ha desaparecido del todo, aunque estamos en ello. El pasado año 2019 la presidenta de la Asamblea General de la ONU nos daba la siguiente noticia: "de 193 países, solo 10 están gobernados por mujeres. En el ámbito de la participación política las cifras hablan por sí solas: el 90% de los jefes de Estado y de Gobierno son hombres, al igual que el 76% de los parlamentarios. Aunque ha habido un pequeño aumento en la representación de las mujeres en la política, en algunos países más que en otros, para llegar a la paridad se necesitan unos 107 años...". La tarea no es fácil, pero si alguien sabe de luchas, somos nosotras. Los derechos que tenemos los hemos conquistado en prolongadas e intensas batallas".

El feminismo de la igualdad sigue vivo, muy vivo hoy. Y la igualdad que reivindica el feminismo es para todas las mujeres, jóvenes y mayores. Son cinco mujeres, autoras del libro "*Imbatibles, la edad de las mujeres*", las que reconocen que "ser mujer y hacer oír la propia voz no es fácil. Lo demuestran a diario, por ejemplo, los observatorios que miden la presencia de expertas en los medios de comunicación; Pero, además, alzar la voz femenina precisamente en la edad madura, en la que se espera que las mujeres se desvanezcan del espacio público, relegadas a una especie de pre-abuelas, requiere una cierta osadía... Nos queremos, y nos sabemos visibles, eróticas, profesionales, rebeldes, poderosas, comprometidas, espirituales, respetuosas con nuestro cuerpo... Queremos amar, por supuesto, pero también gobernar, escribir, investigar, desarrollar arte, cultura, ciencia, política… ¿y cómo íbamos a lograrlo si todas las estadísticas dicen que las mujeres de más de 45 años se vuelven invisibles?".

Y yo misma –mujer, con más de 45 años- quiero seguir descubriendo los secretos de los textos antiguos y, sobre todo, quiero seguir degustando la creación de escritores y juristas romanos para disfrutar del arte de la palabra y la justicia social; y seguiré criticando dentro y fuera del aula los silencios y las desigualdades que sufrieron las mujeres en Roma.

BIBLIOGRAFÍA

A. Castresana, *La "imbecilidad" del sexo femenino. Una historia de silencios y desigualdades,* Salamanca, 2019.

M. Beard, *Mujeres y poder.* Un manifiesto, trad. Silvia Furió, Barcelona, 2018.

M. Bidegain, *Obstáculos y puntos de apoyo para la promoción de las mujeres en la realidad latinoamericana,* en La mujer, pilar en la edificación de la iglesia y de la sociedad en América Latina, Actas de la reunión plenaria de 6-9 de marzo de 2018, Ciudad del Vaticano.

G. Duby y M. Perrot, *Historia de las mujeres.* La Antigüedad, Madrid, 1991.

E. Ciccotti, *Donna e política negli ultimi anni della Reppublica romana,* Napoli, 1985.

L. Zusi, *Plotina e Giovenale,* Sodalitas A.Guarino 3, Napoli, 1984.

Defensorías del pueblo con perspectiva de género

CARLOS R. CONSTENLA

Universidad de Buenos Aires

Coordinador de la Comisión de Constitucionalismo y Defensorías del Pueblo en el Consejo Europeo de Investigaciones Sociales de América Latina-Unesco (CEISAL)

Presidente Emérito del Instituto Latinoamericano del Ombusman/Defensorías del Pueblo (ILO)

Resumen. El objeto de este trabajo es destacar la perspectiva de género en las acciones de las defensorías del pueblo. Se indican las misiones centrales de estas instituciones y de qué modo se fueron considerando de a poco las cuestiones de género. Sin hacer eje en la historia de las luchas por los derechos de las mujeres, destaca los antecedentes que pueden ser tenidos en cuenta para analizar la cuestión desde esa perspectiva. Se presta atención a los fundamentos políticos que la introdujeron con las luchas políticas y sociales, en especial la Revolución francesa por haberse comenzado a debatir el tema y por ser antecedentes no tenidos muy en cuenta. Breve es la consideración sobre las luchas que lo emparientan con las reivindicaciones del movimiento obrero por ser éstas mucho más reconocidas. Se indican los más graves problemas que convocan a las defensorías del pueblo en cuestiones del género.

I. INTRODUCCIÓN

Las defensorías del pueblo en América Latina fueron establecidas en un particular momento histórico: la mayoría de sus países estaban emergiendo de atroces regímenes dictatoriales que habían arrasado con los derechos humanos. En su mayor parte inspiradas en la Constitución española de 1978, las defensorías del pueblo hicieron de la protección de la vida, la seguridad y la libertad individual el centro de sus objetivos. La Constitución española siguiendo en ese aspecto a la portuguesa sancionada en 1976, había introducido, a continuación de la enumeración de los derechos fundamentales, en la parte declarativa de su texto -en lugar de hacerlo en la parte orgánica-, una figura singular, la del Defensor del Pueblo cuya misión primordial era la de defender los derechos fundamentales. Esto significó un giro copernicano respecto a la clásica figura del *ombudsman* de origen escandinavo, con el que en apariencia estaba emparentado, ya que éste había sido concebido más como órgano de control y fiscalización que como instrumento de defensa de los derechos humanos. El nuevo perfil ibérico le dio a la institución en Latinoamérica, una marca de distinción que posibilitó su crecimiento cuantitativo y cualitativo que lo puso al abrigo del descrédito general de todas las instancias políticas en la región. Hoy todos los países latinoamericanos, incluyendo Brasil con sus particularidades, cuentan con defensorías del pueblo, aunque desde Costa Rica al norte con otras denominaciones. Sólo Chile no cuenta con ésta institución, aunque se confía que su próxima reforma constitucional, consecuencia del estallido social vivido en 2019, la incluirá.

Las defensorías del pueblo latinoamericanas, a partir de la década de los años 90, acompañaron la progresión de los derechos humanos dando cabida y protegiendo un nuevo capítulo de derechos, sobre todo los de incidencia colectiva. Fue precisamente en ese período en que las cuestiones de género registraron avances en la realidad, a pesar de que ya se había sancionado la *Convención sobre la eliminación de todas las formas de discrimina-*

ción contra la mujer. En este aspecto cabe destacar la sentencia de la CIDH en el caso *Velásquez Rodríguez c/ Honduras* de 1987 que, aunque básicamente referido a la desaparición forzada de personas, indirectamente reconoció que la violencia contra las mujeres es un tema de los derechos humanos. Es justo señalar aquí, que el principal promotor de esta causa fue el médico cirujano Ramón Custodio López, años más tarde, Comisionado Nacional de los Derechos Humanos de Honduras.

II. UBICACIÓN DEL TEMA

«Decía Bernard Show que los ingleses ponen a los negros a lustrar botas y luego deciden que los hombres de color no sirven para otra cosa. Algo así ha ocurrido en nuestra civilización con la sexualidad femenina: primero se establece una intricada red de prohibiciones, tabúes y culpabilidades en torno a ella; luego se pontifica sobre su debilidad, más tarde sobre su inanidad, para terminar negándola cuando ha venido el caso»[1]. La discriminación de género es una constante que atraviesa las relaciones interpersonales y se hace invisible mediante prácticas, prejuicios y creencias, que sostienen y perpetúan modelos estereotipados para hombres y mujeres. A estos lugares o roles que cada persona desempeña en la sociedad, le son asignadas tareas, posibilidades y conductas, según sea el género, de un modo tan velado, que se ha naturalizado como un «deber ser»: El sexo es una condición biológica, el género una categoría relacional; la posición de las mujeres no está determinada biológica sino culturalmente. La constante división de la vida en esferas masculinas y femeninas, se atribuye a la biología, pero, exceptuando lo relacionado con la maternidad, es una construcción cultural con el resguardo, en la mayor parte de los casos, de la religión. Las ideas sobre

---

1 Martí, Sacramento, *Lo que nuestros clásicos escriben de las mujeres,* Luarna, Madrid 2010 p. 290.

cuestiones de género, se plantean como imperativos morales para permitir un sistema de dominación que la «realidad» corona, sanciona y perfecciona. Algo así como lo que en ciertos espacios del pensamiento político se llama ideología o falsa conciencia.

Estereotipos, tanto masculinos como femeninos recorren el tiempo y el espacio y se alimentan a diario con la comunicación, la propaganda y –aunque esto resulte paradójico- también, con la educación. Afirmaciones tan simplificadas como incompletas construyeron, concretas situaciones de violencia generalmente contra las mujeres.

Las sociedades suelen adoptar diferentes tipos de jerarquías que variaron según los tiempos, «Sin embargo, hay una jerarquía que ha sido de importancia suprema en todas las sociedades humanas conocidas: la jerarquía del género. En todas partes, la gente se ha dividido entre hombres y mujeres. Y casi en todas partes los hombres han obtenido la mejor tajada, al menos desde la revolución agrícola»[2]. Esto, naturalmente, sin negar otras formas de identidad de género que no se corresponden ni con una ni con otra.

Las pautas sobre el orden masculino y femenino son muy antiguos, pero no siempre existieron, al menos no como los reconocemos hoy. Así lo dice Lewis Morgan en la clásica obra que dio base a la antropología moderna: «Tan constantemente se ha hecho arrancar de la familia monógama el origen de la sociedad, que la fecha relativamente moderna que ahora se le asigna, tiene apariencia de novedad… tal era la forma más antigua de la institución (la familia) que se nos ha dado a conocer entre las tribus latinas, griegas y hebreas. Así, por los relatos, la familia patriarcal fue presentada como la familia típica de la sociedad primitiva… siendo la autoridad paterna, la esencia del

---

2 Harari, Yuval Noah, *De animales a dioses* (2013), traducción por J. Ros, Debate, Buenos aires, 2014 p. 165.

organismo»[3]. Estos antiguos modelos, tenazmente sostenidos en el tiempo, fueron sagazmente interpretados por Federico Engels: «El derrocamiento del derecho materno fue la gran derrota histórica del sexo femenino en el mundo. El hombre empuñó también las riendas de la casa; la mujer se vio degradada, convertida en la servidora, en la esclava de la lujuria del hombre, en un simple instrumento de reproducción...»[4].

La historia no se puede variar salvo con el aporte científico de investigaciones específicas. Pero la historiografía –que descuidó e invisibilizó a las mujeres en su rol en la historia- debe deconstruir su mirada masculina que fue la que organizó categorías y elaboró el discurso histórico. Esto plantea una diversificada perspectiva crítica en los estudios de las mujeres y un avance en la concreción de sus derechos. Así por caso, tener en cuenta el análisis de Charles Fourier, uno de los fundadores del pensamiento socialista: «Los progresos sociales y cambios de período se operan en razón del progreso de las mujeres hacia la libertad; y las decadencias de orden social, se operan en razón del amenguamiento de libertad de las mujeres... La extensión de los privilegios de las mujeres, es el principio general de todos los progresos sociales[5]. Anotándolo dice Engels: «[Fourier] Ha sido el primero en decir que, en cualquier sociedad, el grado de emancipación de la mujer es el criterio natural de la emancipación general»[6].

---

3 Morgan, Lewis, *La sociedad primitiva* (1881), traducción por Editorial Pavlov, México, 4ª edición, Ayuso, Madrid 1980 p. 468.

4 Engels, Federico, *El origen de la familia, la propiedad privada y el Estado* (1884), II, s/referencias de traducción, Cartago, Buenos Aires 1945 p. 55.

5 Fourier, Charles, *el Falansterio* (1822) trad. por Carlos Etkin, Editorial Intermundo, Buenos Aires 1946 p. 243.

6 Engels, Federico, *Anti–Düring* (1878) trad. por equipo Fundación Federico Engels. Editado por Fundación Federico Engels, Madrid 2014 p. 353.

III. UN DEVENIR HISTÓRICO

Una observación sobre hechos significantes que apartaron a las mujeres de la asignación tradicional de roles procreativos y familiares y las llevaron a enclaustrarse en la vida religiosa, se fue dando desde la alta Edad Media: «... el ingreso al monasterio de mujeres célibes se hizo muchas veces contraviniendo el mandato del matrimonio para la mujer, pero en más de una ocasión, el monasterio sirvió de refugio a la violencia que esposos, hijos o parientes varones pudieron ejercer sobre ellas, o a la violencia misma de la sociedad feudal»[7]. La salida conventual, amarga opción de vida para las mujeres cuando no era vocacional, (para los varones el monasterio podía ser también un refugio para no ir a la guerra, no ser objeto de violencia, un medio de vida o una forma de estudiar), llegó a ser asumido como un espacio de libertad para ellas, como Teresa de Ávila que vivía aquella libertad en los «castillos místicos del alma» en los que «...sin licencia de los superiores, podéis entraros y paseaos por él a cualquier hora»[8]. Otro caso, y no fue para librarse de violencias físicas, sino de la que les imponía su condición de mujer impidiéndole el acceso a las lecturas y al saber, es el de George Sand (Armandina Lucile Dupin de Dudevant), que halló en el convento, una libertad intelectual que el mundo y sus patrones de género le negaban[9].

Dice Simone de Beauvoir que el estatuto legal de las mujeres permaneció más o menos estacionario desde comienzos del

---

7 Lagunas, Cecilia R., *Abadesas y clérigos. Poder, religiosidad y sexualidad en el monacato español*, edición Universidad Nacional de Luján, Luján 2000 p. 179.

8 Teresa de Jesús o de Ávila, *El Castillo Interior o Las Moradas* (1557) epílogo. Abraxas, Barcelona 1998 p. 203.

9 Sand, Georges, *Histoire de ma vie*, Michel Lévy Libraire Frères, Paris 1856 t. I, capítulo IV, pp. 114 y sigs.

siglo XV, hasta el siglo XIX[10]. Antes, «En la Edad Media... conservaba ciertos privilegios: en las ciudades tomaba parte en las asambleas de habitantes y participaba de las reuniones primarias para elegir diputados a los Estados Generales; el marido sólo podía disponer por su propia autoridad de los muebles, y para enajenar los bienes inmuebles, era necesario el consentimiento de la mujer»[11]. La condición de las mujeres, desde un punto de vista político y cultural, se empezó a discutir en tiempos de la Revolución francesa y a la postre, no salió bien parada, como tantas otras cosas que se hicieron a su amparo y en su nombre.

El siglo XVIII, siglo de las luces, tan abierto a nuevas ideas y crítico de los anquilosados conceptos del saber y del conocimiento, poco se interesó por los derechos de las mujeres. Algo dijeron Diderot[12] y Voltaire[13], pero el tema fue casi callado y una de sus más connotadas personalidades, como Juan Jacobo Rousseau dejó en *Emilio* un mensaje del que no hubo interpretaciones unívocas, pero sí que tuvieron influencia. El ginebrino dice que las relaciones entre hombres y mujeres deben tener «... influjo en la moral; consecuencia palpable, conforme a la experiencia, y que pone en claro la vanidad de las disputas acerca de la preeminencia o igualdad de los sexos: como si encaminándose cada uno de ellos al fin de la naturaleza según su peculiar destino... En la unión de los sexos, cada uno concurre por igual al objeto común, pero no de un mismo modo... el uno debe ser activo y fuerte, débil y pasivo el otro... Asentado este principio, se sigue que el destino especial de la mujer es agradar al hombre. Si recíprocamente

---

10 Beauvoir, Simone, *El segundo sexo* (1949), trad. por P. Palant, Ediciones Siglo Veinte, Buenos Aires 1962, t. I p. 139

11 Ibídem p. 131

12 Diderot, Denis, *Sobre las mujeres* en Obras escogidas traducción por N. de Estévanez, Editorial Garnier, Paris 1921. T. I p. 121.

13 Voltaire, *Diccionario Filosófico* (1764), s/referencias a la traducción, Editorial Araujo, Buenos Aires, t. III pp. 214-216.

debe agradarle el hombre a ella, es necesidad menos directa: el mérito del varón consiste en su poder, y solo por ser fuerte agrada. Esta no es la ley del amor, lo confieso; pero es la ley de la naturaleza, más antigua que el amor mismo. Si el destino de la mujer es agradar y ser sojuzgada, se debe hacer agradable al hombre, en vez de incitarle; en sus atractivos se funda su violencia...»[14].

Los hábitos domésticos de la antigua Grecia, según los cuales, apenas casadas las mujeres se recluían en sus casas limitando sus afanes al hogar y a la familia, eran lo «... que la naturaleza y la razón prescriben al sexo»[15]. El filósofo José Sazbón hizo un meduloso estudio orientado a resignificar las ideas feministas en el curso de la revolución francesa a partir de las posiciones de Rousseau y otras, muchas veces incomprendidas o apresuradamente juzgadas[16].

Condorcet fue tal vez quien asumió primero una firme posición no sólo en favor de la emancipación femenina en el derecho privado, sino también en cuanto a su participación política, incluyendo el voto. Pero como dice Sazbón «El modo en que Rousseau sanciona la heteronomía de las mujeres en el acceso al saber y el correlativo veto que opone a una paridad de condiciones que permitiera su integración en los foros de la esfera pública, están en un completo contraste con las posteriores admoniciones de Condorcet. Este filósofo que al revés del ginebrino no busca inspeccionar en las mujeres la peculiar estructura de sentimiento ni la sensibilidad inenajenable, ni la sociable complementación de los géneros, sino que aplica deductivamente a su condición los principios del derecho natural, formula, así despojado de preconceptos,

---

14 Rousseau, Juan Jacobo, *Emilio,* (1762) Libro V, traducción por J. Muñoz, edición de la Universidad Nacional Autónoma de México, México 1975 t. II pp. 238/9.

15 Ibídem p. 252.

16 Ver Sazbón, José, "Género e ideología. A propósito de las mujeres en la revolución francesa" en *Revista de Historia. Facultad de Humanidades. Universidad Nacional del Comahue,* Neuquén 1992 n° p pp. 92 a 94.

la cuestión –elemental, pero de consecuencias revolucionarias-: '¿no es en su cualidad de seres sensibles, capaces de razonar, con ideas morales, como los hombres reciben sus derechos? Las mujeres deben tener absolutamente los mismos…'. Los mismos derechos que el hombre comprenden, para él, la ciudadanía, la elegibilidad para las funciones públicas, y el acceso a la educación, todo lo cual debería producir una modificación en las costumbres aptas para restituir los postergados 'derechos de la mitad del género humano, olvidados por los legisladores'… Aunque infructuosa en la coyuntura, la nueva y apasionada argumentación de Condorcet, estimulará los brotes del feminismo político. Pero Condorcet y los feministas libraban una batalla desigual contra los hábitos de pensamiento en los que habían dejado una profunda huella la pedagogía sexista rousseauniana, por lo demás compartida y no en último lugar, por las mujeres. En esto Condorcet, no se engañaba: ya antes de la revolución había reflexionado melancólicamente: 'Temo malquistarme con ellas, [pues] hablo de sus derechos a la igualdad y no de su imperio, por lo que podría sospecharse una secreta intención de menoscabarlo. Y desde que Rousseau mereció su aprobación diciendo que no estaban hechas para preocuparnos y atormentarnos, debo dudar que se declaren a mi favor'»[17].

En España, por aquellos tiempos, el benedictino gallego, Benito Feijóo, que fue uno de los primeros brotes de la ilustración en la península, escribió una *Defensa de las Mujeres* que señalaba una marcada diferencia con las concepciones que la precedían, por lo que fue atacado duramente por sus detractores[18]. Pero

---

[17] Ibídem. pp. 93/4. En torno a las obras de Condorcet que aluden a los derechos de las mujeres ver Boixareau, Mercé, "Condorcet en España: la instrucción pública, los derechos de las mujeres" en *Langue & Parole: revista de filología francesa y románica,* Universidad Autónoma de Barcelona, Barcelona 2015 n. 1 pp. 107-125.

[18] Feijóo, Benito, *Teatro crítico universal* t. I, Discurso 15 en *Antología Popular,* Ediciones Galicia del Centro Gallego de Buenos Aires, Buenos Aires 1966 pp.33-37.

es evidente que «En la brecha abierta por las revoluciones burguesas, en la creación de este nuevo espacio democrático desconocido hasta entonces, empezó a abrirse paso la idea de que si la libertad y la igualdad debían existir, no podían excluir a la mitad de la población»[19]. Sin embargo no existen prácticamente investigaciones ni enfoques comparativos de la participación femenina en los movimientos revolucionarios y emancipadores en Europa y no son muchos aún en Latinoamérica.

IV. EL PENSAMIENTO EN TORNO AL FEMINISMO EN LA REVOLUCIÓN FRANCESA Y OTROS

Esta digresión sobre la Revolución francesa tiene tres razones: la primera por ser la primera vez que se discute el tema de los derechos de las mujeres públicamente; la segunda por el significativo y comprobable protagonismo que tuvieron las mujeres en este hecho histórico y el destacado papel y liderazgo de muchas de ellas, muy poco conocido por otra parte, salvo en el caso de Madame Roland por su angustiosa apelación, de rodillas al pie del patíbulo, más allá de sus connotaciones políticas. «Las mujeres están notoriamente presentes desde las primeras fases de la revolución, a veces en un ruidoso primer plano, a veces como una sorda latencia tumultuosa; en unas ocasiones como consolidado sujeto colectivo, en otras como grupos internamente divididos: ninguna secuencia narrativa podría pasarlas por alto sin falsear la trama concreta de los acontecimientos»[20]. La tercera porque en aquellas jornadas, con el telón de fondo de una gran revolución, se insinuó la premonición trunca de

---

19 Arruzza, Cinzia, *Las sin partes* (2016), traducción A. Coll, Editorial Sylone, Barcelona 2016 p. 25

20 Sazbón, José (nota introductoria), *Cuatro mujeres en la revolución francesa,* traducción por J. E. Burucía–N. Kwiatkouski, Biblios, Buenos Aires 2007 p. 18.

Fourier en torno a la inseparabilidad de la liberación social y la situación de las mujeres con un enfoque cercano a la idea de género. Por otra parte hay muy pocas referencias, salvo en trabajos históricos, de estos antecedentes fundacionales.

En el curso de la Revolución francesa hubo, en torno a estos temas, posturas contradictorias. Un ultra revolucionario como Pierre Gaspard Chaumette, que se autodefinía como defensor del pueblo y cuyo extremismo era tal que Robespierre lo sospechaba espía y agente extranjero[21], a pesar de las ardientes discusiones que generaban en las asambleas consagrar los derechos políticos de las mujeres, llegó a plantear retóricamente: « ¿Desde cuándo le está permitido a las mujeres abjurar de su sexo y convertirse en hombres? ¿Desde cuándo es decente ver a las mujeres abandonar los cuidados devotos de su familia, la cuna de sus hijos, para venir a la plaza pública, a la tribuna de las arengas? ¿De cuándo acá está en uso ver que las mujeres abandonan las sagradas atenciones de su casa, la cuna de sus hijos, para presentarse en la plaza pública, en la tribuna de los oradores, en la barra del senado, en las filas del ejército, para desempeñar unas funciones que la naturaleza tan solo ha conferido al hombre?»[22].

Los procesos revolucionarios, por la misma lógica de su ideario liberal e igualitario, más allá de la intencionalidad de sus propios protagonistas, pusieron en cuestión la doble moral de la época, que permitía la libertad sexual exclusivamente al hombre verificando a su vez, la correspondencia entre el dominio económico y las relaciones de género. Sirve de ejemplo la *Declaración de los Derechos de la Mujer* de 1791, redactada por Olympe Gouges, que promovía la total igualdad entre hombres y mujeres tanto en el orden jurídico, como político (y hasta en la masonería). Olympe

---

21 Bossut, Nicole, "Chaumette porte-parole des sans culottes" en *Annales Historiques de la Révolution Française*, Paris, n. 228, 1994 pp. 744-746.

22 Tomado de Lairtullier, E, *Las mujeres célebres en Francia desde 1789 a 1795* (1841), Librería de Juan Olivares 1846, Barcelona 1841. p. 354.

Gouges tuvo importante compromiso con la revolución, aunque sus posiciones políticas de orden general fueron muy moderadas y conservadoras lo que queda en evidencia con la dedicatoria de su *Declaración...* a la Reina María Antonieta, cabeza del grupo más reaccionario contrario a los revolucionarios, apenas unos pocos meses después de la fuga de Varennes, que es cuando se confirmó que era imposible cualquier reconciliación con la corona, ni siquiera bajo una forma de una monarquía constitucional. Militaba en las filas de los girondinos y por sus posiciones políticas y su apoyo a los que los representaban, fue guillotinada en 1793; no por su papel en defensa de los derechos de las mujeres[23]. Dice Cinzia Arruzza que las trabajadoras de París vitorearon la ejecución de Olympe de Gouges, guillotinada junto a otros líderes girondinos el 3 de noviembre de 1793 por ser algo así como la expresión de un feminismo burgués que aspiraba básicamente al acceso a los derechos civiles y políticos y a la igualdad en la educación, desinteresándose de la miseria y de todas la enormes responsabilidades y penurias que recaían sobre las espaldas de las mujeres[24].

Otro ejemplo de importancia fue la creación de clubes, algunos mixtos y otros totalmente femeninos que tuvieron activa participación política en favor de la Revolución. El paradigma de esas instituciones fue el *Club des Citoyennes Républicaines Revolutionaires* creado en mayo de 1793. Lo integraban fundamentalmente mujeres *sans culottes*, relacionadas con sectores del comercio, del

---

23 Vale la aclaración porque se ha tejido desde muchos lugares una versión idealizada de esta indudable precursora de los derechos de las mujeres, que la presenta como víctima y mártir de la persecución jacobina por ese motivo. No fue así sin embargo. Si bien es repudiable su ejecución, el pensamiento jacobino era el que estaba más próximo al reconocimiento de los derechos de las mujeres (Ver Gauthier, Florence, *Olympe Gouges ¿Historia o mistificación?* Traducción por L. Antón, en revista Sin Permiso, Ediciones de Intervención Cultural, Madrid, 16 de marzo de 2014).

24 Arruzza, op. cit. pp. 27/8.

artesanado, de las manufacturas, del servicio doméstico y de los teatros. En los tiempos de la Convención girondina jugaron un gran papel de oposición aliado a los jacobinos, y cuando estos llegaron al gobierno con Robespierre a la cabeza, volvieron a la oposición desde posicionamientos más radicalizados. El club se enroló en lo que se llamó oposición *enragé*, que sostenía las posturas más revolucionarias sin concesiones. Invocando diferentes razones, fundamentalmente para anularlas políticamente, los clubes femeninos fueron disueltos en octubre de 1793[25]. Pese a las diferencias en la conducción del proceso revolucionario, el pensamiento de Robespierre es de reconocimiento a la mujer revolucionaria: «Intervendréis vosotras jóvenes ciudadanas, a quienes la victoria acompañará de hermanos y amantes dignos de vosotras. Intervendréis vosotras, madres de familias, cuyos esposos e hijos ofrecen trofeos a la república con los restos de los tronos. ¡Mujeres francesas, amad la libertad adquirida con el precio de su sangre! ¡Mujeres francesas! ¡Sois dignas del amor y del respeto de toda la tierra! ¿Qué podríais envidiar a las mujeres de Esparta? Como ellas también vosotras habéis dado a luz nuestros héroes; como ellas, los habréis consagrado a la patria en un sublime holocausto»[26]. La exaltación jacobina de las ciudadanas francesas protagonistas de la gesta revolucionaria, ratifica el puesto «natural» que ocupa la mujer en la vida privada, ahora reconocida como complemento valioso e insustituible de la vida pública. Los jacobinos de este modo, con apología a las ciudadanas francesas de la Revolución, ratifican el «lugar natu-

---

25 Las referencias de este párrafo están tomadas de Gárriz Manso, José y Torras Martínez, Daniel, *El Club des Citoyennes Republicaines Revolutionaires: afirmación femenina y movimiento popular durante la Revolución francesa* en Manuscrits, Universidad Autónoma de Barcelona, Barcelona 1990 n. 8 pp. 221 a 228.

26 Robespierre, Maximilien, *Sobre religión y sobre moral* en *La revolución jacobina* (discurso del 7 de mayo de 1794) trad. por J. Fuster, Península, Barcelona 1973 p. 182.

ral» que ocupa la mujer en la vida privada, ahora convalidada por su participación en la vida pública, a la vez que se asumen las prevenciones de Rousseau para no desvirtuar la dotación natural de la mujer, su conexión a su esencia distintiva y la complementación funcional de los sexos argumentados en el *Emilio.*

Además de la antes citada Olympe Gouges tuvieron participación en la revolución en diferentes grado, Elisabeth Theroigne de Mericourt de Lieja, Etta Palm de los Países Bajos, Claire Lecombe y Mary Wollstonecraft, inglesa, autora del libro fundacional –según Nuria Varela- de los derechos de las mujeres: *Vindicación de los derechos de la mujer* (Londres 1792). Cada una de ellas vivieron como una afrenta su marginalidad por razones de género, y mancilladas por su condición social: espías, prostitutas, actrices frustradas, nobles falsificadas y escritoras sin talento.

Si durante el transcurso de la revolución se les dio voz, participación y se las valoró públicamente, al final las mujeres siguieron postergadas -aunque tuvieron algunos progresos- en sus derechos civiles y, completamente olvidadas en los derechos políticos. En cierta manera, a la luz de la preceptiva constitucional que se fue sancionando en todo el mundo, las mujeres pasaron a ser expresamente excluidas de toda participación política, retrotrayendo la situación a la que existía antes del siglo XIV, según nos había ilustrado Simone de Beauvoir.

V. INCIDENCIA DE LA CUESTIÓN OBRERA

Las revoluciones del siglo XVIII, con sus conquistas políticas crearon las condiciones para dar alas a ideales de liberación de las mujeres en términos colectivos. A mediados del siglo XIX se abría un nuevo espacio con espíritu democrático, afirmado en ideales de igualdad y libertad que pronto pondrían en jaque estructuras políticas y sociales, entre ellas las presiones e imposiciones secularmente ejercidas sobre las mujeres.

A diferencia de las luchas sociales y políticas que socavaron las estructuras del antiguo régimen, de las que sólo contamos visiones fugaces e intersticiales de lo que significaba el rol femenino puesto en juego, fue notorio el papel y la figuración de las mujeres en el movimiento obrero y en las diferentes corrientes del socialismo[27].

En los años de fermento del movimiento obrero, «Las elaboraciones... de Carlos Fourier o Flora Tristán se convirtieron en el crisol en el que se empezó a forjar la posibilidad de un encuentro entre el ideal de la igualdad social y del fin de toda explotación y el de la plena emancipación de la mujer. Un encuentro difícil y complejo, no obstante, y que debía pasar cuentas con dos problemas concomitantes: la escasa atención a menudo manifestada por el feminismo burgués ante las condiciones de las obreras y de sus necesidades específicas, por un lado, y la sospecha o la indiferencia con que a menudo las obreras que tomaban parte de los movimientos de rebelión social veían las reivindicaciones de las feministas burguesas, por otro»[28]. Fourier había visto en las mujeres, proletarias entre los proletarios y a su emancipación, como la clave del progreso y la libertad[29].

En 1879 el socialista alemán Augusto Bebel publica *La mujer y el socialismo* en el que denuncia la invisibilidad de las mujeres y su doble opresión como trabajadora y como mujer, ya que desde los orígenes de la humanidad, el trabajo de las mujeres no fue remunerado y por eso se lo consideraba sin valor. Su lema fue: «El porvenir pertenece al socialismo, es decir, en primer lugar al obrero y a la mujer»[30]. Dice Bebel que «La mujer en la sociedad nueva gozará de una independencia completa, no estará sometida a ninguna explotación ni dominación; estará colocada

---

27 Sazbón, *Género...* cit. p. 85.

28 Arruzza, op. cit. p. 27.

29 Furier, op. cit. pp. 241 y sigs.

30 Bebel Augusto, *La mujer y el socialismo* (1879), trad. por V. Romano García, Akal, Madrid 2018 p. 706.

ante el hombre en un pie de libertad y de igualdad absolutos... la mujer podrá, en condiciones de existencia verdaderamente conformes a la naturaleza, desarrollar todas sus aptitudes físicas y morales; será libre para ejercer su actividad, de elegir el terreno que mejor le cuadre a sus aptitudes, a su vocación, a sus inclinaciones y a sus disposiciones... el recreo y la distracción los disfrutará o con sus semejantes, o con los hombres según le plazca y según las circunstancias»[31].

Hemos esbozado las raíces de un movimiento de enorme significación: «la revolución igualitaria más importante de nuestros tiempos»[32], que tendría su primera ola de la mano del movimiento obrero y su mayor trascendencia después de la segunda guerra mundial. «Los primeros años de la Revolución rusa representaron ciertamente el punto más alto del proceso de liberación y de emancipación de la mujer alcanzado hasta la actualidad. En ningún otro acontecimiento histórico las mujeres han podido disfrutar de una libertad y de una dignidad tal...»[33]. El fascismo y sus variantes intentarían regresar a los viejos tiempos y las distintas corrientes de la izquierda se enredaron en cuestiones que cruzaban lo ideológico con lo electoral y en algunos casos, como en la ex Unión Soviética y sus países aliados, llegaron a enormes retrocesos. En relación a los países más desarrollados si bien mejoraron legislativamente, las cuestiones de género de fondo, quedaron intactas.

En África y Asia, las condiciones fueron peores y en América Latina, a la condición de mujer y trabajadora se sumó la discriminación por la condición de indígenas o afrodescendientes. «La preterición de las mujeres en los países del Tercer Mundo –según el antropólogo senegalés Amadou Moustapha Diop- tiene su origen

---

31 Bebel, Augusto, *Socialización de la sociedad*, trad. J. Comaposada. Alfa, México 1936 pp. 98/9.

32 Bobbio, Norberto, *Derecha e izquierda* (1995) traducción por A. Piccone, Taurus, Madrid 1995 p, 126.

33 Arruzza, op. cit. p. 42.

en las instituciones patriarcales cuyas normas, valores y modelos de comportamiento son de concepción exclusivamente masculina; allí los modelos ideológicos someten a la mujer a una 'inversión continua de valores' y en su marco institucional esta nace con un signo negativo... Así la función tradicional de reproducción y de nutrición de las mujeres constituye una de las barreras principales para su participación en la vida social... La tendencia al trabajo subproletarizado es fruto de la marginación de las mujeres en el mundo rural, de su trabajo doméstico considerado como algo natural por la célula familiar y no reconocido a nivel nacional, puesto que no es productivo y que, por tanto, no figura en las estadísticas de quienes dirigen y planifican la economía»[34].

VI. LA SUPERACIÓN DE LOS RECONOCIMIENTOS NORMATIVOS

Dijo Anna Kuliscioff en una memorable conferencia de 1890: «Todos los desheredados, todos los parias de la sociedad comienzan a moverse, a pedir también ellos un poco de luz, de aire y una vida conforme a la dignidad humana; es por lo tanto natural que se desarrolle un vasto movimiento entre los más postergados y más numerosos de los parias que forman la mitad de la humanidad: las mujeres»[35].

Las mujeres, y en modo especial las mujeres trabajadoras, superada una etapa en que aparecen como objeto de una iracunda misoginia, se hallan en una situación contradictoria. Si bien por una parte estaban insertas en la producción y eran activas laboralmente, no podían de hecho independizarse del hombre. Además,

---

34 Diop, Amadou Moustapha, *Mujeres marginadas* en revista Correo de la Unesco, París, enero de 1987 pp. 20/1

35 Kuliscioff, Anna, *Il monopolio dell'uomo* (1890), Fondazione Giangiacomo Feltrinelli, Milano s/f p. 3.

las mujeres por el mismo trabajo, cobraban la mitad del salario que recibía el hombre, razón por la cual, en la mayoría de los casos no disponían de los medios necesarios para su propia subsistencia. Este hecho, sumado a los obstáculos puestos a su realización en otros campos de la actividad tanto social como política y cultural, después de la segunda guerra mundial, hizo tomar conciencia que las exigencias de emancipación que se habían obtenido (derecho de voto, a la educación y a las llamadas profesiones liberales) no eran suficientes para modificar y mejorar el rol de las mujeres en la sociedad. Se les reconocieron muchos derechos, pero sin articular instrumentos que aseguraran su efectiva vigencia para superar los impedimentos que la estructura social, las tradiciones, los prejuicios y la familia imposibilitan en la práctica.

Es evidente que la opresión sobre las mujeres no se puede solucionar a través de normativas jurídicas ni con revolucionarias transformaciones económicas, aunque estos aspectos deben quedar en debido resguardo. De allí que se inició un proceso tendiente a desarmar formas de la vida social, política y cultural, para dejar en evidencia su carácter patriarcal. Durante milenios los hombres fueron los únicos que accedieron al orden simbólico, lo forjaron a su imagen y semejanza, a resultas de lo cual las mujeres fueron inexorablemente excluidas.

Separada de la esfera social de lo público, el destino de las mujeres fue la familia y producir servicios que, fuera de ese ámbito, tienen un elevadísimo costo: cuidado de niños, niñas y adolescentes, preparación de los alimentos, la limpieza, la asistencia de personas enfermas y ancianas que, de otro modo, pesaría sobre el Estado.

VII. LO PÚBLICO Y LO PRIVADO

La raíz ideológica a la que aludimos en la Introducción de este trabajo, asigna, como si fuera natural, roles específicos a hombres y mujeres, partiendo del presupuesto de que la energía, la creatividad y el raciocinio son características de la masculinidad en tanto que la emotividad, la pasividad y el sentimiento lo son de la feminidad. En Estados Unidos, el estado de Maryland, aún hoy, luce en su escudo un lema que proclama en italiano. *Fatti maschii, parole femine* que es tanto como decir que a los hombres corresponde la elocuencia de los hechos, y a las mujeres la vacuidad de las palabras.

La idea de las mujeres como algo específicamente concebido para lo privado (y no adecuado para lo público) es secular. Fray Luis de León decía que «como son los hombres para lo público, así las mujeres para el encerramiento; y como es de los hombres el hablar y salir a la luz, así de ellas el encerrarse y encubrirse... ¿Qué ha de hacer fuera de su casa la que no tiene partes ningunas de las que piden las cosas que fuera de ellas se tratan?»[36]. Ánimos renovadores moderaron el lenguaje pero no los hechos. Además, como ha dicho Alicia Ortiz Oderigo, «... el hábito de concebir a la mujer con determinada silueta ha creado también, en torno a la palabra feminidad, un ideal estético del sexo... Apartada de toda realización social, ajena a la actividad colectiva, recibiendo, ya elaboradas, las normas que regirían su propio vivir... Pero también, la impunidad de su descolorido segundo plano ha dotado con rasgos bien salientes la imagen de su imperfección»[37].

La adjudicación del espacio público y del espacio privado así como la asignación de las funciones productivas y reproductivas de la sociedad, ha reservado lugares distintos para hombres y mujeres. Gerard Vincent recoge las conclusiones de la escritora Elena Gianini Belloti: «La madre exhibe la desnudez de su hijo e incita su hija al pudor. Lo que es 'capricho' en las niñas es signo de virilidad en los niños en quienes la agresividad pasa a ser considerada como un índice alentador: más tarde, no solamente sabrá defenderse sino también atacar. La niña debe 'portarse

36 León, Luis de, *La perfecta casada* cap. XVI (1583) en *Obras Completas Castellanas* Biblioteca de Autores Cristianos, Madrid 1944 p. 313.

37 Ortiz Oderigo, Alicia, *Stefan Zweig*, Editorial Nova, Buenos Aires 1945 pp. 47/8.

bien', no gritar , emplear un vocabulario cuidado, ser ordenada, molestarse en ir a buscar los objetos que se le pidan, empezar ya a ser 'maternal' con los más pequeños so pena de ser calificada de 'mala'. Gerard recuerda también que Jung «...había subrayado que la represión actuaba de manera antitética en el hombre y en la mujer. Constatando que el ideal del hombre es la virilidad (valentía física, energía, dominio de sí, etc.) y que la sociedad reprime en él los sentimientos demasiado 'femeninos', concluía que todo hombre tiene por contraste, una alma femenina oculta. Inversamente las mujeres, al estar obligadas a reprimir la parte viril de su ser, tienen un inconsciente masculino»[38].

Desde los juguetes, hasta las lecturas infantiles y más tarde las profesiones siguen ese paradigma. Para los niños juguetes agresivos y competitivos, para las niñas juegos maternales o de servicios domésticos. Ya adultos, los paradigmas no cambian: los hombres serán jefes, líderes, directores de orquesta; las mujeres secretarias, mecanógrafas, enfermeras. Con mayor participación de mujeres en la matrícula universitaria, se reproduce el cuadro de actividades: educación, salud, alimentación, etc. La matrícula universitaria en varios países ha tenido una notoria feminización, superando en muchos casos por diferencia importante a los varones, registrándose el crecimiento en el campo de las llamadas ciencias duras.

VIII. PERSPECTIVA DE GÉNERO Y DEFENSORÍAS DEL PUEBLO

La transformación cultural que se vive en este tiempo, exige reconsiderar el posicionamiento de hombres y mujeres, en la sociedad. A partir de esto se puede hablar de perspectiva

---

38 Vincent, Gerard, *¿Una historia del secreto?* En *Historia de la vida privada* dirigida por Philippe Ariès y Georges Duby (1989) traducción por J. L. Checa Cremades, Taurus, Buenos Aires 1991 t. 9 p. 300.

de género. Si los marcos normativos y las políticas públicas no incorporan esta diversidad de necesidades, capacidades y oportunidades marcadas por las experiencias que el género ha instalado en hombres y mujeres, así como el reconocimiento del género no binario, sus respuestas sólo estarán reproduciendo una discriminación que históricamente mantiene en situación de desventaja a las mujeres que no sólo la perjudica a ella, sino a toda la humanidad ya que representa a la mitad del género humano. Significa comprender el condicionante socio cultural que construye esas identidades asignadas.

Visualizar las diferencias que existen entre las necesidades prácticas y estratégicas de hombres y mujeres y personas no binarias, e incluir la perspectiva de género a la hora de diseñar planes, programas y servicios, es la única alternativa para el logro de resultados que equilibren la balanza de oportunidades y los derechos de personas en su diversidad.

«La perspectiva de género representa un concepto, una idea que pretende buscar el factor social que hace que la desigualdad perviva no tanto en función del sexo biológico: mujer u hombre, sino en razón del género: femenino o masculino. Es una noción que hace alusión a las diferencias sociales entre hombres y mujeres que han sido aprendidas y aprehendidas generación tras generación y que presentan muchas variaciones inter e intraculturales en base al desempeño de ciertos papeles estereotipados que se construyen por la sociedad predeterminando los comportamientos y las actitudes que se esperan del hombre y de la mujer»[39].

Pensar en defensorías del pueblo con perspectiva de género no es una elaboración teórica. Los temas de género no nacieron con

---

39 Macías Jara, María, "Integración de la perspectiva de género en los informes defensoriales" en *La protección de los derechos humanos por las defensorías del pueblo*, editado por Guillermo Escobar roca, Dykinson, Madrid 2013 p. 278.

las defensorías del pueblo. Se fueron introduciendo a partir de exigencias de la realidad, en una sociedad que pretende ser más democrática y más participativa. Las cuestiones de género no ocupaban un lugar en la mayoría de las defensorías latinoamericanas.

Valoramos el aporte de la Defensoría de Vecinas y Vecinos de Montevideo de los cuales hemos recogido algunos de sus objetivos de acción con perspectiva de género:

1. Promover la incorporación de valores, principios y actitudes con la perspectiva de género en la cultura organizacional, a fin de disminuir y erradicar actitudes discriminatorias tanto en las relaciones interpersonales del personal de la defensoría como en la calidad de la atención de las personas que acuden a sus oficinas.
2. Profundizar la integración de la perspectiva de género en las estrategias internas de la gestión institucional de la defensoría, mejorando las herramientas de planificación, gestión y evaluación.
3. Apreciar con perspectiva de género la metodología y los mecanismos para identificar la discriminación, desigualdad y exclusión de las mujeres.
4. Accionar sobre los factores de género y crear las condiciones de cambio que permitan avanzar en la construcción de la igualdad de género.
5. Establecer a las cuestiones de género como área especializada.
6. Diseñar e implementar un programa de sensibilización y capacitación del personal de la DP, para adoptar la perspectiva de género en sus procedimientos.
7. Tomar previsiones en el empleo de lenguaje sexista en los informes y actuaciones.
8. Revisar la estructura y organigrama general, así como en la designación de roles y funciones específicas, no dismi-

nuyendo la incorporación de mujeres en tareas de mayor responsabilidad y decisión.

9. Explorar las posibilidades de transformación de la identidad de la institución "Defensor del Pueblo" en "Defensoría del Pueblo".

Muchos son los países que suscribieron la Convención sobre la Eliminación de Todas las formas de Discriminación con la Mujer de 1985 y la Convención Interamericana para Prevenir, Sancionar y Erradicar la Violencia contra la Mujer o Convención do Belem do Pará de 1994. En base a los compromisos asumidos a través de esos instrumentos internacionales, los Estados signatarios se comprometieron a promover medidas de acción positiva para alcanzar la igualdad de trato y oportunidades para mujeres y varones. Sin embargo, aún hoy, las mujeres no gozan de una igualdad plena y son discriminadas en distintas esferas de la vida social, política, económica y cultural.

Entre las exigencias inmediatas que merecen la atenta atención e intervención de las defensorías del pueblo se especifican: a) La discriminación en el trabajo, tanto en lo que se refiere a la brecha salarial como al tipo de trabajo y la categoría de los cargos que asumen unos/as y otros/as. b) En el ámbito de la educación, se observa que los contenidos curriculares se suelen formular sin perspectiva de género. Además, y desde otro punto de vista, son frecuentes las denuncias contra docentes lesbianas. c) Todos, hombres y mujeres y personas no binarias deben tener derecho igualitario de acceso al conocimiento y a los métodos de regulación de la fertilidad que debe ser garantizado por el Estado sin perjuicio de que cada cual, según sus convicciones, haga uso o no de esos servicios. d) Es un derecho de las mujeres la libre disponibilidad de su propio cuerpo, entre ellos, la despenalización del aborto. e) El incumplimiento de las cuotas alimentarias por parte de muchos padres implica una situación discriminatoria con las responsabilidades parentales en la crianza y condena a la marginación a muchas mujeres y sus hijos/as. f) La violencia doméstica contra las mujeres motivada en la desigual relación de poder entre varones y mujeres refleja una situación de subordinación. Esa violencia también es la que se puede ejercer contra niños, niñas, adolescentes, ancianos y ancianas, discapacitados o discapacitadas en un mismo contexto de abuso de poder. Aunque también pueden ser objeto de esta violencia los hombres, la inmensa mayoría de los casos los agresores son varones adultos. g) Tema de extrema gravedad es el vinculado a los delitos sexuales cometidos contra las mujeres. Son pocos los servicios donde se aplican medidas de contención psicológica con las víctimas. Existen esfuerzos para acompañar a las mujeres en procesos de empoderamiento, pero no hay fondos suficientes para una iniciativa fundamental como es la de trabajar con los hombres el concepto de nuevas masculinidades que son necesarias para transformar visiones y comportamientos patriarcales y violentos. h) En casos de violación, no existen tratamientos adecuados para prevenir un embarazo, la trasmisión de la hepatitis B, enfermedades de transmisión sexual o el VIH, y en los procedimientos judiciales posteriores a los hechos, es frecuente revictimizar a las mujeres violadas con las medidas procesales. i) En los delitos sexuales suelen plantearse absurdos mitos justificantes. Lo cierto es que todas las mujeres son potenciales víctimas de violación sexual y de otros delitos sexuales. j) La trata y tráfico de mujeres se verifica en forma constante y suelen faltar instrumentos institucionales adecuados y suficientes que se ocupen de manera sistemática de la prevención, investigación y sanción de la trata y tráfico de personas, ni tampoco de las mujeres que son explotadas sexualmente k) Las mujeres indígenas sufren una triple discriminación por ser mujeres, por ser indígenas y por ser pobres. Entre las mujeres indígenas se encuentra las tasas más altas de analfabetismo, de mortalidad materna y de pobreza[40]. l) Las mujeres migrantes son también objeto de un trato discriminatorio

---

40 Comisión Interamericana de Derechos Humanos. *Mujeres indígenas* ver www.cidh/org/Mujeres indigenas. Alonso, Judit, *La mujer indígena, una carrera de obstáculos para toda la vida* en revista DW, Bonn, septiembre 2020.

tanto en las instituciones como en la vía pública. Están expuestas a ser explotas laboralmente y son habitualmente maltratadas en organismo estatales y hasta en hospitales públicos.

Cabe señalar finalmente que en la conducción y representación sindical es casi inexistente la presencia femenina a pesar de que en muchos lugares existen normas que establecen el cupo femenino. Pese a ello, las prácticas y particularidades de las organizaciones sindicales hacen virtualmente imposible su cumplimiento.

IX. CONCLUSIONES

Es evidente que se ha progresado sensiblemente a través de la legislación en orden a la igualdad de derechos entre hombres y mujeres, pero no se debe dejar de tener en cuenta que las normas jurídicas no son neutras; corresponden a los intereses de las clases dominantes y son tuteladas por el poder organizado de esas clases. Las leyes no tienen en cuenta la realidad individual de cada persona y ocultan las diferencias sociales, económicas y políticas para hacer posible el mito de la igualdad. La igualdad está elaborada formalmente mediante la proclamación de la universalidad de la categoría de sujeto que toma como modelo para su elaboración, los intereses parciales del ciudadano – varón – propietario[41]. La ley, no soluciona *per se* las desigualdades de género; muchas veces reproducen la situación de discriminación e inferioridad al ofrecer «... una imagen de mujer desvalida, víctima, con que tratan de justificar un suplemento de protección a la legislación general»[42].

Esta es la perspectiva de género con la que las defensorías del pueblo deben procurar centralmente poner en práctica políticas

---

41 Rubio Castro, Ana, "El feminismo de la diferencia", en *Revista de Estudios Políticos,* editada por el Centro de Estudios Políticos y Constitucionales, Madrid 1990, n° 70 p. 186.

42 Ibídem, loc. Cit.

que garanticen las mismas oportunidades y el goce de derechos a todas las personas sin distinción: intentar leer y transformar al patriarcado y sus gravosos efectos. En tanto se exige a los Estados políticas diferenciadas y acciones afirmativas o positivas para superar la discriminación de género, cabe a ellas velar por la realización de estos objetivos. La perspectiva de género es el punto de partida para que sus acciones hagan realidad los derechos humanos integralmente, es decir anteponiendo en todas sus intervenciones una mirada sesgada que repare las asimetrías y desigualdades que construyó el patriarcado y darle visibilidad.

Desde las defensorías del pueblo, esto implica por un lado la capacidad de propuesta, seguimiento y monitoreo de políticas que garanticen la inclusión de todas las personas en su diversidad; y simultáneamente, la defensa del derecho a satisfacerlos en función de particularidades culturales, históricas, étnicas, de género, etarias, sociales y otras.

En suma, la construcción social y cultural de las identidades y relaciones sociales de género redunda en el modo diferencial en que hombres, mujeres y personas no binarias puedan desarrollarse en el marco de las sociedades de pertenencia a través de su participación en la esfera familiar, laboral, comunitaria y política. De este modo, la configuración de la organización social de relaciones de género incide sustantivamente en el ejercicio pleno de los derechos humanos y por consiguiente es una de las responsabilidades que las defensorías del pueblo, deben tutelar por su protección y vigencia.

Dedico este trabajo a la memoria de Juana Rouco Buela luchadora por los derechos de la mujer en la Argentina, nacida en Madrid en 1889 y fallecida en Buenos Aires en 1969.

Ellas, rostros del olvido. La urgencia de articular propuestas jurídico-administrativas para fomentar el empoderamiento femenino y combatir la violencia de género en la España vacia(da)

JOSÉ LUIS DOMÍNGUEZ ÁLVAREZ[1]
Personal Investigador en Formación (FPU)
Área de Derecho Administrativo de la Universidad de Salamanca

---

1 Personal Investigador en Formación (FPU 17/01088) Ministerio de Educación, Cultura y Deporte. Miembro del Grupo de Investigación Reconocido "Next Generation UE – Derecho Administrativo" de la Universidad de Salamanca (NEGUEDA-USAL).

Resumen

El futuro del medio rural se escribe en femenino. En efecto, las mujeres rurales resultan determinantes para la vertebración territorial y social de las áreas escasamente pobladas, y son, con diferencia, el principal vector para la innovación y el emprendimiento en estos territorios. Todo ello pese a las múltiples formas de desigualdad de género que laten aún en nuestros días en el corazón de las comunidades rurales. El presente estudio pretende esbozar una serie de propuestas jurídico-administrativas con el firme propósito de remover los obstáculos que impiden el arraigo de la igualdad efectiva entre mujeres y hombres en los territorios rurales, prestando especial atención a la problemática de la violencia de género en la España rural, la cual constituye una historia de silencios, olvido y abandono institucional.

Abstract

The future of the rural environment is written in feminine. Indeed, rural women are decisive for the territorial and social structure of sparsely populated areas and are by far the main vector for innovation and entrepreneurship in these territories. All this despite the multiple forms of gender inequality that still linger in the heart of rural communities. The present study aims to outline a series of legal and administrative proposals with the firm aim of removing the obstacles that prevent the establishment of effective equality between women and men in rural areas, paying particular attention to the problem of gender-based violence in rural Spain, which is a history of silence, forget and institutional neglect.

INTRODUCCIÓN

Las conquistas alcanzadas en los últimos años en materia de igualdad y lucha contra la violencia de género[2] no han sido

[2] La Violencia de Género es la violencia ejercida sobre las mujeres por el simple hecho de ser mujeres. No es un problema que afecte al

ajenas a las zonas rurales del interior de nuestro país. Sin embargo, y sin ánimo de menospreciar todos estos avances en la materia, huelga decir que a día de hoy aún persiste un largo y tortuoso camino por recorrer hasta alcanzar la ansiada igualdad real entre mujeres y hombres, quehacer que se presenta como uno de los principales y más urgentes retos a abordar por parte de las diferentes Administraciones públicas, especialmente para aquellas que tienen una mayor incidencia en el medio rural[3].

Ahora bien, cuando hablamos de igualdad de género y medio rural debemos ser conscientes —necesariamente— de que las mujeres rurales poseen un papel protagonista en la insigne tarea de revitalizar el medio rural[4]. Ciertamente, las mujeres rurales

---

ámbito privado, sino que representa la manifestación más flagrante de desigualdad entre mujeres y hombres en nuestra sociedad. Como afirma Naciones Unidas representa una violación de los Derechos Humanos y constituye un instrumento privilegiado de control y dominación masculina. Por esta razón, los Estados tienen la obligación de prevenir, erradicar y castigar estos actos de violencia y son responsables en caso de incumplir con sus obligaciones. *Vid.* DELEGACIÓN DEL GOBIERNO CONTRA LA VIOLENCIA DE GÉNERO, *Mujeres víctimas de violencia de género en el medio rural,* Madrid, 2020, p. 11.

3 *Vid.* DOMÍNGUEZ ÁLVAREZ, J.L., "Aproximación a la intervención en vulnerabilidad y exclusión social en el medio rural: una respuesta desde las Entidades Locales", en DEL POZO PÉREZ, M. y BUJOSA VADELL, L.M. (Dirs.), *Protocolos de actuación con víctimas especialmente vulnerables: una guía de buenas prácticas,* Thomson Reuters-Aranzadi, Cizur Menor, 2019, pp. 173-179.

4 En palabras de GONZÁLEZ BUSTOS, "a nivel nacional las mujeres representan el 49,15% de la población de las zonas rurales, suponiendo un colectivo de 6 millones de personas, lo que les otorga un papel protagonista en el desarrollo sostenible del medio rural en cuanto agentes de desarrollo y modernización. La mujer, sin perjuicio de que durante mucho tiempo ha sido infravalorada, tiene una influencia trascendental para la pervivencia de los pueblos, al considerarse un recurso de gran importancia por intervenir de manera directa en los procesos de modernización de la vida económica, política, social y

resultan determinantes para la vertebración territorial y social de las áreas escasamente pobladas, y son, con diferencia, el principal vector para la innovación y el emprendimiento rural[5]. Definidas por algunos como "curanderas del olvido"[6], como "las grandes desconocidas del territorio"[7], por otros, lo cierto es que las mujeres rurales son actores indiscutibles para la consecución del desarrollo rural sostenible, la dinamización de las economías locales, la salvaguarda y pervivencia del ingente patrimonio material e inmaterial que atesoran nuestras comunidades rurales o la simbiosis perfecta entre tradición e innovación. Son en suma el vivo retrato de una historia de trabajo incansable, superación y resiliencia frente a la adversidad.

Pese a todo ello, las mujeres rurales son al mismo tiempo, el rostro invisible de la desigualdad, fruto de la persistencia de profundos estereotipos y roles de género que se manifiestan en un grado más acusado de lo que ocurre en el medio urbano, y que el

---

cultural". *Vid.* GONZÁLEZ BUSTOS, M.A., *Mujer y desarrollo sostenible en el medio rural,* Atelier, Barcelona, 2020, p. 21.

5 *Vid.* DOMÍNGUEZ ÁLVAREZ, J.L., "Despoblación e igualdad: el difícil papel de la mujer en el medio rural", en BUJOSA VADELL, L.M., y DEL POZO PÉREZ, M. (Dirs.), *Proceso penal y víctimas especialmente vulnerables. Aspectos Interdisciplinares,* Thomson Reuters–Aranzadi, Cizur Menor, 2019, p. 379.

6 *Cfr.* DIPUTACIÓN DE SALAMANCA, *Curanderas del olvido: historias de mujeres, contadas por mujeres,* Diputación de Salamanca, Salamanca, 2020.

7 Así concibe la realidad de las mujeres rurales María Sánchez, en su obra *Tierra de mujeres. Una mirada íntima y familiar al mundo rural.* Mirada que supo captar con sobrada maestría y acierto el Prof. Marcos M. Fernando Pablo, al prologar la monografía *Mujer y desarrollo sostenible en el medio rural,* la cual constituye una extraordinaria referencia para quienes se decidan a emprender la difícil tarea de revitalizar los territorios rurales despoblados con la igualdad efectiva entre mujeres y hombres por bandera.

paso del tiempo no ha conseguido desdibujar por completo[8]. La irrupción de la crisis sociosanitaria provocada por la COVID-19 no ha hecho más que acrecentar las múltiples manifestaciones de desigualdad a las que deben hacer frente las mujeres rurales en su quehacer cotidiano. Esta situación hace más necesario que nunca repensar el modelo de actuación del poder público en este concreto campo, y exige fortalecer el compromiso de las Administraciones públicas con la consecución de una sociedad más justa e igualitaria, también en las áreas rurales, prestando especial atención a la problemática de la violencia de género en la España vaciada, una lacra soterrada que pasa desapercibida ante la pasiva mirada de los gestores públicos, como se pondrá de manifiesto en las próximas líneas[9].

I.- MUJERES RURALES, UNA HISTORIA DE SUPERACIÓN Y RESILIENCIA FRENTE A LA ADVERSIDAD

Cuando realizamos una primera aproximación a la problemática de las zonas rurales que conforman el mapa geográfico de la hoy conocida como España vaciada, debemos hacer referencia necesariamente, en primer lugar, a la situación demográfica que caracteriza al entorno rural español[10]. De esta forma, y de un simple

---

8 Las mujeres rurales se han enfrentado históricamente a una larga trayectoria de discriminaciones basadas en prejuicios y en estereotipos. *Vid.* RED ESPAÑOLA DE DESARROLLO RURAL, *El futuro se escribe en femenino II*, Madrid, 2021, p. 15. Disponible en: https://bit.ly/3rnC6km

9 Ciertamente, las características diferenciales en la situación socioeconómica de la mujer con respecto a los varones –menor tasa de actividad, mayor nivel de desempleo, inferior retribución salarial, etc.–, han generado la necesidad de potenciar la intervención pública para tratar de corregir, en la medida de lo posible, esos desajustes.

10 *Vid.* DOMÍNGUEZ ÁLVAREZ, J.L., *Comunidades discriminadas y territorios rurales abandonados. Políticas públicas y Derecho Administrativo frente a la despoblación*, Thomson Reuters-Aranzadi, Cizur Menor, 2021, p. 158.

vistazo, podemos observar una serie de características que destacan por su especial relevancia y que se reproducen de manera prácticamente sistemática —y caprichosa—en las diferentes regiones de la geografía española, causando una especie de *seísmo* que viene a condicionar enormemente tanto el papel de la mujer en el entorno rural como el bienestar y la calidad de vida de las mujeres rurales[11]. Y es que, en palabras de CAMARERO RIOJA, *"sobreenvejecimiento, masculinización, dependencia, desigualdades de género y vulnerabilidad laboral son algunos de los principales problemas con los que conviven los habitantes rurales"*[12], algo que sin duda determina la situación que atraviesan las mujeres rurales de nuestro país.

---

11 En pleno siglo XXI, las condiciones de vida de las mujeres rurales se resumen en una situación laboral deficiente, caracterizada por la falta de oportunidades de empleo, la precariedad laboral y la baja afiliación a la Seguridad Social; la falta de infraestructuras y servicios públicos de apoyo a la población –tan necesarios como residencias de mayores, centros de día, ludotecas, guarderías, transportes o servicios de atención a mujeres víctimas de violencia de género–; y dificultades en el acceso a las nuevas tecnologías de la información y la comunicación, algo que a día de hoy sigue siendo una quimera para buena parte de los habitantes del medio rural de nuestro país. Como es de esperar, tales condiciones influyen negativamente en la posición social de las mujeres rurales, desequilibrando aún más las relaciones de poder entre hombres y mujeres, y, por tanto, fomentando la desigualdad de género en el medio rural

12 La masculinización rural constituye uno de los principales factores que dificultan la sostenibilidad social de las áreas rurales. Resulta especialmente acusada en aquellas edades en que las mujeres son más necesarias desde el punto de vista de su contribución a la actividad económica y a la formación de familias. La mayor emigración femenina ha tenido que ver tradicionalmente con el papel subsidiario e invisible que las mujeres desempeñan en las economías rurales de base familiar y con unos mercados de trabajo asalariado muy restringidos a nivel local. El entorno urbano ha proporcionado oportunidades más atractivas de inserción laboral y movilidad social, a las que muchas mujeres de origen rural han accedido a través de la educación. Esta situación redunda en las formas de convivencia y residencia. Pese a seguir los procesos de transformación de los hogares comunes a toda la sociedad (reduc-

Esta idea de masculinización[13] de la sociedad rural se pone de manifiesto en diferentes informes realizados por el Ministerio de Medio Ambiente y Medio Rural y Marino, según los cuales las áreas rurales se caracterizan por experimentar una prolongada masculinización (0-64 años) y una acuciada feminización del envejecimiento (65 y más años), situación que, todo parece apuntar, se mantendrá en las próximas décadas sin solución de continuidad[14].

A su vez, esta prolongada masculinización de la población rural hasta los 64 años de edad es a la vez causa y efecto de los roles y estereotipos de género tradicionales que han conducido a una mayor desigualdad entre mujeres y hombres en las sociedades del medio rural. Todo ello, unido a la existencia deficitaria —cuando no ausencia— de una red de servicios e infraestructura adecuadas, repercute negativamente en las condiciones de vida de quienes optan por desarrollar su proyecto vital en el medio rural y, especialmente, entre las mujeres, ya

---

ción del número de miembros del hogar y pluralidad de formas de convivencia), las poblaciones rurales presentan elementos distintivos como efecto del envejecimiento y la masculinización. *Vid.* CAMARERO RIOJA, L.A. (Coord.), *La población rural de España. De los desequilibrios a la sostenibilidad*, Fundación la Caixa, Barcelona, 2009, p. 12.

13 Esta masculinización condiciona el tamaño de los hogares y dificulta el relevo generacional necesario para garantizar el futuro del medio rural. Si a todo esto le añadimos el creciente envejecimiento de la población rural nos encontramos con la proliferación de situaciones de convivencia con personas en situación de dependencia, lo que repercute en la carga de trabajo de las personas cuidadoras, generalmente mujeres, disminuyendo sus posibilidades de participación laboral, política o social, y contribuyendo al mantenimiento de los roles de género tradicionales y tremendamente anquilosados en la sociedad rural.

14 *Vid.* MINISTERIO DE MEDIO AMBIENTE Y MEDIO RURAL Y MARINO, *Diagnóstico de la Igualdad de Género en el Medio Rural*, Madrid, 2011, p. 245. Disponible en: https://bit.ly/3qfQnhY

que sobre ellas recae el grueso de las tareas de cuidado de las personas de avanzada edad y dependientes[15].

En lo que respecta al papel de la mujer en el medio rural, si bien es cierto que el colectivo de mujeres ha sido el que ha protagonizado en mayor medida el éxodo hacia las ciudades —debido principalmente a su dificultad para encontrar un puesto de trabajo en los pequeños municipios que pueblan el mapa de la España vacia(da)—[16], hoy en día la población femenina se convierte en un elemento fundamental e imprescindible para potenciar la revitalización económica y social del medio rural derivada de los procesos de desagrarización y reconversión de estos territorios. Estos procesos se traducen en la transferencia de recursos destinados tradicionalmente a actividades como la agricultura, hacia un sistema pluriactivo[17], caracterizado por la diversificación de la actividad productiva, donde la pequeña industria agroalimentaria o textil, las actividades artesanales, la prestación de servicios a la población o el creciente turismo rural forjan las bases de un nuevo modelo productivo en el que la mujer posee el papel protagonista.

---

15 El problema de la invisibilidad del trabajo femenino supera con creces el ámbito laboral y está presente en todos los ámbitos de la vida social. *Vid.* CAMARERO RIOJA, L.A., CASTELLANOS ORTEGA, M. L., GARCÍA BORREGO, I., y SAMPEDRO GALLEGO, R., *El trabajo desvelado. Trayectorias ocupacionales de las mujeres rurales en España,* Ministerio de Trabajo y Asuntos Sociales e Instituto de la Mujer, Madrid, 2006, p. 26.

16 En torno a esta cuestión capital para entender la magnitud del reto demográfico en las áreas rurales, *vid.* SAMPEDRO GALLEGO, R., *Género y ruralidad. Las mujeres ante el reto de la desagrarización,* Ministerio de Trabajo y Asuntos Sociales, Madrid, 1996; RICO GONZÁLEZ, M., *La mujer dentro del proceso migratorio y de envejecimiento en el medio rural de Castilla y León,* Ediciones Ayuntamiento de Valladolid, Valladolid, 2003; RICO GONZÁLEZ, M. y GÓMEZ GARCÍA, J.M., “Mujeres y despoblación en el medio rural de Castilla y León”, en *AGER. Revista de estudios sobre despoblación y desarrollo rural,* núm. 3, 2003, p. 170.

17 *Cfr.* GOMEZ BENITO, C. & GONZALEZ RODRIGUEZ, J.J. (Coords.), *Agricultura y sociedad en el cambio de siglo,* McGraw-Hill, Madrid, 2002.

Sin embargo, las características diferenciales en la situación socioeconómica de la mujer con respecto a los varones —menor tasa de actividad, mayor nivel de desempleo, inferior retribución salarial, etc.—, han generado la necesidad de potenciar la intervención pública para tratar de corregir, en la medida de lo posible, esos desajustes, prestando especial atención a aquellas mujeres que sufren violencia de género o se encuentran en riesgo de exclusión social.

En efecto, la presencia de estereotipos y roles de género y su influencia en las desigualdades entre mujeres y hombres muestran que el sistema patriarcal sigue muy presente en la población rural, dando lugar por lo general a dos situaciones contradictorias que se retroalimentan en cierta medida.

Por un lado, en el medio rural no se perciben las diferencias de género y las desigualdades entre hombres y mujeres. Los estudios realizados por el Ministerio de Agricultura, Pesca y Alimentación dejan entrever la existencia de una falsa creencia o impresión —peligrosamente extendida— de que todo está hecho, y que los avances alcanzados en las últimas décadas en materia de igualdad son suficiente.

Y, por otro, la no percepción de las desigualdades entre hombres y mujeres provoca que la población del medio rural normalice estas desigualdades de género sin oponer resistencia a las mismas, incluyendo las prácticas y situaciones que contribuyen a su pervivencia en el tiempo. Un ejemplo muy claro de esta tendencia lo encontramos en el desigual reparto de las tareas domésticas y de cuidado[18], o en las importantes diferencias salariales a las que hacíamos referencia con anterioridad,

---

[18] La brecha de género en la tasa de empleo se debe en gran medida a la falta de corresponsabilidad de los hombres, ya que la mayor parte del trabajo de cuidados recae sobre la mujer, lo que disminuye su presencia en el mundo laboral (24,8% de las mujeres frente al 75,2% de los hombres). *Vid.* GONZÁLEZ BUSTOS, M.A., "El destacado papel de la mujer en el desarrollo rural", en FERNANDO PABLO, M.M.

cuestiones que no son percibidas a priori por la sociedad como discriminatorias, limitándose a asumir el papel otorgado por la construcción social imperante.

Esta contraposición de situaciones tiene importantes consecuencias: la invisibilización del trabajo reproductivo y de cuidado realizado por las mujeres, la infravaloración de la contribución de la mujer al mantenimiento del medio rural, la sobrecarga de trabajo para las mujeres que logran compatibilizar actividad laboral y familiar —menoscabando su salud, bienestar y calidad de vida—, la falta de independencia económica, o la intensa desigualdad patente en las relaciones de poder, son solo algunas de las múltiples manifestaciones que evidencian la existencia de profundas y enraizadas formas de desigualdad en el seno de las comunidades rurales, y que están estrecha e intrínsecamente relacionadas con el abandono institucional al que el poder público ha sometido a estos territorios rurales en las últimas décadas[19].

Todas estas cuestiones se traducen para el colectivo femenino en un incremento sustancial de las probabilidades de sufrir cualquier tipo de violencia de género y/o de exclusión social, como se pondrá de relieve inmediatamente a continuación, lo que justifica la urgente necesidad de *repensar* el modelo de intervención asistencial y los recursos destinados por el conjunto de las Administraciones públicas a combatir la desigualdad estructural a la que se enfrentan las mujeres rurales en su día a día.

---

y DOMÍNGUEZ ÁLVAREZ, J.L. (Dirs.), *Rural Renaissance: Derecho y Medio rural*, Thomson Reuters-Aranzadi, Cizur Menor, 2020, p. 169.

19 *Cfr.* INSTITUTO DE LA MUJER Y PARA LA IGUALDAD DE OPORTUNIDADES, *Plan para la promoción de las mujeres rurales 2015-2018*, Madrid, 2015.

II.- ACCESO AL EMPLEO, EMPRENDIMIENTO Y EMPODERAMIENTO FEMENINO EN LA ESPAÑA RURAL DESPOBLADA

En otro orden de cosas, y en lo que se refiere al mercado laboral del medio rural, debemos señalar que este se caracteriza por una baja tasa de empleo —situación que se acentúa en el caso de las mujeres—, una fuerte asalarización y una marcada terciarización de la actividad económica[20].

En este sentido, la incorporación de las mujeres al mercado laboral supone el progresivo reconocimiento legal, social y económico de su trabajo[21]. Ahora bien, la vía de incorporación de las mujeres del ámbito rural al mercado laboral tiene una serie de características

20 En lo que respecta al mercado laboral del medio rural, este se caracteriza por una baja tasa de empleo –situación que se acentúa en el caso de las mujeres–, una fuerte asalarización y una marcada terciarización. De esta forma, podemos observar como con carácter general las mujeres ocupan las posiciones inferiores de la jerarquía laboral, y ocupan puestos de personal no cualificado y personal administrativo, mientras que los hombres, sin embargo, destacan por su presencia en puestos de poder y responsabilidad. En lo que respecta al sector de ocupación, podemos observar un papel predominante del sector servicios, que ocupa un 52,6% de la población activa total del medio rural, lo que supone en términos desagregados por sexo una concentración en mayor medida de las mujeres (78,5%) que de los hombres (41%). Finalmente, al analizar el mercado laboral del medio rural, podemos observar con meridiana claridad la existencia de profundas desigualdades salariales por razón de género, ya que las mujeres están sobre representadas en los rangos salariales entre los 400€ y los 1.000€ mientras que los hombres lo hacen entre los 1.001€ y los 1.400€. *Vid.* MINISTERIO DE MEDIO AMBIENTE, Y MEDIO RURAL Y MARINO, *Condiciones de vida y posición social de las mujeres en el medio rural,* Madrid, 2009, p. 36. Disponible en: https://bit.ly/3fY8mVA

21 *Vid. op. cit.* MINISTERIO DE MEDIO AMBIENTE Y MEDIO RURAL Y MARINO, *Diagnóstico de la...*, p. 123.

muy singulares que se vienen acentuando durante los últimos veinte años, entre las cuales conviene destacar los siguientes aspectos:

- Marcado desequilibrio en los sectores de ocupación laboral, con una excesiva concentración en el sector servicios —en el que trabajan el 78,5% de las mujeres ocupadas— frente a una caída drástica del sector agrario, que queda reducido al 7%.
- Fuerte proporción de asalariadas —72,5%—, mientras que autónomas y empresarias representan el 20%; a su vez, la figura de asalariada domina por completo entre la población joven, tanto mujeres como hombres.
- Elevado nivel formativo, lo que se traduce en que dos de cada diez mujeres ocupadas tienen estudios superiores universitarios —frente a uno de cada diez hombres—[22].

Igualmente interesante resulta analizar la situación en la que se encuentra el emprendimiento femenino en las áreas rurales, pues la promoción y consolidación de iniciativas empresariales promovidas por mujeres ha sido desde el primer momento uno de los objetivos y pilares básicos de la Política de Desarrollo Rural[23], idea-fuerza que también ha quedado recogida en el Plan

---

[22] Cabe señalar que todas estas desigualdades observadas entre mujeres y hombres en el mercado laboral se acentúan de manera progresiva al incrementar el grado de ruralidad.

[23] Una clara manifestación de este intento de las Administraciones públicas por visibilizar la labor que desempeñan las mujeres rurales en la dinamización económica efectiva de las áreas rurales lo encontramos en la adopción de la Ley 35/2011, de 4 de octubre, sobre titularidad compartida de explotaciones agrarias, instrumento normativo con el que se pretende reconocer jurídica y económicamente la participación de la mujer en la actividad agrícola. *Vid.* BLÁZQUEZ AGUDO, E.M., "La titularidad compartida: un derecho de la mujer rural", en *Aequalitas: Revista jurídica de igualdad de oportunidades entre mujeres y hombres,* núm. 28, 2011, p. 37.

Estratégico de Igualdad de Oportunidades (2014 -2016) así como en el Plan para la promoción de las mujeres del medio rural (2015-2018) de ámbito nacional. Y es que parece lógico que las diferentes políticas públicas de desarrollo rural sostenible centren su atención en el fomento del emprendimiento femenino, pues este constituye el presupuesto idóneo para la creación de nuevas alternativas laborales, el incremento de la participación laboral de las mujeres en el medio rural y la diversificación y fortalecimiento de las economías locales, requisito indispensable tanto para fijar población como para mejorar la calidad de vida y bienestar de quienes deciden desarrollar su proyecto vital y personal en el ahora abandonado medio rural[24].

De esta forma, y de conformidad con el diagnóstico del Plan para la promoción de las mujeres del medio rural (2015-2018) en los últimos años el papel de las mujeres emprendedoras está alcanzando un mayor protagonismo en la economía rural. En el medio rural, el 54% de las personas que deciden emprender un negocio son mujeres, frente a un 30% en el caso de las mujeres que residen en núcleos urbanos.

Casi 8 de cada 10 empresarias son autónomas, aunque en este punto conviene subrayar que las cooperativas de trabajo asociado siguen siendo un importante elemento de dinamización de la economía rural desde el punto de vista de la generación de empleo.

Pese a este incremento del emprendimiento femenino[25] en el medio rural, a día de hoy persisten importantes barreras que

---

24 *Cfr.* RED ESPAÑOLA DE DESARROLLO RURAL, *El futuro se escribe en femenino: Estudio de diagnóstico de situación y factores que inciden en el acceso a las mujeres a los órganos de decisión y gestión de los GAL en el período 2007-2013*, Madrid, 2016.

25 Las Administraciones públicas han adoptado numerosas actuaciones con la finalidad de promover el emprendimiento femenino en las áreas rurales: Programa Integral para la Promoción de la Mujer Rural, Proyecto Desafío Mujer Rural, Empléate desde la igualdad,

dificultan la puesta en marcha de iniciativas empresariales de mujeres rurales en nuestro país. Entre esas dificultades encontramos, entre otras, las siguientes:

- Localismo. En el medio rural surge la disyuntiva acerca de si las ideas emprendedoras deben basarse exclusivamente en los recursos propios del medio rural (recursos endógenos) o, por el contrario, han de buscarse en entornos de fuera del medio rural.
- Aislamiento. En el medio rural puede producirse un bucle fatalista. Un entorno aislado está condenado a estar aún más aislado, por la falta de infraestructuras. En ese aspecto, las políticas públicas que pretenden dotar de conectividad a internet de calidad a las zonas rurales resultan imprescindibles para facilitar la puesta en marcha de nuevas iniciativas empresariales[26].
- Individualismo. Estereotipo muy extendido acerca de las personas que viven en el ámbito rural que puede perjudicar gravemente el emprendimiento. La cooperación y la conectividad, aún en forma de redes apoyadas en las tecnologías de la información, adquiere gran relevancia para hacer frente a esta barrera[27].
- Escala de la actividad emprendedora. Existe la idea de que una actividad emprendedora en el medio rural ha de ser por necesidad, de escala reducida, aunque es cierto que

---

Programa CERES, creación e impulso de los Premios a la excelencia a la innovación para las mujeres rurales, etc.

[26] *Vid.* DOMÍNGUEZ ÁLVAREZ, J.L., "Internet y nuevas tecnologías como punta de lanza para la revitalización de territorios rurales despoblados. La necesaria reconstrucción de la idea de servicio público", en *Revista Digital de Derecho Administrativo*, núm. 26, 2021, p. 99.

[27] *Vid.* INSTITUTO DE LA MUJER Y PARA LA IGUALDAD DE OPORTUNIDADES, *Mujeres rurales. Emprendedoras y TIC*, Madrid, 2015, p. 43.

el campo plantea dificultades de potencial demanda o de sobrecoste por la distribución. Ciertos bienes y servicios no pueden planearse en el medio rural desde una estricta lógica del mercado y de la rentabilidad de una actividad.

- Límites de la formación. Las personas que viven en entornos rurales sienten que no tienen acceso a las mismas posibilidades de formación que las personas que habitan en las grandes ciudades, especialmente cuando se trata de especialización o actualización de nuevos conocimientos o cuestiones emergentes. Por ello, se requieren soluciones urgentes que permitan el desarrollo de programas de I+D en el medio rural, particularmente en relación con la actividad vinculada a la biodiversidad y los recursos naturales.
- Vertebración territorial. El aislamiento, la dispersión, la falta de vertebración territorial y la pluralidad de entidades locales y procedimientos administrativos cada vez más complejos y enrevesados son factores que dificultan el emprendimiento en el medio rural. Por ello, cobra fuerza la idea de avanzar hacia un modelo de gestión territorial diferenciado para el medio rural, instituido sobre medidas de discriminación normativa positiva que permitan revitalizar y revigorizar el medio rural.
- Cortoplacismo y falta de cultura de riesgo. No exclusivos del medio rural, factores como el miedo al fracaso o a dañar la propia imagen se agudizan en las pequeñas comunidades rurales donde la estigmatización se manifiesta con mayor intensidad.

Abordar estos y otros muchos factores resulta determinante para potenciar no solo el emprendimiento femenino, sino también el empoderamiento de las mujeres rurales de nuestro país[28],

---

28 Como insisten en señalar destacadas académicas en el campo objeto de estudio "[l]as políticas de desarrollo rural han apoyado y fomen-

contribuyendo así a la mejora de su calidad de vida y evitando situaciones de exclusión social.

III.- PREVENIR, SENSIBILIZAR, VISIBILIZAR Y COMBATIR LA VIOLENCIA DE GÉNERO EN EL MEDIO RURAL. RETOS PENDIENTES DEL PODER PÚBLICO

Cuando hablamos de violencia de género en el entorno rural, más allá de estereotipos e ideas infundadas, lo cierto es que, en general, el contexto social y cultural de los municipios no difiere en gran medida del resto de la población española, pero sí encontramos agudizados o pronunciados algunos aspectos en cuanto al modelo de relaciones entre mujeres y hombres se refiere: los requerimientos sociales de este modelo son mayores y sus posibilidades de cambio más complejas, fruto de la propia idiosincrasia de las comunidades rurales.

En comparación con las mujeres que habitan en las urbes, las mujeres rurales tienen un menor acceso al mercado de trabajo formal, donde permanecen en situaciones de mayor precariedad como se ha puesto de manifiesto en las líneas anteriores. Además, perciben que apenas hay recursos que permitan una conciliación de la vida personal, familiar y laboral, tanto en relación a la puesta

---

tado la utilización del emprendimiento como una herramienta para solventar las debilidades del mercado de trabajo rural. Además de incentivar el autoempleo, que ha permitido generar nuevos puestos de trabajo, contribuye al incremento de la participación laboral de las mujeres en el medio rural y a mejorar su calidad de vida personal y la del conjunto de los espacios rurales al facilitar logros profesionales, independencia, satisfacción del trabajo y expectativas de beneficio personal". *Vid.* ALARIO TRIGUEROS, M. y MORALES PRIETO, E., "Iniciativas de las mujeres: emprendimiento y oportunidades en el espacio rural de Castilla y León", en *Documents d'Anàlisi Geogràfica*, vol. 62, núm. 3, 2016, p. 638.

en marcha de servicios de atención a personas dependientes como en relación a la corresponsabilidad por parte de sus parejas[29].

Por otra parte, el control social y la estigmatización están muy presentes en la vida cotidiana de las mujeres rurales, hecho que dificulta enormemente no solo la decisión de romper con las ataduras y el yugo impuesto por el maltratador en situaciones de violencia de género, sino que impide además —en buena parte de los casos— acceder a los recursos destinados a la asistencia y protección integral de las mujeres víctimas de violencia de género, los cuales, dicho sea de paso, se concentran mayoritariamente en las ciudades o en los municipios que disponen de la condición de cabeceras de comarca, lo que unido a la flagrante carencia de infraestructuras y a la evidente ausencia de una red de servicios esenciales[30], termina por dificultar extraordinariamente el acceso a tales prestaciones de emergencia. En suma, todo parece indicar que, en el mejor de los casos, el

---

29 Si bien en cierto que las diferentes Administraciones públicas han puesto en marcha hasta la fecha diferentes iniciativas para fomentar la conciliación de la vida personal, familiar y profesional de las mujeres rurales (como, por ejemplo, el Programa "Conciliamos"), la escasez de servicios esenciales en las áreas rurales sigue lastrando las posibilidades de acceso al empleo del colectivo femenino en estos territorios. Recientemente, la Junta de Castilla y León ha anunciado la publicación en el Boletín Oficial de Castilla y León de las bases reguladoras del nuevo "Bono Concilia", una ayuda económica para facilitar la conciliación laboral y personal de los padres con hijos de 0 a 3 años de 750 euros por cada menor a su cargo.

30 El Defensor del pueblo ha sido expeditivo al señalar que esta "situación genera una brecha de desigualdad que es incompatible con los principios constitucionales de equidad e igualdad en el acceso a los servicios públicos básicos. De ahí que el problema de la despoblación sea una cuestión de derechos y libertades pues lo que está en debate es el principio mismo de igualdad, y eso afecta a todos los españoles, vivan donde vivan". *Vid.* DEFENSOR DEL PUEBLO, *Informe Anual del Defensor del Pueblo 2018*, Madrid, 2019, p. 93.

actual modelo de intervención pública diseñado para combatir la violencia de género no está pensado para la realidad rural. En otros supuestos, por desagracia, las Administraciones públicas manifiestan su total desconocimiento de la problemática agravada que padecen las mujeres rurales, cuando no la total inobservancia del *mar de dificultades* que deben afrontar quienes padecen esta lacra social en las áreas escasamente pobladas, como ocurre con el elenco de actuaciones y medidas impulsado por las diferentes instituciones para garantizar el mantenimiento y la plena vigencia de los servicios esenciales de atención a las víctimas de violencia de género[31] durante los momentos más aciagos ocasionados por la irrupción de la COVID-19. Modelo que lejos de apuntalar y fortalecer la cobertura de los servicios esenciales de las áreas rurales, optó por dejar, mayoritariamente, la acción administrativa contra la violencia de género en manos de las comunicaciones electrónicas y el poderoso universo de Internet y las redes sociales, recursos inaccesibles aún hoy en día en buena parte de la España rural[32].

---

31 A los efectos de lo previsto en el Real Decreto-ley 12/2020, de 31 de marzo, de medidas urgentes en materia de protección y asistencia a las víctimas de violencia de género en el contexto de la crisis del COVID-19, los servicios de información y asesoramiento jurídico 24 horas, telefónica y en línea, así como de los servicios de teleasistencia y asistencia social integral a las víctimas de violencia de género, los servicios de acogida y el sistema de seguimiento por medios telemáticos para el cumplimiento de las medidas cautelares y penas de prohibición de aproximación en materia de violencia de género “tendrán la consideración de servicios esenciales con los efectos previstos en el Real Decreto 463/2020, de 14 de marzo, por el que se declara el estado de alarma para la gestión de la situación de crisis sanitaria ocasionada por el COVID-19, sus normas de desarrollo” (art. 1).

32 En este sentido, el Consejo Económico y Social señala que “la utilización de internet, especialmente a través de la banda ancha, facilita el acceso de la población a la información y a un gran número de servicios, al tiempo que posibilita la comercialización de los productos desde y hacia los núcleos rurales. Disminuye la dependencia de las

Sin duda, todos estos condicionantes exigen la adopción de políticas públicas[33] en materia de igualdad que permitan mantener un esfuerzo sostenido para abordar los profundos cambios estructurales que la sociedad necesita afrontar en aras de acabar con los perniciosos estereotipos y roles de género que merman significativamente la calidad de vida y el bienestar de las mujeres rurales.

Ahora bien, afrontar la dificultosa tarea de combatir la violencia de género en los territorios rurales exige, necesariamente, vincular esta problemática a su origen primigenio, el cual no es otro que la *invisible* desigualdad entre mujeres y hombres que late también en el corazón de las sociedades rurales.

Adicionalmente, conviene tener presente que las características de las áreas rurales —masculinización, baja densidad, aislamiento de los núcleos, etc.— contribuyen en gran medida

---

infraestructuras físicas de transporte, en la medida en que posibilita el comercio electrónico, el desarrollo de la Administración electrónica, la provisión de servicios de salud en línea, la teleformación, o el teletrabajo, contribuyendo, por tanto, a fijar la población. Sin embargo, a pesar de haberse producido importantes avances en este ámbito, continúa existiendo una brecha digital entre las zonas urbanas y rurales. Así, persisten dificultades y carencias en la cobertura y la calidad de los servicios de telecomunicaciones, especialmente en las conexiones de banda ancha (acceso, velocidad y calidad del acceso) y, en menor medida, en la cobertura de la telefonía móvil y en el acceso a los contenidos multimedia de la televisión y la radio". *Vid.* CONSEJO ECONÓMICO Y SOCIAL, *El medio rural y su vertebración social y territorial. Informe 01/2018, aprobado en sesión ordinaria del Pleno de 24 de enero de 2018*, Madrid, 2018, p. 151.

33 Entendidas como "el conjunto de decisiones, objetivos y medidas adoptadas por las instituciones públicas en relación al fomento de la igualdad entre mujeres y hombres y a la mejora de la situación socioeconómica, política y cultural de la mujer". *Vid.* LOMBARDO, E., "Políticas de igualdad de género en los Ayuntamientos de Barcelona: origen, características y retos para el futuro", en *Gestión y Análisis de las Políticas Públicas*, núm. 25, Madrid, 2002, p. 80.

a aumentar la dependencia de las mujeres: limitaciones en la movilidad, mercados de trabajo muy restrictivos y carencias de servicios y recursos próximos[34]. Dependencia igualmente acentuada por la importancia de las relaciones familiares en el medio rural, tanto en lo que se refiere al soporte económico —explotaciones agrarias y negocios familiares[35]— como por la demanda de cuidados. Todos estos condicionantes contribuyen a potenciar una relación asimétrica entre hombres y mujeres, y dificultan más si cabe la intervención y protección de las mujeres rurales víctimas de violencia de género[36].

Esta idea que ahora enunciamos aparece reflejada con meridiana claridad en la Macroencuesta de Violencia contra la mujer 2019 de la Delegación de Gobierno para la Violencia de Género[37], según la cual, las mujeres víctimas de violencia de género que viven en municipios de menos de 10.000 habitantes acuden en menor medida a la policía o a los juzgados (29,4%) que las

---

34 *Vid.* MARTÍNEZ GARCÍA, M.Á. y CAMARERO RIOJA, L.A. "La reproducción de la violencia de género: una lectura desde las áreas rurales", en *AGER: Revista de Estudios sobre Despoblación y Desarrollo Rural,* núm. 19, 2015, pp. 117-146.

35 *Cfr.* FEDERACIÓN ESPAÑOLA DE MUNICIPIOS Y PROVINCIAS, *Guía para Sensibilizar y Prevenir desde las Entidades Locales la Violencia contra las Mujeres,* Madrid, 2009.

36 Las mujeres que viven en municipios de menos de 10.000 habitantes han contado la violencia de sus parejas a personas del entorno en un porcentaje algo menor (70,1%) que las mujeres que viven en municipios de más de 10.000 habitantes (78,6%).

37 Las diferencias en función del tamaño del municipio de residencia no son demasiado importantes: 9,6% de las mujeres que viven en municipios de menos de 10.000 habitantes y han tenido pareja en alguna ocasión frente al 11,8% de las que viven en municipios de más de 10.000 habitantes y han tenido pareja en alguna ocasión. *Vid.* DELEGACIÓN DEL GOBIERNO PARA LA VIOLENCIA DE GÉNERO, *Macroencuesta de Violencia contra la Mujer 2019,* Madrid, 2020, p. 19. Disponible en: https://bit.ly/2I1qK39

mujeres que viven en municipios de más de 10.000 habitantes y que han sufrido esta forma de violencia (33,2%).

Igualmente interesantes resultan los datos referentes a las situaciones y tipologías de violencia de género[38], los cuales ponen de manifiesto la alarmante necesidad de visibilizar la problemática de la violencia de género en el entorno rural[39]:

— El 11,5% de las mujeres residentes en España de 16 y más años que viven en municipios de menos de 10.000 habitantes manifiestan haber sufrido violencia física por parte de alguna pareja o expareja en algún momento de su vida, frente al 13,9% de las mujeres residentes en municipios de más de 10.000 habitantes.

— Las mujeres que viven en municipios de menos de 10.000 habitantes han sufrido *stalking* en menor proporción (12%) que las mujeres que viven en municipios de más de 10.000 habitantes (15,9%).

— El 35,6% de las mujeres que viven en municipios de menos de 10.000 habitantes han sufrido acoso sexual, frente al 41,6% de las mujeres que residen en municipios de más de 10.000 habitantes.

---

38 *Vid.* DELEGACIÓN DEL GOBIERNO CONTRA LA VIOLENCIA DE GÉNERO, *Mujeres víctimas de violencia de género en el medio rural,* Madrid, 2020, pp. 217 y ss. Disponible en: https://bit.ly/3eDI4bM

39 Las diferencias en la prevalencia de la violencia según el tamaño del municipio de residencia no son demasiado importantes en magnitud: el 10,5% de las mujeres que viven en municipios de menos de 2.000 habitantes ha sufrido violencia física y/o sexual de alguna pareja y el 26,3% algún tipo de violencia psicológica. Estos porcentajes son del 12,5% y del 27,6% respectivamente entre las que residen en municipios de entre 2.000 y 10.000 habitantes, y del 14,8% y 33,1% respectivamente para las mujeres que viven en municipios de más de 10.000 habitantes.

— El 73 % de las mujeres asesinadas por sus parejas y ex-parejas en España residían en municipios de menos de 100.000 habitantes[40].

Todos estos datos parecen evidenciar que la violencia de género es una lacra invisibilizada en el entorno rural, lo que pone de manifiesto la necesidad tanto de ampliar como de mejorar la acción administrativa en lo que atañe a la promoción de políticas públicas de igualdad y lucha contra la violencia de género.

IV.- DE LEGE FERENDA: PROPUESTAS PARA MEJORAR LA CALIDAD DE VIDA DE LA MUJER EN EL MEDIO RURAL. ESPECIAL ATENCIÓN A LAS VÍCTIMAS DE VIOLENCIA DE GÉNERO

Una vez analizada la problemática agravada a la que se enfrentan las mujeres rurales, situación que podemos describir de forma telegráfica haciendo alusión a tres circunstancias o condicionantes principales, los cuales se retroalimentan de forma perniciosa, como son: la existencia de estereotipos y roles de género acentuados; la enorme dependencia familiar de la mujer rural; y la dificultad de acceso de las mujeres a los servicios de atención y protección integral frente a la violencia de

40 Según el Informe sobre Víctimas Mortales de la Violencia de Género en el ámbito de la Pareja o expareja en los años 2016 a 2018, el número de asesinatos registrados ha experimentado un repunte en los municipios de menos de 5.000 habitantes. El 48,3 % del total de los casos se dio en municipios con una población de menos de 50.000 habitantes, lo cual representa el 47,5 % de la población total. *Vid.* CONSEJO GENERAL DEL PODER JUDICIAL, *Informes de víctimas mortales de violencia de género y violencia doméstica en ámbito de la pareja o ex-pareja 2016-2018*, Madrid, 2019, p. 27. Disponible en: https://bit.ly/36Ph3xv

género[41] —cuando estos se encuentran previstos, cuestión que no siempre es así, lamentablemente—.

A este complejo elenco de dificultades que merman considerablemente la calidad de vida y el bienestar de las mujeres rurales, hay que sumar las múltiples dificultades que asolan la España vaciada —o más bien la España abandonada—: debilitamiento progresivo de la economía local, ausencia de infraestructuras elementales, desaparición paulatina de los servicios sociales básicos[42] (sanidad, educación pública, atención a víctimas de violencia de género...), etc.

Esta alarmante situación requiere medidas urgentes por parte de las Administraciones públicas, como garantes del interés general constitucionalmente reconocido —art. 103.1 CE—, y especialmente requiere respuestas concretas por parte de la Administración local como institución más próxima a la ciudadanía y, por tanto, como ente conocedor de las principales necesidades y preocupaciones de la ciudadanía. Se requieren, en definitiva, políticas públicas innovadoras, eficaces y audaces que permitan potenciar al mismo tiempo el desarrollo rural

---

41 En base a los datos obrantes en la Delegación de Gobierno para la Violencia de Género, desde que se empezaron a contabilizar en 2003 hasta la fecha, 1.040 mujeres han sido asesinadas por violencia de género a manos de sus parejas o exparejas.

42 Recientemente, el Comité Europeo de las Regiones ha reiterado la importancia de garantizar los servicios públicos básicos y de la movilidad. En dicho texto se insta a los gobiernos a impulsar políticas destinadas a mantener los centros de enseñanza en zonas rurales aisladas, a que los ajustes en las estructuras que es necesario proceder en las regiones con una población en disminución se lleven a cabo de tal manera que quienes permanezcan en ellas, sigan teniendo acceso a los servicios que se derivan de sus derechos fundamentales. *Vid.* COMITÉ EUROPEO DE LAS REGIONES, *La respuesta de la Unión Europea al reto demográfico*, p. 2 [DOUE 2017/C 017/08].

sostenible y la igualdad efectiva entre mujeres y hombres[43], así como combatir la violencia de género, cuestión invisibilizada en el medio rural que afecta a miles de mujeres en nuestro país.

1. Sembrar la igualdad efectiva en las comunidades rurales de la España vaciada

En este contexto, y al objeto de fomentar el desarrollo rural sostenible y combatir la despoblación, sería conveniente que el entramado de Administraciones públicas españolas adoptara una serie de medidas urgentes para potenciar la igualdad de género en el medio rural, dotando a las mujeres rurales de las mismas oportunidades que los hombres.

Para ello, en primer término, es fundamental apostar por extender la prevención, sensibilización y concienciación en materia de igualdad en el seno de las comunidades rurales. Incorporar el enfoque de género –*mainstreaming*– en todas las actuaciones que se lleven a cabo en el medio rural, aplicando el principio de igualdad y no discriminación[44] establecido en la normativa internacional y nacional; utilizar y fomentar el uso de

---

[43] *Cfr.* FIGUERUELO BURRIEZA, Á., "El valor superior de la igualdad (compleja) de mujeres y hombres en el 40 aniversario de la Constitución Española de 1978", en FIGUERUELO BURRIEZA, Á. y DEL POZO PÉREZ, M. (Dirs.), *Retos actuales para la erradicación de la desigualdad y la violencia de género,* Tirant lo Blanch, Valencia, 2019, pp. 115-128.

[44] *Vid.* FERNÁNDEZ DE GATTA SÁNCHEZ, D., "El principio de igualdad de género en la Unión Europea", en FIGUERUELO BURRIEZA, Á., IBAÑEZ MARTÍNEZ, M.L. y MERINO HERNÁNDEZ, R.M. (Coords.), *Igualdad ¿para qué? A propósito de la Ley Orgánica para la Igualdad efectiva de mujeres y hombres,* Comares, Granada, 2007, pp. 143-192; GONZÁLEZ IGLESIAS, M.Á., "La igualdad de la mujer en el ámbito internacional y su reflejo en Europa", en GONZÁLEZ BUSTOS, M.A. (Coord.), *La mujer en el ordenamiento jurídico-administrativo: soluciones a realidades de género,* Atelier, Barcelona, 2009, pp. 19-54.

un lenguaje no sexista[45] que visibilice a las mujeres y que no promueva imágenes estereotipadas y sexistas de las mujeres rurales; incorporar en la escuela rural, desde las edades más tempranas, la educación en valores de igualdad y buenos tratos –coeducación–, contribuyendo con ello a fomentar el reparto igualitario de tareas laborales, domésticas y de cuidado entre hombres y mujeres y, con ello, contribuyendo a construir unas relaciones más igualitarias entre sexos; fomentar la educación afectivo-sexual y la educación en igualdad con el fin de prevenir situaciones de violencia de género, embarazos no deseados y enfermedades de transmisión sexual en la juventud del medio rural; desarrollar la corresponsabilidad entre mujeres y hombres; incorporar a los hombres en los discursos, medidas y actuaciones encaminadas a sensibilizar y concienciar en materia de igualdad de género; o realizar campañas de sensibilización y concienciación acerca del papel primordial que la mujer ha ocupado en el desarrollo y evolución de la sociedad rural (a través de la celebración de exposiciones, documentales, obras literarias, etc.); son solamente algunas de las iniciativas que el poder público debería poner en marcha con urgencia, aprovechando la incipiente llegada al medio rural de partidas presupuestarias procedentes del Pacto de Estado contra la violencia de género[46].

---

45 *Cfr.* RAMOS HERNÁNDEZ, P., "Introducción al sexismo lingüístico en el español", en FIGUERUELO BURRIEZA, Á., DEL POZO PÉREZ, M. y LEÓN ALONSO, M. (Dirs.), *Violencia de género e igualdad: una cuestión de derechos humanos,* Comares, Granada, 2013, pp. 397-405.

46 En diciembre de 2017, los distintos Grupos Parlamentarios, las Comunidades Autónomas y las Entidades Locales representadas en la Federación de Municipios y Provincias ratificaron el Pacto de Estado contra la violencia de género. *Vid.* DEL POZO PÉREZ, M., "El Pacto de Estado contra la Violencia de Género: justificación, génesis y primeras consecuencias", en FIGUERUELO BURRIEZA, Á. y DEL POZO PÉREZ, M. (Dirs.), *Retos actuales para la erradicación de la desigualdad y la Violencia de género,* Tirant lo Blanch, Valencia, 2019, p. 253.

Igualmente relevante resulta apostar por el fomento de la empleabilidad y el emprendimiento femenino en las áreas rurales. Ello requiere, indudablemente, mejorar la red de infraestructuras esenciales del medio rural, prestando especial atención al transporte público, con el objetivo de facilitar la movilidad interterritorial y el acceso a los mercados laborales extralocales, a los servicios sanitarios, educativos, u ocio, mejorando la calidad de vida de la población rural. Asimismo, es necesario promover la formación en gestión empresarial y liderazgo para las mujeres del medio rural, fomentando así el empleo femenino por cuenta propia, la creación de empresas y la apuesta por nuevos yacimientos de empleo en el medio rural. De igual forma, sería conveniente establecer mecanismos de financiación —más allá de las líneas de crédito ICO— que faciliten la puesta en marcha de nuevas iniciativas económicas y empresariales, espoleando así el emprendimiento femenino, lo que repercutirá positivamente en la dinamización y diversificación de la economía local. Apostar por la modernización e impulso de nuevos sectores económicos en el medio rural, especialmente en aquellos en los que las mujeres son protagonistas y demuestran un fuerte liderazgo (turismo rural, industria agroalimentaria, protección de la biodiversidad, etc.), se presenta como otro de los desafíos pendientes que el poder público debe abordar en el corto plazo con la finalidad de combatir la precariedad y la falta de oportunidades laborales que padece el colectivo de mujeres rurales.

Estrechamente imbricado con lo anterior, aparece la cuestión referente a la necesidad de avanzar en los procesos de racionalización normativa[47] y simplificación administrativa en favor del

---

47 Como señala con clarividencia el profesor FERNANDO PABLO, la problemática de la España vaciada o, mejor dicho, el reto de revitalizar nuestro preciado medio rural es en esencia, "un problema de personas; un problema de territorios; un problema, en primer lugar, *jurídico,* pues a ese campo pertenece la regulación de las relaciones no solo entre personas, sino también entre poderes públicos y ciuda-

medio rural. Existe un consenso bastante generalizado acerca de los efectos positivos para el fortalecimiento de la economía y la puesta en marcha de nuevas iniciativas empresariales derivados de la reducción significativa de los procesos burocráticos. En ese sentido, sería conveniente proceder a la implantación efectiva de la administración electrónica en el medio rural con la finalidad de facilitar y agilizar el desarrollo de las actuaciones administrativas.

Adicionalmente, sería conveniente adoptar diferentes actuaciones en lo referente al impulso de la participación femenina en las comunidades rurales. Para ello, entre otras medidas, es necesario implementar la paridad en los órganos de decisión de las organizaciones del medio rural, especialmente en los GAL y asociaciones, como medida de acción positiva que garantice la participación y representación igualitaria de hombres y mujeres[48]; promover el acceso a las TIC en el medio rural en general, y en las mujeres rurales en particular, como elemento fundamental para empoderar a las mujeres; o fomentar desde las Entidades locales el asociacionismo femenino, con el objetivo de potenciar la participación de las mujeres rurales en la vida política y social. Para ello es necesario que la Administración local dote de recursos y espacios a dichas organizaciones y establezca medidas de colaboración y cooperación mutua entre movimientos asociativos e instituciones.

---

danos, y entre personas y medio". *Vid.* FERNANDO PABLO, M.M., "Devolver el alma a los pueblos: el encuentro «Rural Renaissance»", en *AIS: Ars Iuris Salmanticensis,* vol. 7, núm. 2, 2019, p. 12.

48 Las asociaciones de mujeres están representando el logro de un espacio colectivo alternativo al ámbito doméstico: "las organizaciones de mujeres son espacios para pensar entre mujeres y para las mujeres", donde visibilizar los desacuerdos con las relaciones de género y reivindicar la necesidad de transformar y concienciar sobre la igualdad de género. *Vid.* MURILLO DE LA VEGA, S. y RODRÍGUEZ PRIETO, R., *Ciudadanía Activa. Asociacionismo de Mujeres,* Consejo de la Mujeres de la Comunidad de Madrid, Madrid, 2003, p. 42.

2. *Caminar hacia un horizonte libre de violencia de género en el entorno rural, ¿Dónde está la actividad prestacional de la administración pública?*

Además de las medidas anteriormente señaladas, es necesario que los poderes públicos se detengan en replantear las estrategias puestas en marcha para combatir la violencia de género, ya que como hemos indicado en epígrafes anteriores, en la actualidad las mismas son prácticamente imperceptibles para aquellas mujeres que sufren violencia de género en el medio rural. Y es que, a día de hoy, los servicios esenciales de atención sanitaria, psicológica o asistencia jurídica para las víctimas de violencia de género en el medio rural son inaccesibles —cuando no inexistentes—, encontrándose sometidas a una doble discriminación por el simple hecho de ser mujeres rurales, lo que dificulta significativamente que puedan escapar de la pesadilla de la violencia de género.

Por todo ello, con la finalidad de revertir con urgencia esta situación, sería conveniente que las instituciones consideraran las siguientes medidas:

A. Dotar a las Entidades locales no solo del marco competencial necesario sino también de los recursos pertinentes para poder desarrollar actuaciones de prevención y sensibilización contra la violencia de género en el medio rural.

B. Establecer un sistema de financiación permanente para la dotación de políticas públicas de lucha contra la violencia de género por parte de las Entidades locales, coordinadas por las Diputaciones provinciales y estrictamente relacionadas con la gestión por objetivos, potenciando así el uso eficaz de los recursos económicos.

C. Instaurar en colaboración con las Entidades locales una auténtica Red de Centros de acogida, Información y Asesoramiento en materia de violencia de género en el medio rural. Para ello sería conveniente potenciar nuevas formas de gestión de los servicios sociales básicos, acudiendo a entidades públicas de cooperación, no dependientes de la Administración titular, como las mancomunidades y consorcios.

D. Simplificar los procedimientos administrativos a la hora de atender y garantizar la protección de las víctimas de violencia de género. En muchas ocasiones la densidad y complejidad de los procedimientos propios de la acción administrativa dificultan seriamente la posibilidad de dar una respuesta ágil y eficaz a situaciones de violencia de género, poniendo en serio riesgo la integridad de las mujeres víctimas de violencia de género.

E. Mejorar la accesibilidad del Servicio Telefónico de Atención y Protección para víctimas de la violencia de género (ATENPRO) para las mujeres del ámbito rural.

F. Fomentar la formación especializada de los profesionales que desarrollan su labor en el medio rural, especialmente en el caso del personal sanitario, Fuerzas y Cuerpos de Seguridad del Estado[49], trabajadores y asistentes sociales.

G. Potenciar el asociacionismo femenino en el medio rural, contribuyendo a la financiación de aquellas organizaciones encargadas de la protección y asistencia a mujeres víctimas de violencia de género[50].

---

49 *Vid.* DOMÍNGUEZ ÁLVAREZ, J.L., "La cooperación policial frente a la violencia de género", en FIGUERUELO BURRIEZA, Á. y DEL POZO PÉREZ, M. (Dirs.), *Retos actuales para la erradicación de la desigualdad y la violencia de género,* Comares, Granada, 2019, p. 415.

50 En torno a esta cuestión, más ampliamente, *vid.* DOMÍNGUEZ ÁLVAREZ, J.L., "La promoción del asociacionismo femenino y el fomento de la participación para alcanzar la igualdad de género: la importancia de los órganos consultivos", en CASTILLEJO MANZANARES, R. y ALONSO SALGADO, C., *El Género y el Sistema de (in)justicia,* Tirant lo Blanch, Valencia, 2020, pp. 561-573.

H. Promover la adopción de Planes Integrales de Actuación para proteger a las víctimas de violencia de género en el medio rural, prestando especial atención a los casos de violencia de género en la tercera edad, los cuales han crecido de forma exponencial en los últimos años.

I. Establecer mecanismos de coordinación entre los servicios de salud y las administraciones encargadas de prestar los servicios sociales, especialmente en los casos de violencia de género, con la finalidad de articular una respuesta rápida y efectiva en este tipo de situaciones que garantice la protección de la víctima.

J. Diseñar campañas de prevención de la violencia de género entre los adolescentes, haciendo especial referencia al impacto y a la necesidad de hacer un uso responsable de las redes sociales, con el objetivo de revertir los roles de género tradicionalmente establecidos en el medio rural.

K. Realizar campañas de difusión de los recursos puestos a disposición de las víctimas de violencia de género. En muchos casos esta información es totalmente desconocida por las mujeres rurales víctimas de violencia de género lo que dificulta enormemente que puedan escapar de esa situación[51].

L. Facilitar el acceso al empleo de aquellas mujeres que hayan sufrido una situación de violencia de género, introduciendo esta circunstancia como criterio de discriminación positiva en los planes de contratación eventual puestos en marcha por Diputaciones y Ayuntamientos con carácter semestral[52].

---

51 *Vid.* IBAÑEZ MARTÍNEZ, M.L., "El acceso a los recursos sociales de las mujeres rurales víctimas de violencia de género", en DEL POZO PÉREZ, M. (Dir.), *¿Podemos erradicar la violencia de género?: análisis, debate y propuestas,* Comares, Granada, 2015, pp. 119-130.

52 *Vid.* DOMÍNGUEZ ÁLVAREZ, J.L., *Las políticas públicas de igualdad de género en las Administraciones salmantinas,* Ediciones Diputación de

Estas son algunas de las múltiples y diversas actuaciones que el poder público debe articular, con premura, en forma de políticas públicas, con la finalidad de promover la igualdad y la lucha contra la violencia de género, también en el medio rural. Solamente mediante la consecución de una sociedad más justa e igualitaria alcanzaremos un verdadero desarrollo sostenible, pues el futuro del medio rural pasa necesariamente por la permanencia y el empoderamiento de las mujeres rurales. Esta, sin duda, es la mejor garantía contra la despoblación progresiva que erosiona nuestro patrimonio cultural y natural, esa que asola y enmudece nuestros pequeños municipios.

V.- BIBLIOGRAFÍA

ALARIO TRIGUEROS, M. y MORALES PRIETO, E., "Iniciativas de las mujeres: emprendimiento y oportunidades en el espacio rural de Castilla y León", en *Documents d'Anàlisi Geogràfica*, vol. 62, núm. 3, 2016.

BLÁZQUEZ AGUDO, E.M., "La titularidad compartida: un derecho de la mujer rural", en *Aequalitas: Revista jurídica de igualdad de oportunidades entre mujeres y hombres,* núm. 28, 2011.

CAMARERO RIOJA, L.A. (Coord.), *La población rural de España. De los desequilibrios a la sostenibilidad,* Fundación la Caixa, Barcelona 2009.

CAMARERO RIOJA, L.A., CASTELLANOS ORTEGA, M. L., GARCÍA BORREGO, I., y SAMPEDRO GALLEGO, R., *El trabajo desvelado. Trayectorias ocupacionales de las mujeres rurales en España,* Ministerio de Trabajo y Asuntos Sociales e Instituto de la Mujer, Madrid, 2006.

CONSEJO ECONÓMICO Y SOCIAL, *El medio rural y su vertebración social y territorial. Informe 01/2018, aprobado en sesión ordinaria del Pleno de 24 de enero de 2018,* Madrid, 2018.

CONSEJO GENERAL DEL PODER JUDICIAL, *Informes de víctimas mortales de violencia de género y violencia doméstica en ámbito de la pareja o ex-pareja 2016-2018,* Madrid, 2019.

Salamanca, Salamanca, 2018.

DELEGACIÓN DEL GOBIERNO CONTRA LA VIOLENCIA DE GÉNERO, *Mujeres víctimas de violencia de género en el medio rural*, Madrid, 2020.

— *Macroencuesta de Violencia contra la Mujer 2019*, Madrid, 2020.

DEFENSOR DEL PUEBLO, *Informe Anual del Defensor del Pueblo 2018*, Madrid, 2019.

DEL POZO PÉREZ, M., "El Pacto de Estado contra la Violencia de Género: justificación, génesis y primeras consecuencias", en FIGUERUELO BURRIEZA, Á. y DEL POZO PÉREZ, M. (Dirs.), *Retos actuales para la erradicación de la desigualdad y la Violencia de género*, Tirant lo Blanch, Valencia, 2019.

DIPUTACIÓN DE SALAMANCA, Curanderas del olvido: historias de mujeres, contadas por mujeres, Diputación de Salamanca, Salamanca, 2020.

DOMÍNGUEZ ÁLVAREZ, J.L., *Comunidades discriminadas y territorios rurales abandonados. Políticas públicas y Derecho Administrativo frente a la despoblación*, Thomson Reuters-Aranzadi, Cizur Menor, 2021.

— "La promoción del asociacionismo femenino y el fomento de la participación para alcanzar la igualdad de género: la importancia de los órganos consultivos", en CASTILLEJO MANZANARES, R. y ALONSO SALGADO, C., *El Género y el Sistema de (in)justicia*, Tirant lo Blanch, Valencia, 2020.

— "Aproximación a la intervención en vulnerabilidad y exclusión social en el medio rural: una respuesta desde las Entidades Locales", en DEL POZO PÉREZ, M. y BUJOSA VADELL, L.M. (Dirs.), *Protocolos de actuación con víctimas especialmente vulnerables: una guía de buenas prácticas*, Thomson Reuters-Aranzadi, Cizur Menor, 2019.

— "Despoblación e igualdad: el difícil papel de la mujer en el medio rural", en BUJOSA VADELL, L.M., y DEL POZO PÉREZ, M. (Dirs.), *Proceso penal y víctimas especialmente vulnerables. Aspectos Interdisciplinares*, Thomson Reuters–Aranzadi, Cizur Menor, 2019.

— La cooperación policial frente a la violencia de género", en FIGUERUELO BURRIEZA, Á. y DEL POZO PÉREZ, M. (Dirs.), *Retos actuales para la erradicación de la desigualdad y la violencia de género*, Comares, Granada, 2019.

— *Las políticas públicas de igualdad de género en las Administraciones salmantinas*, Ediciones Diputación de Salamanca, Salamanca, 2018.

FEDERACIÓN ESPAÑOLA DE MUNICIPIOS Y PROVINCIAS, *Guía para Sensibilizar y Prevenir desde las Entidades Locales la Violencia contra las Mujeres*, Madrid, 2009.

FERNÁNDEZ DE GATTA SÁNCHEZ, D., "El principio de igualdad de género en la Unión Europea", en FIGUERUELO BURRIEZA, Á., IBAÑEZ MARTÍNEZ, M.L. y MERINO HERNÁNDEZ, R.M. (Coords.), *Igualdad ¿para qué? A propósito de la Ley Orgánica para la Igualdad efectiva de mujeres y hombres,* Comares, Granada, 2007, pp. 143-192.

FERNANDO PABLO, M.M., "Devolver el alma a los pueblos: el encuentro «Rural Renaissance»", en *AIS: Ars Iuris Salmanticensis,* vol. 7, núm. 2, 2019.

FIGUERUELO BURRIEZA, Á., "El valor superior de la igualdad (compleja) de mujeres y hombres en el 40 aniversario de la Constitución Española de 1978", en FIGUERUELO BURRIEZA, Á. y DEL POZO PÉREZ, M. (Dirs.), *Retos actuales para la erradicación de la desigualdad y la violencia de género,* Tirant lo Blanch, Valencia, 2019.

FUNDACIÓN RODRÍGUEZ DE LA FUENTE, *Análisis de las barreras a la actividad emprendedora en el medio rural,* Madrid, 2011.

GOMEZ BENITO, C. & GONZALEZ RODRIGUEZ, J.J., *Agricultura y sociedad en el cambio de siglo,* McGraw-Hill, Madrid, 2002.

GONZÁLEZ BUSTOS, M.A., *Mujer y desarrollo sostenible en el medio rural,* Atelier, Barcelona, 2020.

— "El destacado papel de la mujer en el desarrollo rural", en FERNANDO PABLO, M.M. y DOMÍNGUEZ ÁLVAREZ, J.L. (Dirs.), *Rural Renaissance: Derecho y Medio rural,* Thomson Reuters-Aranzadi, Cizur Menor, 2020.

GONZÁLEZ IGLESIAS, M.Á., "La igualdad de la mujer en el ámbito internacional y su reflejo en Europa", en GONZÁLEZ BUSTOS, M.A. (Coord.), *La mujer en el ordenamiento jurídico-administrativo: soluciones a realidades de género,* Atelier, Barcelona, 2009.

IBAÑEZ MARTÍNEZ, M.L., "El acceso a los recursos sociales de las mujeres rurales víctimas de violencia de género", en DEL POZO PÉREZ, M. (Dir.), *¿Podemos erradicar la violencia de género?: análisis, debate y propuestas,* Comares, Granada, 2015.

INSTITUTO DE LA MUJER Y PARA LA IGUALDAD DE OPORTUNIDADES, *Plan para la promoción de las mujeres rurales 2015-2018,* Madrid, 2015.

— *Mujeres rurales. Emprendedoras y TIC,* Madrid, 2015.

LOMBARDO, E., "Políticas de igualdad de género en los Ayuntamientos de Barcelona: origen, características y retos para el futuro", en *Gestión y Análisis de las Políticas Públicas,* núm. 25, Madrid, 2002.

MARTÍNEZ GARCÍA, M.Á. y CAMARERO RIOJA, L.A. "La reproducción de la violencia de género: una lectura desde las áreas rurales", en *AGER: Revista de Estudios sobre Despoblación y Desarrollo Rural,* núm. 19, 2015.

MINISTERIO DE MEDIO AMBIENTE, Y MEDIO RURAL Y MARINO, *Condiciones de vida y posición social de las mujeres en el medio rural,* Madrid, 2009,

MINISTERIO DE MEDIO AMBIENTE Y MEDIO RURAL Y MARINO, *Diagnóstico de la Igualdad de Género en el Medio Rural,* Madrid, 2011.

MURILLO DE LA VEGA, S. y RODRÍGUEZ PRIETO, R., *Ciudadanía Activa. Asociacionismo de Mujeres,* Consejo de la Mujeres de la Comunidad de Madrid, Madrid, 2003.

RAMOS HERNÁNDEZ, P., "Introducción al sexismo lingüístico en el español", en FIGUERUELO BURRIEZA, Á., DEL POZO PÉREZ, M. y LEÓN ALONSO, M. (Dirs.), *Violencia de género e igualdad: una cuestión de derechos humanos,* Comares, Granada, 2013.

RED ESPAÑOLA DE DESARROLLO RURAL, *El futuro se escribe en femenino II,* Madrid, 2021.

— *El futuro se escribe en femenino: Estudio de diagnóstico de situación y factores que inciden en el acceso a las mujeres a los órganos de decisión y gestión de los GAL en el período 2007-2013,* Madrid, 2016.

SAMPEDRO GALLEGO, R., *Género y ruralidad. Las mujeres ante el reto de la desagrarización,* Ministerio de Trabajo y Asuntos Sociales, Madrid, 1996.

SÁNCHEZ, M., *Tierra de mujeres. Una mirada íntima y familiar al mundo rural,* Editorial Seix Barral, Barcelona, 2019.

Titulaciones masculinizadas. Aviación en femenino

MARÍA ALMUDENA ESPINEL GONZÁLEZ
PhD. Profesora asociada en la Escuela de Pilotos de Matacán
Responsable de Igualdad–Adventia, European Aviation College
Centro Adscrito a la Universidad de Salamanca

SUMARIO: I. INTRODUCCIÓN II. MUJERES EN LA PROFESIÓN DE PILOTO: CASO ADVENTIA III. BIBLIOGRAFÍA.

Resumen

En este artículo nos referiremos al estudio de investigación realizado por la autora sobre las mujeres piloto, 3,6% según fuentes oficiales. Estudiaremos las trabas que sufren las mismas; anteriores a la elección de carrera, durante el curso de piloto y las que puedan encontrar en la incorporación a las compañías aéreas.

Abstract

In this article we will refer to the research carried out by the author on the 3,6% pilot women, according to official sources. We will study the difficulties suffered prior to choosing this career, also during the pilot degree as well as the possible obstacles once they join the airlines.

I. INTRODUCCIÓN

Fiel reflejo del mercado laboral son las cifras de mujeres y hombres matriculados en los grados universitarios.

Si analizamos los datos del *Observatorio de la Calidad y el Rendimiento Académico* de la Universidad de Salamanca[1] podemos comprobar que el número de mujeres va en aumento para los estudios universitarios de grado.

Tras observar el número de matrículas en los últimos años, detectamos una tendencia creciente del número de mujeres, dato que a priori puede resultar muy alentador. Sin embargo, es en las matrículas de máster donde empiezan a encontrarse las diferencias, ya que existen años en los que aumenta y otros en los que el número de mujeres matriculadas disminuye notablemente, como por ejemplo en los cursos académicos 2014/2015 y 2015/2016. Pero lo verdaderamente preocupante lo encontramos en los cursos de doctorado, aquí sí, con unas cifras en continuo descenso.

Podemos afirmar que, a pesar del mayor porcentaje de mujeres que de hombres estudiando en la Universidad de Salamanca (extrapolable a las diferentes profesiones), según aumenta la cualificación académica desciende el número de mujeres, lo que se refleja también en los datos que arroja el mercado laboral.

De entre todas esas cifras de la Universidad y del mercado laboral, si nos vamos a las profesiones históricamente masculinizadas, hay algunas, v.gr. medicina, en las que las cifras han dado un giro, con un 68% de mujeres matriculadas en el curso 2019/2020[2]. Sin embargo y curiosamente en las ingenierías, las cifras no varían de manera significativa. En los años 2011 y 2019 comprobamos que en algunas de las ingenierías las cifras de mujeres aumentan mientras que en otras se mantienen o incluso disminuyen, por lo que no puede establecerse una tendencia clara ni positiva ni

---

1 Véase https://indicadores.usal.es/portal/estudiantes/evolucion-de-matricula/. Fecha de última consulta 12 de julio de 2021.

2 Véase https://indicadores.usal.es/portal/estudiantes/evolucion-de-matricula/evolucion-de-la-matricula-de-grado/. Fecha de última consulta 12 de julio de 2021.

negativa, aunque sí podemos constatar una cifra muy baja de mujeres matriculadas, que en muy pocos casos llega a la paridad.

La profesión de piloto es también un buen ejemplo de titulación históricamente masculinizada. Dichos estudios pertenecen a la rama de *Ingeniería y arquitectura* y por las especiales características de este Grado Universitario en Salamanca, se imparte en la Escuela Aeronáutica *Adventia* centro adscrito y fuente de nuestro estudio.

II. MUJERES EN LA PROFESIÓN DE PILOTO: CASO ADVENTIA

Dentro del ámbito de la aviación, es concretamente en la figura del piloto donde se centra una de las profesiones más masculinizadas que existen, con sólo un 3,6% de mujeres colegiadas, según datos del *Colegio Oficial de Pilotos de la Aviación Comercial*[3].

¿Qué les ocurre a las mujeres en la profesión de piloto?

Para dar respuesta a esta pregunta, realizamos nuestro propio estudio de investigación en la Escuela de Pilotos de Matacán (Salamanca) donde actualmente se imparten varios cursos de piloto: *Grado de Piloto*

---

[3] En adelante, COPAC. Las cifras demuestran que son muchos los hombres y mujeres incorporados en profesiones tradicionalmente feminizadas, como la profesión de Tripulante de Cabina de Pasajeros, más conocidos como TCPs, auxiliares de vuelo o mal llamados "azafatas" (cuyo término deriva de azafate: criada que servía a la reina los vestidos y alhajas y cuyo recipiente del cual deriva el nombre era el que sostenía entre las manos). En la profesión de TCP existe actualmente un 70% de mujeres frente a un 30% de hombres. O el caso contrario, ejemplo de profesión históricamente masculina es la profesión de Controlador de Tránsito Aéreo (ATC) donde actualmente el proveedor de servicios de tránsito aéreo ENAIRE cuenta con un 35% de mujeres en total operativas.

de Aviación Comercial y Operaciones Aéreas (como centro adscrito a la Universidad de Salamanca) y el curso integrado ATPL (A).

La Escuela abrió sus puertas en el año 1974 como *Escuela Nacional de Aeronáutica* (ENA). En ella se formaron 14 promociones de pilotos, pasando a crearse SENASA (*Sociedad Estatal para las Enseñanzas Aeronáuticas Civiles, S.A.*) que seguirá con la formación hasta el año 1999. En SENASA se formaron 24 nuevas promociones de pilotos. Es entonces cuando toma el relevo *European Aviation College S.A.* (*Adventia*, nombre comercial), creada a finales de 1999. Su objetivo, como escuela aprobada por AESA (ATO-E-230), es la formación aeronáutica, principalmente de tripulantes de vuelo y de cabina de pasajeros. En 2005 la solidez de la compañía se potencia con la participación de la Universidad de Salamanca a través del Título propio y en 2013 a través del Grado.

Para el presente trabajo utilizamos datos cuantitativos y cualitativos, a través del recuento de las cifras de mujeres y hombres de las orlas; notas facilitadas por la escuela segregadas en mujeres y hombres; grupos de discusión y encuestas (vía telefónica y correo electrónico). En este punto, debemos de reseñar que una de las grandes dificultades de nuestro estudio reside en la falta de publicaciones sobre la temática, así como los problemas de acceso a los datos.

Iniciamos nuestra investigación con un estudio realizado en Australia en el año 2006 por el interés de sus conclusiones y por la relación -confirmada por estudios posteriores- con los estereotipos y prejuicios vigentes sobre las mujeres profesionales de la aviación[4]. Dicho estudio se realiza sobre 1114 pilotos entre mujeres y hombres. En sus conclusiones se afirma que hay cuatro factores que afectan principalmente a esta segregación laboral: la influencia de los mentores que tenemos a lo largo de

---

4 Véase estudio completo: MITCHELL, J. KRISTOVICS, A. VERMEULEN, L.: "Gender issues in aviation: Pilot perceptions and employment relations". International Journal of Employment Studies, vol. 14, núm.1, 2006.

la vida (padres, profesores, líderes políticos etc.); la resistencia del hombre; el trato que se le da a un líder natural y el clima de trabajo laboral. El análisis demostró que, a pesar de que las mujeres habían obtenido mejores calificaciones, los hombres dudaban sobre la capacidad de estas para pilotar, sin embargo, cuando tuvieron la oportunidad de verlas en la práctica modificaron su opinión al eliminar sus percepciones iniciales negativas.

Otras investigaciones sobre las experiencias de las mujeres piloto que trabajan para compañías aéreas internacionales, a la vez que confirmaron que hombres y mujeres tenían las mismas habilidades y cualidades para ejercer como profesionales de la aviación, pusieron de manifiesto, por el contrario, que las mujeres no fueron automáticamente aceptadas por los hombres y tuvieron que adaptarse a esa cultura masculina[5].

En 2013 tras una investigación llevada a cabo en Reino Unido realizada sobre 2.367 personas, los datos mostraron que un 51% admitió confiar menos en una mujer piloto[6], a pesar de que hay constancia de que las mujeres arriesgan menos que los hombres y de que no se ha demostrado que las mujeres tengan mayor tasa de siniestralidad en accidentes de aviación, por lo que podemos deducir que depende más del entrenamiento que del género.

La primera pregunta que debemos responder es: ¿Cuál es realmente la tasa de mujeres y hombres en la profesión de piloto en España?

---

5 DAVEY, C.L., DAVIDSON, M.: "The Right of Passage? The Experiences of Female Pilots in Commercial Aviation". Feminism and Psychology, vol. 10, núm. 2, 2000, p.204.

6 Estudio completo disponible en https://www.sunshine.co.uk/. Fecha de última consulta 13 de julio de 2021.

Datos del COPAC

Para conocer las cifras exactas, nos basamos en los datos proporcionados por el COPAC y la Escuela de Pilotos. En el año 2014 existía un 3% de mujeres piloto colegiadas. Este dato no significa que tan sólo haya un 3% de mujeres piloto, sino que tan sólo ese 3% están colegiadas. Desde el año 2015 hasta el año 2020 la cifra ha aumentado a un 3,6% de mujeres (datos confirmados en diciembre de 2019).

Datos de la Escuela de Pilotos de Matacán

Para poder comparar las cifras del COPAC se solicitan datos de mujeres al centro universitario. En la escuela no se conservan registros de datos de las mujeres en las aulas, sin embargo, sí las orlas de las diferentes promociones que han estudiado en la escuela. A partir de las orlas realizamos un análisis sobre los datos y porcentajes de mujeres y hombres de cada promoción y los totales. Diferenciamos datos de la ENA, Senasa y Adventia.

Tabla 1. Cifras de hombres y mujeres en la ENA: 1970-1990

	Hombres	**Mujeres**		
ENA I	30	0		
ENA II	30	0	Total Hombres	425
ENA III	33	1	Total Mujeres	17
ENA IV	44	0	TOTAL	442
ENA V	45	1		
ENA VI	38	3	%mujeres	4%
ENA VII	39	1		
ENA VIII	36	2		
ENA IX	22	1		
ENA X	16	1		
ENA XI	24	1		

ENA XII	22	3		
ENA XIII	24	1		
ENA XIV	22	2		

Fuente: Elaboración propia (Adventia, 2020).

Tabla 2. Cifras de hombres y mujeres en Senasa: 1990-1999.

	Hombres	**Mujeres**		
SENASA I	17	2		
SENASA II	43	6	Total Hombres	500
SENASA III	45	1	Total Mujeres	36
SENASA IV	35	2	TOTAL	536
SENASA V	19	3		
SENASA VI	24	4	% mujeres	7%
SENASA VII	47	4		
SENASA VIII	15	0		
SENASA IX	19	1		
SENASA X	20	0		
SENASA XI	20	2		
SENASA XII	22	1		
SENASA XIII	22	0		
SENASA XIV	22	1		
SENASA XV	13	2		
SENASA XVI	4	1		
SENASA XVII	8	0		
SENASA XVIII	12	0		
SENASA XIX	15	0		
SENASA XX	11	3		
SENASA XXI	11	1		
SENASA XXII	29	1		
SENASA XXIII	19	0		

SENASA 99/A	6	1		
SENASA 99/B	2	0		

Fuente: Elaboración propia (Adventia, 2020).

Tabla 3. Cifras de hombres y mujeres en Adventia: a partir del año 2000

	HOMBRES	**MUJERES**		
ADVENTIA 1	26	4		
ADVENTIA 2	13	0	Total Hombres	718
ADVENTIA 3	12	1	Total Mujeres	75
ADVENTIA 4	15	0	TOTAL	793
ADVENTIA 5	9	1		
ADVENTIA 6	13	0	% mujeres	9.5%
ADVENTIA 7	17	2		
ADVENTIA 8	14	3		
ADVENTIA 9	16	1		
ADVENTIA 10	6	0		
ADVENTIA 11	17	1		
ADVENTIA 12	17	1		
ADVENTIA 14	11	0		
ADVENTIA 15	17	2		
ADVENTIA 16	16	2		
ADVENTIA 17	8	1		
ADVENTIA 18	12	0		
ADVENTIA 19	10	2		
ADVENTIA 20	11	1		
ADVENTIA 21	10	0		
ADVENTIA 22	4	0		
ADVENTIA 23	17	1		
ADVENTIA 24	4	1		
ADVENTIA 25	11	0		

ADVENTIA 26	7	2		
ADVENTIA 27	19	3		
ADVENTIA 28	12	1		
ADVENTIA 29	25	0		
ADVENTIA 30	11	2		
ADVENTIA 31	15	1		
ADVENTIA 32	10	1		
ADVENTIA 33	23	1		
ADVENTIA 34	6	2		
ADVENTIA 35	11	4		
ADVENTIA 36	6	0		
ADVENTIA 37	10	4		
ADVENTIA 38	3	1		
ADVENTIA 39	27	4		
ADVENTIA 40	10	0		
ADVENTIA 41	24	2		
ADVENTIA 42	10	1		
ADVENTIA 43	22	4		
ADVENTIA 44	11	0		
ADVENTIA 45	33	6		
ADVENTIA 46	6	1		
ADVENTIA 47	24	2		
ADVENTIA 48	11	2		
ADVENTIA 49	38	3		
ADVENTIA 50	9	1		
ADVENTIA 51	29	3		

Fuente: Elaboración propia (Adventia, 2020).

Tal como puede comprobarse en las tablas anteriores, hay una media de un 4% de mujeres en la antigua ENA; un 7% en Senasa y en Adventia hasta un 9,5%. Por lo que las cifras son esperanzadoras. A fecha 1 de diciembre de 2019, hay un 11% de mujeres en la escuela.

Figura 1. Cifras de mujeres y hombres ENA: 1970-1990

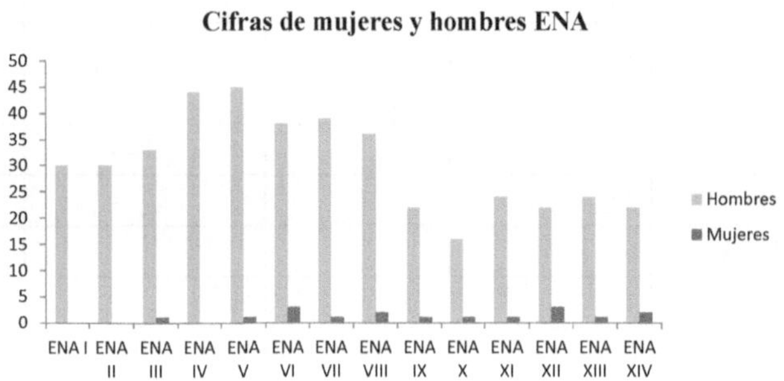

Fuente: Elaboración propia (Adventia, 2020).

Figura 2. Cifras de mujeres y hombres. SENASA: 1990-1999.

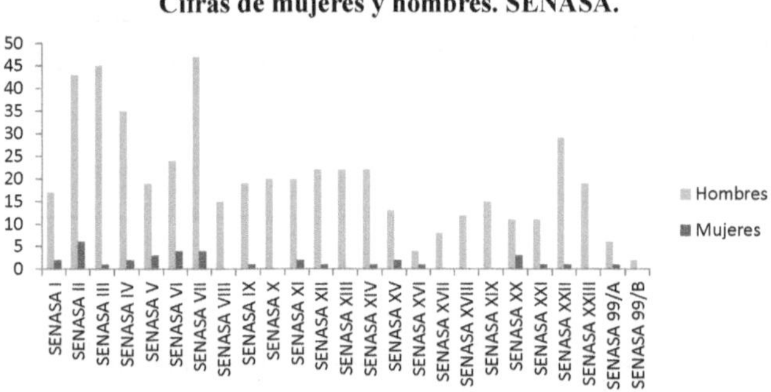

Fuente: Elaboración propia (Adventia, 2020).

Puesto que, en la historia de la escuela, con más de 1770 alumnos/as, sólo hay un 6,6% de mujeres de media, se puede afirmar que la profesión de piloto comercial ha sido y sigue siendo, tal como indican las cifras de 2020, una profesión, al menos en España, eminentemente masculina.

Figura 3. Cifras de mujeres y hombres en ADVENTIA: a partir del año 2000.

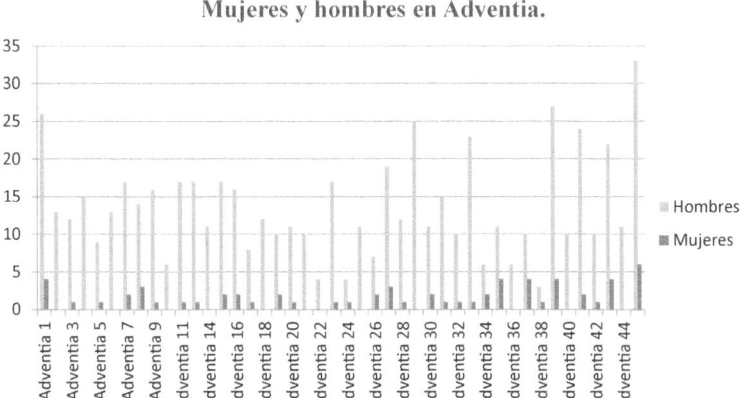

Fuente: Elaboración propia (Adventia, 2020)

La siguiente pregunta que nos planteamos es "¿Qué les ocurre a las mujeres para no elegir esta profesión? ¿Cuáles son los frenos/obstáculos?".

Para una primera búsqueda de información se organiza una mesa redonda con alumnas de varios cursos estudiantes del *Grado de Piloto de Aviación Comercial y Operaciones Aéreas* de la Escuela de Pilotos. La alumna piloto se encontrará con las trabas generales ya estudiadas y sumado a eso, la familia (prejuicios) y el elevado coste económico[7]. Los requisitos de ingreso, según información actualizada son: pruebas médicas y aptitud psicofísica; pruebas psicotécnicas y psicométricas; prueba de inglés (oral y escrita) lo que también podría suponer un freno, independientemente del sexo.

---

7 El coste del curso de piloto asciende a 115.000 euros el curso integrado y 136.949 euros el Grado (información actualizada a junio de 2020). Información disponible en https://www.usal.es/grado-en-piloto-de-aviacion-comercial-y-operaciones-aereas. Fecha de última consulta 13 de julio de 2021.

Grupos de discusión

En abril de 2018 se formó un grupo de discusión[8] en el que se recabaron datos tanto de intereses comunes, opiniones, creencias del grupo y actitudes. Las preguntas estaban preparadas de antemano, aunque tan sólo se respondieron a siete de ellas (había doce preparadas) ya que el tema y las opiniones resultaron muy interesantes y crearon gran debate.

Como conclusiones de la jornada podemos destacar (notas tomadas por la autora):

- Todas las mujeres de la mesa coincidieron en que ambos, mujeres y hombres, no son iguales, actúan y son diferentes (se dieron incluso datos de estudios sobre partes del cerebro y funcionamiento de este en uno y otro sexo).
- Nacemos diferentes, no son los estereotipos ni la educación lo que nos hace distintos.
- Todas (a pesar de creer que son distintos y los hombres son mejores en visión espacial, y las mujeres más sensibles y mejores en lectura y comprensión) creen que, conducen o pilotan un avión igual que un hombre, incluso se puso de manifiesto las diferentes formas de liderazgo de mujeres y hombres (autocrático, democrático, *laissez faire*), siendo las mujeres encasilladas dentro de este último.
- Todas y todos coincidieron en que la carrera de piloto es una gran desconocida, además de cara, por lo que no todo el mundo se la puede permitir. Cuando llega el momento de elegir carrera, en sus institutos no se les da información

[8] Formado por alumnas de distintas promociones, un total de once mujeres de distintas edades, alumnas, profesoras, pilotas en activo y Carmen Rodríguez, presidenta de Adventia, junto a Vanessa de Velasco, creadora de la plataforma Aviadoras. Véase https://pyme.info/. Fecha de última consulta 13 de julio de 2021.

sobre ella. Todos los que la eligen es porque en algún momento de sus vidas se han cruzado con alguien que les ha hablado de ella, o han subido a un avión y han entrado en la cabina, o tienen algún familiar piloto o en alguna profesión relacionada con la aviación. Ninguno ha elegido sin saber. Indican, además, que si no conoces a alguien y dices en casa que te paguen una carrera de más de 100.000 euros, intentan quitarte la idea.

- En el caso de las mujeres, no hay referentes de mujeres piloto (tan sólo hay un 3,6% de mujeres colegiadas). No hay tampoco fotos de mujeres en la publicidad.
- Todas las mujeres coincidieron en que no eran el estereotipo tradicional femenino y todas ellas eran buenas en matemáticas.
- El grupo no era consciente de la realidad social que les rodea, tienen una visión completamente diferente a la de la autora. Quizá con la edad se va adquiriendo esa conciencia social de desigualdad.
- Ninguna de estas mujeres se ha sentido discriminada, ni cree que exista desigualdad y dice no haber sido manipulada nunca por sus parejas.

En marzo de 2019 se organiza una jornada de intercambio de experiencias entre mujeres piloto, tanto militares como civiles[9]. Se invita a alumnas y profesionales del sector aeronáutico a dar a conocer sus puntos de vista e intercambiar experiencias personales. También durante el mes de junio de 2019 se asiste a las jornadas *Mujeres de Altos Vuelos* organizada por la asociación *Ellas Vuelan Alto*[10]. Las conclusiones de las diferentes jornadas orga-

---

9 Disponible en https://www.salamanca24horas.com/texto-diario/mostrar/1350078/pilotos-civiles-militares-intercambian-experiencias-jornada-pilotos-matacan. Fecha de última consulta 13 de julio de 2021.

10 Dicha red se creó para dar voz a las mujeres, estrechar lazos entre todo el sector aeroespacial y participar contribuyendo al cambio

nizadas se repiten: debemos trabajar para aumentar el número de mujeres en las profesiones en las que las cifras son tan bajas. Tanto en el ámbito civil como en el militar el freno a la mujer es evidente, se deben realizar campañas para que las mujeres pierdan el miedo a esta profesión.

Una vez que las mujeres han roto esas trabas iniciales y se matriculan en el curso de piloto, nos hacemos la siguiente pregunta: "¿Existen diferencias en los resultados de mujeres y hombres?".

Resultados académicos desagregados por sexo

Este tipo de estudio no se han realizado antes, por lo que resulta muy interesante. Para ello se solicitan los resultados académicos de varias promociones de estudiantes. Las asignaturas del curso de piloto son entre otras[11]: derecho aéreo, matemáticas, física, administración de empresas, navegación, meteorología, principios de vuelo, performance, comunicaciones, procedimientos, radionavegación, instrumentos, conocimiento de la

por un beneficio común, la igualdad de género. a la mujer en la aviación. La jornada se desarrolló en la sede de la IATA en Madrid y asistieron importantes mujeres referentes para las futuras generaciones de profesionales. Adventia, a pesar de bajo número de mujeres alumnas, cuenta con un alto porcentaje de mujeres en plantilla, fruto de ese compromiso por la igualdad laboral. Al acto asistieron alumnas, plantilla de Adventia junto a su Presidenta y la Directora de la Unidad de Igualdad de la Universidad de Salamanca con quien se colabora estrechamente en este tipo de proyectos. Véase https://pyme.info/2019/06/18/alumnas-de-Adventia-participan-en-la-jornada-sobre-la-mujer-en-la-aviacion-organizada-por-ellas-vuelan-alto/. Fecha de última consulta 13 de julio de 2021.

11 Véase programa de asignaturas del Grado de Piloto de Aviación Comercial y Operaciones Aéreas de la Universidad de Salamanca. Disponible en https://guias.usal.es/node/74604/vista_guia. Fecha de última consulta 13 de julio de 2021.

aeronave, carga y centrado, planificación del vuelo, psicología, gestión del error... En los primeros meses del curso se observan diferencias entre el alumnado que proviene de las ramas de las ciencias o de las letras debido al tipo de asignaturas (matemáticas, física, navegación, principios de vuelo y meteorología), sin embargo, no se da ninguna entre los diferentes sexos.

Estudiamos también las notas medias de mujeres y hombres entre los años 2013 y 2020 para observar si las mujeres pudieran estar teniendo algún tipo de dificultad en las asignaturas propiamente de "ciencias", propias de carreras que estamos observando una cierta masculinización[12]. La figura 4 se realiza con los datos desagregados proporcionados por la escuela para cada curso académico. En los cursos académicos 2013-2014, 2014-2015 y 2015-2016, las mujeres obtuvieron mejores calificaciones que los hombres, 7,41 frente a un 7,20; 7,58 frente a 7,39 y 7,33 sobre 7,09. Sin embargo, en los siguientes cursos académicos 2016-2017, 2017-2018 y 2018-2019 fueron los hombres quienes ligeramente mejoraron las calificaciones, 7,34 y 7,26; 7,46 y 7,12 y prácticamente igual en el último curso académico, 7,16 y 7,13.

En general se puede observar que, las calificaciones de hombres y mujeres en la escuela de pilotos están muy igualadas. No se observan diferencias reseñables.

12 Nota media sobre 10 puntos. No se han tenido en cuenta los alumnos que o bien han abandonado, o bien se han matriculado en otros cursos posteriormente y quienes han obtenido una nota de 0, ya que bajaría la media, si bien en seis cursos académicos contabilizados no hay ninguna mujer que haya abandonado. Existe un número reducido de mujeres que estudian esta carrera, pero sin abandono ni fracaso.

Figura 4. Comparativa de notas medias entre mujeres y hombres entre los estudiantes del Grado Universitario de Piloto de Aviación Comercial y Operaciones Aéreas entre los años 2013 y 2019.

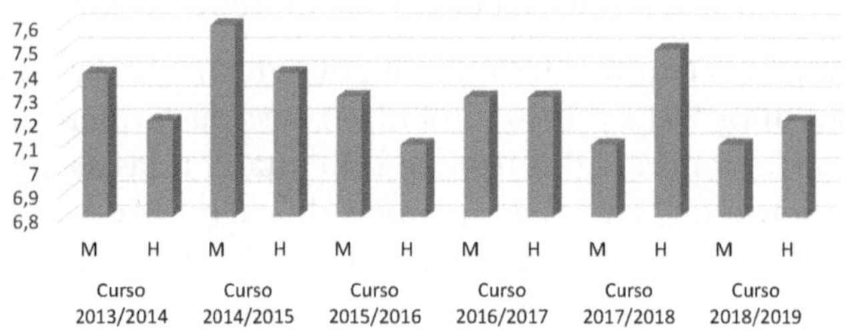

Fuente: Elaboración propia (Adventia, 2020).

Figura 5. Comparativa de vuelo de mujeres y hombres. Promociones 39, 41, 43, 45 y 47 del Grado de Piloto de Aviación Comercial y Operaciones Aéreas.

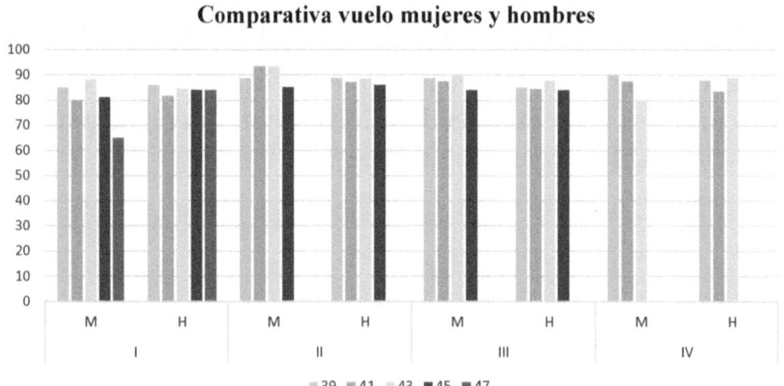

Fuente: Elaboración propia (Adventia, 2020).

Tabla 4. Notas medias del alumnado de Adventia entre los años 2013 y 2019.

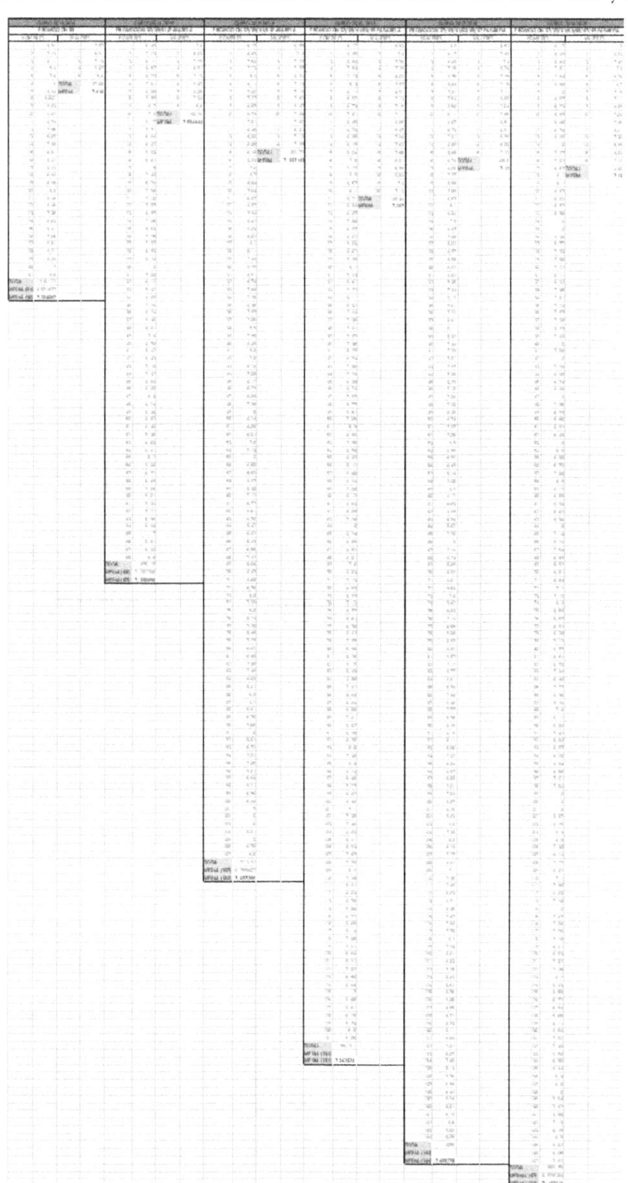

Fuente: Elaboración propia (Adventia, 2020).

La siguiente pregunta es: "¿Qué ocurre con esas mujeres que estudian en las escuelas y una vez obtenido su título no se colegian?".

Para dar respuesta a esta pregunta realizamos un estudio, vía email y telefónica al total del alumnado ya licenciado (del que se poseían datos personales). Se separan en mujeres y hombres, y a su vez en tres grupos: los/las que se dedican al mundo de la aviación, los/las de los que no se conoce su empleo, y los/las que tienen una profesión completamente diferente de este campo. Los datos obtenidos son reflejados en la tabla 5.

Teniendo en cuenta las cifras del alumnado con profesiones relacionadas con la aviación, podemos comprobar por los datos anteriores, que aquellos/as que estudian el curso de piloto tienen una alta tasa de empleabilidad y que la inserción laboral de hombres y mujeres es prácticamente igual (95% de los hombres y 94% de las mujeres se dedican a la profesión de piloto). Si la colegiación es obligatoria para ser piloto comercial y el COPAC nos da una cifra de un 3,6% de mujeres colegiadas, quiere decir que algunas de ellas trabajan como piloto, pero no para una compañía aérea.

Tabla 5. Profesiones mujeres y hombres con estudios de aviación.

Hombres aviación	412	92,7927928%	
Mujeres aviación	32	7,20720721%	
TOTAL	444	34,7689898%	Alumnado con profesiones relacionadas con la aviación
Hombres ns/nc	767	94,691358%	
Mujeres ns/nc	43	5,30864198%	
TOTAL	810	63,4299139%	No se sabe la profesión actual
Hombres en otra profesión	21	91,3043478%	
Mujeres en otra profesión	2	8,69565217%	
TOTAL	23	1,80109632%	Otras profesiones
TOTAL	1277		

Fuente: Elaboración propia (Adventia, 2019).

De nuevo nos preguntamos si una de esas trabas no será en la incorporación al mercado laboral. "¿Existen diferencias en la contratación?"

Mujeres en las principales compañías aéreas

Como demuestran las cifras de mujeres de las principales compañías aéreas (figura 6) se mantiene equilibrada la cifra de mujeres y hombres que a pesar de tener estudios de piloto se dedican a otras profesiones, por lo que deducimos que no existe diferencia en la contratación por razón de sexo en la aviación.

Figura 6. Porcentaje de mujeres piloto en las principales compañías aéreas.

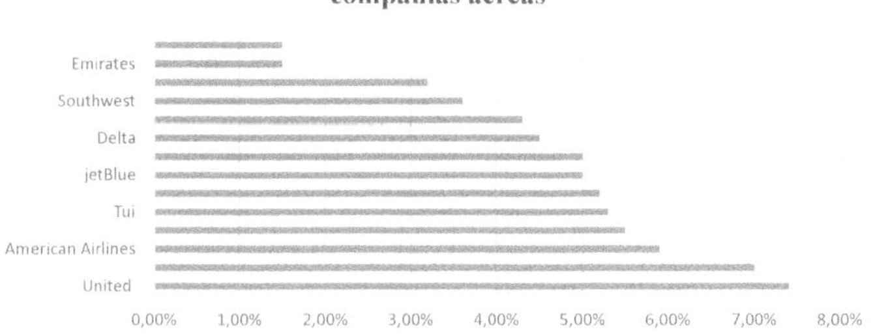

Fuente: Elaboración propia (Statista, 2020).

Problemas encontrados en la incorporación al mercado laboral

Después de dos años en el curso integrado de piloto o de cuatro años de formación universitaria para conseguir el Grado de Piloto, deben de incorporarse al mercado laboral, incorporación que hemos visto que no sufre diferencias de contratación.

Las mujeres son las que abandonan más sus empleos para dedicarse a la familia, quienes reducen sus jornadas y pasan más horas dedicadas a las tareas del hogar.

En una profesión en la que más de la mitad de los que estudian en España debe irse al extranjero, aquellas personas con mayor apego familiar y local tendrán menos oportunidades de obtener un empleo relacionado con su profesión.

Durante el periodo de formación, diez son los motivos por los cuales las mujeres abandonan los estudios de piloto: problemas económicos; problemas de comunicación con su instructor; abandono de la escuela de sus mentores por incorporarse a las compañías aéreas; falta de apoyos, estímulos o incentivos; miedo a volar o falta de confianza; problemas de visión espacial u orientación; indiferencia de las escuelas; falta de modelos femeninos; falta de apoyo emocional por parte de las familias.

En el caso de haber superado las trabas anteriores y conseguir el título de piloto, las mujeres que se incorporan al mercado laboral se encuentran con dificultades tales como que es una profesión en la que son frecuentes las estancias largas fuera del hogar, en la que se requiere una gran atención mental y buena resistencia física, que no permite "horarios de rutina", ya que se trabaja a turnos, por lo que altera el sueño, horarios de comida...Y si bien lo anterior no es exclusivo de esta profesión, sí que deben de tenerse en cuenta las trabas añadidas para conseguir la conciliación de la vida familiar, personal y laboral. Es necesario una vez más el apoyo y la comprensión de la familia, de los amigos y especialmente de la pareja. No todo el mundo está preparado para asumir una relación en la que la pareja viaja constantemente. Hay estudios que demuestran que la infidelidad es el primero de los motivos de las causas de separación y divorcio, suponiendo un 66%, siendo la comunicación el segundo gran motivo[13].

---

13 Existen varias investigaciones de revistas españolas, todos ellas basadas en un estudio Americano de la Universidad de Radford del año 2010 (estudio completo, MCCOY S. y AAMODT M.: "A comparison of law enforcement divorce rates with those of other occupations". *Journal of Police and Criminal Psychology*. April 2010, volume 25, pp 1-16) Este

Tras ello, existen nuevas trabas (no siendo únicamente propias de la profesión de piloto) como son las relaciones con el embarazo (embarazo, baja, lactancia etc) y algunas propias de la profesión.

Por ejemplo, todo el tiempo que la mujer ha estado sin volar (recordemos que es por razón de salud y seguridad y en el caso de las mujeres se incrementaría mucho por embarazos y partos) el número de horas no contarán, por lo tanto, perderá productividad y ganará menos dinero en forma de complementos salariales, hasta hace muy pocos años tardando más en ascender dentro de la empresa que sus compañeros hombres (retraso de al menos trece meses y diferencia de varios niveles salariales respecto a sus mismos compañeros de promoción). Algunas de estas situaciones que en opinión de la autora son una clara diferencia laboral han tardado muchos años en ser reconocidas por los tribunales. Otras… tendremos que esperar algunos años más.

III. BIBLIOGRAFÍA

ARCHER, S.K.: "Gender, communication, and Aviation incidents/accidents". Journal of Media Critiques [JMC], vol.1, nº2, 2015.

---

estudio se realiza sobre el censo de EEUU y 39 profesiones entre las cuales no se encuentra la profesión de piloto, sin embargo, si nos detenemos a pensarlo, cumple muchos de los factores señalados anteriormente), en el que se pone de manifiesto que las profesiones con mayores índices de separación y divorcio son: bailarines, por los viajes constantes y cercanía con los compañeros de trabajo; camareros, por la dificultad de conciliación de vida familiar y laboral, además de la noche y el alcohol; masajistas, por el contacto con los clientes; operarios de máquina, cuyo motivo no se explica; probadores de juegos, por la dedicación y entrega a su trabajo; teleoperadores, por el estrés; enfermeros, por los horarios; artistas y deportistas; y personal de seguridad, por los horarios nocturnos. Por razones de economía del lenguaje se utiliza el masculino genérico para las profesiones.

BARBERÁ RIBERA, T., ESTELLÉS MIGUEL, S., DEMA PÉREZ, C.M.: "Obstáculos en la promoción profesional de las mujeres: El «techo de cristal»". *3rd International Conference on Industrial Engineering and Industrial Management. XIII Congreso de Ingeniería de Organización.* Barcelona, 2009.

CUESTA BUSTILLO, J.: "La otra mitad de la humanidad". *Historia de las Mujeres en España. Siglo XX* (I). Instituto de la Mujer. Madrid, 2003.

DAVEY, C.L., DAVIDSON, M.: "The Right of Passage? The Experiences of Female Pilots in Commercial Aviation". *Feminism and Psychology*, vol. 10, núm. 2, 2000.

DEL POZO PÉREZ, M.: "La imposibilidad de mediación en la violencia de género", en FIGUERUELO BURRIEZA, A., DEL POZO PÉREZ, M., LEÓN ALONSO, M.: *¿Por qué no hemos alcanzado la igualdad?* Andavira Editora. Santiago de Compostela, 2012.

ESPINEL GONZÁLEZ, M.A., *Mujeres y Aviación: Caso Adventia*, Tesis Doctoral, Universidad de Salamanca, 2020.

IBÁÑEZ MARTÍNEZ, M. L., "Violencia de género contra gestantes", en FIGUERUELO BURRIEZA, A., DEL POZO PÉREZ, M., LEÓN ALONSO, M.: *Igualdad. Retos del siglo XXI.* Andavira Editora. Santiago de Compostela, 2012.

MEZA MARTÍNEZ, C. A.: "Discriminación laboral por género: una mirada desde el efecto techo de cristal". *Equidad y Desarrollo*, vol. 1, núm.32, 2018.

MITCHELL, J. KRISTOVICS, A. VERMEULEN, L.: "Gender issues in aviation: Pilot perceptions and employment relations". *International Journal of Employment Studies*, vol. 14, núm.1, 2006.

MONTES BERGES, B.: "Discriminación, prejuicio, estereotipos: conceptos fundamentales, historia de su estudio y el sexismo como nueva forma de prejuicio". *Iniciación a la investigación*, núm. 3, 2008.

MONTES LÓPEZ, E., GALLEGO MORÓN, N.: "La segregación ocupacional del profesorado femenino en la universidad española". *Reencuentro: Género y educación superior*, núm. 74, 2018.

PATERSSON, K., GRENNY, J.: *Influencer: The Power to Change Anything.* Tata McGraw-Hill Education. New York, 2007.

YUSTA, C., LÁZARO, C.: *Las mujeres en la aeronáutica.* Aena. Madrid, 2011.

Asesoramiento Jurídico previo y coetáneo a la interposición de denuncia en mujeres víctimas de la violencia de género

MARÍA JOSÉ FERNÁNDEZ GARCÍA
Abogada del ICA de Oviedo
Responsable del Centro Asesor de la Mujer de Cangas del Narcea-Suroccidente del Principado de Asturias.

SUMARIO:
1. FUNDAMENTACIÓN. POR QUÉ ES IMPORTANTE EL ASESORAMIENTO PREVIO Y DE QUÉ MANERA INCIDE EN EL PROCESO PENAL.
2. VIRTUALIDAD DE ESTE DERECHO Y EFICACIA DEL MISMO. SINGULARIDADES EN MUJERES EXTRANJERAS, MAYORES, CON DISCAPACIDAD.
3. CONDICIONANTES QUE OPERAN EN LAS VÍCTIMAS.

Resumen

El proceso de interposición de una denuncia penal por hechos relacionados con la violencia de género está teñido de un conjunto de condicionantes y cuestiones periféricas que han de tenerse en cuenta, tanto en lo referente a la articulación de la prueba de lo denunciado como en la asistencia eficaz de los profesionales para dar una respuesta adecuada y que no proceda a revictimizar a las mujeres que dan ese paso. En este artículo se analizan algunos de ellos.

1.- FUNDAMENTACIÓN. POR QUÉ ES IMPORTANTE EL ASESORAMIENTO PREVIO Y DE QUÉ MANERA INCIDE EN EL PROCESO PENAL.

"La violencia contra la mujer es quizás la más vergonzosa violación de los derechos humanos. No conoce límites geográficos, culturales o de riquezas. Mientras continúe, no podremos afirmar que hemos realmente avanzado hacia la igualdad, el desarrollo y la paz"
Kofi Annan

La violencia contra la mujer funciona como un mecanismo para mantener la autoridad de los hombres hacia las mujeres sobre las que la ejercen. Este es un punto de partida que debe impregnar todas las actuaciones que, como profesionales que intervenimos en el asesoramiento jurídico y social de las mujeres víctimas, vayamos a llevar a cabo desde el momento que entremos en contacto con ellas. Ha de ser así para poder desentrañar todo lo periférico y accesorio que rodea la comisión de los delitos relacionados con la violencia de género, pues los factores asociados con la violencia contra la mujer deben ubicarse en el contexto social de las relaciones de poder histórica y culturalmente construidas que colocan a la mujer en una posición de subordinación sistémica.

En el combate por revertir esta situación dos normas de nuestro ordenamiento jurídico han marcado claros **puntos de inflexión** en la lucha contra la violencia sobre la mujer por razón de género (aquella violencia dirigida contra la mujer por el hecho de serlo o que afecte a mujeres de manera desproporcionada, incluidas las niñas menores de 18 años), la Ley 27/2003 que introduce la Orden de Protección de las víctimas y la Ley orgánica 1/2004 de 28 de diciembre de Medidas de Protección Integral contra la Violencia de Género (LIVG).

La primera de ellas por haber creado una figura que supone un **estatuto integral de protección** con la adopción de medidas civiles y penales en una misma resolución judicial y de forma urgente con la finalidad de preservar la integridad física y psíquica de la víctima en situación de riesgo, así como dar cobertura a las cuestiones de índole civil que es necesario prever y tener en cuenta en orden a proteger a los y las hijas menores de edad que se encuentran en el entorno de convivencia de la relación entre agresor y víctima.

La segunda porque **responde a una realidad social** en la que la violencia de género se consideraba el símbolo más brutal de la desigualdad existente en la sociedad, tratándose de una violencia que se dirige sobre las mujeres por el hecho mismo de serlo, por ser consideradas, por sus agresores, carentes de los derechos mínimos de libertad, respeto y capacidad de decisión, llevando a concretar que la Ley se propone actuar contra la violencia en concreto que se ejerce por parte de hombres que sean o hayan sido sus cónyuges o de quienes estén o hayan estado ligados a ellas por relaciones similares de afectividad, aún sin convivencia, y ello por los elevados índices de criminalidad que no dejaban de incrementarse.

Ésta es la norma que introduce, entre otros, en nuestro ordenamiento el derecho de las mujeres víctimas de la violencia de género a la asistencia letrada desde el momento previo a la interposición de la denuncia penal. Este derecho comprende el asesoramiento y orientación gratuitos previos al proceso y, en particular, en el momento inmediatamente previo a la interposición de denuncia. También la defensa y representación gratuitas por abogado y procurador en todos los procesos y procedimientos administrativos derivados. Ese beneficio se pierde tras la firmeza de una sentencia absolutoria o del sobreseimiento definitivo o provisional por no resultar acreditados los hechos delictivos, sin la obligación de abonar el coste de las prestaciones disfrutadas gratuitamente hasta ese momento.

Al conjunto de esos derechos que fueron introducidos de forma específica por la ley integral , derecho a la asistencia social integral, al seguimiento de las reclamaciones, hemos de añadir los que éstas tienen por estar reconocidos a las víctimas de delito; a formular denuncia, a solicitar una orden de protección, a ser parte en el procedimiento penal, a la restitución de la cosa, reparación del daño e indemnización del perjuicio causado, a recibir información sobre las actuaciones judiciales y a la protección de la dignidad e intimidad como víctima en el marco del proceso.

La denuncia se materializa en el momento en el que se pone en conocimiento de las autoridades la comisión de un hecho que puede ser constitutivo de delito dando lugar al inicio de las correspondientes actuaciones penales. Aunque no es obligatorio resulta altamente recomendable que la víctima interponga la misma con asistencia letrada. La Ley Integral reconoce este derecho en su artículo 20 estableciendo la asistencia jurídica gratuita con independencia de si se tiene o no insuficiencia de recursos y de forma inmediata en todos los procesos y procedimientos administrativos que tengan causa directa o indirecta con la violencia de género padecida.

Lo primero que debemos tener en cuenta es que la violencia de género no es un simple acto de violencia sino que constituye un proceso de comportamientos controladores y coercitivos, que suelen estar en juego en el marco de una relación durante un tiempo determinado, en muchos casos bastante prolongado y sabiendo que puede afectar a cualquiera sin distinción de edad, procedencia , formación, estatus económico o clase social, por ello nuestra actitud como profesionales debe partir de la ausencia de prejuicios, estereotipos o encasillamiento alguno acerca de lo que supone un perfil determinado de mujer maltratada, pues realmente no existe tal cosa. Podemos encontrar patrones de comportamiento que nos acerquen a una mayor predisposición a entrar o mantenerse en este tipo de relaciones pero desentrañar estos detalles es tan complejo que resulta imposible en un primer acercamiento decir que puede haber un perfil de mujer víctima de violencia que se cumpla aunque sea de manera basal.

En lo que si suele haber una coincidencia mayor es en la dificultad de dar el paso de interponer la denuncia penal, pues en la mayor parte de los casos, la mujer que está en dicha situación se plantea otro tipo de salidas a la misma y la denuncia no es su primera opción. Precisamente por esto, una vez conseguido ese paso, es importante que el sistema de asesoramiento, protección policial y respuesta judicial funcione con la máxima eficacia para evitar revictimizarla. El atestado policial es uno de los momentos más relevantes de la instrucción judicial, en muchas ocasiones constituye la primera toma de contacto de las mujeres con el sistema penal. Así, una vez interpuesta, la decisión de continuar con la denuncia puede, en gran medida, estar determinada por la experiencia que la mujer experimente en su relación con los diferentes efectivos policiales que las reciben y atienden, por lo que su intervención y todo lo que ocurre en el contexto de la misma adquiere una relevancia crucial. La calidad de la asistencia letrada y acompañamiento que se preste en ese momento resultará sin duda un factor muy significativo.

Todas las diligencias que se puedan recoger van a ser claves para la calificación posterior de los delitos, en muchos casos pueden determinar que el procedimiento discurra de forma sencilla o que lo que se revele sea una situación compleja en la que concurran varias conductas delictivas que enjuiciar. El trato que se dé a la mujer víctima, la escucha y las condiciones de cierta intimidad que sean capaces de crear todos los agentes implicados en la toma de declaración para que toda la información relevante fluya de forma precisa se tornan fundamentales en este momento.La ausencia de prisas, no ejercer presión para terminar y crear un clima en el cual lo importante desplace a lo urgente es algo que debe impregnar la toma de la declaración. Se debe cuidar el modo en que se formulan las preguntas, no limitándose a cubrir un impreso en el que la afirmación o la negación sean la tónica dominante sino que se pueda detallar situaciones que en muchos casos se han vivido como altamente humillantes y dañinas y que la propia víctima ha asumido, interiorizando y normalizando psicológicamente el daño al tiempo que las aparca en la mente para poder sobrevivir y continuar adelante con su vida. Tal es el caso de algunas mujeres, que en momentos especialmente delicados y dotados de mayor vulnerabilidad, como puede ser el periodo de gestación o el momento justo después del alumbramiento son diana de comentarios en los que se las ataca o maltrata precisamente en función del estado físico del que no se pueden desprender como la deformación propia del cuerpo tras haber pasado por un embarazo y dar a luz sin haberse recuperado aún. Bien es sabido que la prioridad en esos momento para las madres suele ser cuidar y proteger al bebé, olvidándose en gran parte de sí mismas en pos de un objetivo que consideran más elevado que es el adecuado cuidado y crianza del ser recién nacido. El daño psicológico que se puede causar en esa situación genera en muchos casos un profundo sufrimiento en ellas y las bases de la destrucción de su autoestima. Sufrimiento que, por otro lado, es acumulativo.

Como decíamos, ese momento, especialmente difícil para una mujer, en el que va a interponer una denuncia contra una persona con la que le ha unido y/o une un vínculo afectivo de pareja, puede estar precedido en muchos de los casos por un pensamiento elaborado de forma reiterada en el tiempo pero que finalmente siempre ha terminado encontrando una auto justificación para dar "marcha atrás" y no dar el paso de llevarla a cabo. A veces un hecho determinado, puntual, que no es el más grave ni el que más huella o reflejo deja es el desencadenante de acudir a una comisaría de policía o a un cuartel de guardia civil. La sabida "gota que colma el vaso". De ahí la importancia de deshacer el bloqueo emocional y el miedo con el que se acude como un primer reto a vencer para conseguir una buen relato de los hechos. Incluso puede que ese hecho por el que acuden, por sí solo, no sea suficiente para acreditar una situación de riesgo determinada que sí se encuentra latente y es preciso visibilizar para darle una adecuada evaluación y respuesta. Corresponde al profesional que presta ese asesoramiento jurídico especializado ayudarle a presentar una imagen de la situación lo más ajustada posible a la realidad que está viviendo la víctima, con el objetivo de poder sancionar el conjunto de comportamientos constitutivos de delito, restaurar el daño y fundamentalmente protegerla de un posible riesgo que no siempre es fácil de percibir.

Además de la importancia del relato para el correcto encaje en el tipo o tipos delictivos que correspondan está la relevancia de la información que se recoge para la valoración policial de riesgo a través del sistema VIOGEN, la aplicación informática gestionada por las fuerzas de seguridad y accesible para los cuerpos judiciales, por la cual, a través de una serie de indicadores, se determina el nivel de riesgo que va a condicionar la adopción de medidas de protección y también el control de las mismas.

2. VIRTUALIDAD DE ESTE DERECHO Y EFICACIA DEL MISMO. SINGULARIDADESEN MUJERES EXTRANJERAS, MAYORES, CON DISCAPACIDAD

Este derecho se hace efectivo a través del servicio de turno de oficio especializado gestionado por los respectivos Colegios de abogados, conforme al cual se establece un servicio de guardias de 24 horas de duración. El profesional que está en la guardia ha de ser requerido para la asistencia por los agentes del puesto de Guardia Civil o Comisaria que ha de recoger la denuncia. Se pone en contacto a la víctima con el o la letrada para que se le preste asesoramiento jurídico, ayuda para la redacción de la denuncia y apoyo en todos los extremos relativos a la solicitud de la orden de protección, interesando la adopción de medidas cautelares civiles y penales, así como posteriormente la ratificación de dichas medidas en el Juzgado competente y todo lo relacionado con la interposición de la demanda de separación, divorcio o custodia de menores.

Éste es un momento especialmente crítico para la mujer denunciante. Muchas de ellas nunca han acudido a un servicio policial en ninguna circunstancia vital y menos aún para interponer una denuncia y solicitar auxilio frente a actos de su pareja o ex pareja, con quién en muchos casos también tienen hijos en común. El bloqueo psicológico y emocional en el que se hallan genera una gran barrera para recibir de forma adecuada y eficiente la información que se les presta y es preciso que el asesoramiento jurídico sea de muy alta calidad, riguroso pero al mismo tiempo con un lenguaje adecuado y accesible a la situación y a la persona en concreto a la que nos estamos dirigiendo. Se ha de realizar un feedback o reformulación de lo que se le está explicando que permita asegurarse que está interiorizando la información que el profesional le traslada, en relación con la detención del agresor, las medidas de protección que se van a solicitar, las referentes a los hijos, uso del domicilio y todas aquellas que serán susceptibles de ser incluidas en el Auto por el que se resuelva la orden de protección.

Además debe tenerse en cuenta de forma especial la situación de las mujeres que por circunstancias personales y sociales puedan tener mayor riesgo de sufrir la violencia machista o mayores dificultades para acceder a los servicios previstos en la Ley; las pertenecientes a minorías, inmigrantes, las que se encuentran en situación de exclusión social o las mujeres con discapacidad. Vamos a encontrar mujeres con barreras de idioma, que no hablan correctamente castellano y por tanto les cuesta hacerse entender, con lo cual necesitaremos tener en cuenta, solicitando si es preciso que se facilite un método de traducción eficaz que permita poder expresar todo aquello que es preciso recoger para la buena trayectoria de las medidas de protección. En estos casos puede ser muy conveniente el acompañamiento familiar de alguna persona del círculo personal, por ejemplo hijos o hijas adolescentes o una amistad que hable el mismo idioma o los servicios de intérpretes que vienen prestando diversas ONGs en función de cada Comunidad Autónoma (ACCEM, Cruz Roja,,)

Las **mujeres extranjeras** residentes en España constituyen uno de los colectivos más vulnerables, la probabilidad de que una de estas mujeres se vea sometida a este tipo de violencia es el doble en comparación con las mujeres españolas, muchas además cargan con el sentimiento de culpa añadido de no querer perjudicar a sus parejas masculinas al haber constituido pareja con el que ahora es su agresor, lo cual les ha permitido obtener un permiso de extranjería y ello les hace interiormente estar dispuestas a aguantar comportamientos violentos que minimizan. No debemos olvidar que, en algunos países, determinados comportamientos ni siquiera son constitutivos de delito y ese bagaje cultural, las mujeres que proceden de dichos países, lo traen incorporado con ellas. En estos casos prestarles la información acerca del derecho a un permiso de extranjería provisional en su condición de víctimas de violencia de género es muy relevante porque el miedo a quedarse en situación irregular eleva ese umbral de lo que están dispuestas a soportar.Otro de los obstáculos a los que se tienen que enfrentar es el lingüístico. Muchas mujeres extranjeras no conocen el idioma español ni las demás lenguas oficiales del Estado y esta barrera lingüística las frena a la hora de decidir entre buscar ayuda o permanecer en la situación en la que están, impide que conozcan sus derechos y decelera el proceso de recuperación. El artículo 18 de la Ley Integral que recoge el derecho a recibir plena información y asesoramiento adecuado a su situación personal, en relación con el artículo 143 de la ley de enjuiciamiento civil que expone que cuando alguna persona que no conozca el castellano ni, en su caso, la lengua oficial propia de la Comunidad hubiese de ser interrogada o prestar alguna declaración, o cuando fuere preciso darle a conocer personalmente alguna resolución, el Secretario por medio de decreto podrá habilitar como intérprete a cualquier persona conocedora de la lengua de que se trate, exigiéndole juramento o promesa de fiel traducción. La Ley Integral garantiza los derechos en ella reconocidos a todas las mujeres víctimas de VG con independencia de su origen, religión o cualquier otra condición o circunstancia personal o social. Las mujeres inmigrantes que son víctimas de VG por parte de sus maridos o compañeros, con independencia de la nacionalidad o de la situación administrativa (posesión o no de permiso de residencia en España) pueden acudir en iguales condiciones que las españolas a los procedimientos judiciales, tanto penales como civiles con las especialidades de las mujeres extranjeras no pertenecientes a la Unión Europea, es decir no comunitarias, las cuales pueden haber sido reagrupadas por su cónyuge o pareja y tienen derecho o obtener el permiso de residencia temporal de forma independiente con el auto por el que se acuerda la concesión de la orden de protección a su favor o , en su defecto, un informe del Ministerio Fiscal que indique la existencia de indicios de VG, de manera que la autorización duraría 5 años.

Si la situación de la mujer extranjera en territorio español es irregular, la solicitud de la autorización de residencia y trabajo temporal se puede realizar por motivos humanitarios (artículo 31,bis LO 4/2000 y arts 131 a 134 del RD557/2011) también con la concesión de la OP o el informe del MF y la concesión definitiva de la autorización está condicionada a que se dicte sentencia condenatoria o resolución judicial de la que se deduzca que ha sido víctima de violencia de género , como por ejemplo el archivo de la causa por encontrarse el investigado o encausado en paradero desconocido y también en el caso de que se dicte el sobreseimiento provisional por expulsión del denunciado. Esta autorización también tiene una duración de 5 años. Una vez se concede esta autorización provisional de residencia y trabajo, la mujer extranjera puede acceder a los derechos de renta activa de inserción (RAI) y también a la ayuda en pago único para mujeres que tienen especiales dificultades para obtener un empleo (con el oportuno informe del SEPE) por su edad, falta de preparación y circunstancias sociales y que no sobrepasan un 75% del SMI vigente. Si al interponer la denuncia se pone de manifiesto esta situación irregular de la mujer extranjera es muy importante que ella conozca que no se va a incoar el procedimiento administrativo sancionador por ese hecho o que, en el supuesto de que se hubiera incoado este procedimiento con anterioridad a la denuncia se suspende el mismo, o en su caso, la ejecución de una orden de expulsión o de devolución que eventualmente se pudiese haber acordado. Al conocer esta protección reforzada de la que gozan mujeres que viven en un clima muchas veces de terror por la violencia sufrida y por el miedo a ser devueltas a sus países de origen se ven con más fuerza para interponer la denuncia con todas las consecuencias y llevar el proceso penal a término, más aún sabiendo que, para mantener dichos permisos de extranjería por circunstancias excepcionales se necesita conseguir una sentencia condenatoria y para ello es preciso una total colaboración de la víctima. Algunas de estas mujeres además pueden proceder de contextos de prostitución y están acostumbradas a ocultar y ocultarse, mostrando además una gran desconfianza hacia el sistema.

Por otro lado tendríamos aquellas mujeres que tienen la condición de familiares de ciudadanos de un Estado miembro de la UE o de un Estado parte en el Acuerdo sobre el Espacio Económico Europeo (EEE) que pueden conservar el derecho de residencia a pesar del divorcio, nulidad o cancelación de la inscripción como pareja registrada siempre que acrediten que han sido víctimas de VG durante la duración del matrimonio o pareja. Son muchas las mujeres que creen que si rompen la relación pueden perder el permiso por haberlo obtenido al vincularse a dicha relación afectiva, ya sea de pareja inscrita en un registro, ya sea matrimonial y eso genera un efecto indeseable de tolerancia hacia comportamientos violentos que según ellas refieren con expresiones como "es violento pero no tanto, no me ha golpeado brutalmente".

Otra de las cuestiones de la que es muy importante informar bien a la mujer es acerca de la posible retractación de la denuncia, una vez presentada. La dispensa de la obligación de declarar recogida en el artículo 416.1 de la Ley de Enjuiciamiento Criminal, cuando la denunciante se acoge a ella ha supuesto en muchos procesos penales una variación muy relevante en el resultado final siempre que no existan otras pruebas. De alguna manera es una especie de intento de exculpación del agresor. La víctima debe ser informada de su derecho a personarse como acusación particular recogido en el artículo 109 la Ley de Enjuiciamiento Criminal, para que pueda evaluar las consecuencias de ello. Según acuerdo no jurisdiccional de Pleno del Tribunal Supremo de fecha 24 de junio de 2020 se produce un cambio en la jurisprudencia conforme al cual no recobra ese derecho de dispensa quien ha denunciado, ha ejercido la acusación particular y posteriormente renuncia a la misma. No recobra un derecho del que ya ha prescindido, de manera que debe deponer pues no se rehabilita la dispensa. De esta manera y en unión de otros elementos probatorios y pruebas indiciarias concluyentes se estaría en disposición de condenar por los delitos imputados ya que todo ello no va a detener la acción penal cuando los hechos son perseguibles de oficio y la sociedad reclama la protección de la víctima incluso pese a ella misma y contra su propio miedo.

También debemos abordar con claridad las posibles consecuencias que puedan tener para la mujer denunciante mantener una determinada declaración si ello puede llegar a ser constitutivo y dar lugar a un inicio de diligencias por la Fiscalía por un delito de falso testimonio.

En casos de mujeres de avanzada edad, con relaciones de larga duración y en los que el maltrato está muy normalizado, con agresiones que no han sido denunciadas se dan episodios en los que la actitud defensiva de la víctima puede terminar siendo objeto de denuncia por el propio agresor (por ejemplo levantar un cuchillo de cocina para impedir que se le acerque por ser ella conocedora de que es la única forma de evitar una agresión física o de índole sexual) , en estos supuestos es especialmente importante hacer saber a la mujer la importancia que tiene desvelar todo lo acaecido durante la convivencia, aunque nunca se haya manifestado hasta ese momento, dando lugar por tanto y de una forma digamos "provocada" al inicio de una denuncia por actos relacionados con la violencia de género.

Mujeres que han estado a punto de perder sus empleos, que faltan al puesto de trabajo de forma recurrente o llegan tarde como consecuencia de explosiones de tensión que las han mantenido alerta durante horas en el marco de una discusión , se acostumbran a desarrollar estrategias para "controlar" o intentar que el comportamiento del agresor se modere y no explote. Estos factores asociados pueden ser usados como aporte probatorio añadido para apoyar los hechos denunciados.

El rastro que dejan las intervenciones previas que se hacen con una mujer desde distintas administraciones o servicios es otro de los puntos fuertes a tener en cuenta por los profesionales de la abogacía para la acreditación de los malos tratos habituales.

Los problemas que salud que brotan o se manifiestan como consecuencia de la situación de tensión sostenida en el tiempo y del sobre esfuerzo que la mujer realiza para soportar la situación de malestar en la que vive acaban provocando una somatización en forma de diversos procesos de alteración de la salud. Algias diversas, trastornos digestivos, inflamatorios, infecciones frecuentes, dolores de cabeza, migrañas, contracturas musculares…, que vienen siendo tratados en los servicios de salud como dolencias de origen inespecífico y a quienes se califica como pacientes "hiper frecuentadoras". En muchos de estos supuestos y en combinación con una adecuada formación y detección por parte del personal médico, bien sea de atención primaria, bien sea de especializada se puede haber realizado una anotación de sospecha de maltrato en la historia clínica de la paciente aunque ésta no lo haya reconocido expresamente. Mujeres que durante el embarazado han revelado estar siendo objeto de conductas de menosprecio a su matrona o al personal del servicio de ginecología, o que han manifestado verse presionadas para mantener relaciones sexuales no deseadas.

Otra de las manifestaciones periféricas o que pueden estar dando un indicio de situaciones de violencia de género son las manifestaciones o conductas disfuncionales de los y las menores. Niños y niñas que viven situaciones de terror en casa, con una alerta continua ante un mal inminente hacia su madre que les hace estar hiper activados y en muchos casos con un comportamiento defensivo agresivo en relación con sus iguales, otros niños y niñas, que no es proporcionado al ambiente escolar en el que se desenvuelven. Si desde los centros escolares se detectan estos indicadores, en los que la falta de concentración, las conductas disruptivas en el aula, los conflictos en espacios fuera del aula pero propios del centro educativo , incluso la actitud de rebeldía hacia las normas de convivencia es preciso valorar que el o la menor pueda estar sufriendo en silencio en su hogar una situación que le supera. Cuando esto ha quedado reflejado en algún tipo de intervención o informe escolar debe ser tomado en consideración como un elemento de prueba ambiental más. La Ley de reforma del sistema de protección integral de la infancia y la adolescencia ha incluido a los hijos e hijas menores de edad como víctimas directas del maltrato en el artículo 1 de la Ley integral de medidas de protección integral contra la violencia de género (LIVG 1/04) y ha modificado los artículos 61.2, 65 y 66 de la misma en virtud de la LO 8/15 de manera que el Juez "en todo caso" y "en todo procedimiento" debe adoptar las medidas de protección oportunas respecto a los menores y que son las relacionadas con la patria potestad, custodia, visitas, estancia, relación y comunicación con el otro progenitor, alimentos.

A todo ello es preciso añadir que, en lugares que están alejados de los despachos profesionales en los que se encuentran los profesionales que van a aprestar ese asesoramiento es preciso hacer saber a la víctima que ese tiempo de desplazamiento obedece a lo normal y buscar la manera de que se mantenga tranquila y ese tiempo de espera no incremente un posible desasosiego que sería totalmente contraproducente para la posterior declaración. La presentación del profesional cuando llega a la comisaría o el cuartel tiene que tener una mínima calidez humana, no limitándose a presentarse como el abogado o abogada que viene a prestar la asistencia sino como el profesional que se va a hacer cargo del asunto y necesita cierto grado de conexión, para ello es muy importante presentarse y transmitir seguridad y la sensación de que se va emplear el tiempo preciso para recibir la información que ella pueda aportar en comisaría.

Mujeres con discapacidad intelectual. En estos casos, el apoyo de otros profesionales que las conozcan por estar interviniendo con ellas, puede resultar muy adecuado, ya que conocen su forma de expresarse, su lenguaje no verbal y pueden facilitar al abogado o abogada los parámetros con los que interpretar lo que la mujer víctima trata de transmitir. El cuerpo habla de manera clara a aquellos que quieren escucharlo. Las expresiones no verbales revelan lo que el lenguaje no puede describir. Con ellas cobra especial relevancia el empleo sencillo y accesible del lenguaje, totalmente desprendido de tecnicismos.

3.- Condicionantes que operan en las víctimas.

Se trata de aquellos aspectos concretos que los profesionales de la abogacía debemos tener en cuenta a la hora de asistirlas. Como se ha descrito, la violencia de género se trata de un proceso, no es un hecho puntual, en el que se van implantando progresivamente en la dinámica de una relación de pareja una serie de comportamientos controladores y coercitivos que muchas veces son de larga evolución de tal manera que los y las abogadas del turno de oficio se van a encontrar con mujeres que van a sufrir situaciones de bloqueo, de miedo, de poca claridad para prestar la declaración. De ahí la importancia que tiene que puedan haber entrado en contacto con un asesoramiento previo a ese momento tan trascendente que es la denuncia.

La trascendencia la da el hecho de que muchas mujeres que son VVG durante mucho tiempo han estado elaborando mentalmente cómo salir de esa situación pero, para muchas mujeres la denuncia no era su primera opción. Los condicionantes personales, familiares, laborales influyen en que se planteen salir de una situación de violencia sin denuncia.

Se debe recoger la denuncia con cierta intimidad, con cierto nivel de conexión con el/la profesional que la va a atender. En muchos lugares de la geografía española van a ser atendidas habiendo mediado un tiempo que lleva el desplazamiento que lleva el profesional, lo cual contribuye a incrementar el bloqueo. Por ello la intervención del profesional debe estar muy especializada e ir con la mentalidad de guía de los hechos que esa persona va a relatar, prestando atención a lo periférico en relación a lo que ella cuenta, sus gestos, la retracción de la comunicación que en un momento dado pueda mostrar puede estar ocultando algo grave que es preciso conocer para poder evaluar de forma atinada la situación de riesgo. También cambiará el tipo penal que se pueda aplicar al aparecer como resultado una situación de malos tratos prolongada en el tiempo y con cierto componente de habitualidad, con las consecuencias que eso tiene de cara a la calificación posterior de los hechos y a las posibles condenas

Acreditar la condición de víctima de la VG es esencial para el acceso a muchos de los derechos de índole administrativa y más aún para la protección y adecuado seguimiento de la seguridad de la víctima

El asesoramiento previo en relación con todas estas cuestiones acerca de la denuncia y los elementos de prueba que deben acompañar a la misma es un extremo que muchas veces determina de forma muy notable el éxito o el fracaso de un proceso penal.

Los Colegios de la abogacía deben prestar este recurso, también y de forma complementaria los Centros de Atención a la mujer cuando cuentan con servicios de asesoramiento jurídico y han entrado en contacto con la víctima de forma previa en un momento, en ocasiones, muy anterior en el tiempo al de la interposición de la denuncia, bien sea por derivación de otro recurso o bien por la propia iniciativa de la mujer que quizá haya acudido a consultar en relación con cuestiones civiles destinadas a una posible ruptura del vínculo de pareja, matrimonial o a las medidas respecto a menores que se tienen en común con el agresor.

El hecho de que una mujer víctima de violencia sepa a qué se va a enfrentar y cuál es todo el proceso que se va a desencadenar judicialmente cuando interpone la denuncia y solicita una orden de protección, más aún en el caso de mujeres extranjeras con permisos a cargo de los de su agresor es fundamental para conseguir una declaración exhaustiva y de calidad que dé fuerza a la acusación penal.

En cuanto a los elementos de prueba que pueda presentar y la declaración que luego esté dispuesta a hacer y mantener dicha acusación también es muy determinante. El haber sido escuchada en un contexto tranquilo y con la calma que requiere poder comentar episodios anteriores de violencia que no fueron denunciados en su momento, bien sean amenazas o maltrato con o sin lesión, coacciones, incluso relaciones sexuales sin consentimiento predispone a obtener la información necesaria para interponer una denuncia bien fundada desde el momento inicial. Muchas mujeres se muestran muy preocupadas por las penas de prisión, por el hecho que sus parejas, maridos o ex maridos puedan llegar a ingresar para un cumplimiento de condena en un centro penitenciario, quieren saber si las condenas se sustituyen, se suspenden y qué condiciones se han de dar para ello. Albergan un profundo sentimiento de culpa y se sienten responsables de ese hecho, al que consideran estigmatizador a nivel social, más aún cuando tienen hijos en común con él. Todo ello es producto de la propia cultura machista que sustenta precisamente esa situación de sumisión/dominación en la que la mujer tiene que estar dispuesta a aguantar ciertas cuestiones porque es lo que se espera que haga y si no quiere ser juzgada negativamente por el contextos social que la rodea. Aún hoy día son demasiadas las mujeres que se ven rechazadas y juzgadas por su propio entorno personal, familiar, vecindario, cuando han planteado una denuncia penal contra su pareja que ha implicado una detención, unas medidas de protección o una sanción penal.

En esa presentación de la denuncia las condiciones que garantizan todo lo anterior, ya sea una comisaría de Policía Nacional, un puesto del Guardia Civil, un JVSM, un Juzgado de Guardia o una oficina de la Policía Local es preciso que garantice la dignidad, integridad física y moral de la víctima, protegiendo su privacidad, intimidad y evitando al máximo la divulgación de datos personales y de imágenes , evitando compartir el espacio físico con su presunto agresor y tratando, en la medida de lo posible, mantenerla fuera de la presencia de otros comparecientes en dichas dependencias. Informarla de forma que comprenda el procedimiento a seguir así como sus derechos procesales, asistenciales y ayudas a las que puede optar, los organismos públicos y privados de protección específica poniendo a su disposición los profesionales necesarios para el tipo de asistencia que precise como puede ser la de intérprete si existen barreras lingüísticas o el alojamiento en casa de acogida cuando así lo requiera.

Uno de los factores que tiene gran poder disuasor a la hora de interponer una denuncia es el "qué dirán" especialmente en las villas pequeñas o aldeas, también si el agresor tiene buena imagen social o si su estatus económico es alto, en contra de lo que creemos a mayor nivel económico y social mas difícil resulta acudir a denunciar sin pensar que va a ser cuestionada su credibilidad por la discordancia entre la imagen externa y la interna.

La edad de las mujeres también es un factor que influye en contra del inicio del proceso penal. A más edad más difícil es abrir el cauce penal de la denuncia como mecanismo válido para salir de una relación violenta pues se trata de relaciones en las que se ha normalizado el miedo y la adaptación a las amenazas, los menosprecios. En estos casos hay que prestar especial vigilancia y se torna muy relevante la visión que tengan las personas allegadas que pueden dar una perspectiva más objetiva de la situación de riesgo en la que puede estar esa mujer.

Se ha de tener en cuenta la situación emocional de la víctima, debiendo respetar que ésta se exprese de manera espontanea, sin ser interrumpida en el relato de los hechos, procurando que la declaración sea lo más exhaustiva y detallada posible sin juicios de valor. Se le debe preguntar acerca de los datos que permitan realizar gestiones inmediatas y rápidas tendentes a garantizar su propia seguridad y la de sus hijos así como la detención del agresor. Para ello debemos observar como se hablan a si mismas, ayudarlas a tomar conciencia del lenguaje negativo que aportan y sustituirlo por otro basado en mensajes esperanzadores y de empoderamiento. Que traten de visualizar la situación de superación y así ellas mismas se irán dotando de estrategias que les permitan alcanzar ese fin. Las palabras y el lenguaje construyen ese nuevo mundo que tienen como objetivo, en el cual puedan liberarse de las conductas de violencia.

En el proceder de quien acompaña y asesora es importante transmitir seguridad combinada con humildad y una actitud empática. Las primeras nos permiten mostrarnos "de este lado" de la mesa, como profesionales expertos que están para prestar apoyo y la segunda para que la víctima perciba que somos conscientes de que podríamos "estar al otro lado" de esa mesa, es decir, que cualquier persona puede entrar en una dinámica de violencia, lo cual le ayudará a vencer sentimientos como la vergüenza y el sentimiento de culpa que ejercen un potente efecto silenciador a la hora de relatar los episodios ocurridos.

Hay dos conceptos de la física que debemos manejar en la intervención, son el tiempo y la distancia. Ambos necesarios para respetar ese periodo que cada persona, individualmente considerada, va a necesitar para tomar decisiones y emprender acciones que le permitan transitar hacia una situación mejor. No debemos forzar, sino acompañar y empujar, conducir con respeto y consideración a esos tiempos necesarios, a esas idas y venidas en el pensamiento, en la reflexión y finalmente en la acción, sabiendo que los condicionantes son múltiples y poderosos. Tiempo, el que individualmente requiere cada persona hasta que se siente capaz de tomar las decisiones precisas, en algunos casos son meses e incluso años para poder desenmarañar toda la telaraña de emociones conectadas de rabia, ira, frustración, desilusión que la persona lleva acumuladas durante tanto tiempo. Conseguir que esas emociones no interfieran en el mensaje que los profesionales debemos transmitirles para poner en conocimiento de las autoridades los hechos delictivos y buscar la vía adecuada para apoyarlas requiere un equilibrio que hay que calibrar en cada caso concreto. Por otro lado está la distancia, la nuestra, la del o la profesional, aquella adecuada para conectar pero al mismo tiempo la suficiente para poder trabajar con la disociación que requiere enfrentarse al sufrimiento ajeno sin dejarse arrastrar por él. En ese espacio compartido con la víctima, de la que vamos a extraer una historia personal y muchas veces íntima hemos de tener presente que no somos dueños de las decisiones que va a tomar sobre su futuro tan solo profesionales que con buen hacer contribuimos a la protección de su bienestar, su seguridad personal y la reparación del daño que se le ha causado. Debemos aprender a detectar las tácticas de manipulación a las que están expuestas y que convierten el comportamiento de esas mujeres en algo voluble y difícil de manejar, esto nos permite recibir a la persona sin presionarla y dándole el tiempo necesario para tomar la decisión de una forma consciente y bien informada.

El ciclo de la violencia que gira entre la explosión violenta, el arrepentimiento y perdón con re-ilusión y re-esperanza en la relación hace muy difícil la salida de la misma y son comportamientos que por haberse interiorizado sutilmente a lo largo del tiempo cuesta mucho desactivar. Por tanto un complemento fundamental en nuestro trabajo que nos permite manejarnos con las "idas y venidas" de las mujeres es haber trabajado un tiempo con ellas para ayudarles a tomar conciencia de su situación y que puedan percibir aquello que les sucede como algo externo, que no es culpa suya y que la reivindicación de sus derechos debe deslindarse de su sufrimiento emocional. Uno de los efectos del maltrato continuado es que la persona se desmorone como un castillo de naipes en cuestión de momentos y ahí es donde el profesional debe rearmarse para volver a empezar.

El proceso de recuperación del control sobre la propia vida, incluso en muchos casos de recuperación de la propia identidad exige deconstruir todos los comportamientos y patrones que se fueron armando en el desarrollo de la relación y éste es un proceso largo y doloroso donde se necesita mucho desahogo emocional. En las zonas rurales resulta muy difícil acceder a terapias especializadas, esa labor termina recayendo en profesionales de trabajo social y en los centros de atención a la mujer. En esa relación no debemos generar dependencia con las mujeres ni sustituir su autonomía. Los profesiones estamos para dar refuerzo, orientación y apoyo para que ellas aprendan a decidir por sí mismas, ya que muchas mujeres tienen una gran inseguridad como consecuencia de la relación de maltrato. Lo importante es que se acostumbren a tomar decisiones bien informadas y de forma consciente.

En todo este trayecto existe un halo que debe inundar todo, el de la responsabilidad de lo que se dice y se hace con las personas a quienes atendemos, el rigor técnico y la verdad son fundamentales incluso en aquellos supuestos en los que algo no ha funcionado bien. Nunca debemos arrojar a una persona a expectativas que no se van a cumplir, por mucho que nos conmueva su situación, hay que darse cuenta que eso puede tener unas consecuencias totalmente indeseables llegando incluso a causar un mal mayor. En una persona que está muy dañada psicológicamente es preciso medir qué es lo que vamos a poder probar y advertirles muy claramente qué es lo que se va a encontrar, los interrogatorios a los que se va a ver expuesta, las estrategias de defensa de la otra parte y el sufrimiento que éstas le pueden generar, de manera que pueda prepararse para enfrentar momentos que va a percibir como injustos, difíciles, duros pero que tienen que ser previsibles.

En la intervención institucional, las malas prácticas profesionales, tanto en el ámbito judicial, como sanitario y social supone que abrimos heridas profundas que dañan de forma severa, por tanto es preciso no revictimizar a través de una intervención especializada. Debemos centrarnos en la persona y no en el problema (paradigma humanista). Estamos trabajando con mujeres que son supervivientes, portadoras de competencias que ya han puesto en juego y tienen incorporadas, debemos ayudarles a percibirse como sujetos de derechos que han de hacer valer y corresponsables en la búsqueda de la solución, facilitando la devolución de su capacidad para la toma de decisiones. El objetivo es cambiar la mirada para conseguir el abandono de la violencia.

BIBLIOGRAFÍA

1. Álamo González, Daniel Pedro y Sánchez Villalba, Alicia, *La instrucción de la violencia de género. El equilibrio entre la persecución del delito y las garantías del proceso.* Ed especial para el Iltre. Colegio de Abogados de Oviedo y el Iltre. Colegio de la Abogacía de Gijón. Wolters Kluwer. 2018.
2. Lorente Acosta, Miguel, *Mi marido me pega lo normal. Agresión a la mujer: realidades y mitos. Barcelona.* Ed Ares y Mares 2001.
3. Marina, José Antonio, *Anatomía del miedo: un tratado sobre la valentía.* Barcelona. Ed. Anagrama. 2016
4. Torres Manzanera, Emilio y Carro Menéndez, Mari Luz, *Violencia de género. Reflexiones sobre intervenciones sanitarias y judiciales.* Avilés 2006.

Los efectos de la pandemia de COVID-19 en la violencia de género extrema y las limitaciones de los instrumentos preventivos[1]

JAVIER GUSTAVO FERNÁNDEZ TERUELO
Catedrático de Derecho penal
Universidad de Oviedo

SUMARIO:

Resumen

La pandemia y la consecuente adopción del "estado de alarma" y las restricciones de movilidad derivadas del mismo, provocaron una reducción significativa en el número de denuncias por violencia de género y a la vez un descenso significativo en la cifra de feminicidios que, sin embargo, se incrementaron exponencialmen-

---

1 Trabajo elaborado en el marco del proyecto MCIU-19-RTI2018-095835-B-I00

te nada más finalizar las restricciones. Todo ello pone de manifiesto, una vez más, cómo es el factor ruptura en relaciones de dominio el principal elemento desencadenante de feminicidios de pareja. Simultáneamente y en relación con dicha cuestión se analiza cómo el sistema de prevención de feminicidios, parcialmente desconectado de las características del fenómeno, sigue presentando graves deficiencias. En dicho contexto se analizan los efectos derivados de las bajas tasas de denuncia, la inasequibilidad del feminicida a la amenaza penal y las deficiencias de los sistemas policial y forense de valoración del riesgo.

1. LA REDUCCIÓN EN EL NÚMERO DE DENUNCIAS DURANTE LA PANDEMIA Y LA INCIDENCIA DE LOS PERIODOS DE CONFINAMIENTO Y RESTRICCIONES DE LA MOVILIDAD

En el año 2020, según cifras oficiales, se presentaron en España 150.785 denuncias por violencia de género, frente a las 168.057 presentadas en el año 2019[2]. Esta reducción en términos absolutos -17.272 denuncias menos- supone un 10% menos, que aún sería superior en una proyección circunscrita al periodo afectado por el estado de alarma, que se acordó, a través del Real Decreto 463/2020, el 14 de marzo de dicho año.

Dicha reducción puede llamar la atención, en la medida en que el entono cerrado y las mayores horas de convivencia propias del estado de alarma en sus distintos niveles (confinamiento en sentido estricto, cierres perimetrales, toques de queda, etc.) podrían hacer pensar que los episodios de violencia, en realidad se han debido incrementar, especialmente en relaciones de control, dado que, además, este tipo de violencia se produce generalmente en el domicilio común de autor y víctima.

Sin embargo, de modo simultáneo, ese mismo confinamiento (primero estricto y después limitado), y la restricción de mo-

2 https://violenciagenero.igualdad.gob.es/violenciaEnCifras/home.htm

vimientos derivada del mismo, evidentemente ha reducido las posibilidades de actuación, en general, y de denunciar, en particular, (frente a) este tipo de situaciones y no sólo por las dificultades para presentar la denuncia, sino también por la complejidad para recibir el apoyo de servicios sociales, muchos de ellos cerrados o en modalidad de teletrabajo para ejecutar un posterior alejamiento del agresor, por poner algún ejemplo, todo ello como consecuencia las restricciones de movilidad citadas.

Resultados equivalentes y aparentemente llamativos se producen si analizamos las cifras de víctimas mortales –mujeres asesinadas- en el mismo año 2020 (45) frente a una media un 20% superior en los últimos años (50)[3]. La indiscutible buena noticia que supone esa reducción (de casi un 20% frente al año anterior) debe ser sin embargo matizada cuando la confrontamos con las características de este modelo de violencia extrema y especialmente con el factor determinante del feminicidio en un contexto de pareja.

Así, en los análisis realizados, se constata que la inmensa mayoría de los feminicidios de pareja o expareja se producen en el contexto de un modelo de relación o esquema vital *construido sobre el dominio y control absolutos del varón sobre la mujer*. El feminicida es un sujeto que abusa de una relación de dominio sobre la que tiene construida su propia existencia. No concibe su vida fuera de esa relación, de la que abusa al extremo, y de la que depende vitalmente. En todas las muertes violentas están presentes, sin excepción, roles machistas profundamente arraigados.

Cuando en el contexto de dicha relación, de evidente maltrato psicológico y a veces físico, se discute la autoridad del maltratador, éste se siente en el absoluto derecho, convertido en obligación, de *recurrir a la violencia para restablecer el orden familiar cuestionado*

---

3 2012 (51), 2013 (54), 2014 (55), 2015 (60), 2016 (49), 2017 (50), 2018 (51), 2019 (55), 2020 (45), según cifras oficiales; vid. https://violenciagenero.igualdad.gob.es/violenciaEnCifras/home.htm

a través del incumplimiento. Es entonces cuando la violencia psicológica, la violencia latente, da paso a un nuevo escenario de violencia a un más alto nivel. Es la violencia dirigida a reconducir el dominio cuestionado. Utilizan la violencia para reafirmar dicho dominio y, si fuera necesario, restablecer el control.

Pero si además la mujer, la víctima permanente del estado de dominio, da un paso más y se atreve a *discutir la vigencia de la propia relación, y se plantea y traslada la decisión de ruptura o la ejecuta, entonces el riesgo se dispara. Bajo la óptica del modelo de relación patriarcal aprendida y absorbida, el escenario* de ruptura no existe, la relación por definición es incuestionable y, si de algún modo, ello ocurriera, la propia existencia del sujeto queda comprometida. Este efecto se potencia si la ruptura va acompañada del éxito, la autonomía, la independencia o el establecimiento de nuevas relaciones de pareja por parte de la mujer, en cuyo caso la descompensación puede ser absoluta y, como tal, proclive, en este contexto, a la solución drástica y final.

Por ello, *cuando el maltratador percibe que la decisión de ruptura es real y no reconducible se desencadena una reacción de violencia extrema;* a veces aderezada en alguna de sus fases de un cínico arrepentimiento, como mera estrategia de reconciliación, que, en realidad, esconde una estrategia de restablecimiento del status. Es la solución dramática de la ruptura no soportada por el varón. La pérdida brusca de ese modelo vital (que consideraba blindado) produce una grave alteración y una absoluta descompensación emocional, que termina con la "necesaria" eliminación física de la mujer, proceso que en base al grado de arraigo del modelo y otros factores personales concurrentes puede implicar, la ampliación a la propia muerte del agresor, o incluso de los hijos comunes.

Y sin embargo, en la situación que hemos vivido durante la parte álgida de la pandemia *las opciones de ruptura han sido mucho menores* y probablemente por ello las reacciones extremas del maltratador potencial feminicida también lo han sido.

Esas decisiones de ruptura en situaciones de maltrato construidas en base al modelo descrito, que **no se pudieron llevar a**

cabo por las restricciones derivadas de la pandemia muy probablemente se acumularon y así, **tras el final del estado de alarma**, y con ellos las posibilidades de control absoluto por el agresor, **los feminicidios de pareja se dispararon en España. Solo entre el 9 y el 30 de mayo, apenas 22 días, seis mujeres y un niño fueron** asesinadas en el contexto descrito, lo que supondría casi 100 víctimas mortales en una proyección anual.

La extraordinaria relevancia del factor ruptura podemos visualizarla en el siguiente análisis Descriptivo (Mujeres asesinadas en contexto de pareja 2003-2019)[4]

Respecto a la variable *Relación*, se disponen de 1024 casos registrados. Se obtiene la siguiente distribución de frecuencias: *Pareja* (60.64 %), *Expareja* (22.46 %) y *Pareja en fase de separación* (16.89 %).

	Frec.	%
Expareja	230	22.5
Pareja	621	60.6
Pareja en fase de separación	173	16.9
Total	1024	100.0

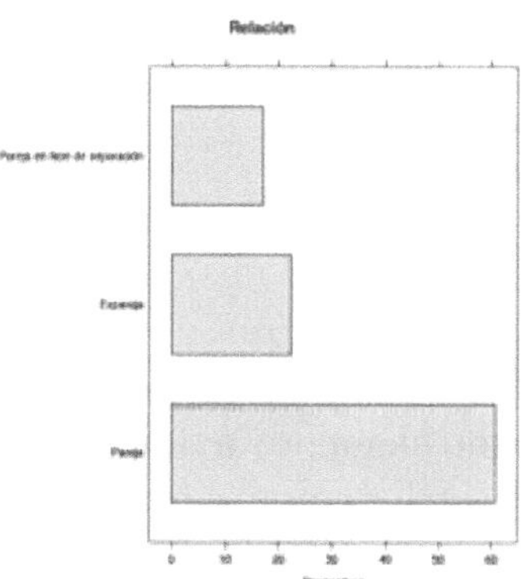

También es significativo el análisis de la variable "convivencia":

[4] En colaboración con la Unidad de Consultoría Estadística de los Servicios Científico-Técnicos de la Universidad de Oviedo.

Respecto a la variable *Convivencia*, resulta que se dispone de 1014 casos registrados, ya que se produce un 0.98 % de casos perdidos en esta magnitud. Se obtiene la siguiente distribución de frecuencias: *Sí* (64.99 %) y *No* (35.01 %). En la tabla aparece como NA los valores perdidos, y %(NA+) y %(NA-) representan la distribución porcentual incluyendo o no los casos perdidos, respectivamente.

	Frec.	%(NA+)	%(NA-)
No	355	34.7	35.0
Sí	659	64.4	65.0
NA's	10	1.0	0.0
Total	1024	100.0	100.0

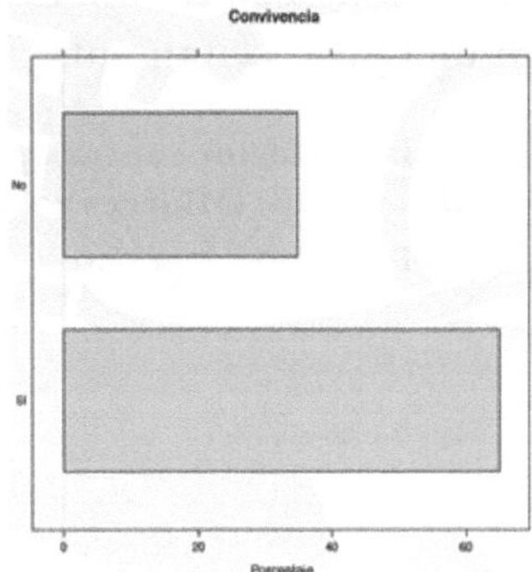

El modelo de dominio o control y su discusión por la víctima como elemento activador de los feminicidios de pareja se intensifica en los entonos (incluso familiar) más cerrados, los cuales pueden llegar a transmitir (reprochar) al agresor su incapacidad para controlar a su pareja (que rompe, se separa, denuncia…). Cuanto más cerrado es el ambiente (pueblo, barrio, etc.) la extensión de esa idea de incapacidad del varón para mantener controlada la situación familiar se intensifica, aumentando su sentimiento de fracaso vital e incrementando a la vez el nivel de cólera contra su pareja que ha tomado la decisión de romper la relación

Resulta llamativo, como elemento que permite poner de manifiesto esa presión del entorno, recurrir al análisis del comportamiento de las víctimas, utilizando una comparativa entre el comportamiento de las víctimas españolas y las extranjeras ante situaciones de violencia de género producidas en nuestro país. Obsérvese así, cómo *las víctimas españolas denuncian menos que las extranjeras* (18,13% frente a 10,31%) muy probablemente porque esa presión del entorno o contexto social es menor en el caso de las segundas.

Se realizado el análisis para estudiar la relación entre *Denuncia* y *País nacimiento agresor*, obteniéndose que sí existe asociación (test de Fisher, p-valor=0.001). Las diferencias se deben a que entre los casos con agresores nacidos en España solo había denuncia en el 18 % de ellos, mientras que el % asciende al 28 % en el caso de agresores nacidos en otro países.

	España				Otros países			
	n	%Col	%Fila	Resid	n	%Col	%Fila	Resid
De oficio	1	0.15	100.00	6.391	0	0.00	0.00	-0.588
Había denuncia	124	18.13	57.41	-1.863	92	28.31	42.59	2.689
No había-No consta	559	81.73	70.58	0.954	233	71.69	29.42	-1.384

También llama la atención la diferencia de edad en agresores nacidos en España 30% menores de 40 años, mientras los extranjeros suponen casi el 63%. El modelo social negativo ya descrito y el arraigo al mismo es mucho más intenso en los nacionales, pues, culturalmente lleva una evolución más progresiva y adaptativa en la construcción del proceso de maltrato, generando una normalización del mismo que tiene una evolución en el tiempo y que genera un sometimiento más a largo plazo.

En otros contextos culturales, especialmente de ciudadanos desplazados a otro país, en este caso España, la violencia, especialmente la física, puede aparecer antes y el tipo de maltrato es más explícito y menos sutil, lo cual determina que no exista una duración tan larga de la relación (la ruptura y también la comisión delictiva extrema) se desarrolla en edades más tempranas. En la edad de la víctima también podemos ver que a mayor edad de la mujer mayor probabilidad de que el agresor sea español, lo cual también avalaría la idea anterior.

Se realizado el análisis para estudiar la relación entre *Edad agresor* y *País nacimiento agresor*, obteniéndose que sí existe asociación (test Chi Cuadrado de Pearson, p-valor<0.001). Aquí se ve como entre los agresores nacidos en España, el (30 %) 9 %+21 % eran menores de 40 años, mientras entre los nacidos en países distintos suponen casi el 63 %(24 %+39 %).

	España				Otros países			
	n	%Col	%Fila	Resid	n	%Col	%Fila	Resid
Entre 30 y 40	133	21.31	51.55	-2.037	125	39.68	48.45	6.133
Entre 40 y 50	173	27.72	72.69	1.18	65	20.63	27.31	-1.885
Entre 50 y 60	120	19.23	77.92	1.746	34	10.79	22.08	-2.457
Más de 60	138	22.12	89.61	3.525	16	5.08	10.39	-4.982
Menor de 30	60	9.62	44.44	-3.137	75	23.81	55.56	4.815

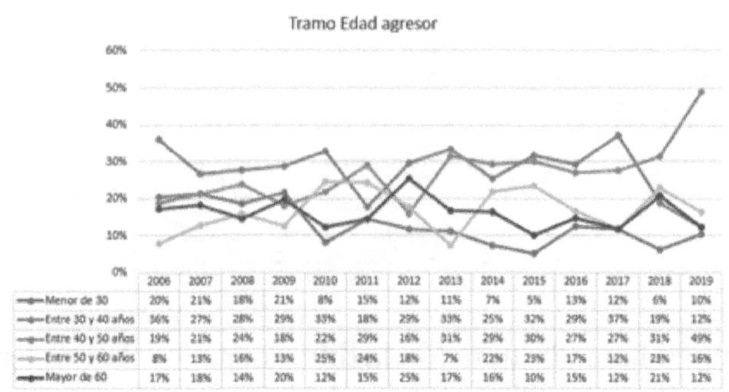

	2006	2007	2008	2009	2010	2011	2012	2013	2014	2015	2016	2017	2018	2019
Menor de 30	20%	21%	18%	21%	8%	15%	12%	11%	7%	5%	13%	12%	6%	10%
Entre 30 y 40 años	36%	27%	28%	29%	33%	18%	29%	33%	25%	32%	29%	37%	19%	12%
Entre 40 y 50 años	19%	21%	24%	18%	22%	29%	16%	31%	29%	30%	27%	27%	31%	49%
Entre 50 y 60 años	8%	13%	16%	13%	25%	24%	18%	7%	22%	23%	17%	12%	23%	16%
Mayor de 60	17%	18%	14%	20%	12%	15%	25%	17%	16%	10%	15%	12%	21%	12%

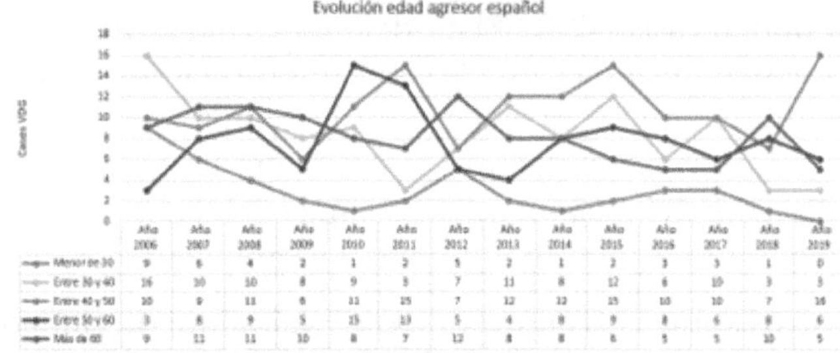

	Año 2006	Año 2007	Año 2008	Año 2009	Año 2010	Año 2011	Año 2012	Año 2013	Año 2014	Año 2015	Año 2016	Año 2017	Año 2018	Año 2019
Menor de 30	9	6	4	2	1	2	5	2	1	2	3	3	1	0
Entre 30 y 40	16	10	10	8	9	3	7	11	8	12	6	10	3	3
Entre 40 y 50	10	9	11	6	11	15	7	12	12	15	10	10	7	16
Entre 50 y 60	3	8	9	5	15	13	5	4	8	9	8	6	8	6
Más de 60	9	11	11	10	8	7	12	8	8	6	5	5	10	5

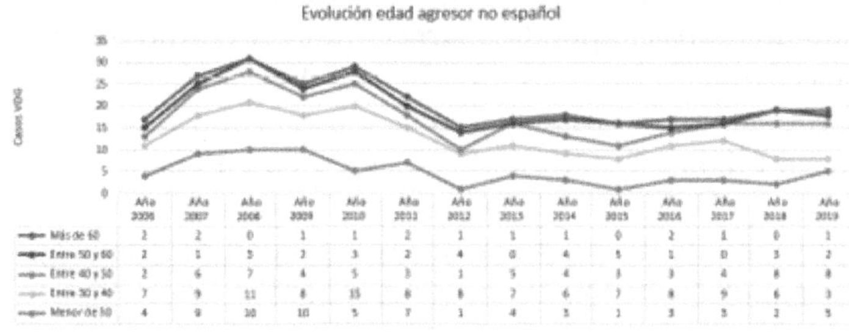

	Año 2006	Año 2007	Año 2008	Año 2009	Año 2010	Año 2011	Año 2012	Año 2013	Año 2014	Año 2015	Año 2016	Año 2017	Año 2018	Año 2019
Más de 60	2	2	0	1	1	2	1	1	1	0	2	1	0	1
Entre 50 y 60	2	1	3	2	3	2	4	0	4	5	1	0	3	2
Entre 40 y 50	2	6	7	4	5	3	1	5	4	3	3	4	8	8
Entre 30 y 40	7	9	11	8	15	8	8	7	6	7	8	9	6	3
Menor de 30	4	9	10	10	5	7	1	4	3	1	3	3	2	5

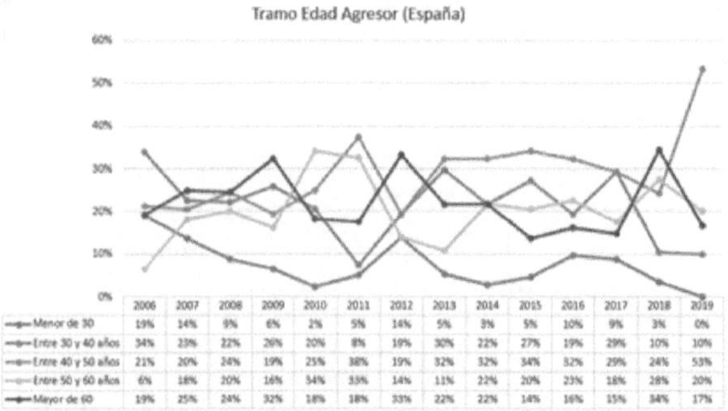

	2006	2007	2008	2009	2010	2011	2012	2013	2014	2015	2016	2017	2018	2019
Menor de 30	19%	14%	9%	6%	2%	5%	14%	5%	3%	5%	10%	9%	3%	0%
Entre 30 y 40 años	34%	23%	22%	26%	20%	8%	19%	30%	22%	27%	19%	29%	10%	10%
Entre 40 y 50 años	21%	20%	24%	19%	25%	38%	19%	32%	32%	34%	32%	29%	24%	53%
Entre 50 y 60 años	6%	18%	20%	16%	34%	33%	14%	11%	22%	20%	23%	18%	28%	20%
Mayor de 60	19%	25%	24%	32%	18%	18%	33%	22%	22%	14%	16%	15%	34%	17%

La situación vivida durante todo este periodo no hace más que poner de manifiesto que en la actualidad persisten, quizá acentuadas, las ineficiencias del sistema de prevención frente a la violencia de género extrema, destacando entre ellas: a) la baja tasa de denuncia previa en los supuestos de feminicidios de pareja b) la limitada eficacia de la respuesta penal o inasequibilidad normativa (tasa de suicidio tras feminicidio) c) la limitada eficacia de los mecanismos policiales y forenses de valoración de riesgo

2. LAS REDUCIDAS TASAS DE DENUNCIA EN LAS VÍCTIMAS DE VIOLENCIA DE GÉNERO EXTREMA

En la actualidad, prácticamente todo el sistema de protección a las víctimas de violencia de género (valoración del riesgo y/o adopción de medidas cautelares) se hace depender de la previa presentación de denuncia por parte de la víctima. Sin embargo, estadísticamente dicha denuncia sólo concurre en torno a un 20% de las mujeres que fueron asesinadas por sus parejas o exparejas. En efecto, en el periodo 2000-2015 la denuncia del agresor por parte de la víctima, concurrió únicamente en el 21,1% de los casos en los que posteriormente se produjo el feminicidio (por lo tanto el 78,9% de las mujeres asesinadas no habían denunciado), pese a que lógicamente la muerte no habría sido el primer acto violento[5]. Similares resultados se obtienen procesando los datos del Portal estadístico del Ministerio de Sanidad, Servicios Sociales e Igualdad, donde sólo consta la denuncia en 185 feminicidios sobre el total de 907, esto es, en un 20,3% de los supuestos computados.

---

5 Vid, Fernández Teruelo, Javier Gustavo, *Análisis de feminicidios de género en España en el periodo 2000-2015,* Thomson Reuters, 2015, p. 65 y ss.

Del mismo modo, con datos obtenidos de la web del Instituto de la mujer y para la igualdad de oportunidades[6] y especialmente con los contenidos en el Portal Estadístico de la Delegación del Gobierno contra la violencia de género sobre 1024 casos[7]:

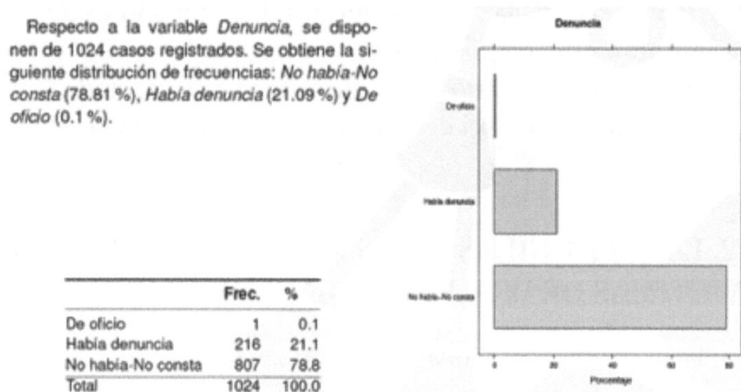

Respecto a la variable *Denuncia*, se disponen de 1024 casos registrados. Se obtiene la siguiente distribución de frecuencias: *No había-No consta* (78.81 %), *Había denuncia* (21.09 %) y *De oficio* (0.1 %).

	Frec.	%
De oficio	1	0.1
Había denuncia	216	21.1
No había-No consta	807	78.8
Total	1024	100.0

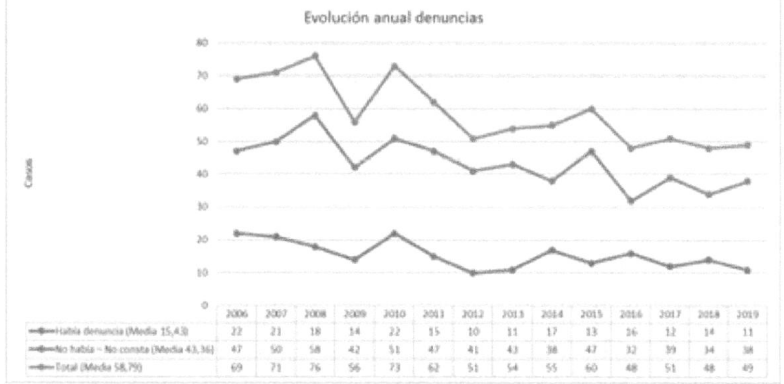

	2006	2007	2008	2009	2010	2011	2012	2013	2014	2015	2016	2017	2018	2019
Había denuncia (Media 15,43)	22	21	18	14	22	15	10	11	17	13	16	12	14	11
No había - No consta (Media 43,36)	47	50	58	42	51	47	41	43	38	47	32	39	34	38
Total (Media 58,79)	69	71	76	56	73	62	51	54	55	60	48	51	48	49

En definitiva, contamos con porcentajes significativamente bajos de denuncia por parte de víctimas de maltrato y específicamente por parte de aquellas sometidas a situaciones de mayor riesgo. A

6 https://www.inmujer.gob.es/MujerCifras/Violencia/VictimasMortalesVG.htm

7 http://estadisticasviolenciagenero.igualdad.mpr.gob.es

partir de la constatación de ese dato se plantean un interrogante y una reflexión. El primero es precisamente determinar cuáles son las razones por las que el número de denuncias es tan reducido, mientras que el segundo se concreta en la necesidad de llamar la atención sobre un sistema de protección que, con carácter general, sólo se activa cuando existe denuncia por parte de la víctima.

Sobre la primera de las cuestiones, no es posible profundizar aquí. Sin embargo, entre las causas por las que en estos perfiles no se denuncia existen algunas suficientemente identificadas. Sabemos, por ejemplo, que la situación de la mujer sometida a maltrato prolongado es extremadamente complicada. Además del miedo, incertidumbre (especialmente si hay hijos menores) se produce con frecuencia la anulación de las capacidades de identificar su condición de víctima y reaccionar ante la misma. Muchas de ellas no reconocen el maltrato (síndromes de maltrato prolongado, que determinan una situación psicológica similar a la de los presos de guerra o personas víctimas de secuestros de larga duración), ausencia de sentimientos negativos hacia el agresor, búsqueda exclusiva de obtener tranquilidad vital, desconfianza en el sistema de protección, etc. Recordemos, además, que en muchos de los –pocos- casos en que sí se denuncia, posteriormente la víctima renuncia a mantener la acusación.

Las previsiones legales que permiten la denuncia por parte del entorno de la víctima de maltrato tampoco han funcionado, pues el número de denuncias presentadas por familiares apenas supone entre el 1 y el 2% sobre el total. La falta de éxito es en realidad bastante lógica, en la medida en que cualquier denuncia por parte de terceros, respecto a la cual no existe un compromiso por parte de la víctima, estará abocada al fracaso casi sin excepción. Recordemos que la denuncia para prosperar necesita el continuo impulso por parte de la víctima, lo que no sucederá si la misma no está decidida y concienciada para llevar el proceso hasta el final. Parece por ello mucho más efectivo tratar de influir sobre ella para que dé el paso que denunciar por ella en ausencia del referido compromiso.

Sobre la segunda cuestión enunciada, ciertamente el número de denuncias en los perfiles descritos es muy reducido y sin embargo, contamos con un sistema de protección basado casi exclusivamente en su presentación. La consecuencia es que un sistema así estructurado aparece condenado al fracaso. Más aún, una vez constatado que el incremento significativo del porcentaje de denuncias en estos perfiles no es algo que vaya a conseguirse a corto plazo.

3. LA IMPERMEABILIDAD DEL FEMINICIDA A LA AMENAZA PENAL (TASAS DE SUICIDIO)

El recurso a la *amenaza penal*, a través del endurecimiento de las penas, la creación de tipos agravados específicos, el régimen especial de medidas cautelares y penas, etc. ha sido y es uno delos pilares fundamentales de la política criminal frente a la violencia de género en nuestro país.

El recurso al castigo pero, sobre todo, a la amenaza penal, se sustenta sobre la idea de que los seres humanos somos seres motivables. En el ámbito analizado, se basaría en la hipótesis de que el agresor de género es siempre un sujeto dispuesto a cambiar (omitir) su comportamiento ante la amenaza penal, en base a criterios de coste-beneficio[8]. Ciertamente, el factor motivador derivado

---

8 Según la aproximación económica a las variables del delito G. Becker (*Crime and Punishment: an Economic Approach*, en Journal of Political Economy, núm. 76, 1968, pp. 169 y ss.; del mismo, The Economic Approach To Human Behavior, Univ Of Chicago Pr.; 1976), un sujeto cometerá el delito solamente si los beneficios esperados de hacerlo exceden de sus costes. En tal sentido, según el autor, salvo aquellos que padecen determinadas psicopatías, los individuos reaccionan desde un punto de vista criminal, de manera fiable a los diversos estímulos planteados en forma de ventajas y costes de actividades criminales; vid. también sobre la cuestión, Ehrlich, I., *Crime, Punishment, and the Market for Offenses*, en Journal of Economic Perspectives, winter 1996, pp. 43 y ss.

de la amenaza penal se activa en una parte de la criminalidad y también en la mayor parte de la violencia de género. En efecto, el maltratador es por lo general un sujeto motivable, que trata de eludir las consecuencias que el sistema penal (y procesal penal) tiene previstas para él; se defiende, y pelea en el proceso, tanto en lo que respecta a las consecuencias jurídicas de un posible delito, como en la resolución de cuestiones civiles derivadas del mismo (pensión compensatoria de alimentos, custodia de hijos comunes, asignación de la vivienda familiar, etc.); se moviliza, en definitiva, para tratar de obtener las condiciones que más le favorecen.

Sin embargo, tras el análisis de los datos con los que contamos, puede afirmarse que los feminicidios de pareja o expareja, se corresponden en su inmensa mayoría con un perfil determinado de autor, una de cuyas características es precisamente que *no se activa el mecanismo motivador esperado*, derivado de las amenazas penales. Dicha afirmación puede ser constatada por varias vías, pero sin duda la más relevante parte del análisis retrospectivo del propio comportamiento de estos sujetos, tras acabar con la vida de su pareja o expareja.

En particular, en primer lugar, más de 1/3 de los feminicidas, tras acabar con la vida de su pareja o expareja, se suicidan o lo intentan.

Veamos dicho factor con datos del periodo 2000-2019:

Respecto a la variable *Suicidio*, se disponen de 1024 casos registrados. Se obtiene la siguiente distribución de frecuencias: *No hubo tentativa* (66.8 %), *Suicidio consumado* (20.02 %) y *Tentativa no consumada* (13.18 %).

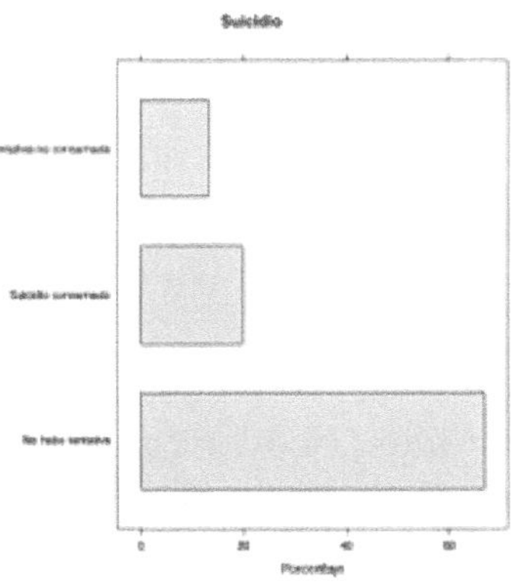

	Frec.	%
No hubo tentativa	684	66.8
Suicidio consumado	205	20.0
Tentativa no consumada	135	13.2
Total	1024	100.0

Vemos en la siguiente tabla de elaboración propia, a partir de la información del Portal estadístico del Ministerio de Sanidad, Servicios Sociales e Igualdad[9], los datos de los 13 últimos años completos (2008-2020).

Año	Total víctimas	Tentativa	Consumado	Total	%
2020	44	7	10	17	38,63
2019	55	3	14	17	30,90
2018	51	6	9	15	29,41
2017	50	10	15	25	50
2016	49	7	9	16	36,36
2015	60	6	16	22	36,66
2014	55	4	16	20	36,36
2013	54	12	9	21	38,88
2012	52	9	13	22	42,30
2011	62	9	10	19	30,64
2010	73	16	12	28	38,35
2009	56	8	13	21	37,50
2008	76	7	16	23	30,26

Además sabemos[10] que, por lo general, el feminicidio y el propio suicidio se planean previamente *como un solo acto* (de ahí el recurso al concepto Homicidio-Suicidio para estos supuestos). En efecto, no se trata –salvo excepciones- de una decisión de homicidio que da lugar a una (posterior) decisión de suicidio, como dos hechos distintos; por el contrario, ambas conductas, homicidio y posterior suicidio, por lo general, obedecen, como decimos, a un plan común, en cuya ejecución apenas se apre-

9 http://www.violenciagenero.msssi.gob.es/violenciaEnCifras/victimasMortales/fichaMujeres/home.htm

10 Ampliamente, en Fernández Teruelo, Javier Gustavo. *Análisis de feminicidios de género en España en el periodo 2000-2015*, op. cit., p. 24 y ss. (y las referencias bibliográficas allí contenidas).

cian rasgos de improvisación[11]. Con el doble acto se pone fin de la forma más drástica posible (que en ocasiones se extiende al homicidio de terceros, fundamentalmente hijos de la pareja) a la situación derivada del conflicto construido de un modo al que posteriormente nos referiremos.

Pero además, la inmensa mayoría de los restantes feminicidas (los que no se suicidan ni lo intentan) se entregan inmediatamente a las autoridades policiales o esperan a ser detenidos sin oposición (lo que además, generalmente, da lugar a la apreciación de la circunstancia atenuante de confesión, a cuya propuesta de derogación, en estos supuestos, antes nos referimos). Aceptan, en definitiva, la respuesta penal (sea cual sea) que prevea el sistema para ellos, porque la resolución traumática de su conflicto está muy por encima de todo lo demás.

Lo hasta aquí descrito pone de manifiesto otra de las grandes peculiaridades del fenómeno: la intimidación a través de la amenaza penal apenas juega como factor inhibidor del feminicidio (teoría de la inasequibilidad normativa). Estamos ante un sujeto escasa o nulamente motivable por la amenaza penal, independientemente de su gravedad. Su comportamiento no está condicionado en absoluto por la pena con la que se le conmina. Por ello, las medidas penales y procesales previstas (incluido el alejamiento y control del agresor) revisten escasa utilidad como mecanismos de control de estos comportamientos. Se trata de una forma de actuar que se aleja en parte del resto de la criminalidad en general y de la violenta en particular (incluidos homicidios y asesinatos), cuyos autores ni se suicidan ni, con carácter general, se entregan tras la comisión del delito; tratan de no ser descubiertos y, en su caso, huir.

---

11 Juodis M.-Starzomski A.- Porter S.- Woodworth M., *A Comparison of Domestic and Non-Domestic Homicides: Further Evidence for Distinct Dynamics and Heterogeneity of Domestic Homicide Perpetrators*, Journal of Family Violence (2014) 29, pp. 299–313.

Este tipo de comportamientos, son propios de un modelo de relación basada en el dominio y control absolutos del varón sobre la mujer, al que haremos referencia en el apartado siguiente. La práctica totalidad de los maltratadores de género que llegan al feminicidio han conformado su modelo o esquema vital sobre la base de una relación de dominio y control absoluto de su pareja; en ella utilizan la violencia para reafirmar dicho dominio y, si fuera necesario, restablecer el control.

Respecto a la variable *Suicidio*, se disponen de 1024 casos registrados. Se obtiene la siguiente distribución de frecuencias: *No hubo tentativa* (66.8 %), *Suicidio consumado* (20.02 %) y *Tentativa no consumada* (13.18 %).

	Frec.	%
No hubo tentativa	684	66.8
Suicidio consumado	205	20.0
Tentativa no consumada	135	13.2
Total	1024	100.0

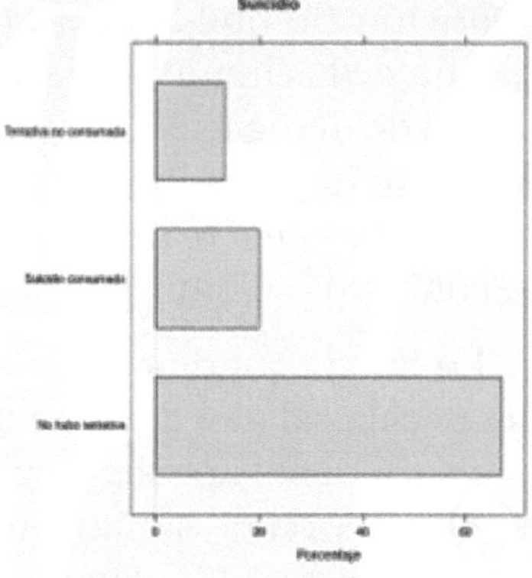

El análisis de perfiles pone de manifiesto que normalmente el desenlace violento final es la culminación de un proceso largo y progresivo. Por lo general, sólo en la parte final de ese proceso, el sujeto está dispuesto a todo: a matar y en algunas ocasiones también a morir. A mayor arraigo o dependencia, mayores posibilidades de que el feminicida, además de matar, acabe con su propia vida. Ello se constata por ejemplo cuando observamos que la media de edad de los agresores que se quitan la vida es de 54,5 años, casi 10 años superior a la media del feminicida no suicida (45 años)[12]. Esa relación de dominio que acompaña a

12 Porcentajes similares aparecen en el Informe del CGPJ, Informe sobre víctimas mortales de la violencia de género y de la violencia doméstica

prácticamente todos los feminicidios de pareja era mucho más intensa en los casos en los que el agresor se suicidó.

En el análisis del suicidio con relación al país de nacimiento del agresor se aprecia una diferencia de 12 puntos entre españoles y extranjeros, que pone de nuevo de manifiesto que la presión del entorno del agresor español, el rechazo social y la construcción vital en tono a esa relación es mucho más intensa.

Se realizado el análisis para estudiar la relación entre *Suicidio* y *País nacimiento agresor*, obteniéndose que sí existe asociación (test Chi Cuadrado de Pearson, p-valor<0.001). Entre los agresores nacidos en España se consumo el suicicio en el 24 % de los casos mietnras que en otros supone el 12 %.

	España				Otros países			
	n	%Col	%Fila	Resid	n	%Col	%Fila	Resid
No hubo tentativa	429	62.72	64.03	-1.182	241	74.15	35.97	1.715
Suicidio consumado	164	23.98	80.00	2.123	41	12.62	20.00	-3.08
Tentativa no consumada	91	13.30	67.91	0.017	43	13.23	32.09	-0.021

4. LA LIMITADA EFICIENCIA DE LOS INSTRUMENTOS DE VALORACIÓN DEL RIESGO. EL NUEVO PROTOCOLO (2021) DE VALORACIÓN FORENSE URGENTE DEL RIESGO DE VIOLENCIA DE GÉNERO

Un sistema eficaz de protección frente a la violencia de género requiere desarrollar instrumentos capaces de pronosticar (para prevenirlas) nuevas agresiones, especialmente las más graves, a la mujer que ya ha sido o es objeto de maltrato. El sistema debe contar, en definitiva, con fórmulas orientadas a la determinación del riesgo futuro, tanto desde un punto de vista cuantitativo (reiteración de la agresión) como cualitativo (gravedad de la misma). Una vez determinado y graduado el riesgo con unos márgenes de error aceptables, será preciso articular un catálogo

---

en el ámbito de la pareja o ex pareja en 2014, en el que se indica que la edad media de los suicidas es superior a la media de los hombres presuntos agresores, 57 años respecto a los 48,8 años de la media total.

de medidas adecuadas que, en la medida de lo posible, impliquen que ese riesgo no se llegue a concretar.

En este contexto, el primer instrumento creado con la específica finalidad de determinar niveles de riesgo tuvo su origen en la Instrucción 10/2007, de 10 de julio (posteriormente, modificada a través de la Instrucción 14/2007, de 10 de octubre). La valoración de la situación de riesgo de violencia contra la mujer (Valoración Policial del Riesgo o VPR) y su evolución (Valoración Policial de la Evolución del Riesgo o VPER) se realiza empleando los formularios normalizados aprobados al efecto por la Secretaría de Estado de Seguridad, y disponibles en el "Sistema de Seguimiento Integral en los casos de violencia de género (Sistema VioGén)". El Sistema VioGén asigna automáticamente uno de los siguientes niveles de riesgo: "no apreciado", "bajo", "medio", "alto" o "extremo", que puede ser modificado por los agentes al alza si, atendiendo a los indicios que no se reflejen en los indicadores del sistema, consideran que resulta necesario para una mejor protección a la víctima. Conviene destacar, a los efectos que aquí nos interesan, que sólo si el valor medio de riesgo resultantes es "extremo", se prevé la protección física personal directa de la víctima.

En concreto, las medidas previstas para los supuestos de "riesgo extremo" en el "Protocolo para la valoración policial del nivel de riesgo de violencia de género y de gestión de la seguridad de las víctimas", aprobado por la Instrucción 7/2016, de la Secretaría de Estado de Seguridad son las siguientes:–Vigilancia permanente de la víctima, hasta que las circunstancias del agresor dejen de ser una amenaza inminente.–Control intensivo de los movimientos del agresor, hasta que deje de ser una amenaza inminente para la víctima.–En su caso, vigilancia en entrada/ salida centros escolares de los hijos.–Diseño de un plan de seguridad personalizado.

Sin embargo, el Protocolo establecido en dicha Instrucción y, en particular, la aplicación de los formularios normalizados aprobados al efecto por la Secretaria de Estado de Seguridad, no parecen haber sido eficaces[13]. Al margen de la constatación de los importantes márgenes de error de los resultados del formulario VPNR (Valoración Policial del Nivel del Riesgo), debe destacarse que en el mismo se formulaban preguntas a la víctima que tendían a autoculpabilizarla o a encontrar explicaciones, con cierto tono aparentemente justificador, a las agresiones, entre ellas, las siguientes: 12. Abuso de sustancias tóxicas (drogas), alcohol o medicamentos por parte del agresor evidenciado en un daño significativo de su funcionamiento social: enfermedad física, pérdida de trabajo, inversión de mucho tiempo en obtención y consumo de sustancias, problemas legales... 14. Problemas

---

13 En concreto, según el Informe sobre víctimas mortales de la Violencia de Género y de la Violencia Doméstica en el ámbito de la pareja o ex pareja en 2014 (publicado el 8 de noviembre de 2016), sólo 18 de las 54 mujeres asesinadas en el año 2014, o bien habían formulado previamente denuncia contra su agresor, o bien, existían respecto a las mismas antecedentes judiciales de violencia de género (33,3%). De esas 18 mujeres, únicamente a 9 se les realizó una valoración policial del riesgo -VPR- (16,6% sobre el total). La mayor parte de las valoraciones dieron un resultado de riesgo "No Apreciado" (+/-60%) y ni una sola de riesgo "Extremo" (0%), siendo esta última la única que, como ya se apuntó, posibilita la adopción de medidas de protección física personal directa sobre la víctima (http://www.poderjudicial.es ver informe sobre víctimas mortales) . En el año 2013 del total de asesinadas (52) sólo a 4 se les había realizado la VPR y a ninguna se le atribuyó riesgo extremo y tampoco alto. Del mismo modo, en el año 2012 del total de mujeres asesinadas (49), únicamente a 5 se les había realizado la VPR y, de ellas, sólo una se identificó con riesgo alto y ninguna con riesgo extremo (Vid ambos informes en: http://www.poderjudicial.es/cgpj/es/Temas/Violencia-domestica-y-de-genero/Actividad-del-Observatorio/Informes-de-violencia-domestica), En sentido contrario, consideran que en el modelo de 2007 la VPR "muestra una buena capacidad predictiva y unas características psicométricas adecuadas para la tarea para la que se diseñó", López-Ossorio J. J.-González-Alvarez J. L.- Andrés-Pueyo A.; *Eficacia predictiva de la valoración policial del riesgo de la violencia de género,* Psychosocial Intervention 25 (2016) 1-7–Vol. 25 No.1 DOI: 10.1016/j.psi. 2015.10.002.

patentes en las relaciones de pareja: Como separación conyugal repentina o reciente con disputa de bienes y de custodia de hijos; convivencia forzada en la que uno desea terminar con la relación; discusiones y conflictos frecuentes; infidelidades repetidas; alternancia de separaciones y reconciliaciones; ausencia de relaciones íntimas; presencia de enfermedades muy graves/terminales, o discapacidades; intereses económicos contrapuestos o antagónicos. 15. Problemas laborales o financieros del agresor: Desempleo ¿crónico?, patrón laboral de ocupación inestable, fracaso en la búsqueda o el mantenimiento de una ocupación remunerada, pobre rendimiento laboral, bajo nivel de ingresos, dificultades financieras y económicas significativas (deudas cuantiosas, vida por encima de posibilidades, perdida de la vivienda o de recursos económicos).

Los malos resultados del modelo implantado en 2007 determinaron su supresión y su sustitución por el derivado de la Instrucción 7/2016, de la Secretaría de Estado de Seguridad. La misma aprobó un nuevo Protocolo para la valoración policial del nivel de riesgo de violencia de género y de gestión de la seguridad de las víctimas. En la propia Instrucción de 2016 se reconoce el fracaso del modelo anterior, cuando se afirma que el objetivo es "conseguir una mayor eficacia en el proceso de revisión de las valoraciones de riesgo y su comunicación a los órganos judiciales y al Ministerio Fiscal, de acuerdo con la experiencia obtenida en su aplicación por las Fuerzas y Cuerpos de Seguridad"[14].

---

[14] La Instrucción se dicta a su vez en ejecución del artículo 282 de la Ley de Enjuiciamiento Criminal, tras la modificación operada por la disposición adicional primera de la aludida Ley 4/2015, de 27 de abril, introduce la obligación de los miembros de la policía judicial de cumplir con los deberes de información que prevea la legislación vigente. Asimismo, determina que, éstos, llevarán a cabo una valoración de las circunstancias particulares de las víctimas para determinar provisionalmente qué medidas policiales deben ser adoptadas para

Si bien quizá sea pronto para hacer un balance detallado del grado de eficacia del modelo implantado en el año 2016[15], las similitudes en cuanto a su configuración con el anterior, pese a haberse producido cambios significativos en la construcción de las preguntas del formulario normalizado, son evidentes y por ello las perspectivas no son buenas. En particular, creo que pueden destacarse algunas deficiencias que presenta el sistema:

- Es un proceso largo, en el que la víctima debe contestar a unas 50 preguntas o indicadores (algunas de ellas sólo se formulan si la respuesta a la pregunta anterior ha sido positiva) y que, por lo tanto, tiene una importante capacidad victimizadora.
- Por lo general, el resultado se basa exclusivamente en la declaración de la víctima (aunque el modelo permite teóricamente que las preguntas se formulen al agresor e incluso a testigos). Resulta paradójico que tratemos de determinar cómo se va a comportar un sujeto (el maltratador denunciado) examinando únicamente a otro (la mujer maltratada). No hay ninguna razón de peso para prescindir en vía policial del examen del denunciado, al objeto de poder determinar si coincide con determinado perfil y con ello si estamos ante el riesgo de un comportamiento futuro de violencia extrema.
- Sin embargo, la crítica más relevante que puede formularse es que el sistema de valoración del riesgo no aparece dirigido a determinar el tipo de agresor (y, en su caso, eventual feminicida), sino que se presenta enfocado a dilucidar el riesgo de reiteración (criterio cuantitativo) en el maltrato (riesgo de que se repita la agresión); sin embargo, no

---

garantizarles una protección adecuada, sin perjuicio de la decisión final que correspondería adoptar al Juez o Tribunal competente.

15 En el último Informe Estadístico publicado en el Sistema VIOGÉN–Datos al 30 de junio de 2017 únicamente constan 5 mujeres con riesgo Extremo; http://www.interior.gob.es/web/servicios-al-ciudadano/violencia-contra-la-mujer/estadisticas

parece estar configurado para valorar específicamente el riesgo (criterio cualitativo) de feminicidio (no identifica los perfiles de este tipo de agresores).

En efecto, si examinamos las preguntas observamos que, pese a las mejoras, la mayoría se basan en parámetros que no permiten determinar si estamos ante un riesgo relevante de feminicidio. El sistema sigue configurado esencialmente en términos cuantitativos (riesgo de reiteración de la agresión) que cualitativos (detección de riesgos de violencia extrema)[16][17]. Es más, algunas de las preguntas formuladas contribuyen a distorsionar el resultado en cuanto a las situaciones aquí analizadas, reduciendo la tasa de riesgo, ante situaciones en las que en realidad existen posibilidades significativas de que se produzca la muerte violenta de la pareja[18].

---

16 El propio texto de la Instrucción traslada esta idea cuando se afirma que "ésta información es imprescindible para poder concretar el *grado o nivel de riesgo de que se produzca una nueva agresión* contra la víctima, así "como para determinar las medidas policiales de protección que deben ser adoptadas, siempre de manera personalizada e individual".

17 Las experiencias de otros modelos ponen de manifiesto la relevancia de los factores correctores basados en la experiencia de quienes formulan las cuestiones; así respecto al LAP (Lethality Assessment Program), vid., Jill Theresa Messing, Ph.D., M.S.W., Jacquelyn Campbell, Ph.D. and others, *Police Departments' Use of the Lethality Assessment Program: A Quasi-Experimental Evaluation, U.S. Department of Justice* https://www.ncjrs.gov/pdffiles1/nij/grants/247456.pdf

18 Así ocurre cuando, por ejemplo, se le pregunta a la víctima si han existido episodios previos de violencia física o sexual, o quebrantamientos de medidas cautelares. También produce distorsiones la pregunta relativa a la existencia de episodios de agresión previa sobre otras víctimas. Igualmente, a estos efectos, también carece de sentido preguntarle a la mujer si su agresor ha intentado suicidarse. Del mismo modo, resultan poco afortunadas (y menos útiles a los efectos indicados) otras preguntas, como la que consulta a la víctima si el agresor tiene problemas económico-laborales.

En el mes de marzo de 2019 entró en vigor un nuevo protocolo policial para valorar el riesgo de las víctimas de violencia de género (VPR 5.0). Según la Instrucción de la Secretaría de Estado de Seguridad, se formula con la idea de mejorar la predicción de reincidencia de nuevos episodios de violencia, así como identificar y alertar a la autoridad judicial y al Ministerio Fiscal de los casos que tienen un riesgo de especial relevancia que son susceptibles de evolucionar en violencia más grave, como el asesinato de la mujer. El nuevo protocolo policial tiene también el objetivo de detectar los casos con menores a cargo de la víctima en posible situación de vulnerabilidad. Otro de los objetivos es clarificar y simplificar algunas cuestiones, como el tratamiento de ciertos casos de violencia de género, la aplicación de medidas policiales de protección de carácter obligatorio según cada nivel de riesgo, así como la elaboración de un plan se seguridad personalizado (PSP)[19]. El escaso periodo de vigencia determina que aún no sea posible realizar valoraciones de eficiencia de la nueva versión del modelo.

Finalmente, debe también destacarse que en determinadas CCAA aún no se ha cumplido la obligación impuesta en La Ley de Protección Integral, relativa a la implantación de las Unidades de Valoración Forense Integral, que serían las encargadas de hacer un informe sobre víctima, agresor y sus circunstancias[20]. El resultado de la valoración policial, más el Informe de la Unidad de Valoración Forense Integral, deberían ser los elementos determinantes para que el/la Juez/a acordase las medidas de

---

19 http://www.interior.gob.es/documents/642012/8791743/Libro+Violencia+de+Género/19523de8-df2b-45f8-80c0-59e3614a9bef

20 El Pacto de Estado contra la Violencia de Género, aprobado en 2017, preveía establecer, en el plazo máximo de dos años, las Unidades de Valoración Forense Integral, de las que podrán formar parte psicólogos/as y trabajadores/as sociales, y que, entre otras funciones, asistirán a los jueces y juezas en la valoración del riesgo.
UVFI implantadas en Provincias que dependen del Ministerio de Justicia: http://www.senado.es/web/expedientdocblobservlet?legis=12&id=134869

protección adecuadas al caso concreto[21], pues tienen atribuida como función esencial la función de diseñar protocolos de actuación global e integral en casos de violencia de género[22]. Sin olvidar tampoco las previsiones contenidas en el Protocolo médico-forense de valoración urgente del riesgo de violencia de género, adoptado en 2011, y escasamente aplicado, cuyo apartado 4.1 dispone que "ningún informe médico-forense de VRVG puede emitirse sin la exploración del agresor[23].

A finales de febrero de 2021 se presentó el nuevo protocolo de valoración forense urgente del riesgo de violencia de género. Han transcurrido por lo tanto diez años desde que se publicó el protocolo anterior -2011-, que tuvo resultados poco satisfactorios. Dicho protocolo debería ser un *instrumento esencial,* porque la valoración la realizan expertos y porque el sistema policial de valoración del riesgo, como hemos puesto de manifiesto, no ha funcionado.

En cuanto a las principales características del nuevo protocolo se destacan por sus promotores las siguientes:

---

21 Disposición adicional segunda de la Ley Orgánica 1/2004, de 28 de diciembre, de Medidas de Protección Integral contra la Violencia de Género. Protocolos de actuación: El Gobierno y las Comunidades Autónomas, que hayan asumido competencias en materia de justicia, organizarán en el ámbito que a cada una le es propio los servicios forenses de modo que cuenten con unidades de valoración forense integral encargadas de diseñar protocolos de actuación global e integral en casos de violencia de género.

22 La reciente Ley Orgánica 7/2015, de 21 de julio, por la que se modifica la Ley Orgánica 6/1985, de 1 de julio, del Poder Judicial, también establece que los Institutos de Medicina Legal y Ciencias Forenses contarán con unidades de valoración forense integral, de los que podrán formar parte los psicólogos y trabajadores sociales que se determinen para garantizar, entre otras funciones, la asistencia especializada a las víctimas de violencia de género y doméstica, menores, familia y personas con discapacidad (art. 479.3).

23 http://www.violenciagenero.msssi.gob.es/profesionalesInvestigacion/juridico/protocolos/docs/protocoloMedicoForense2011.pdf

- Instrumento que teóricamente persigue, según su propia declaración, elaborar informes ágiles, homogéneos, sólidamente sustentados, que proporcionen a los y las profesionales seguridad en la toma de decisiones y contribuya a mejorar la protección de las víctimas de violencia de género.
- Su inmediatez, ya que se afirma que permitirá elaborar informes en un plazo inferior a 24 horas, al objeto de responder a la urgencia procesal en la que se enmarcan gran parte de las actuaciones sobre violencia machista en el ámbito judicial.
- Incluye la evaluación de riesgo, a través del análisis de las víctimas, pero también mediante un proceso de evaluación de los agresores.
- El protocolo contiene, como una de las principales novedades, la aplicación del formulario Valoración Forense del Riesgo (VPR) del sistema de seguimiento integral de los casos de violencia de género (conocido como sistema VioGén), al que ya nos hemos referido. De este modo, se facilita su cumplimentación mediante el acceso al sistema VioGén por parte del personal de los Institutos de Medicina Legal y Ciencias Forenses.

Sin embargo, no podemos compartir la visión tan optimista; con el anterior protocolo apenas se hacían informes de valoración de riesgo (en el contexto global de las necesidades existentes) y no existen elementos relevantes que nos hagan pensar que eso va a cambiar a corto plazo. En segundo lugar, parece discutible que para una valoración especializada técnico-forense se plantee el recurso al VPR (policial) que, como hemos visto, ha dado resultados limitados y que fue creado para personal (policial) no especializado. Finalmente, conviene destacar entre las posibles causas de la limitación de valoraciones, la posible influencia del miedo al error, pues no olvidemos que las consecuencias del mismo pueden ser muy relevantes en términos humanos y económicos; sobre este último aspecto conviene recordar que la Audiencia Nacional en sentencia de 30/9/2020 condenó al Ministerio del Interior por inadecuada protección a una denunciante de violencia de género, que posteriormente fue asesinada por su pareja, al asignarle en una VPR un riesgo "bajo"[24].

Bibliografía

Becker G., Crime and Punishment: an Economic Approach, en *Journal of Political Economy,* núm. 76, 1968, pp. 169 y ss.

Ehrlich, I., Crime, Punishment, and the Market for Offenses, en Journal of Economic Perspectives, winter 1996, pp. 43 y ss.

Fernández Teruelo, Javier Gustavo, *Análisis de feminicidios de género en España en el periodo 2000-2015,* Thomson Reuters, 2015

Jill Theresa Messing, Ph.D., M.S.W., Jacquelyn Campbell, Ph.D. and others, *Police Departments' Use of the Lethality Assessment Program: A Quasi-Experimental Evaluation,* U.S. Department of Justice https://www.ncjrs.gov/pdffiles1/nij/grants/247456.pdf

Juodis M.-Starzomski A.- Porter S.- Woodworth M., *A Comparison of Domestic and Non-Domestic Homicides: Further Evidence for Distinct Dynamics and Heterogeneity of Domestic Homicide Perpetrators,* Journal of Family Violence (2014) 29, pp. 299–313.

López-Ossorio J. J.-González-Alvarez J. L.- Andrés-Pueyo A.; *Eficacia predictiva de la valoración policial del riesgo de la violencia de género,* Psychosocial Intervention 25 (2016) 1-7–Vol. 25 No.1 DOI: 10.1016/j.psi. 2015.10.002.

24 Vid. la sentencia en: https://www.iustel.com/diario_del_derecho/noticia.asp?ref_iustel=1203848

El tratamiento de la imagen de mujeres y niñas en la publicidad[1]

Mª DEL MAR GÓMEZ LOZANO
Profesora Titular de Derecho Mercantil
Universidad de Almería

Mª CONCEPCIÓN IGLESIAS ESPINOSA
Graduada en Derecho y ADE

---

1 Texto revisado de la "*Jornada de cultura de igualdad y no violencia: el tratamiento de la imagen e mujeres y niñas en la publicidad*", impartida por las autoras el 23 de noviembre de 2020 en la Universidad de Almería en el marco de las actividades realizadas por el Pacto de Estado contra la Violencia de género (Ministerio de Igualdad) y de la participación en el IV Congreso internacional sobre Igualdad, Violencia de Género y Derechos Humanos, organizado por la Unidad de Igualdad y el Defensor Universitario de la Universidad de Salamanca los días 10 y 11 de diciembre de 2020 con el tema "*Igualdad y mercado: la imagen de mujeres y niñas en la publicidad*".

LOS CONFLICTOS ÉTICOS: 1. CUESTIONES GENERALES; 2. EL CASO DE LOS CATÁLOGOS DE JUGUETES DE CAMPAÑA NAVIDEÑA. D. CÓMO PREVENIR LOS CONFLICTOS. V. CONCLUSIONES. VI. BIBLIOGRAFÍA FINAL

Resumen: este breve trabajo pretende poner de manifiesto las medidas adoptadas legalmente en España para evitar un tratamiento discriminatorio de la imagen de mujeres y niñas en la publicidad. Se acompaña con un estudio de los casos más relevantes en los que se ha abordado en la práctica esta problemática, tanto en el ámbito judicial como en el extrajudicial

I. INTRODUCCIÓN

En la situación actual es frecuente ver en los anuncios publicitarios imágenes que discriminan a mujeres y niñas. Así lo demuestran algunos datos, como los que se ofrecen en varios documentos e informes, tanto nacionales como europeos[2].

Así, entre los "*Criterios e indicadores sobre publicidad discriminatoria para la mujer y estereotipos sexistas*" del Consejo Audiovisual de An-

---

[2] Ver, entre otros, el Informe de la Comisión de Derechos de la Mujer, de 25 de julio de 1997, sobre "La discriminación de la mujer en la publicidad", del que fue ponente Marlene Lenz (A4-0258/97); la "Guía de intervención ante la publicidad sexista", investigación promovida por el Instituto de la Mujer, realizada por Mª T. García Nieto y por C. Lema Devesa y publicada en el año 2008; los "Criterios e indicadores sobre publicidad discriminatoria para la mujer y estereotipos sexistas" del Consejo Audiovisual de Andalucía, publicados en el año 2018 o el informe "Sexualización de las niñas en la publicidad" que recoge diversas actuaciones del Observatorio de la Imagen de las Mujeres entre los años 2010 y 2020 tras las denuncias presentadas en este mismo periodo (el documento puede consultarse en el siguiente enlace: https://www.inmujeres.gob.es/observatorios/observImg/informes/docs/Informe_Sexualizacion_Infantil.pdf).

dalucía (CAA)[3], se alude a determinados supuestos de publicidad con mensajes de este tipo. En concreto, se hace referencia a la presentación vejatoria de la mujer, utilizando su cuerpo como mero objeto desvinculado del producto, como envoltorio con connotaciones sexuales. Aparecen también situaciones de violencia o de dominio del hombre sobre la mujer, conductas humillantes o que favorecen el abuso. Se alude además a la presentación explícita de un único destinatario (hombres o mujeres) aunque el producto pueda ser utilizado por ambos sexos y a la aparición de mensajes que contribuyen a la sexualización temprana de las niñas. Todos estos son, indudablemente, comportamientos que vulneran los derechos fundamentales de mujeres y niñas.

Otro aspecto relevante es el uso de estereotipos que fomentan la desigualdad[4]. Entre los femeninos, por ejemplo, se alude al trabajo de la mujer fuera de casa y a la responsabilidad que asume de manera prioritaria en el cuidado del hogar, tareas que debe cumplir de modo satisfactorio para gozar del adecuado reconocimiento por la sociedad; o la imagen que se transmite de las mujeres en entornos laborales y profesionales haciendo ver que también son responsables en exclusiva de las tareas domésticas; o la presentación de un producto como elemento que alivia situaciones de sobrecarga de trabajo o de estrés pero que va dirigido a solucionar únicamente a la mujer los problemas de falta de tiempo. Y entre los estereotipos masculinos que fomentan la desigualdad, se incluye, por ejemplo, el del hombre que es torpe en las tareas de la casa, pues se representa

---

3 El documento está disponible en la página web del CAA y se puede consultar en el siguiente enlace: https://www.consejoaudiovisual-deandalucia.es/actividad/actuaciones/recomendaciones/2018/06/criterios-e-indicadores-sobre-publicidad-discriminator

4 Ver páginas 4 a 6 del documento "Criterios e indicadores sobre publicidad discriminatoria para la mujer y estereotipos sexistas" del Consejo Audiovisual de Andalucía, disponible en el enlace indicado en la nota anterior.

como persona que necesita siempre de ayuda femenina para poder llevar a cabo las tareas domésticas y goza de un mayor reconocimiento cuando logra algún objetivo, confrontándose así el esfuerzo admirable y elogiable que realizan los hombres frente a la innata habilidad de la que deben gozar las mujeres.

En lo que respecta a las niñas, como se destaca en el informe "*Sexualización de las niñas en la publicidad*" algunos anunciantes han sido denunciados por las malas prácticas realizadas en la publicidad emitida, al sexualizar precozmente su imagen (adopción de poses de mujeres adultas o diseño de ropa no adecuada a su edad) y cosificarlas.

Partiendo de esta situación, observada de la realidad del mercado, se tratarán de exponer cuáles son las medidas adoptadas para luchar contra estas prácticas publicitarias discriminatorias, teniendo en cuenta la doble perspectiva que aportan los denominados "*hard law*" y "*soft law*"[5]. Se observará que realmente los criterios seguidos en ambos conjuntos normativos son prácticamente idénticos y que tienen como base el reenvío de unas normas a otras para asegurar una adecuada coordinación.

Se abordarán en primer lugar algunas cuestiones previas, como la definición de publicidad y los sujetos responsables, para exponer después el panorama normativo básico, integrado por disposiciones con diversa finalidad (reguladoras del mercado y protectoras de los derechos de las personas) con mención expre-

---

5 En este sentido, ver RODRÍGUEZ GONZÁLEZ, A., "Avances legales en publicidad ilícita por discriminatoria: algunas propuestas", *Construyendo la igualdad: la feminización del derecho privado. Carmona III* (coord. por F. J. Infante Ruiz, M. Otero Crespo y A. Rodríguez González; dir. por T. F. Torres García), Tirant lo Blanch, Valencia, 2017, pág. 921, que considera que la combinación de normas del denominado "hard law" y "soft law" resulta fundamental para conseguir una adecuada actuación para luchar contra este problema, destacando el carácter poderoso del instrumento de la autorregulación (pág. 913).

sa a los compromisos éticos que se asumen voluntariamente por los operadores. Además, se hará referencia a algunos de los principales conflictos acaecidos en nuestro país y sobre los que han resuelto, en aplicación de las funciones de control que tienen asumidas, diversos órganos, para reflexionar, finalmente, sobre la forma más adecuada de prevenir esos conflictos, vinculando el valor de la ética profesional con el obligado cumplimiento de las normas y el diseño de estrategias sostenibles en el marco de la responsabilidad social corporativa.

II. ALGUNAS CUESTIONES PREVIAS

En aplicación de los principios constitucionales y de otras normas internas e internacionales[6], la normativa sobre publicidad contempla la protección de la mujer frente a situaciones discriminatorias. La clave jurídica de la publicidad comercial se encuentra en el hecho de que se trata de una variada gama de herramientas de comunicación que tienen como última finalidad promover la contratación de bienes y servicios. Así lo recoge el artículo 2 de la *Ley 34/1988, de 11 de noviembre, General de Publicidad* (LGP), que establece la noción de publicidad, indicando que se trata de "toda forma de comunicación realizada por una persona física o jurídica, pública o privada, en el ejercicio de una actividad comercial, industrial, artesanal o profesional, con el fin de promover de forma directa o indirecta la contratación de bienes muebles o inmuebles, servicios, derechos y obligaciones".

---

6 Más extensamente sobre la normativa general aplicable, ver, entre otros el trabajo de ESTUPIÑÁN CÁCERES, R., "Mujer y publicidad", *Mujeres, contratos y empresa desde la igualdad de género* (coord. por C. Mesa Marrero y Mª C. Grau Pineda), Tirant lo Blanch, Valencia, 2014, págs. 58 y 59 y LEMA DEVESA, C., "Los anuncios con estereotipos de la mujer como publicidad ilícita", Actas de derecho industrial y derecho de autor, Tomo 36, 2015-2016, págs. 380-382.

Como objetivo de las mismas aparecen los destinatarios finales de los productos y servicios que se quieren ofertar a través de la publicidad. En el caso que abordamos en este trabajo, los destinatarios en algunos supuestos son únicamente el público femenino, pero en otros, la imagen de la mujer se utiliza para hacer más atractiva al público masculino la adquisición de diversos productos o servicios. Pero lo que debe analizarse realmente es la utilización que se hace de mujeres y niñas en la publicidad para fomentar la contratación de determinados bienes y servicios independientemente del público objetivo que pueda ser destinatario de ellos[7].

Desde hace ya varios años nuestra normativa recoge la prohibición de la publicidad discriminatoria. Así, tanto en las normas que regulan la actividad de los operadores en el mercado como en aquellas otras que reconocen determinados derechos, se ha incluido esta prohibición. A examinar esas referencias legales y su contenido dedicaremos un epígrafe más adelante.

Además, hay que tener en cuenta, a efectos de determinar la responsabilidad que asumen, qué agentes son los que intervienen en el proceso publicitario (art. 8 LGP). Así, de una parte, se encuentra el anunciante del producto o servicio, que es la persona natural o jurídica en cuyo interés se realiza la publicidad; las agencias de publicidad, que son las personas naturales o jurídicas que se dedican profesionalmente y de manera organizada a crear, preparar, programar o ejecutar publicidad por cuenta de un anunciante; y los medios de publicidad, como personas que, de manera habitual y organizada, se dedican a la difusión de publicidad a través de los soportes o medios de comunicación social cuya titularidad ostenten.

---

7 Además, cabría reflexionar sobre la cuestión adicional en el caso de la utilización de la imagen de niñas en la publicidad y de quiénes son los destinatarios de esos mensajes: ¿las propias niñas o sus progenitores o familiares adultos?

En cuanto a la responsabilidad, según lo establecido en el artículo 11 LGP, hay que indicar que en los contratos publicitarios "no podrán incluirse cláusulas de exoneración, imputación o limitación de la responsabilidad frente a terceros en que puedan incurrir las partes como consecuencia de la publicidad".

III. LAS NORMAS: LA REGULACIÓN DE LA PUBLICIDAD ILÍCITA EN RELACIÓN CON LA IMAGEN DE MUJERES Y NIÑAS

A. *Regulación en las normas generales del mercado*

Para determinar el conjunto de disposiciones que afectan a la protección de mujeres y niñas en el ámbito publicitario, hay que examinar el contenido de diversas normas que disciplinan el mercado, como son las relativas a la competencia y a la publicidad y comunicación audiovisual.

Así, de una parte, la LGP califica como ilícita [art. 3, a)] aquella publicidad "que atente contra la dignidad de la persona o vulnere los valores y derechos reconocidos en la Constitución, especialmente a los que se refieren sus artículos 14, 18 y 20, apartado 4". En desarrollo de esta definición, la norma concreta qué tipo de anuncios deben tener tal consideración, mencionando aquellos que presenten a las mujeres de forma vejatoria o discriminatoria, ya sea por utilizar el cuerpo o partes del mismo como un mero objeto desvinculado del producto que se pretende promocionar o bien porque la imagen de la mujer se asocie a comportamientos estereotipados, coadyuvando a generar supuestos de violencia de género, conforme a lo establecido en la *Ley Orgánica 1/2004, de 28 de diciembre, de Medidas de Protección Integral contra la Violencia de Género* [LOVG]. La clave por tanto de esta disposición es evitar que se presente en el ámbito publicitario a las mujeres de forma vejatoria o discriminatoria, práctica que puede llevarse a cabo de esas dos formas particulares: utilizando el cuerpo (de manera desvinculada del producto) o utilizando la imagen (asociada a comportamiento estereotipados)[8].

En la modificación que ha sufrido esta norma por la *Ley Orgánica 8/2021, de 4 de junio, de protección integral a la infancia y la adolescencia frente a la violencia*, se ha añadido un nuevo apartado a este artículo, según el cual "asimismo, se entenderá incluida en la previsión anterior cualquier forma de publicidad que coadyuve a generar violencia o discriminación en cualquiera de sus manifestaciones sobre las personas menores de edad, o fomente estereotipos de carácter sexista, racista, estético o de carácter homofóbico o transfóbico o por razones de discapacidad".

A efectos de determinar de manera más completa la normativa aplicable, ha de tenerse en cuenta que la *Ley 3/1991, de 10 de enero, de Competencia Desleal* (LCD), en su artículo 18, califica como desleal la publicidad considerada ilícita por la LGP. Y el artículo 37 LCD resulta de especial interés al objeto de valorar si en esa necesaria protección y defensa de los derechos de mujeres y niñas los códigos de conducta, a los que la LCD se refiere como iniciativa que ha de fomentarse, pueden suponer o no una herramienta a favor de esta finalidad.

---

8 De manera más detallada, la doctrina ha clasificado los diferentes comportamientos discriminatorios. Así, por ejemplo, ver VELASCO SAN PEDRO, L. A., "Competencia desleal y publicidad", *Revista de derecho de la competencia y la distribución*, nº. 21, 2017, págs. 10-12, que clasifica los grupos de casos en lo que se refiere a la publicidad contraria a la dignidad de las mujeres en los siguientes: 1º) publicidad vejatoria o discriminatoria per se; 2º) mujer objeto; 3º) comportamientos estereotipados y 4º) violencia de género. También PACHECO JIMÉNEZ, Mª N., "Mujer y derecho de consumo: el papel de la publicidad en las relaciones de igualdad", en *La "igualdad" de género en el ordenamiento jurídico* (coord. por L. M. Romero Flor y Mª C. Contreras Cortés), Ediciones de la Universidad de Castilla-La Mancha, Cuenca, 2018, págs. 129-137, que concreta en tres las formas de representar a la mujer: descrédito, aislamiento y socavamiento (pág. 133 y nota 13).

Además, la *Ley 7/2010, de 31 de marzo, General de la Comunicación Audiovisual* (LGCA)[9], hace referencia también a estas cuestiones en varias de sus disposiciones. De un lado, hay que partir del derecho a recibir una comunicación audiovisual plural (art. 4 LGCA)[10], como primero de los derechos del público que se reconoce en esta norma. Así, la "comunicación audiovisual nunca podrá incitar al odio o a la discriminación por razón de género o cualquier circunstancia personal o social y debe ser respetuosa con la dignidad humana y los valores constitucionales, con especial atención a la erradicación de conductas favorecedoras de situaciones de desigualdad de las mujeres".

Por otra parte, en relación con los derechos del menor en el marco de la comunicación audiovisual, se establece que las comunicaciones comerciales "no deberán producir perjuicio moral o físico a los menores", teniendo, entre otras, la siguiente limitación: "no deben incitar conductas que favorezcan la desigualdad entre hombres y mujeres" [art. 7.3, letra e) LGCA].

---

9 Después de ser presentado el trabajo se aprobó la Ley 13/2022, de 7 de julio, General de la Comunicación Audiovisual.

10 La *comunicación comercial audiovisual* es definida en esta norma como "las imágenes o sonidos destinados a promocionar, de manera directa o indirecta, los bienes, servicios o imagen de una persona física o jurídica dedicada a una actividad económica. Estas imágenes o sonidos acompañan a un programa o se incluyen en él a cambio de una contraprestación a favor del prestador del servicio. En todo caso son formas de comunicación comercial audiovisual: el mensaje publicitario televisivo o radiofónico, el patrocinio, la televenta y el emplazamiento de producto" (art. 2, apartado 24), considerándose como *mensaje publicitario* "toda forma de mensaje de una empresa pública o privada o de una persona física en relación con su actividad comercial, industrial, artesanal o profesional, con objeto de promocionar el suministro de bienes o prestación de servicios, incluidos bienes inmuebles, derechos y obligaciones" (art. 2, apartado 25).

Y en lo concerniente a la publicidad ilícita en este ámbito concreto de la LGCA, se han incorporado a la norma una serie de conductas que, en su carácter de comunicaciones comerciales, se consideran prohibidas en cualquiera de sus formas. Así, "está prohibida toda comunicación comercial que vulnere la dignidad humana o fomente la discriminación por razón de sexo, raza u origen étnico, nacionalidad, religión o creencia, discapacidad, edad u orientación sexual" y "toda publicidad que utilice la imagen de la mujer con carácter vejatorio o discriminatorio" (art. 18.1 LGCA)[11].

B. Regulación en las normas protectoras y defensoras de los derechos de las personas (igualdad, no violencia, infancia y adolescencia)

De manera complementaria a lo establecido en relación con la publicidad no discriminatoria en las normas generales que regulan la actuación en el mercado, hay un conjunto de disposiciones que podrían calificarse como "normas protectoras y defensoras de los derechos de las personas" que en su articulado recogen medidas y reglas que van encaminadas, de manera adicional y conexa, a luchar contra esa utilización discriminatoria de la imagen de mujeres y niñas en la publicidad.

Así, en primer lugar, la *Ley Orgánica 3/2007, de 22 de marzo, para la igualdad efectiva de mujeres y hombres* establece en el artículo 41, en relación con la igualdad y la publicidad que "la publicidad que comporte una conducta discriminatoria de acuerdo con esta Ley se considerará publicidad ilícita, de conformidad con lo previsto en la legislación general de publicidad y de publicidad y comunicación institucional". Y en el artículo 39, en relación con la igualdad en los medios de comunicación social de titularidad privada, exige que todos los medios de comuni-

---

11 Sobre las sanciones previstas en la LGCA, ver ESTUPIÑÁN CÁCERES, R., "Mujer y publicidad", op. cit., págs. 67 y 68.

cación respeten la igualdad entre mujeres y hombres y que se evite cualquier forma de discriminación (ap. 1). E insta a las Administraciones públicas a que los medios de comunicación promuevan la adopción de acuerdos de autorregulación "que contribuyan al cumplimiento de la legislación en materia de igualdad entre mujeres y hombres, incluyendo las actividades de venta y publicidad que en aquellos se desarrollen".

En segundo lugar, la *Ley Orgánica 1/2004, de 28 de diciembre, de Medidas de Protección Integral contra la Violencia de Género,* establece en su Título I diferentes medidas de sensibilización, prevención y detección en diversos ámbitos: educativo, de la publicidad y de los medios de comunicación y sanitario. En el segundo caso, que es el que interesa a efectos de este trabajo, se dedican cinco disposiciones a fijar esas medidas, que son las siguientes:

- De acuerdo con lo establecido en la Ley 34/1988, de 11 de noviembre, General de Publicidad, se considerará ilícita la publicidad que utilice la imagen de la mujer con carácter vejatorio o discriminatorio (art. 10).
- Se adoptarán las medidas que procedan para asegurar un tratamiento de la mujer conforme con los principios y valores constitucionales por el ente público al que corresponda velar por que los medios audiovisuales cumplan sus obligaciones (art. 11)
- Se concreta la legitimación de varios órganos y otros sujetos ejercitar ante los Tribunales la acción de cesación de publicidad ilícita por utilizar en forma vejatoria la imagen de la mujer, conforme a lo dispuesto en la LGP (artículo 12)[12]

---

[12] Éstos son la delegación especial del gobierno contra la violencia sobre la mujer, el instituto de la mujer u órgano equivalente de cada comunidad autónoma, el ministerio fiscal y las asociaciones que tengan como objetivo único la defensa de los intereses de la mujer.

- Se fija el papel de las Administraciones Públicas en esta tarea de defensa de derechos, estableciendo, de una parte, su obligación de velar por el cumplimiento estricto de la legislación en lo relativo a la protección y salvaguarda de los derechos fundamentales, debiendo prestar especial atención a la erradicación de conductas favorecedoras de situaciones de desigualdad de las mujeres en todos los medios de comunicación social. Y de otra, su deber de promover acuerdos de autorregulación que contribuyan al cumplimiento de esta normativa (art. 13).
- Se establece cuál debe ser el papel de los medios de comunicación, siendo su tarea la de fomentar la protección y salvaguarda de la igualdad entre hombre y mujer, evitando toda discriminación entre ellos, así como cuidar las informaciones relativas a la violencia sobre la mujer, en especial en lo que se refiere al tratamiento gráfico de las informaciones (art. 14).

En cuanto a la normativa relativa a la protección de los derechos de la infancia y de la adolescencia, además de la reforma antes indicada, hay que mencionar la operada por la *Ley 26/2015, de 28 de julio, de modificación del sistema de protección a la infancia y a la adolescencia*, que modifica, por su artículo primero, los apartados 1 y 3 del artículo 5 de la Ley Orgánica 1/1996, de 15 de enero, de Protección Jurídica del Menor, de modificación parcial del Código Civil y de la Ley de Enjuiciamiento Civil, en el sentido de reconocer el derecho de los menores a buscar, recibir y utilizar la información adecuada a su desarrollo, prestándose especial atención a "identificar situaciones de riesgo derivadas de la utilización de las nuevas tecnologías de la información y la comunicación así como las herramientas y estrategias para afrontar dichos riesgos y protegerse de ellos". Y también exigiendo a las Administraciones Públicas que incentiven la producción y difusión de materiales informativos y otros destinados a los menores, velando porque los medios de comunicación promuevan "los valores de igualdad, solidaridad, diversidad y respeto a los demás, eviten imágenes de violencia, explotación en las relaciones interpersonales, o que reflejen un trato degradante o sexista, o un trato discriminatorio hacia las personas con discapacidad".

C. En los códigos éticos: la autorregulación

Tras el recorrido legal que acaba de realizarse por el conjunto normativo expuesto, cabe plantearse si la ética es la solución que permite evitar un tratamiento discriminatorio de mujeres y niñas en la publicidad y en qué términos se concreta ese compromiso ético.

A estos efectos hay que tener en cuenta el apartado 10 del *Código de Conducta Publicitaria* (CCP) de Autocontrol[13], relativo a la que denomina "*publicidad discriminatoria*". Según esta disposición, "las comunicaciones comerciales *no sugerirán* circunstancias de discriminación ya sea por razón de raza, nacionalidad, religión, discapacidad, edad, género u orientación sexual, ni atentarán contra la dignidad de la persona". Y "en particular, *se evitarán* aquellas comunicaciones comerciales que puedan resultar vejatorias o discriminatorias para la mujer, incluidas las que utilicen el cuerpo de la mujer, o de partes del mismo, como mero objeto desvinculado del producto o servicio que se pretende promocionar o asociado a comportamientos estereotipados que menoscaben la igualdad entre mujeres y hombres". Como puede observarse, el contenido del compromiso ético es prácticamente idéntico a la normativa legal que protege a mujeres y niñas frente a una publicidad discriminatoria[14]. Esta

---

13 El CCP puede consultarse en el siguiente enlace: https://www.autocontrol.es/wp-content/uploads/2021/05/codigo-de-conducta-publicitaria-autocontrol.pdf

14 Se muestra crítica con esta coincidencia MARTÍN GARCÍA, Mª L., "Mujeres, publicidad comercial y consumo: los códigos de conducta publicitarios, ¿una herramienta eficaz para la defensa de los intereses de la mujer como consumidora?", *El levantamiento del velo: las mujeres en el derecho privado* (coord. por L. López de la Cruz y M. Otero Crespo; dir.

disposición ha sido aplicada en diversas ocasiones para luchar contra diferentes campañas de publicidad que han resultado discriminatorias, como se verá en el epígrafe siguiente. Como se ha indicado, el contenido de las disposiciones legales aplicables y el del compromiso ético en el CCP son idénticos. Esto debe llevar a pensar si realmente para los operadores es más fuerte este compromiso que la obligación legal, en cuyo caso, habrá que reivindicar el valor del compromiso ético, sobre todo si éste ayuda a crear y difundir la cultura de igualdad y no violencia.

También debe destacarse la elaboración de códigos sectoriales, como el "*Código de Autorregulación de la Publicidad Infantil de Juguetes*", de la Asociación Española de Fabricantes de Juguetes, de 2003[15] y modificado en 2015, cuyo apartado XI, dedicado a la educación y valores cívicos, recoge algunos compromisos éticos vinculados con los sesgos de género[16].

IV. LOS CONFLICTOS: EL CONTROL DE LA PUBLICIDAD ILÍCITA

A. *¿Quién controla la publicidad?*

Una vez que se ha expuesto el conjunto normativo básico que determina la categorización de desleal y la ilicitud de la publicidad entendida como sexista, cabe cuestionarse cuáles son los

---

por Mª P. García Rubio y R. Valpuesta Fernández), Tirant lo Blanch, Valencia, 2011, que considera que los compromisos que aparecen en algunos códigos éticos son insuficientes y no añaden nada a la normativa aplicable ni a los principios constitucionales (pág. 914).

15 Después de ser presentado el trabajo se elaboró un nuevo Código de Autorregulación en noviembre de 2022.

16 El Código ético puede consultarse en el siguiente enlace: https://www.autocontrol.es/wp-content/uploads/2018/11/codigo-de-autorregulaci%C2%A2n-de-la-publicidad-infantil-de-juguetes.pdf

canales o mecanismos que, de facto, garantizan efectivamente una publicidad libre de atentados contra la dignidad y derechos de las mujeres y las niñas. Como puede extraerse de la más concisa aplicación de la norma, al constituirse con la publicidad sexista un ilícito civil, el control judicial se encuentra presente; seguido éste de un control administrativo en sentido estricto -que también puede desembocar en judicial-, cuando de tal naturaleza pase a ser el ilícito cometido con la difusión de esta suerte de publicidad, es decir, cuando con ésta se sea contrario a lo estipulado en la LGCA[17]. Asimismo, puede identificarse un tercer control institucional o administrativo en un sentido amplio, para llegar finalmente, el conocido control privado, también denominado autorregulación y aplicado, para el caso de España, a través del organismo Autocontrol, control que se erige como campo teórico y práctico en busca de mecanismos de resolución de problemas éticos y morales en el ámbito de la publicidad[18].

En todo caso, no hay que olvidar que, dado el carácter altamente subjetivo y difícil de racionalizar de algunos supuestos prácticos, y al margen de la ética que envuelve la publicidad, para poder poner en marcha los mecanismos de control, se tendrá que estar provisto de acción judicial, legitimación suficiente y/o demostración bastante del derecho o norma que se vulnera, ello en función de la tipología de control a la que se acuda.

---

17 Ver ESTUPIÑÁN CÁCERES, R., "Mujer y publicidad", op. cit., pág. 65.

18 Al respecto, GONZÁLEZ ESTEBAN, E. Y FEENSTRA, R., "Ética y autorregulación publicitaria: perspectiva desde las asociaciones de consumidores", *El Profesional de la Información*, v. 27, 1, 2018, pág. 107. Sobre las diversas modalidades de control, ver también HERRERA PETRUS, C., "Vías de reclamación frente a la publicidad comercial ilícita por discriminatoria o vejatoria de la imagen de la mujer", *Actas de derecho industrial y derecho de autor*, Tomo 36, 2015-2016, págs. 367-378.

B. Los conflictos judiciales

Si bien la observancia de los límites legales previamente descritos configura un presupuesto necesario, ésta no parece ser suficiente para evitar el incumplimiento de la norma ni para consolidar el compromiso ético de los participantes del sector publicitario[19]. A pesar de la considerable normativa existente, que con mayor o menor profundidad regula la imagen de la mujer y la niña en la publicidad, y de la amplía legitimación activa posible, son muy escasos los casos que han derivado finalmente en un procedimiento judicial, circunstancia que bien podría ser entendida como efecto de una doble vertiente que, en definitiva, apunta al meritorio funcionamiento del control privado, rápido y gratuito, en detrimento de un sistema judicial arduo y costoso[20].

1. Conflictos en el orden jurisdiccional civil

a) El caso "Ryanair"

La primera de las resoluciones judiciales sonada y favorable a este respecto obedeció a dos acciones publicitarias de la compañía Ryanair, una de ellas desarrollada a través de la página web de la empresa provista del *slogan* "*Tarifas al rojo vivo ¡Y la tripulación!*" acompañado de la imagen de una mujer en bikini en actitud sexualmente sugerente, y otra relativa a la promoción de la venta del calendario benéfico de la compañía Ryanair en el año 2013, titulado "*Las chicas de Ryanair. Calendario Benéfico de la tripulación de cabina 2013*", donde las personas pertenecientes a la plantilla

---

19 En este sentido, VILAJOANA ALEJANDRE, S., y ROM RODRÍGUEZ, J. "The advertising self regulation system: From ethical commitment to effective control over advertising in spain" / "Sistema de autorregulación publicitaria: Del compromiso ético al control efectivo de la publicidad en España", *Profesional De La Información*, 26 (2), 2017, pág. 194.

20 Ver ESTUPIÑÁN CÁCERES, R., "Mujer y publicidad", op. cit., pág. 67.

que en él aparecía eran en su totalidad mujeres posando en traje de baño. En ambos casos, el Juzgado de lo Mercantil número 2 de Málaga falló declarando el carácter de publicidad desleal e ilícita, condenando a tal efecto al cese de sendas campañas, abstención de reiteración de las mismas y publicidad de la sentencia en los periódicos de mayor difusión nacional (SJM núm. 2 de Málaga, de 5 de diciembre de 2013), cuyo sentido fue ratificado con posterioridad mediante desestimación del recurso de apelación interpuesto por Ryanair (SAP Málaga de 22 de diciembre de 2016)[21]. En la resolución del caso concreto fueron llevadas a colación las resoluciones de autocontrol emitidas una vez ya modificado el artículo tercero de la LGP, ello como sustento de la ilicitud publicitaria radicada en la desconexión absoluta entre la imagen femenina representada y el producto promocionado en concreto, casos como los llevados contra Chocolates Magnum o Media Markt en años previos.

b) El caso "Cementos La Unión"

En el año 2005 la mercantil "Cementos La Unión, S. A." comenzó a realizar acciones publicitarias acompañadas de la presentación de un personaje femenino llamado "*Carol Cluni*", imagen ficticia de una mujer rotulada -no siendo una imagen real- que se propuso como representación de la identidad corporativa de la empresa. Dicho personaje era representado con el retrato de una mujer de cuerpo entero cuya vestimenta constaba, en origen, de un top en la mitad superior del cuerpo y ropa interior en la

---

21 Más ampliamente, sobre este asunto, consultar, entre otros, el trabajo de PÉREZ MARÍN, I.; MARTÍN CASADO, T. G.; SALVADOR MARTÍNEZ, M.; DURAN I FEBRER, M.; LORENTE ACOSTA, M. y AGUILAR RUIZ, L., "Publicidad y cosificación de la mujer en la sociedad digital: regulación y autorregulación", *Construyendo la igualdad: la feminización del derecho privado. Carmona III* (coord. por F. J. Infante Ruiz, M. Otero Crespo y A. Rodríguez González; dir. por T. F. Torres García), Tirant lo Blanch, Valencia, 2017, págs. 881-910.

parte inferior del mismo. La difusión del personaje fue llevada a cabo en la página web de la empresa, al igual que en distintos soportes publicitarios y los propios sacos de cemento que la mercantil comercializaba. Asimismo, en torno a la figura publicitaria fue creada una página web *ad hoc* en la que se encontraban contenidos interactivos, entre ellos, un consultorio atendido por el propio personaje y dos juegos que ponían de manifiesto mediante las respuestas del personaje su "criterio femenino" así como el cambio de vestimenta a una de carácter más sexual conforme se sucedían las interacciones en la web. Dicha campaña publicitaria fue llevada ante los tribunales, siendo desestimada la pretensión de ejercicio de la acción de cesación por publicidad desleal, entre otros extremos, dada la naturaleza de dibujo del personaje, no tratándose de una imagen de una mujer de carne y hueso tal y como sucede en otros casos de publicidad ilícita, y por la ausencia de *slogan* alguno que refuerce la presentación del personaje como un objeto desvinculado de lo que se promociona (SJM núm. 2 de Valencia, de 22 de diciembre de 2015). Con posterioridad, tal resolución fue revocada siendo declarada tal publicidad como publicidad desleal e ilícita, condenando a "Cementos La Unión" a la retirada de la imagen femenina cuestionada aludiendo a la intención de atracción de "la atención de los potenciales consumidores -en general hombres- con la presentación, aun en forma de dibujo, de una figura femenina con escasa vestimenta, resaltando sus características físicas más llamativas" (SAP Valencia de 17 de octubre de 2016)[22].

---

22 Sobre esta resolución, ver también MARTÍN MORAL, M. F., "La imagen de la mujer en la publicidad comercial", *Políticas públicas en defensa de la inclusión, la diversidad y el género* (coord. por R. Guzmán Ordaz, A. B. Nieto Librero y dir. por Mª C. Gorjón Barranco), 2020, pág. 1400.

c) El caso "Transportes Benavent"

Más reciente es el caso de la mercantil "Transportes Benavent, S. L.", empresa dedicada al transporte de cárnicos y otras mercancías, dotada de una flota de camiones frigoríficos en cuyas cabezas tractoras se rotula y muestra la imagen de una mujer desnuda y de espaldas. A este respecto, por resolución judicial, se ha determinado que tal representación de la mujer en la flota de camiones es constitutiva de un supuesto de publicidad desleal e ilícita, fallando por tanto el cese definitivo de dichas rotulaciones, la prohibición de reiteración en el futuro y la orden de publicidad de la sentencia (SJPI núm. 4 de Ciudad Real, de 28 de junio de 2019). Siendo consecutivamente interpuesto por la mercantil demandada recurso de apelación confrontando, de una parte, la consideración de tales serigrafías como publicidad (alegando no pertenecer a campaña publicitaria alguna), de otra, la estimación de tal publicidad como ilícita (refiriendo la demandada la imagen no es degradante, ni vejatoria ni denigrante para la mujer) y, en el último de los extremos, la posible vulneración del derecho fundamental a la libertad de expresión del artículo 20 de la CE, así como del derecho a la propiedad privada del artículo. 33 de la CE. Argumentos de entre los cuales, uno de los puntos controvertidos versa sobre la consideración o no de publicidad de la imagen de una mujer desnuda serigrafiada en las cabezas tractoras, cuestión que ha sido resuelta reiterando el carácter de publicidad de tal imagen por aplicación del artículo 2 de la Ley General de Publicidad, ya que por "*el empleo de dicha imagen en un formato de gran tamaño y en un lugar fácilmente visible en el lateral de la cabina de los vehículos próximo a la puerta dónde se sitúa el logotipo y los demás datos identificativos de la mercantil demandada, pese a que no contenga ninguna otra referencia o mensaje, viene a producir el efecto de asociar la referida imagen, difundida de forma constante y común en todos los vehículos de la empresa, a la actividad de transporte que realiza hasta el punto de permitir identificar a aquella diferenciándola, por contraposición, con la que desarrollan otras empresas de transporte, sirviendo de estímulo, acicate o reclamo indirecto u oculto para la contratación de la misma*" (SAP Ciudad Real, de 3 de mayo de 2021).

2. Los conflictos en el orden jurisdiccional contencioso-administrativo

Además del ejercicio de acciones contra la publicidad ilícita, compatible con ella, puede ser reclamada también por vía judicial la responsabilidad administrativa en atención de la comisión de ilícito administrativo por difusión de comerciales vulneradores de la dignidad humana o que empleen la imagen de la mujer de forma vejatoria o discriminatoria[23].

Adicionalmente, a caballo entre el control judicial puesto de manifiesto y la autorregulación publicitaria, se encuentran los Observatorios de publicidad, que dependen orgánicamente de los Institutos de la Mujer[24], en concreto el Observatorio de la Imagen de las Mujeres (OIM), pudiendo ser el control ejercido por éste entendido como control institucional o administrativo en sentido amplio[25]. Más allá de la legitimación activa que ostenta el Instituto que lo sustenta, o la remisión de informes del OIM a organismos que también la ostentan, el OIM realiza un seguimiento de oficio de los contenidos publicitarios sexistas, así como la tarea de recogida de quejas ciudadanas y actuaciones frente a los emisores de mensajes discriminatorios, actuaciones radicadas en solicitudes de modificación o retirada de campañas sexistas bajo la forma de comunicados, no contando *per se* con potestad sancionadora alguna.

---

23 Ver ESTUPIÑÁN CÁCERES, R., "Mujer y publicidad", op. cit., pág. 67.

24 Ver ESTUPIÑÁN CÁCERES, R., "Mujer y publicidad", op. cit., pág. 69.

25 Sobre el importante papel que desempeñan los observatorios en esta tarea, ver entre otros trabajos, AGUILAR RUIZ, L., "La publicidad sexista: nuevos instrumentos de regulación en Derecho privado", *El levantamiento del velo: las mujeres en el derecho privado* (coord. por L. López de la Cruz y M. Otero Crespo y dir. por Mª P. García Rubio y R. Valpuesta Fernández, 2011, pág. 886 y RODRÍGUEZ GONZÁLEZ, A., "Avances legales en publicidad ilícita por discriminatoria: algunas propuestas", op. cit., pág. 922.

C. Los conflictos éticos

1. Cuestiones generales

De todo lo expuesto, se puede extraer la conclusión de que el marco normativo no en pocas ocasiones es ignorado. Principalmente, esto podría ser considerado consecuencia de la difícil defensa jurídica del derecho de igualdad en la industria publicitaria con anterioridad a los últimos cambios, posiblemente, trayendo por causa la ambigüedad terminológica[26], pero, en mayor medida motivado por lo arduo que resulta aplicar conceptos objetivables a la publicidad acusada de la cuestión de género. No obstante, dadas las limitaciones patentes y la escasez de tratamiento judicial de la cuestión, para abordar los casos de conflictos éticos, debe partirse en todo caso del organismo de autorregulación por excelencia en España. Autocontrol es el organismo independiente de autorregulación de la industria publicitaria en España y se encuentra formado por anunciantes, agencias de publicidad, medios de comunicación y asociaciones profesionales, con el objetivo último de contribuir en el establecimiento de una publicidad responsable, leal, veraz, honesta y legal[27]. Esta entidad observa el cumplimiento de sus integrantes de una serie de códigos éticos, bien elaborados por el mismo órgano, bien sectoriales, a los que se encuentran adheridos aquellos participantes del sector antes referidos que lo deseen, de modo que las resoluciones emitidas únicamente son vinculantes para los asociados de Autocontrol, pero en la práctica suelen ser tenidas en consideración por la mayoría de los agentes implicados,

---

26 Ver DE FRANCISCO HEREDERO, I., "La (in)definición del sexismo publicitario: de la lectura académica a la intervención social", *Pensar la Publicidad, Revista Internacional de Investigaciones Publicitarias,* 13, 2019, pág. 151.

27 Se puede consultar toda la información sobre esta asociación en su página web: https://www.autocontrol.es/

seguramente consecuencia por la fuerza moral de éstas con origen en el prestigio de los componentes del Jurado de la Publicidad[28].

Quizá una de las cuestiones más interesantes de este organismo es que no se limita única y exclusivamente a la emisión de resoluciones, sino que también ofrece servicios de revisión publicitaria -alguno de los cuales se menciona más adelante- en aras de contribuir a la prevención de conflictos. A este respecto multitud son las resoluciones emitidas por Autocontrol[29], relatando a continuación uno de los supuestos tratados y que guarda estrecha relación con la imagen de las niñas en la publicidad.

2. El caso de los catálogos de juguetes de campaña navideña

En el año 2015 fue presentada reclamación frente a Autocontrol con causa en el catálogo de juguetes de Carrefour perteneciente

[28] Ver ESTUPIÑÁN CÁCERES, R., "Mujer y publicidad", op. cit., pág. 68.

[29] Para conocer los diversos asuntos en los que se ha dictado resolución por Autocontrol en relación con el tema tratado, ver, entre otros trabajos, los de PÉREZ MARÍN, I., "Autorregulación: análisis de las resoluciones del jurado de autocontrol de la publicidad discriminatoria de la mujer", *El levantamiento del velo: las mujeres en el derecho privado* (coord. por L. López de la Cruz y M. Otero Crespo; dir. por Mª P. García Rubio y R. Valpuesta Fernández), Tirant lo Blanch, Valencia, 2011, págs. 983-1015 y MEGÍAS QUIRÓS, J. J., "Estándares consolidados para juzgar la publicidad sexista", *Anales de la Cátedra Francisco Suárez*, nº 54, 2020, págs. 353-377, que analiza las diversas resoluciones teniendo en cuenta cuatro criterios: 1º) la presentación o utilización de la mujer como objeto; 2º) la utilización del cuerpo femenino como recurso captatorio de la atención; 3º) la violencia y representación de la mujer de forma subordinada al varón y 4º) la atribución de estereotipos negativos o discriminatorios. De manera específica, ver también GÓMEZ LOZANO, Mª M., "El tratamiento de la imagen de la mujer en la publicidad: el asunto Dolce&Gabbana", en *Igualdad efectiva entre mujeres y hombres: diagnóstico y prospectiva* (coord. por Ana María Pérez Vallejo), Atelier, Barcelona, 2009, págs. 488-496.

a la campaña de Navidad, en cuyas páginas -diferenciadas éstas en colores rosas y verdes- se mostraban diversas ofertas promocionales relacionadas con juguetes. En aquellas páginas de color rosa (algunas de ellas encabezadas por el dibujo de una niña tomando una taza de té), se presentaban muñecas, sets de cocina, cochecitos de bebé y juegos de diseño de complementos (bolsos, joyas, fundas para teléfonos móviles...) junto a algunas imágenes de niñas jugando. En contraposición, superpuesto a las páginas de color verde (algunas encabezadas por el dibujo de un niño con un muñeco en su mano), se mostraban diversos vehículos estáticos y teledirigibles, acompañándose en algunas ocasiones de imágenes de niños jugando con ellos. Tras el estudio del caso, el Jurado de la Publicidad emitió resolución indicando que la publicidad objeto de controversia resultaba incompatible con la norma 10 del Código de Conducta Publicitaria de Autocontrol, en particular, realizando un análisis del conjunto del catálogo denunciado, pues se apreciaban suficientes elementos que permitían afirmar que en el mismo existía una clara diferenciación entre dos bloques de juguetes: uno, dedicado a mostrar los juguetes destinados a niños y otro que identificaba los dirigidos a niñas[30]. En definitiva, a través de tales representaciones de comportamientos en bloques claramente diferenciados (bloques normalmente no considerados por el Jurado cuando únicamente versa sobre los colores expuestos), refuerza el estereotipo tendente a marcar determinado tipo de producto o actividad en función del sexo mediante la presentación del hombre o la mujer como único destinatario del producto sin así serlo[31].

Durante el período de duración de la misma campaña, varias fueron las resoluciones emitidas en el mismo sentido de aplicación

---

30 Ver la Resolución de 22 de enero de 2015 de la Sección Segunda del Jurado de la Publicidad, frente a Centros Comerciales Carrefour, S.A.

31 Ver MEGÍAS QUIRÓS, J.J., "Estándares consolidados para juzgar la publicidad sexista: Autocontrol y Consejo Audiovisual de Andalucía", op. cit., pág. 370.

al resto de las cadenas de hipermercados y jugueterías. No obstante, parte de la controversia devino de los argumentos alegados por las cadenas de supermercados denunciadas, pues indicaron que eran meras difusoras de los materiales publicitarios remitidos por los fabricantes o proveedores de juguetes, motivo por el que se hace palpable la necesidad de implicación y mayor concienciación de todos cuantos intervienen en el proceso publicitario, además del resto de agentes que son partícipes en mayor o menor medida de aquellas decisiones también operantes en dicho proceso[32].

D. Cómo prevenir los conflictos

Una vez constatado que las repercusiones punitivas resultado del tratamiento inadecuado de la imagen de mujeres y niñas en la publicidad no parecen ser aún consideradas con suficiente fuerza en la industria publicitaria, cabe cuestionar cómo pueden ser prevenidos los conflictos de esta índole. La respuesta a esta pregunta no es sencilla, pues ya se ha visto que, pese a la norma existente, muchos son los casos de publicidad ilícita por cuestión de género que aún se dan. Sin embargo, sí son conocidas ciertas conductas o mecanismos que contribuyen a la prevención de los conflictos.

De una parte, la prevención desde la mera aplicación de una conducta ética por parte de los anunciantes, las agencias de publicidad, los medios de comunicación y las asociaciones profesionales. En este sentido, existen servicios prestados por el control privado -ético- antes referido cuya finalidad es la de asesorar o,

---

32 Más ampliamente sobre el tema, ver GÓMEZ LOZANO, Mª M., "La protección y defensa de la igualdad en la publicidad de juguetes. Compromisos éticos y realidad del mercado", 2016, pág. 3. Como precedente judicial en este tema, ver la SJPI de Ibi, de 3 de marzo de 1992, analizada por LEMA DEVESA, C., "Los anuncios con estereotipos de la mujer como publicidad ilícita", op. cit., págs. 383-384.

directamente, revisar mediante informe determinada publicidad de una entidad de forma previa a su difusión. Este es el caso del denominado *Copy advice* de autorregulación de Autocontrol, servicio por el que la empresa o agencia pide un informe previo sobre su publicidad, de forma que se da el asesoramiento por parte de un equipo de abogados sobre la posible validez de un boceto de anuncio de acuerdo con el código de conducta de Autocontrol[33].

Y de otro lado, cabe apuntar el compromiso con la sociedad en pro de la igualdad que estén dispuestas a asumir las empresas. Al respecto, resulta necesario indicar que, en primer lugar, el establecimiento de una responsabilidad social corporativa (RSC) que lleve la estrategia y estructura de la empresa más allá de los requerimientos mínimos exigidos por la norma e, incluso, por la sociedad, pasando las organizaciones a erigirse como agentes proactivos y líderes en la cuestión, contribuyendo a la consecución de una industria publicitaria libre de sesgos de género. Y, de forma ligada estrechamente con la RSC, llevando a término la alineación de las organizaciones con los Objetivos de Desarrollo Sostenible (ODS), pues es precisamente el objetivo 5 aquel que busca lograr la igualdad entre los géneros y empoderar a todas las mujeres y las niñas[34].

---

33 Sobre esta herramienta de consulta previa, puede obtenerse más información en el siguiente enlace: https://www.autocontrol.es/servicios/copy-advice/

34 Puede consultarse más información sobre el tema en este enlace: https://www.un.org/sustainabledevelopment/es/gender-equality/. Esta perspectiva sostenible de la igualdad es defendida por IGLESIAS ESPINOSA, Mª C., "El principio de igualdad en la empresa desde una perspectiva mercantil", Trabajo de Fin de Grado presentado para la obtención del Grado en Derecho en el curso 2019/2020, dirigido por Mª del Mar Gómez Lozano (inédito).

V. CONCLUSIONES

Tras esta breve y concisa exposición de los principales aspectos que han de ser tenidos en cuenta al analizar de qué manera se lleva a cabo el tratamiento de la imagen de la mujer y las niñas en la publicidad, hay que concluir que sigue patente su vulnerabilidad en la sociedad actual.

Ante las diversas formas de proteger esta imagen en relación con las actuaciones publicitarias de los distintos operadores, una de ellas es mantener vigente tanto las diversas exigencias legales como los diferentes compromisos éticos (generales y sectoriales) para que anunciantes y medios, fundamentalmente, apuesten por esta necesaria protección.

Sólo con esta asunción de responsabilidad por parte de los gobiernos, las instituciones y los operadores del mercado, se podrá hacer realidad el objetivo al que hemos aludido, tratando de proteger de manera efectiva los derechos fundamentales de mujeres y niñas.

Las organizaciones tienen así el reto de convertir su actividad en una iniciativa más sostenible, apostando por una publicidad carente de sesgos de género, como herramienta valiosa para contribuir a una sociedad más igualitaria.

En el mercado publicitario sólo podemos reclamar cumplimiento y compromiso, para lo que resultará eficaz adoptar cuántas medidas de prevención sean necesarias antes de dar difusión a una determinada campaña publicitaria. Pero no podemos ni debemos olvidar la pieza clave que desde todos los ámbitos (incluido el privado) hemos de alentar: la educación y sensibilización en igualdad. Ya lo hacemos, pero así hemos de continuar.

BIBLIOGRAFÍA FINAL

AGUILAR RUIZ, L., "La publicidad sexista: nuevos instrumentos de regulación en Derecho privado", *El levantamiento del velo: las mujeres en el derecho privado* (coord. por L. López de la Cruz y M. Otero Crespo; dir.

por Mª P. García Rubio y R. Valpuesta Fernández), Tirant lo Blanch, Valencia, 2011, págs. 876-901

DE FRANCISCO HEREDERO, I., "La (in)definición del sexismo publicitario: de la lectura académica a la intervención social", *Pensar la Publicidad, Revista Internacional de Investigaciones Publicitarias*, 13, 2019, págs. 147-170.

ESTUPIÑÁN CÁCERES, R., "Mujer y publicidad", *Mujeres, contratos y empresa desde la igualdad de género* (coord. por C. Mesa Marrero y Mª C. Grau Pineda), Tirant lo Blanch, Valencia, 2014, págs. 57-76

GÓMEZ LOZANO, Mª M., "El tratamiento de la imagen de la mujer en la publicidad: el asunto Dolce&Gabbana", en *Igualdad efectiva entre mujeres y hombres: diagnóstico y prospectiva* (coord. por A. Mª Pérez Vallejo, 2009, págs. 488-496).

GÓMEZ LOZANO, Mª M., "La protección y defensa de la igualdad en la publicidad de juguetes. Compromisos éticos y realidad del mercado", 2016 (disponible en http://hdl.handle.net/10835/3907). También publicado en la revista Igualdad, núm. 1, febrero 2016, pgs. 29-31 (disponible en http://www.igualdad.ual.es/igUALdad-revista-pdf/revista-igUALdad-01.pdf).

GONZÁLEZ ESTEBAN, E. Y FEENSTRA, R., "Ética y autorregulación publicitaria: perspectiva desde las asociaciones de consumidores", *El Profesional de la Información*, 27 (1), 2018, págs. 106-114.

HERRERA PETRUS, C., "Vías de reclamación frente a la publicidad comercial ilícita por discriminatoria o vejatoria de la imagen de la mujer", *Actas de derecho industrial y derecho de autor*, Tomo 36, 2015-2016, págs. 367-378

IGLESIAS ESPINOSA, Mª C., "El principio de igualdad en la empresa desde una perspectiva mercantil", Trabajo de Fin de Grado presentado para la obtención del Grado en Derecho en el curso 2019/2020, dirigido por Mª del Mar Gómez Lozano (inédito).

LEMA DEVESA, C., "Los anuncios con estereotipos de la mujer como publicidad ilícita", *Actas de derecho industrial y derecho de autor*, Tomo 36, 2015-2016 (Ejemplar dedicado a: En memoria del Prof. Dr. Dr. H.C. Carlos Fernández-Nóvoa), págs. 379-390

MARTÍN GARCÍA, Mª L., "Mujeres, publicidad comercial y consumo: los códigos de conducta publicitarios, ¿una herramienta eficaz para la defensa de los intereses de la mujer como consumidora?", *El levantamiento del velo: las mujeres en el derecho privado* (coord. por L. López de la Cruz y M. Otero Crespo; dir. por Mª P. García Rubio y R. Valpuesta Fernández), Tirant lo Blanch, Valencia, 2011, págs. 900-919

MARTÍN MORAL, M. F., "La imagen de la mujer en la publicidad comercial", *Políticas públicas en defensa de la inclusión, la diversidad y el género* (coord. por R. Guzmán Ordaz, A. B. Nieto Librero y dir. por Mª C. Gorjón Barranco), 2020, págs. 1393-1403.

MEGÍAS QUIRÓS, J. J., "Estándares consolidados para juzgar la publicidad sexista", *Anales de la Cátedra Francisco Suárez*, nº 54, 2020, págs. 353-377.

PACHECO JIMÉNEZ, Mª N., "Mujer y derecho de consumo: el papel de la publicidad en las relaciones de igualdad", en *La "igualdad" de género en el ordenamiento jurídico* (coord. por L. M. Romero Flor y Mª C. Contreras Cortés), Ediciones de la Universidad de Castilla-La Mancha, Cuenca, 2018, págs. 129-137.

PÉREZ MARÍN, I., "Autorregulación: análisis de las resoluciones del jurado de autocontrol de la publicidad discriminatoria de la mujer", *El levantamiento del velo: las mujeres en el derecho privado* (coord. por L. López de la Cruz y M. Otero Crespo; dir. por Mª P. García Rubio y R. Valpuesta Fernández), Tirant lo Blanch, Valencia, 2011, págs. 983-1015

PÉREZ MARÍN, I.; MARTÍN CASADO, T. G.; SALVADOR MARTÍNEZ, M.; DURAN I FEBRER, M.; LORENTE ACOSTA, M. y AGUILAR RUIZ, L., "Publicidad y cosificación de la mujer en la sociedad digital: regulación y autorregulación", *Construyendo la igualdad: la feminización del derecho privado. Carmona III* (coord. por F. J. Infante Ruiz, M. Otero Crespo y A. Rodríguez González; dir. por T. F. Torres García), Tirant lo Blanch, Valencia, 2017, págs. 881-910.

RODRÍGUEZ GONZÁLEZ, A., "Avances legales en publicidad ilícita por discriminatoria: algunas propuestas", *Construyendo la igualdad: la feminización del derecho privado. Carmona III* (coord. por F. J. Infante Ruiz, M. Otero Crespo y A. Rodríguez González; dir. por T. F. Torres García), Tirant lo Blanch, Valencia, 2017, págs. 900-922.

VELASCO SAN PEDRO, L. A., "Competencia desleal y publicidad", *Revista de derecho de la competencia y la distribución*, núm. 21, 2017, págs. 1-21 (edición electrónica)

VILAJOANA ALEJANDRE, S., y ROM RODRÍGUEZ, J. "The advertising self-regulation system: From ethical commitment to effective control over advertising in spain" / "Sistema de autorregulación publicitaria: Del compromiso ético al control efectivo de la publicidad en España", *Profesional De La Información*, 26 (2), 2017, págs. 192-200.

Buenas prácticas contra el acoso y violencia de género en la universidad y el rol de las defensorias

Mª CECILIA GÓMEZ LUCAS
Defensora Universidad Alicante
Presidenta Conferencia Estatal de Defensores Universitarios (CEDU)

SUMARIO: I. INTRODUCCIÓN II. ACTUACIONES DE LAS UNIVERSIDADES. UNIVERSIDAD DE ALICANTE. III. LA PARTICIPACIÓN DE LAS DEFENSORÍAS

Resumen: Las/los Defensoras/Defensores Universitarios, como garantes de las libertades y los derechos de las personas que conforman la Comunidad Universitaria, participan activamente para contribuir a erradicar el acoso y la violencia de género no solo en las Universidades sino en la sociedad en general. En este artículo se hace referencia a las medidas que las Universidades, y de manera concreta la Universidad de Alicante adoptan para alcanzar la igualdad efectiva y contra el acoso y la violencia de género, y la participación de las Defensorías en relación con las mismas.

I. INTRODUCCIÓN

Las y los Defensoras/Defensores tenemos y debemos seguir teniendo una gran implicación en asuntos de Igualdad, Violencia de Género y Derechos Humanos, si atendemos al desempeño de nuestras funciones, que queda reflejado en la Ley Orgánica de Universidades (LOU, 6/2001, de 21 de diciembre)[1] concretamente la disposición adicional decimo cuarta[2]:

"Para velar por el respeto a los ***derechos y las libertades*** *de los profesores, estudiantes y personal de administración y servicios, ante las actuaciones de los diferentes órganos y servicios universitarios, las Universidades establecerán en su estructura organizativa la figura del Defensor Universitario. Sus actuaciones, siempre dirigidas hacia la mejora de la calidad universitaria en todos sus ámbitos, no estarán sometidas a mandato imperativo de ninguna instancia universitaria y vendrán regidas por los principios de independencia y autonomía"*

El acoso sexual o por razón de sexo y la violencia de género son una realidad presente en los entornos universitarios. Se trata sin duda de unas de las manifestaciones más visibles que todavía persisten en nuestra sociedad.

La violencia de género amenaza los derechos fundamentales de las mujeres como el derecho a la vida, a la integridad física y moral, a la seguridad o el derecho a la libertad y a la seguridad…y tiene graves consecuencias para las personas que la sufren y también para las de su entorno próximo, así como para las Organizaciones, en este caso las Universidades.

Según datos de la Macroencuesta de Violencia contra la Mujer (2019), las mujeres que afirman haber vivido situaciones de acoso sexual a lo largo de su vida tienen entre 18 y 24 años (62,5%), alcanzando al 54,5% de las mujeres con estudios universitarios (Macroencuesta de Violencia contra la Mujer 2019, p.189)[3].

---

1 Después de ser presentado el trabajo se aprobó la L.O. 2/2023, de 22 de marzo, del Sistema Universitario (LOSU)

2 Ley Orgánica 6/2001, de 21 de diciembre, de Universidades. Puede consultarse en: https://www.boe.es/buscar/pdf/2001/BOE-A-2001-24515-consolidado.pdf

3 Macroencuesta de Violencia contra la Mujer de la Delegación del Gobierno contra la Violencia de Género. Ministerio de Igualdad. 2019.

A pesar de que puede parecer que las manifestaciones de violencia de género se den con mayor frecuencia en grupos de población de menor nivel educativo y socioeconómico, cuando se llevan a cabo encuestas, se pone de manifiesto que estas actuaciones también tienen lugar en el ámbito universitario. Sin embargo es verdad que generalmente se perciben las Universidades como espacio más seguro que el resto de la sociedad en general, aunque en ocasiones se siguen dando situaciones de acoso que muchas veces no son reconocidas como tales[4].

II. ACTUACIONES DE LAS UNIVERSIDADES. UNIVERSIDAD DE ALICANTE

En las Universidades se hace imprescindible, para contribuir a alcanzar no solo una comunidad universitaria, sino una sociedad en general más igualitaria, y contribuir a que la discriminación, el acoso y la violencia de género, dejen de formar parte habitual de nuestra sociedad, la creación de estructuras y servicios imbricados en la toma de decisiones en las mismas, así como la dotación de medios y personas expertas en esta materia. Hace ya bastantes años que todas las Universidades públicas crearon las Unidades de Igualdad, que han sido y continúan siendo esenciales para conseguir grandes logros en cuestiones de género. Además

---

Puede consultarse en: https://violenciagenero.igualdad.gob.es/violenciaEnCifras/macroencuesta2015/Macroencuesta2019/home.htm

4 (a) Noelia Igareda y Encarna Bodelón, "Las violencias sexuales en las universidades: cuando lo que no se denuncia no existe". Revista Española de Investigación Criminológica Artículo 1, Número 12 (2014) www.criminologia.net ISSN: 1696-9219. (b) Estudio sobre acoso sexual, acoso sexista, acoso por orientación sexual y acoso por identidad y expresión de género en la Universidad Complutense de Madrid, 2018. Puede consultarse en: https://www.ucm.es/data/cont/media/www/pag3331/Resumen%20resultados%20Estudio_Acoso.pdf

algunas Universidades han creado Vicerrectorados, a los que han asignado las competencias en materia de Igualdad. Todo ello ha contribuido a generar numerosas acciones, normativas, y desarrollar proyectos de gran interés, que han tenido repercusión no solo en el ámbito universitario, sino en la sociedad en general. El compromiso de los equipos rectorales debe ser firme para alcanzar los objetivos en estos temas.

Las Universidades disponen de una herramienta realmente importante, y que les confiere sin duda, la base para conseguir una sociedad más igualitaria, que consiga erradicar la violencia de género, que es la formación. Solo se conseguirá realmente alcanzar los objetivos relacionados con la igualdad y los Derechos Humanos trabajando desde la formación a todos los niveles educativos y hacia toda la sociedad, así como a través de la comunicación/difusión y el apoyo de las leyes correspondientes.

La formación que en estos ámbitos las Universidades imparten no debe limitarse al entorno universitario, ya que su influencia va mucho más allá y le permite formar a profesorado y sobre todo estudiantes de otros ciclos formativos previos al universitario y a la sociedad en general, a través de las estructuras y programas de los que dispone cada Universidad, o a través de los convenios que a tal efecto se firmen. Especial importancia en este sentido cobra la formación del profesorado de educación primaria en temas de igualdad y de violencia de género, para que estos temas formen parte de todo el proceso educativo[5].

Concretamente en la Universidad de Alicante hay que destacar también, y de manera muy especial el **Trabajo en Red** que supone la participación en proyectos de innovación docente

---

5 Pedro Antonio García Tudela, Francisco José Montiel Ruiz, Isabel Gutiérrez Porlán, María Paz Prendes Espinosa. “Formación del Profesorado de Primaria para promover la igualdad de género”. *Didáctica, Innovación y Multimedia* Número 38 (2020), ISSN-e 1699-3748, (Ejemplar dedicado a: Mayo)

(Proyecto Redes de Investigación Docente UA), redes entre centros educativos no universitarios y comunidad universitaria, redes de voluntariado, que ha originado diferentes Guías y documentos de gran interés para la comunidad universitaria, así como de otros niveles formativos. Estas redes de innovación docente, se han consolidado como grupos de trabajo estables dinámicos y abiertos, que han permitido la generación de un buen número de documentos, guías y publicaciones de gran utilidad para toda la comunidad docente.

Creo por otra parte, que realmente hay que poner en valor y destacar muy positivamente los Planes de Igualdad, que se han desarrollado en nuestras Universidades ya que han sido importantes y un punto de partida imprescindible en materia de igualdad, permitiendo diagnosticar la situación existente, proponer acciones y tomar decisiones importantes en todos los ámbitos de la Universidad para corregir parte de las desigualdades existentes. Muchas de las acciones de hecho, han estado y siguen estando relacionadas con la necesidad de la formación de todos los colectivos en materia de género, lo que sin duda ha permitido a las Universidades avanzar en esta materia.

La implantación, de los Planes de Igualdad ha permitido también llevar a cabo cambios importantes, orientados a alcanzar la igualdad efectiva entre mujeres y hombres en Docencia, Investigación, órganos de representación, acceso y promoción laboral, etc, y han facilitado la generación de Documentos y Normativas de gran interés para la comunidad Universitaria como por ejemplo: "Normativa de la UA en materia de presencia equilibrada de mujeres y hombres en los órganos de gobierno", "Guía de lenguaje igualitario en la UA", y la modificación "Reglamento

Electoral de la UA",[6] de acuerdo con lo recogido en Disposición adicional segunda de la Ley de Igualdad efectiva 3/2007[7].

Los Planes de Igualdad han posibilitado la implementación de acciones estratégicas dirigidas a sensibilizar, prevenir y actuar frente a cualquier tipo de discriminación que sufren las mujeres dedicando especial atención a la discriminación producida por la(s) violencia(s) de género.

También se hace necesario que las Universidades elaboren Protocolos de prevención y actuación frente al acoso sexual, por razón de sexo y por orientación sexual. En el caso de la Universidad de Alicante se elaboró en 2015 y se modificó en 2019, y claramente este protocolo tiene un doble objetivo, por un lado tratar de prevenir y evitar las situaciones de acoso y por otro dotar a la Universidad de un procedimiento que permita actuar en los casos en que se produzca acoso sexual, por razón de sexo o por orientación sexual. El Protocolo protege a cualquier persona que tenga vinculación con la UA, e incluye

---

6 (a) Normativa de la Universidad de Alicante en materia de presencia equilibrada de mujeres y hombres en órganos de gobierno. Puede consultarse en: https://www.boua.ua.es/pdf.asp?pdf=4083.pdf. (b) Reglamento Electoral de la Universidad de Alicante. Aprobado en Consejo de Gobierno de 3 de diciembre de 2013 (BOUA 04/12/2013); los arts. 42.2 y 44.6 promueven la democracia paritaria mediante la representación equilibrada entre mujeres y hombres en la composición del Claustro Universitario. Regulación que es de aplicación supletoria al conjunto de procesos electorales que se celebren en la UA. https://www.boua.ua.es/pdf.asp?pdf=2658.pdf. (c) Apuntes para la igualdad: https://web.ua.es/es/unidad-igualdad/xx-recursos/inicio-recursos.html#

7 Ley Orgánica 3/2007 para la igualdad efectiva entre hombres y mujeres. Se puede consultar en: https://www.boe.es/buscar/pdf/2007/BOE-A-2007-6115-consolidado.pdf

medidas de formación, sensibilización y prevención, así como el Procedimiento de actuación y Régimen disciplinario[8].

Las actuaciones que se han llevado a cabo en relación con el acoso en la UA, se sustentan en:

- El firme compromiso con la erradicación de la violencia de género en cualquiera de sus manifestaciones.
- El rechazo de cualquier situación de acoso sexual, acoso por razón de sexo y acoso por orientación sexual en su ámbito organizativo y territorial.
- El deber de mantener un entorno universitario en el que se aseguren y respeten la dignidad y los derechos fundamentales de todas las personas que desarrollen actividades académicas, culturales, deportivas y/o servicios, modificando la cultura organizativa y, en su caso, los entornos de trabajo y estudio.
- Sensibilizar, prevenir y actuar frente a cualquier tipo de discriminación que sufren las mujeres dedicando especial atención a la discriminación producida por la(s) violencia(s) de género

Tanto el acoso bien sexual o por razón de sexo, y sobre todo la violencia de género se pueden considerar manifestaciones de las desigualdades persistentes entre hombres y mujeres[9].

---

8 Protocolo de Prevención y Actuación frente al acoso sexual, por razón de sexo y por orientación sexual de la Universidad de Alicante. Se puede consultar en: https://web.ua.es/es/unidad-igualdad/0-documentos/protocolo-acoso/adecuacion-protocolo-boua/protocolo-de-prevencion-y-actuacion-frenta-al-acoso-sexula-por-razon-de-sexo-y-por-orientacions-sexual-boua.pdf

9 (a) Ley Orgánica 1/2004, de 28 de diciembre, de Medidas de Protección Integral contra la Violencia de Género. Se puede consultar en: https://www.boe.es/buscar/pdf/2004/BOE-A-2004-21760-consolidado.pdf. (b) Ley 7/2012, de 23 de noviembre, integral contra la violencia

En los últimos cursos, la Universidad de Alicante ha tenido un creciente número de casos de mujeres víctimas de violencia de género con y sin orden de protección. Ante la gravedad de esta situación, la Universidad de Alicante aprobó el Protocolo de protección para víctimas de violencia de género que trabajen o estudien en la UA (17 diciembre de 2019[10].

Este protocolo tiene como objetivo trabajar de forma eficiente, eficaz, rápida y coordinada en la seguridad de las mujeres víctimas de violencia de género que trabajen o estudien en la UA.

Concretamente, en el colectivo de estudiantes, el objetivo prioritario es garantizar las condiciones de seguridad que faciliten la permanencia y continuidad en su formación universitaria.

Es de aplicación a las Víctimas de Violencia de Género sin denuncia, con interposición de denuncia y reiterada la misma, con interposición de denuncia y en fase de tratamiento jurídico o policial, en espera de resolución judicial con solicitud de la adopción de medidas cautelares, con orden de protección y con sentencia (firme o no) que contenga medidas de protección específica. Para hacer efectivo el protocolo se han activado los necesarios protocolos de coordinación con los Cuerpos y Fuerzas de Seguridad del Estado, que son los que asumen las competencias en materia de Violencia de Género. De esta manera, se establece la necesaria colaboración y coordinación del Servicio de Seguridad de la Universidad, bien con sus propios medios y/o facilitando en todo el proceso las actuaciones necesarias de los agentes de las Fuerzas y Cuerpos de Seguridad del Estado.

---

sobre la mujer en el ámbito de la Comunitat Valenciana. Se puede consultar en: https://www.boe.es/eli/es-vc/l/2012/11/23/7/con

10 Protocolo De Protección Para Víctimas De Violencia De Género Que Trabajen O Estudien En La Universidad De Alicante. Se puede consultar en: https://www.boua.ua.es/pdf.asp?pdf=5601.pdf

III. LA PARTICIPACIÓN DE LAS DEFENSORÍAS

Las resoluciones de las/los Defensoras/defensores no tienen carácter ejecutivo, pero no obstante hay muchas cosas que podemos hacer y algunas que ya hacemos.

Se hace imprescindible mantener y mejorar la colaboración/coordinación entre Defensorías y Unidades de Igualdad, para la mayor parte de acciones.

Desde las Defensorías tenemos un papel muy importante en cuanto a la divulgación de los protocolos en materia de acoso y violencia de género y la difusión de las políticas en materia de igualdad de género.

Es importante la observación, detección y acompañamiento de posibles casos de acoso sexual y de violencia de género, a través de casos directamente o por conocimiento/investigación de oficio.

Las Defensorías deben velar por los derechos y libertades de todos los sectores/colectivos de las Universidades, vigilando además los errores que la propia Universidad pueda cometer, velando por que se respeten y apliquen adecuadamente las normas que a diferentes niveles sean de aplicación.

Deben por tanto trasladar las resoluciones y/o recomendaciones a los responsables de su universidad para que se facilite la adopción de medidas/normativas correspondientes.

Por otra parte, las/los Defensoras/Defensores pueden dirigirse a Instituciones externas a las Universidades para que se desarrollen o implementen las normativas necesarias para dar cumplimiento a la legislación vigente.

Las Defensorías debemos tener una actitud proactiva, observando y analizando datos relativos a discriminación existente todavía entre hombres y mujeres en las universidades (sesgos de género en la carrera profesional y en las estructuras universitarias, acoso sexual, brecha salarial, etc) para prevenir situaciones que puedan producirse o reproducirse. Además, desde las Defensorías debemos colaborar con las Unidades de Igualdad, en los protocolos de seguimiento de diferentes actuaciones (PI, PRS).

Participación en Comisiones de trabajo relacionadas con el acoso y violencia de género. En varias universidades la/el Defensora/Defensor participa como miembro de la Comisión encargada de estudia y resolver inicialmente los casos de acoso sexual (en la UA "Comisión para la prevención e intervención del acoso sexual, por razón de sexo o por orientación sexual") de resolución de conflictos

Abordaje de la violencia de género en el sector sanitario en Castilla y León

MARIA DEL PILAR GONZÁLEZ BÁREZ
Licenciada en Derecho y Graduada en Enfermería.
Profesora Asociada. Facultad de Enfermería y Fisioterapia.
Universidad de Salamanca

Resumen

Desde que en el año 1996 la Organización Mundial de la Salud establece que la violencia contra la mujer es un problema de Salud Pública, han sido numerosos los Organismos a nivel Internacional y Nacional que han abordado y propuesto acciones en los diferentes Estados miembros para tratar de eliminarla y/o minimizarla.

El establecer políticas adecuadas para eliminar todas las formas de discriminación y maltrato estableciendo acciones de igualdad, promoción y protección de derechos Humanos es esencial para terminar con la grave situación existente en la sociedad española.

Las graves consecuencias que va a ocasionar la Violencia de Género no sólo a nivel físico y mental, sino a nivel económico, conductual o de integración suponen que la intervención a nivel interdisciplinar ha de ser lo más rápida posible para evitarlas en la mujer, los hijos o las personas dependientes de ella.

En España existe un abordaje legislativo importante en materia de Violencia de Género que ha sido desarrollado por las diferentes Comunidades Autónomas y los diferentes Servicios de Salud plasmándose en Protocolos y Guías Asistenciales, siendo el medio ideal de intervención para implicar y guiar a los profesionales sanitarios en la detección temprana en violencia de género.

El realizar una entrevista clínica y valoración adecuadas para la determinación del riesgo existente en el círculo de la mujer y así proponer la adecuada intervención en violencia de género, son los elementos esenciales para que evitemos y/o disminuyamos las terribles consecuencias que se pueden producir.

Son sin lugar a dudas, los profesionales de la salud uno de los elementos principales para la lucha contra la Violencia de Género que con la confidencialidad, empatía, escucha, capacidad de no prejuzgar, etc. que les caracteriza y atendiendo a las particularidades de cada caso van a abordarla de una forma integral.

La intervención a nivel sanitario es uno de los ejes fundamentales para la actuación y prevención necesaria en los diferentes niveles en violencia de género. El abordaje adecuado por los diferentes equipos multidisciplinares y sus profesionales, claramente sensibilizados con el problema, es el elemento fundamental con el que debemos contar para acabar con esta grave afección de nuestra sociedad en el momento actual.

I. VIOLENCIA DE GÉNERO: CUESTIÓN DE SALUD PÚBLICA

En el año 1996 la Organización Mundial de la Salud establece que la violencia contra la mujer es un problema de Salud Pública siendo necesario que los Estados miembros analicen la dimensión en cada uno de ellos no sólo para que se haga visible sino para que se empezasen a incorporar en los mismos las actuaciones necesarias para sensibilizar a la población e incluir las medidas adecuadas para abordarla[1].

---

1 La violencia contra las mujeres considerada como problema de salud pública. Documento de Apoyo para la atención a la salud de las mujeres víctimas. Notas técnicas Comunidad Autónoma de Madrid.

Esta cuestión es reiterada en el año 2013 mediante un informe emitido por la citada Organización en la que afirmó que la violencia física o sexual es un problema de salud pública que afecta a más de un tercio de las mujeres en el mundo[2].

Diferentes Organizaciones Internacionales han considerado este grave problema de salud pública al atentar contra la integridad y los derechos humanos de las mujeres, marcando las principales consecuencias por las que se debe realizar una atención adecuada y temprana de este grave problema. Dentro de ellas destaca por el amplio y claro itinerario en la lucha contra la Violencia de Género la Organización de Naciones Unidas, y sus diferentes Declaraciones, en el ámbito de la protección de los Derechos Humanos contra todas las formas de Violencia de Género y sus consecuencias.

La Declaración, adoptada por la Asamblea de Naciones Unidas en el año 1993, de Eliminación de la violencia contra la mujer la define en su artículo primero como "*todo acto de violencia basado en la pertenencia al sexo femenino que tenga o pueda tener como resultado un daño o sufrimiento físico, sexual o psicológico para la mujer, incluidas las amenazas de tales actos, la coacción o la privación arbitraria de libertad, ya sea que ocurra en la vida pública o en la privada*"[3].

En esta misma Declaración se enumeran una serie de actos que han de ser incluidos como componentes de la violencia contra las mujeres, siendo un número no cerrado, cuestión importante para un abordaje integral, en el que se define la

---

86. Año 2003. . [Citado el 15 de febrero 2021]. Accessible en: http:// www.madrid.org › Satellite › site=PortalSalud

2 World Health Organization. Global status report on violence prevention. Geneva. 2014. [Citado el 20 de noviembre 2019] .Accesible en: http://www.who.int/violence_injury_prevention/violence/status_report/2014/en/

3 United Nations General Assembly. Declaration on the Elimination of Violence Against Women. A/RES/48/104.1993.[Citado el 19 enero 2021].Accesible en: https://www.refworld.org/docid/3b00f25d2c.html

necesidad de abordaje en el ámbito familiar, comunitario o social, campos de trabajo del sector sanitario.

Describe el artículo segundo estos ámbitos como:

"*La violencia física, sexual o psicológica en la* ***familia****, incluyendo los malos tratos, el abuso sexual de niñas en el hogar, la violencia relacionada con la dote, la violación por el marido, la mutilación genital femenina y otras prácticas tradicionales que atentan contra la mujer, los actos de violencia perpetrados por otros miembros de la familia y la violencia referida a la explotación*".

"*La violencia física, sexual o psicológica que sucede dentro de la* ***comunidad****, que incluye la violación, el abuso sexual, el acoso y la intimidación sexuales en el trabajo, en instituciones dedicadas a la educación o en otros escenarios, el tráfico de las mujeres y la prostitución forzada*".

"*La violencia física, sexual o psicológica perpetrada o tolerada por el* ***Estado*** *donde quiera que esta ocurra*".

Hemos de considerar estas amplias definiciones marcadas dentro de la Declaración como la base para definiciones mas especificas y centradas en el problema de cada una de las Naciones y las consideraciones particulares a las mismas.

El 25 de junio de 1993, representantes de 171 Estados aprobaron por consenso el documento **Declaración y Programa de Acción de Viena** de la Conferencia Mundial de Derechos Humanos, de la Organización de Naciones Unidas, en la que se recordaba la necesidad de establecer políticas necesarias para erradicar todas las formas de discriminación y maltrato contra las mujeres, estableciendo políticas de igualdad, protección y promoción de los derechos humanos de la mujer y de la niña[4].

---

4 Conferencia Mundial de Derechos Humanos, 14 a 25 de junio de 1993, Viena (Austria). 1993. [Citado el 20 de noviembre 2020].Accesible en. https://www.ohchr.org/sp/newsevents/ohchr20/pages/wchr.aspx

"los derechos humanos de la mujer y de la niña son parte inalienable, integrante e indivisible de los derechos humanos universales. La plena participación, en condiciones de igualdad, de la mujer en la vida política, civil, económica, social y cultural en los planos nacional, regional e internacional y la erradicación de todas las formas de discriminación basadas en el sexo son los objetivos prioritarios de la comunidad internacional"

"la violencia y todas sus formas de acoso y de explotaciones sexuales (...), son incompatibles con la dignidad y la valía de la persona humana y deben ser eliminadas".

La violencia de género es un problema de Salud Publica de primer nivel por las graves **consecuencias** que va a producir en la salud a nivel físico y mental en las mujeres, los hijos y las personas dependientes a su cargo, esferas todas ellas a considerar en el diseño de las políticas de intervención de la actuación a nivel sanitario que hemos de realizar.

Recordemos brevemente estas consecuencias y su implicación en materia de Salud Publica para conseguir con ello un adecuado abordaje multidisciplinar en el sector sanitario, dado que no podemos perder de vista que las consecuencias de la violencia tienden a ser más graves cuando esta persiste durante mas tiempo o cuando se repiten más veces[5 6].

---

5 Kathleen C. Basile, Ph.D., Científica conductista principal, División de Prevención de la Violencia, Centro Nacional para la Prevención y el Control de Lesiones, Centros para el Control y la Prevención de Enfermedades (CDC). Oficina para la salud de la Mujer en EE.UU. 2019. [Citado el15 de marzo 2021].Accesible en https://espanol.womenshealth.gov/relationships-and-safety/effects-violence-against-women

6 Kathryn Jones, M.S.W., Centro Nacional para la Prevención y el Control de Lesiones, Centros para el Control y la Prevención de Enfermedades (CDC). OASH. 2019 [Citado el 20 de junio 2021]https://espanol.womenshealth.gov/relationships-and-safety/effects-violence-against-women

Las consecuencias de la violencia para la salud pueden ser inmediatas y agudas, duraderas y crónicas o mortales. Cuanto más grave es el maltrato, mayores son sus repercusiones sobre la salud física y mental de las mujeres, sin que debamos olvidar que las consecuencias negativas para la salud pueden persistir mucho tiempo después de que haya cesado el maltrato[7].

Las consecuencias inmediatas en la ***salud física*** de la mujer van a venir marcadas por aquellas lesiones como hematomas, excoriaciones, laceraciones, heridas punzantes, quemaduras, mordeduras, así como fracturas de huesos o dientes , pero también pueden existir lesiones más graves que pueden conducir a discapacidad o situaciones de dolor crónico cuando lo que se ataca son zonas de la anatomía como la cabeza, los ojos, el oído, el tórax o el abdomen y por desgracia no debemos olvidar dentro de estas consecuencias físicas sobre la salud la peor de todas ellas , dado que se puede producir la muerte[8].

Las consecuencias desde el punto de vista ***sexual*** que más se producen son embarazos no deseados, abortos, infecciones de transmisión sexual (incluido el VIH), complicaciones del embarazo o aborto espontáneo, hemorragias o infecciones vaginales, infección pélvica crónica, infecciones de las vías urinarias, fístulas (desgarros entre la vagina y la vejiga o el recto), relaciones sexuales dolorosas y disfunción sexual[9].

---

7 Comprender y abordar la violencia contra las mujeres. Consecuencias para la salud. OMS. 2013. [Citado el 18 de marzo 2021] Accesible en: https://apps.who.int/iris/bitstream/handle/10665/98862/WHO_RHR_12.43_spa.pdf;jsessionid=1062F5CF03B8FC0332CF20D91F24186F?sequence=1

8 Johnson, M.P. y Leone, J.M. The differential effects of intimate terrorism and situational couple violence: findings from the national violence against women survey. Journal of Family Issues, 2005, 26(3):322–49.

9 Estudio multipaís de la OMS sobre salud de la mujer y violencia doméstica contra la mujer: primeros resultados sobre prevalencia, eventos relativos a la salud y respuestas de las mujeres a dicha violencia. 2013 [Citado el

Las principales consecuencias de la violencia de género a nivel ***mental*** van a ser la depresión, trastornos del sueño y de hábitos alimentarios, estrés y trastornos de ansiedad (por ejemplo, trastorno por estrés postraumático), baja autoestima, autoagresiones e intentos de suicidio[10].

También pueden derivarse consecuencias de tipo ***conductual*** como el uso nocivo de alcohol u otras sustancias, múltiples compañeros sexuales, elección de parejas abusivas en etapas posteriores de la vida, tasas bajas de uso de anticonceptivos[11].

Esta enumeración de las diferentes consecuencias sobre la salud de las mujeres a corto y a largo plazo que en su día ya indico la OMS[12] nos marca la necesidad de que el sector sanitario debe realizar una adecuada intervención para prevenir y/ o cuando se ha producido, actuar de la forma más rápida posible sobre la violencia contra la mujer.

---

25 de marzo 2021] http://www.who.int/gender/violence/who_multicountry_study/summary_report/summaryreportSpanishlow.pdf

10 Campbell J et al. Intimate partner violence and physical health consequences. Archives of Internal Medicine, 2002, 162(10):1157–63.

11 Asamblea General de las Naciones Unidas. Estudio a fondo sobre todas las formas de violencia contra la mujer. Nueva York, NY, Naciones Unidas, 2006. . [Citado el 25 de marzo 2021] Disponible en https://www.acnur.org › Documentos › BDL

12 Organización Mundial de la Salud. Atención de salud para las mujeres que han sufrido violencia de pareja o violencia sexual. Manual clínico. Washington, D.C: OPS. Documento núm. OPS/FGL/16-016 (Clasificación NLM: HM 278) Organización Panamericana de la Salud. 2016. [Citado el 25 de marzo 2021] Disponible en https://iris.paho.org/bitstream/handle/10665.2/31381/OPSFGL16016-spa.pdf?ua=1

II. VIOLENCIA DE GÉNERO Y SALUD EN EL SISTEMA LEGISLATIVO ESPAÑOL

En el abordaje de la violencia de Género en el ámbito de la salud en Castilla y León dentro del Sector sanitario se han incluido las principales normas del Estado español, Recomendaciones de los diferentes Organismos Internacionales de Salud como la OMS o la ONU, Disposiciones dictadas a nivel Europeo, Macroencuestas sobre violencia de género, etc. y se ha materializado en la elaboración de Guías y Protocolos de actuación para que los profesionales sanitarios tengan unas pautas de actuación comunes, sin dejar de considerar la necesidad de adaptación a las particularidades de cada caso concreto.

Es un imperativo legal del que debemos partir, la necesidad de abordaje contra la violencia de género, y aunque son numerosas las ***Normas Internacionales*** que lo reflejan(sirva de recordatorio algunas de las mencionadas anteriormente) no debemos olvidar ninguna de las Resoluciones de la Comisión de Derechos Humanos de la ONU sobre eliminación de violencia contra la mujer como la Resolución 1998/52,de 17 de abril de 1998[13] , Resolución 2000/45 de 20 de abril de 2000[14], Resolución 2001/49 de 24 de abril de 2001[15], Resolución 2002/52 de 23 de abril de 2002[16], Resolución 2003/45 sobre la eliminación de

---

13 Resolución de la Comisión de Derechos Humanos Naciones Unidas 1998/52. 1998. [Citado el 25 de marzo 2021] https://victimologia.es/wp-content/uploads/2019/09/LARESO_1_compressed.pdf

14 Resolución Naciones Unidas 2000/45. La eliminación de la violencia contra la mujer. 2000. [Citado el 25 de marzo 2021] https://www.acnur.org/fileadmin/Documentos/BDL/2002/0655.pdf

15 Resolución Naciones Unidas 2001/49. La eliminación de la violencia contra la Mujer. 2001. [Citado el 26 de marzo 2021] https://www.acnur.org/fileadmin/Documentos/BDL/2002/0649.pdf

16 Resolución Comisión de Derechos Humanos Naciones Unidas 2002/52. La eliminación de la violencia contra la Mujer. 2002.[Citado

23 de abril de 2003[17], entre otras, dada la importancia que han tenido en la protección en Derechos Humanos y en las pautas que han ido marcando a los Estados para la adecuación de la normativa sanitaria en violencia de Género.

A **nivel estatal** debemos recordar junto a nuestra Norma Suprema[18], regulación imprescindible y básica, que en su artículo 14 establece la prohibición de discriminación por razones de sexo y en su art. 15 la protección a la vida, la *Ley Orgánica 1/2004*, de 28 de diciembre, de *Medidas de Protección Integral contra la Violencia de Género*[19] en la que se establecen los principios que han de incluirse obligatoriamente en todos los Servicios de Salud del Estado Español y en el ámbito educativo para marcar las principales actuaciones no sólo de intervención, sino de colaboración que han de incluirse.

Esta Ley va a reforzar la imprescindible intervención de los profesionales sanitarios, al incluir en su contenido que necesariamente han de arbitrarse medidas preventivas, educativas, sociales, asistenciales y de atención posterior a las mujeres victimas de violencia de género en la pareja dentro del sector sanitario.

La propia *Ley Orgánica 3/2007*, de 22 de marzo, para la *Igualdad efectiva de mujeres y hombres*[20], otra de las norma esenciales a considerar, va a establecer la necesidad de la educación para salud que han de

---

el 26 de marzo 2021] https://www.acnur.org/fileadmin/Documentos/BDL/2002/1467.pdf

17 Resolución Asamblea de Naciones Unidas 58/147. La eliminación de la violencia contra la Mujer en el hogar 2004.[Citado el 26 de marzo 2021] https://undocs.org/pdf?symbol=es/A/RES/58/147

18 Constitución Española. (Boletín Oficial del Estado, numero 311, (29 de diciembre de 1978).

19 Ley Orgánica 1/2004, de 28 de diciembre, de *Medidas de Protección Integral contra la Violencia de Género.* Boletín Oficial del Estado, núm. 313, (29 de diciembre de 2004).

20 Ley Orgánica 3/2007, de 22 de marzo, para la *Igualdad efectiva de mujeres y hombres*. Boletín Oficial del Estado, núm. 71, (de 23 de marzo de 2007).

realizar los profesionales sanitarios como elemento imprescindible para ir inculcando en la sociedad española la igualdad como eje de lucha fundamental para terminar con la violencia de género.

No debemos olvidar el *Real Decreto-ley 9/2018*, de 3 de agosto, *de medidas urgentes para el desarrollo del Pacto de Estado Contra la Violencia de Género*[21], o la *Ley 1/2021, de 24 de marzo*, de *Medidas urgentes en materia de protección y asistencia a las víctimas de violencia de género*[22] que van a establecer que el objetivo es defender los derechos y libertades de las mujeres eliminando cualquier tipo de violencia contra ellas a través de la implantación en la sociedad y todos los recursos disponibles la ansiada igualdad de género.

Todas estas normas junto con los Planes nacionales de sensibilización, Circulares e Instrucciones han sido consideradas y a la vez atendidas en las diferentes Comunidades Autónomas, especialmente en la que nos ocupa en este momento, y se han materializado a lo lago del tiempo en normas propias con ese contenido esencial, pero con la adaptación necesaria a la población y/o recursos de las Comunidades.

En Castilla y León, concretamente en el ámbito sanitario, han sido fundamentales para el abordaje de la violencia de género normas como:

- Ley 13/2010 de 9, diciembre, contra la Violencia de Género en Castilla y León[23].

---

21 Real Decreto-ley 9/2018, de 3 de agosto, de medidas urgentes para el desarrollo del *Pacto de Estado Contra la Violencia de Género* .Boletín Oficial del Estado, núm. 188,(de 4 de agosto de 2018).

22 Ley 1/2021, de 24 de marzo, de *Medidas urgentes en materia de protección y asistencia a las víctimas de violencia de género. Boletín Oficial del Estado,* núm. 72, (de 25 marzo de 2021).

23 Ley 13/2010 de 9, diciembre, contra la Violencia de Género en Castilla y León. Boletín Oficial del Estado, núm. 243, (20 de diciembre de 2010).17, de 30 de diciembre de 2010.

- Ley 7/2007, de 22 de octubre, de Modificación de la Ley 1/2003, de 3 de marzo, de Igualdad de Oportunidades entre Mujeres y Hombres de Castilla y León[24].
- Decreto 133/2003, de 20 de noviembre, por el que se crea y regula la Comisión Regional contra la Violencia hacia la Mujer[25].
- Decreto 1/2007 de la Junta de Castilla y León por la que se aprueba el IV Plan de Violencia de Género en Castilla y León 2007-2011[26].
- Instrucción 9/2008 de la Delegación del Gobierno en Castilla y León sobre ejecución del Plan Autonómico de la Delegación del Gobierno en Castilla y León, de prevención contra la Violencia de Género en el medio rural[27].
- Decreto 30/2005, de 21 de abril, por el que se crea y regula el Observatorio de Género en Castilla y León[28].

---

24 Ley 7/2007, de 22 de octubre, de Modificación de la Ley 1/2003, de 3 de marzo, de Igualdad de oportunidades entre Mujeres y Hombres de Castilla y León. Boletín Oficial del Estado. núm. 270, (10 de noviembre de 2007).

25 Decreto 133/2003, de 20 de noviembre, por el que se crea y regula la Comisión Regional contra la Violencia hacia la Mujer. B. O. C. y L.. Numero 277, (21 de noviembre de 2003)..

26 Decreto 1/2007 de la Junta de Castilla y León por la que se aprueba el IV Plan de Violencia de Género en Castilla y León 2007-2011 B.O.C. y L. Número 12. (17 de enero de 2007).

27 Instrucción 9/2008 de la Delegación del Gobierno en Castilla y León sobre ejecución del Plan Autonómico de la Delegación del Gobierno en Castilla y León, de prevención contra la Violencia de Género en el medio rural. 2008. [Citado el 26 de mayo 2021] http://jzb.com.es › dgcl_instruccion_9_2008

28 Decreto 30/2005, de 21 de abril, por el que se crea y regula el Observatorio de Género en Castilla y León. B. O. C. y L., numero 80, (27 de abril de 2005).

- Decreto 87/2005, de modificación el Decreto 133/2003, de 20 de noviembre por el que se Regula la Comisión Regional contra la Violencia hacia la mujer[29].

Todas estas Instrucciones, Decretos y Leyes han sido el sustento para que se hayan desarrollado las Guías y Protocolos por las que se han de realizar las intervenciones sanitarias concretas. Sin lugar a dudas un elemento fundamental para facilitar la actuación contra la violencia de género de los profesionales sanitarios.

El *Protocolo Común para la actuación Sanitaria ante la violencia de Género* del Consejo Interterritorial de salud[30], hemos de considerarlo el punto de partida para el desarrollo de los diferentes protocolos y Guías de las Comunidades Autónomas.

Este protocolo ha servido para que posteriormente se haya sectorizado la actuación en otros niveles concretos como la intervención con colectivos vulnerables, discapacidad, abordaje de violencia en el medio rural, menores, agresiones sexuales e inclusive la elaboración de protocolos conjuntos para colaboración con los cuerpos de Seguridad del Estado.

Dentro de los Principios contenidos en dicho Protocolo se establece que siguiendo las pautas marcadas por la OMS la mejor forma de detección es el cribado a todas las mujeres mayores de 14 años en las consultas de Atención Primaria para identificar los factores de riesgo o vulnerabilidad que le puedan afectar.

En el Servicio de Salud de Castilla y León actualmente tenemos como base de esa actuación la *Guía clínica de actuación sanitaria*

---

29 Decreto 87/2005, de modificación el Decreto 133/2003, de 20 de noviembre por el que se Regula la Comisión Regional contra la Violencia hacia la mujer B.O.C.y L , numero 226 (23 de noviembre 2005).

30 *Protocolo Común para la actuación Sanitaria ante la violencia de Género.* Consejo Interterritorial de salud.2007. [Citado el 1 de junio 2021] https://www.mscbs.gob.es/organizacion/sns/planCalidadSNS/pdf/equidad/protocoloComun.pdf

ante la Violencia de Género en Castilla y León, actualización del año 2019, pero no es la única herramienta de esa necesaria facilitación que se le ha de otorgar a los profesionales sanitarios para la detección e intervención en Violencia de Género, puesto que la concienciación existente en la lucha contra ella ha supuesto que existan Protocolos en sectores específicos como el Protocolo de Actuación Profesional para casos de Violencia de Género en el medio rural en Castilla y León[31] o el Protocolo de actuación de Cuerpos y Fuerzas de Seguridad del Estado ante la Violencia de Género[32] para lograr una actuación en estos sectores que, de todos es conocido, no tienen los mismos recursos a su disposición.

III. ACTUACIÓN SANITARIA EN VIOLENCIA DE GÉNERO EN CASTILLA Y LEÓN

La *Cartera de Servicios del Sistema Nacional de Salud en el año 2006* incluye dentro de las prestaciones que han de otorgarse de forma vinculante por los diferentes Servicios de Salud la detección y atención a la Violencia de Género[33] y consecuencia de ello va

---

31 Consejería de Familia e Igualdad de Oportunidades de Castilla y León. Protocolo de Actuación Profesional para casos de Violencia de Género en el medio rural en Castilla y León. 2009. [Citado el 02 junio 2021]. Accesible en: https://www.saludcastillayleon.es/profesionales/es/violencia-genero/documentacion-castilla-leon.ficheros/PROTOCOLORURAL.pdf

32 Protocolo de actuación de Cuerpos y Fuerzas de Seguridad del Estado ante la Violencia de Género 2010. . [Citado el 02 junio 2021]. Accesible en: https://www.saludcastillayleon.es/profesionales/es/violencia-genero/documentacion-castillaleon.ficheros/PROTOCOLO%20FINAL%20para%20WEB%20_SIN%20FIRMA_13-9-2010%2C0.pdf

33 Servicio detección precoz de mujeres víctimas de violencia de género. Cartera de servicios Atención Primaria. Año 2019. . [Citado el 04 junio 2021 Acceso en https://www.saludcastillayleon.es/institucion/es/catalogo-prestaciones/cartera-servicios/cartera-servicios-atencion-primaria

a publicarse el Protocolo Común para la Actuación Sanitaria ante la violencia al año siguiente, que antes hemos referenciado.

Pero, sin lugar a dudas, una de las bases de actuación claves en Salud en Castilla y León es *la Ley 13/2010 contra la Violencia de Género en Castilla y León* porque en ella se realiza una definición detallada y amplia, de las diferentes formas de violencia que han de considerarse junto a la violencia física, psicológica, sexual.

Son incluidas otros tipos de violencia para ser valoradas en el sector sanitario por su repercusión y, en muchos casos, por la dificultad que conllevan para poder actuar las mujeres sobre ellas como son: la violencia económica, el tráfico y la trata de blancas, tradiciones culturales que atentan contra los derechos humanos, acoso sexual, acoso laboral por razón de género y cualquier otra forma de violencia que sea susceptible de lesionar la dignidad, integridad o la libertad de las mujeres basada en la pertenencia al sexo femenino.

Este conjunto de definiciones e imperativos necesarios para la lucha contra la violencia de Género se plasman ese mismo año en la "*Guía de práctica clínica sobre violencia contra las mujeres en la pareja*"[34] (actualizada en 2019) con el objetivo de orientar a los profesionales en su actuación sanitaria de una forma homogénea.

Se van a establecer una serie de pautas comunes, sin perjuicio de las peculiaridades de cada caso, en la intervención, detección, atención tras el diagnostico, criterios de derivación, actividades a realizar y registro sanitario adecuado para facilitar a las mujeres que sufran violencia de género una adecuada atención.

Esta guía es y ha sido el referente en actuación sanitaria en violencia de género en Castilla y León durante mucho tiempo,

---

34 *Guía de práctica clínica sobre violencia contra las mujeres en la pareja* . Año 2010 Citado el 25 junio 2021]. https://www.saludcastillayleon.es/institucion/es/publicaciones-consejeria/buscador/guia-practica-clinica-violencia-mujeres-pareja-edicion-resu

dado que hasta el año 2013 no empieza a incluirse esta formación específica en Violencia de Género en los diferentes planes de estudio universitarios sanitarios. La OMS en el año 2013 recomienda la inclusión de esta formación como algo específico y centrado para los profesionales de la salud[35].

Estas intervenciones por parte de los profesionales de la Salud son de enorme satisfacción para las usuarias que sufren violencia de género como se refleja en la macro-encuesta de Violencia contra la mujer de año 2019[36] y del 2015 , que refleja que de ellas han tenido que acudir al sistema sanitario un 36,6% de las mujeres que han sufrido violencia de su pareja o expareja, siendo la asistencia sanitaria el servicio que mas satisfacción genera entre las mujeres de todos los servicios que se les oferta y por los que se les preguntaba.

Los profesionales sanitarios y la asistencia recibida es valorada por la confidencialidad con que se aborda, recordemos el ambiente en el que se esta desenvolviendo la mujer maltratada, y el que alguien les escuche y empatice sin juzgar en ese momento es la base de su clasificación como excelente en la actuación sanitaria[37].

Sin lugar a duda este problema de la violencia genera un gran impacto social, económico y en el ámbito sanitario, cuestión por la que ha de abordarse adecuadamente e implementar actuaciones, no solamente en el ámbito inmediato sino también a largo plazo.

---

[35] La formación de los/as profesionales de la salud para afrontar la violencia contra las mujeres en la pareja. Revista Clínica y Salud vol.19 no.1 Madrid abr./may. 2008

[36] Macroencuesta de violencia contra la mujer 2019. [Citado el 20 junio 2021 https://violenciagenero.igualdad.gob.es/violenciaEnCifras/macroencuesta2015/Macroencuesta2019/home.htm

[37] Plan nacional de Sensibilización y Prevención en violencia de género. Ministerio de Trabajo y Asuntos Sociales. año 2006. [Citado el 15 junio 2021]. https://www.cop.es/GT/Plan_nacional_sensibilizacion_prevencion_violencia_genero.pdf

La violencia de género produce no solamente pérdida de años de vida, absentismo laboral, discapacidades secundarias al maltrato sino que ocasiona un incremento de los servicios sanitarios, sociales, judiciales,… y un incremento de costes sanitarios importantes al ocasionar pérdida de calidad de vida de esas personas, alteraciones emocionales y educacionales en sus hijos e inclusive lesiones permanentes en las misma, por ello una adecuada intervención evitará o disminuirá estos costes a nivel social y sanitario[38].

IV. INTERVENCIÓN Y NIVELES DE ACTUACIÓN EN EL SISTEMA SANITARIO. PREVENCIÓN.

La intervención en violencia de género en el Sector Sanitario no puede entenderse sin una actuación integral e integrada en la que todos sus miembros actúen conforme a sus capacidades y competencias de una forma multidisciplinar.

Dentro de los equipos interdisciplinares sanitarios han de incluirse obligatoriamente a los profesionales de medicina, enfermería, trabajadores sociales y psicólogos que conjuntamente han de realizar la detección y atención a las victimas de violencia de género[39].

Serán elementos fundamentales para la Intervención con estas mujeres y a la vez para la detección temprana en el sector sanitario:[40]

---

38 Presentación del estudio "El impacto de la violencia de género en España: una valoración de sus costes en 2016. Año 2016. [Citado el 16 junio 2021]. https://violenciagenero.igualdad.gob.es/laDelegacionInforma/pdfs/ESTUDIO_IMPACTO_VG_VALORACION_COSTES_2016.pdf

39 Plan de prevención de la violencia de Género Familiar en Castilla y Leon.2019-2023. B.O.C.y L 22 de febrero de 2019.

40 Protocolo común para la actuación sanitaria ante la violencia de género https://www.mscbs.gob.es/organizacion/sns/planCalidadSNS/pdf/equidad/protocoloComun.pdf

- Servicios de Atención Primaria: son base por la cercanía a las mujeres y sus familias
- Servicios de Obstetricia y Ginecología
- Servicios de Atención de Urgencias
- Servicios de Salud Mental

El uso adecuado de las Guías y Protocolos sanitarios que tenemos en cada uno de estos sectores han de ser la base para lograr unos objetivos comunes a todos que podemos centrar en:

✓ responder eficazmente a las necesidades de las víctimas de violencia de género prestándoles ayuda, escucha apoyo y orientación;

✓ ayudarles a recuperar su salud orientándoles a buscar las consecuencias del abuso y dándole pautas para recuperar la confianza en ellas mismas y las personas.

Cuando hayamos conseguido estos objetivos será cuando podamos decir que nuestra intervención ha sido la adecuada y se ha conseguido el objetivo final de que la mujer que ha sufrido violencia de género está totalmente integrada en la sociedad que un día le robó su salud y su dignidad[41].

Los diferentes niveles de actuación en el ámbito sanitario son tres centrados en la prevención, tal y como se establece en la normativa de Salud Publica[42], siempre considerando las particularidades del caso (colectivos especialmente vulnerables) y teniendo en cuenta los diferentes contextos de actuación (medios rurales, penitenciarios,..)

---

41 Campbell, L. Health consequences of intimate partner violence. The Lancet 202; 359:1331-1336

42 Calvo Sánchez, M.D., González Bárez, M.P., Pérez Gómez, R.M. y Arbe Ochandiano, M., *Derecho de la mujer a la prevención sanitaria protocolizada en gestantes sometidas a violencia.* 2011. Edt Ratio Legis. pg 39-69. ISBN 978-84-938562

- Prevención primaria.
- Prevención secundaria: Diagnóstico precoz.
- Prevención terciaria. Intervención ante los casos detectados.

Recordemos en este momento los diferentes medios de actuación y recursos disponibles y necesarios para poder desempeñar adecuadamente nuestro trabajo dentro de los diferentes sistemas preventivos que hemos descrito se han de diferenciar[43].

Prevención primaria

La prevención primaria ha de ser realizada desde el origen o la posible estructura que pueda ocasionar el problema. En el caso que nos ocupa la prevención primaria ha de consistir en intervenciones en la propia sociedad en la que subyacen valores o creencias culturales en las que todavía está arraigada esa concepción de desigualdad entre iguales.

Serán necesarias intervenciones en la comunidad, las familias e inclusive en los propios individuos y en base a ellos y con una implicación multiprofesional conseguiremos que se vayan produciendo los cambios necesarios desde el origen del problema.

El papel fundamental de los profesionales sanitarios en esta prevención primaria ha de ir centrado principalmente en la función esencial de *Educación para la Salud* que podemos realizar en los diferentes sectores que hemos descrito anteriormente.

---

[43] Fernández Alonso,M..C. y Herrero Velázquez, S. De la evidencia científica a la práctica clínica. Prevención primaria y secundaria de la violencia domestica. 2007. [Citado el 25 de junio 2021] Accesible en *Revista clínica electrónica en atención primaria,* Núm. 12 (Març 2007) , p. 1-6, ISSN 1887-4215

Potenciaremos la educación para la salud en la *educación maternal* que se realiza a las mujeres y sus parejas intentando reforzar los conceptos de igualdad o corresponsabilidad en la crianza de los hijos[44].

En las *consultas de pediatría* y las revisiones establecidas conforme a protocolo reforzando la idea de respeto y buen trato hacia los demás potenciando la necesidad de prevenir el bullyng.

En las relaciones con *jóvenes o grupos* de mujeres u hombres, es necesaria una colaboración con ellos acudiendo a sus Centros de reunión (Colegios, Institutos, Asociaciones) para establecer o potenciar en sus ambientes las ideas de respeto, evitar o reconducir las conductas de riesgo en género que existan y potenciando la cercanía de los diferentes equipos multidisciplinares y recursos existentes para encauzar adecuadamente cada situación[45].

Todas estas actuaciones son realizadas por equipos de profesionales, según el tipo de actuación y la detección de riesgos obtenida, siendo de especial referencia estas reuniones con la colectividad o en centros educativos para la detección temprana de casos dado que, recordemos, uno de los grandes problemas de detección en las Consultas de Atención Primaria o en los Servicios de Urgencia es el que se realiza mucho más tarde de lo que se debiese (recor-

---

44 Calvo Sánchez, M.D., González Bárez, M.P., Pérez Gómez, R.M. y Arbe Ochandiano, M., *Derecho de la mujer a la prevención sanitaria protocolizada en gestantes sometidas a violencia.* 2011. Edt Ratio Legis. pg 39-69.

45 Guía de buen trato y prevención de la violencia de género. Protocolo de actuación en el ámbito educativo. Consejería de Educación Andalucía. Año 2016 . [Citado el 30 de junio 2021] https://violenciagenero.org/recurso/publicacion/guia-buen-trato-y-prevencion-violencia-genero-protocolo-actuacion-ambito

demos detección violencia en mujer hay veces que se realiza 10 años después del inicio[46]… o el acoso escolar[47] …)

Prevencion secundaria

El tener que desarrollarla implica que ya se han producido o se están produciendo las situaciones de maltrato.

En la detección secundaria el ámbito fundamental de intervención es en Atención Primaria, sin perjuicio de que el resto de servicios que hemos citado anteriormente como servicios de salud mental, ginecología o pediatría o los servicios de urgencias, también puedan ser lugar estratégico para realizarla[48].

Los profesionales sanitarios están formados para reconocer los signos e indicadores de sospecha y el detectarlos a tiempo y promover las adecuadas actuaciones conforme a los mismos significa que se evitarán las graves secuelas físicas y psíquicas posibles en un futuro.

El preguntar en la consulta de Atención Primaria por la situación en la pareja o en las posibles relaciones sociales de las mujeres que acuden a la consulta mayores de 14 años es fundamental y por ello desde el Ministerio de Sanidad y desde la Propia Gerencia Regional de Salud de Castilla y León se ha

---

46 Arredondo-Provecho, A.B., Del Pliego, G., Nadal, M. y Roy R. Conocimientos y opiniones de los profesionales de la salud de atención especializada acerca de la violencia de género. Enferm Clín. 2008; 18 (4): 175-182.

47 Protocolo de detección y actuación en violencia de Género en los centros educativos. 2019. [Citado el 30 de junio 2021] https://mujerdecantabria.com/wp-content/uploads/2019/05/protocolo.pdf

48 Violencia de Género: papel de Enfermería en la Prevención Secundaria desde Atención Primaria. Enfermería global vol.17 no.51 Murcia jul. 2018 Accesible en:https://dx.doi.org/10.6018/eglobal.17.3.307241

establecido la necesidad de cuestionarlo periódicamente como parte fundamental en la atención a las mujeres[49].

Para lograrlo el recurso fundamental del que disponemos son las guías y protocolos asistenciales para realizar una adecuada entrevista clínica en la que los profesionales sanitarios sepan discernir los posibles signos de alarma o las situaciones de especial vulnerabilidad de las víctimas y asi poder intervenir de la forma mas rápida posible[50].

Todas estas Guías enumeradas y especialmente la Guía de Castilla y León hacen referencia a la idea de la necesidad de confidencialidad (ver a las mujeres solas, recordemos que el maltratador suele acudir con ellas a la consulta), facilitar la comunicación a la mujer, escucha activa, empatía y transmitir a la mujer que ella no es el la culpable de esa violencia que esta sufriendo.

Una vez que seamos capaces de lograr ese clima de referencia para ellas les podemos ayudar y proponer los diferentes recursos socio sanitarios de los que disponemos, siempre respetando su decisión e inclusive la forma en la que ella o los terceros dependientes de ella van a atajar el problema[51].

---

49 Sancho Raimundo, S.E., Hernando Gómez, A., Vallejo Del Río, A. y Gamarra Lousa, M. La prevención como herramienta en la violencia de género. Cartera de Servicios. RIdEC 2016; 9(2):15-29.

50 Primeros signos del maltrato–Delegación del Gobierno contra la violencia de género . Ministerio de Igualdad. 2018. [Citado el 1 de julio 2021] https://violenciagenero.igualdad.gob.es/informacionUtil/comoDetectarla/primerosSignos/home.htm

51 Guía de actuación para mujeres que estén sufriendo violencia de género en situación de permanencia domiciliaria derivada del estado de alarma por COVID 19. año 2021 [Citado el 1 de julio 2021 https://violenciagenero.igualdad.gob.es/informacionUtil/covid19/GuiaVictimasVGCovid19.pdf

Prevención terciaria

La prevención terciaria es la que se produce cuando hemos realizado ya ese diagnostico necesario que hemos descrito y en el que respetando las decisiones de la mujer, valorando los recursos posibles, los profesiones necesarios que han de implicarse y el riesgo que sufre la mujer vamos a actuar.

En todas las Guías y protocolos referenciados antes se establecen estas medidas de intervención y actuación en las que vamos a implicarnos, pero en la Gerencia de Regional de Salud de Castilla y León en la Guía de Actuación en Violencia de Género se ha introducido el concepto mínimo de intervención que a nuestro parecer es un gran logro.

Este concepto de intervención mínimo contiene las actuaciones más importantes que se han de realizar en la consulta para lograr que la mujer se sienta apoyada y respaldada siendo denominado como el código "**ERES**".

Este código establece que como mínimo se de realizar una actuación de **E**scucha activa, **R**econocimiento de su vivencia, **E**valuación de riesgos y **S**ervicios de apoyo.

Si escuchamos a la mujer y la dejamos expresarse, valoramos sus necesidades o demandadas en ese momento discerniendo entre el riesgo existente y el potencial posible y le ofertamos o utilizamos los recursos disponibles conseguiremos realizar una atención integral multidisciplinaria y adecuada a cada caso en concreto.

V. PROPUESTAS DE MEJORA EN VIOLENCIA DE GÉNERO EN EL SECTOR SANITARIO

Si tal y como hemos descrito anteriormente disponemos de un sistema sanitario formado y con los recursos adecuados con pautas y guías de actuación en cada uno de los sectores sanitarios en los que debe realizar la detección e intervención, puede hacernos plantear que porqué todavía se siguen produciendo tantos casos de violencia de género : los juzgados españoles recibieron un total de 40.491 denuncias por violencia de género en el primer trimestre de 2021, según los últimos datos aportados por el Observatorio contra la Violencia Doméstica y de Género del Consejo General del Poder Judicial[52].

Esta cuestión ha sido abordada por los diferentes sistemas de salud autonómicos y las conclusiones fundamentales a las que se ha llegado y por lo tanto áreas de mejora a incluir es que se producen deficiencias en las dos partes implicadas: unas por la propia mujer y otras por los propios profesionales o el sistema sanitario en su conjunto.

Las mujeres al principio no perciben el problema o tratan de minimizarlo, y necesitamos que los profesionales sanitarios se vean todavía más accesibles y que sean la referencia inmediata para que puedan acudir ante el mínimo de sospecha que tengan de que algo no esta funcionando bien en su esfera personal o familiar. Si conseguimos fomentar esto en la Sociedad conseguiremos acabar con la clara detección tardía que existe en violencia de género[53].

En el sector sanitario las principales deficiencias que existen, a nuestro entender, son:

- Falta de detección a través de algunos de los servicios indirectos que anteriormente describíamos, fundamentalmente en los que se atiende a menores o en aquellos en

---

52 Violencia de género–datos y estadísticas–EpData.es. Actualización de 7 de julio de 2021. 2021 . [Citado el 10 de julio 2021] https://www.epdata.es/datos/violencia-genero-estadisticas-ultima-victima/109/espana/106

53 Aparicio Martín, E. (2020). Propuesta de intervención impulsada por la delegación del gobierno de España para la violencia de género. Análisis de un documento de referencia para profesionales. Revista de Comunicación de la SEECI, 51, 63-82. Recuperado de http://www.seeci.net/revista/index.php/seeci/article/view/594

los que existe un exceso de protocolización en la asistencia sanitaria, en los que no se contempla a todos los profesionales implicados, que deben estar, para la realización de una intervención adecuada como medicina, enfermería, trabajo social, matronas, servicios de salud mental.

- Deficiente gestión en la cumplimentación de las historias, partes de lesiones e informes necesarios que la mujer puede requerir posteriormente para ejercer sus derechos. Se infradetecta la violencia psicológica en muchas ocasiones.
- Insuficiente formación de muchos profesionales sobre la cultura en violencia de género y perspectiva de integración en el trabajo del día a día.
- Deficiente coordinación y comunicación entre los diferentes niveles asistenciales: Atención Primaria y Atención Especializada o los diferentes niveles de asistencia externa que atienden a las mujeres, quedando en muchos casos una detección parcelada e inclusive anclada.

Hemos de concluir que, pese a estas áreas de mejora que hemos considerado se deben producir pora ambas partes, el sector sanitario sigue siendo el vehiculo idóneo para la detección y el abordaje de la violencia de género y los profesionales sanitarios, que están claramente sensibilizados con este problema, son los conductores ideales para tratar de acabar con esta lamentable realidad existente en nuestra sociedad.

Los derechos digitales: igualdad y no discriminación

Mª ÁNGELES GONZÁLEZ BUSTOS
Profesora Titular de Derecho Administrativo.
Universidad de Salamanca.

Resumen

La denominada cuarta revolución digital, caracterizada por el uso de las nuevas tecnologías de la información, hace necesario que se garanticen los derechos de las personas en sus relaciones con el entorno digital. El derecho fundamental a la igualdad y no discriminación debe ser considerado de forma trasversal en todas las actuaciones que se lleven a cabo por parte de los poderes públicos para evitar el sesgo de género en la digitalización de la sociedad tanto en los ámbitos públicos como privados.

Abstract

The so-called fourth industrial revolution characterized by the digital age makes it necessary to guarantee the rights of people in their relationships with the digital environment. The fundamental right to equality and non-discrimination must be considered in a transversal way in all actions carried out by public powers to avoid gender bias in the digitalization of society in all public and private spheres

I. DERECHOS HUMANOS EN EL ENTORNO DIGITAL

Cuando hablamos de Derechos digitales debemos partir de qué es lo que se entiende por tales. Podemos considerar los Derechos digitales como aquellos derechos de los ciudadanos que se poseen en cuanto usuarios de las nuevas tecnologías, es decir el conjunto de derechos y obligaciones derivados del uso de las tecnologías de la información y de la inteligencia artificial; pudiendo denominarlos también como "ciberderechos".

Se trata por tanto de los derechos que permiten a las personas acceder a la innovación tecnológica, a través de todas sus variantes: informática, robótica, ofimática, cibernética, ciberseguridad, inteligencia artificial, internet de las cosas, bockchain, algoritmos... Las nuevas tecnológicas ha traído consigo la necesidad de proteger y garantizar los derechos de las personas en sus relaciones electrónicas frente a los riesgos que supone el ciberespacio siendo un entorno digital en continuo cambio y no todo lo seguro que debería ser, por lo que se hace imprescindible que los entes públicos adopten políticas públicas adecuadas para proteger a los ciudadanos.

Las políticas públicas deben ir dirigidas a la sensibilización, prevención, y protección del ciudadano frente a los riesgos que suponen la denominada cuarta revolución digital, incidiendo en los colectivos más desprotegidos como las personas mayores, los menores, o las mujeres, para garantizarles un entorno digital seguro libre de ciberdelitos como el acoso, el sexting, la extorción, el fraude,... llevados a cabo a través de medios telemáticos.

En el análisis de las políticas públicas dirigidas a garantizar los derechos de las personas en el entorno digital y concretamente la igualdad y no discriminación de las mujeres y hombres en el mismo debemos partir del Convenio para la protección de los Derechos Humanos y libertades públicas (4 de noviembre de 1950) que establece la prohibición de toda forma de discriminación por razón de sexo en el art. 14 y contempla la protección de los derechos humanos reconocidos en las leyes de los Estados o en cualquier otro Convenio (art. 53). Este texto, con sus diferentes modificaciones, sirve de base a la regulación contemplada en el derecho de la Unión Europea, y en nuestra Constitución Española, siendo la base a tener en cuenta en la protección de los derechos digitales.

La Unión Europea tiene una sensibilidad especial respecto a la materia que analizamos ya que es consiente del valor de las nuevas tecnologías para avanzar en el desarrollo económico, social y cultural de los Estados miembros. En este sentido el art. 2 del Tratado de la Unión Europea contempla como valores fundamentales la protección de una serie de derechos: "*La Unión se fundamenta en los valores de respeto de la dignidad humana, libertad, democracia, igualdad, Estado de Derecho y respeto de los derechos humanos, incluidos los derechos de las personas pertenecientes a minorías. Estos valores son comunes a los Estados miembros en una sociedad caracterizada por el pluralismo, la no discriminación, la tolerancia, la justicia, la solidaridad y la igualdad entre mujeres y hombres*". Derechos en los que incide la Carta de los Derechos Fundamentales de la UE, tal y como señala en el preámbulo: "*la Unión Europea está fundada sobre los valores indivisibles y universales de la dignidad humana, la libertad, la igualdad y la solidaridad, y se basa en los principios de la democracia y del Estado de Derecho. Al instituir la ciudadanía de la Unión y crear un espacio de libertad, seguridad y justicia, sitúa a la persona en el centro de su actuación*"[1]. Esta Carta dedica el capítulo II, expresamente, a la igualdad contemplando el derecho a la igualdad ante la ley en el art. 20, la no discriminación en el art. 21 y presta una atención especial a la igualdad entre hombres y mujeres en el art. 23 garantizando la medidas de acción positiva en los siguientes términos:

---

1 https://www.europarl.europa.eu/charter/pdf/text_es.pdf

"*La igualdad entre hombres y mujeres será garantizada en todos los ámbitos, inclusive en materia de empleo, trabajo y retribución. El principio de igualdad no impide el mantenimiento o la adopción de medidas que ofrezcan ventajas concretas en favor del sexo menos representado*".

II. LA UNIÓN EUROPEA COMO PROMOTORA DE POLÍTICAS DE PROTECCIÓN DE LOS DERECHOS DIGITALES

Este conjunto de derechos son el germen de la política de la UE dirigida a establecer unas directrices éticas en relación con las nuevas tecnologías y su desarrollo para responder a las preocupaciones relacionadas con el impacto de la misma en los derechos fundamentales como la intimidad, la dignidad, la protección de los consumidores y la lucha contra la discriminación.

La Unión Europea ha comenzado a desarrollar acciones encaminadas a dotar a los Estados miembros de una base jurídica con la que posteriormente poder legislar en materia de inteligencia artificial. En este sentido, en el 2012 la Comisión Europea financió un proyecto denominado Robolaw: Regulación de las tecnologías robóticas emergentes en Europa[2], dando como resultado la elaboración de un Informe (2014) que establece la Directrices para regular la inteligencia artificial dirigido a los responsables políticos europeos y promover una base técnica, ética y legal sólida[3]. Dicho texto parte de la protección de los derechos fundamentales estableciendo la necesidad de una regulación tanto en normas legales como en códigos de conducta y buenas prácticas, normas técnicas…. para conseguir una mayor transparencia y precisión en su régimen jurídico. En esta línea la Comunicación de la Comisión al Parlamento Europeo, al

---

2 http://www.robolaw.eu/projectdetails.htm

3 http://www.robolaw.eu/projectdetails.htm

Consejo Europeo, al Comité económico y social Europeo y al Comité de las regiones sobre Inteligencia artificial para Europa[4], también denominada Estrategia Europea de Inteligencia Artificial (EEIA), sienta las bases de la futura regulación de la materia a nivel de la UE y parte de la preocupación de que la forma en que se aborde resultará decisiva en el mundo por lo que se hace necesario un marco europeo sólido que permita enfrentar los nuevos retos que se nos plantean garantizando que:

- *Europa sea competitiva en el panorama de la Inteligencia Artificial* (IA) apoyando la investigación y la innovación para el desarrollo de una nueva generación de tecnologías en Inteligencia Artificial a través de inversiones en el sector[5].
- *Nadie se quede rezagado respecto a la transformación digital,* tanto en el mercado de trabajo como en la modernización de la educación.
- *Las nuevas tecnologías están basadas en valores,* debiendo asegurarse por parte de la UE que la IA se desarrolle y aplique en un marco adecuado que se base en principios éticos y en la protección de los derechos de las personas.

Esta preocupación por la necesidad de establecer un marco ético para la protección de los derechos de las personas se pone de manifiesto en la Resolución del Parlamento Europeo de 12 de febrero de 2019, sobre una política industrial global europea en materia de Inteligencia Artificial y robótica[6] que apueste por una carta ética de buenas prácticas que deben seguir las empresas y

---

4 Bruselas 25.4.2018 COM (2018) 237 final.

5 A través de proyectos financiados por la UE se han desarrollado máquinas agrícolas automáticas, un proyecto para las autopistas que proporcionan recomendaciones de seguridad en la conducción, una ortoprótesis robótica, robots que realizan tareas repetitivas en las fábricas de automóviles…

6 http://www.europarl.europa.eu/doceo/document/TA-8-2019-0081_ES.html

los expertos, en los que se incorporen los valores contemplados en la Carta de los Derechos Fundamentales de la UE como la dignidad humana, la igualdad, la justicia y la equidad, la no discriminación, el consentimiento informado, la vida privada, y familiar y la protección de datos; y la no estigmatización, la transparencia, la autonomía, la responsabilidad individual y la responsabilidad social.

Unas de las actuaciones claves en la protección de los derechos digitales se materializa en el *Libro Blanco sobre la inteligencia artificial* (19/02/2020), que establece las opciones para un marco legislativo aplicables a una Inteligencia Artificial fiable y un seguimiento en materia de seguridad, responsabilidad, y derechos fundamentales, incluida la no discriminación y la igualdad de género.

Teniendo en cuenta las distintas propuestas contempladas en el Libro Blanco, el Comité consultivo para la igualdad de oportunidades entre mujeres y hombres de la Comisión está preparando un dictamen sobre la inteligencia artificial, que analiza, entre otras cuestiones, las repercusiones de esta última en la igualdad de género.

La importancia de la igualdad de género en el desarrollo de las nuevas tecnologías se ha puesto de manifestó en la Comunicación de la Comisión al Parlamento Europeo, al Consejo, al Comité económico y social europeo y al Comité de las Regiones por la que se aprueba: Una Unión de la igualdad: Estrategia para la Igualdad de Género 2020-2025[7], señalando como la inteligencia artificial (IA) se ha convertido en la pieza clave a través de la cual gira el progreso económico, *por lo que las mujeres deben formar parte de su desarrollo en calidad de investigadoras, programadoras y usuarias*; lo cual puede dar lugar a desigualdades de género ya que si las nuevas tecnologías, como los algoritmos y otros sistemas de aprendizaje

---

7 https://eur-lex.europa.eu/legal-content/ES/TXT/PDF/?uri=CELEX:52020DC0152&from=EN
Bruselas 5.3.2020, COM(2020) 152 final.

automático, no son lo suficientemente transparentes y robustos, puede ocurrir que se perpetúen los sesgos de género.

Este conjunto de disposiciones pone de manifiesto la necesidad de que los Estados miembros desarrollen políticas públicas orientadas a la protección de los derechos de las personas en sus relaciones con las nuevas tecnologías y en especial garantizar la igualdad y no discriminación en la nueva era digital. De esta forma se han ido aprobando en Italia, la Declaración de los derechos en Internet (2015), en Francia, la Ley para la República digital (2016) o en Portugal, la Carta de Derechos fundamentales en la era digital (2020).

III. LA ACCIÓN DE LOS PODERES PÚBLICOS EN LA PROTECCIÓN DE LOS DERECHOS DE LAS PERSONAS EN EL ENTORNO DIGITAL

España consciente de esta imperante necesidad ha ido desarrollando un conjunto normativo que parte de la importancia del derecho de acceso a la información de los ciudadanos reconocido en el art. 20 de la Constitución Española. Este derecho ha sido objeto de toda una evolución normativa acorde con las necesidades de la sociedad, encontrándonos en el momento presente con que la mayor parte de la información se proporciona a través de las nuevas tecnologías por lo que es esencial que el ordenamiento jurídico cuente con instrumentos adecuados a los nuevos cambios que garanticen la protección de los derechos de las personas en la nueva era digital en la que estamos inmersos. Ante este reto, se ha presentado por el Gobierno de la Nación la Carta de Derechos Digitales el 14 de julio del 2021 siendo considerado, en palabras del Presidente del Gobierno Español, como uno de los compromisos más importantes asumidos por su gobierno. El objetivo de dicha Carta ha sido adaptar los derechos ya garantizados en nuestra Constitución Española al ámbito digital sin olvidar también nuevos derechos que han surgido en los últimos años, y proponer un marco de referencia respecto a su protección para que las futuras políticas públicas que se elaboren garanticen dichos derechos y principios en la nueva era digital[8].

Con la elaboración de este documento presentado por el Gobierno de España, se da cumplimiento al Pacto digital contenido en el Plan España digital 2025, que contempla un apartado relativo a los Derechos digitales en el que se establece la necesidad de reforzar los derechos de la ciudadanía en el mundo digital, así como clarificar los derechos y obligaciones de las empresas. Se establece la necesidad de elaborar una Carta de Derechos Digitales que actualizará y modernizará la" *formulación de los derechos y obligaciones de la ciudadanía, las empresas y las Administraciones Públicas; y garantizará el respeto a los valores compartidos y eliminará incertidumbres sobre lo que se puede y no se puede hacer en un mundo digitalizado en el que casi todo es posible; y definirá las bases de los que entendemos colectivamente como reglas justas para el desarrollo común en este nuevo escenario*" [9].

La Carta de Derechos digitales (CDD) tiene como objetivo reducir las brechas digitales que existen por motivos socioeconómicos, de género, generacionales o territoriales; siendo clave para la implementación del derecho de acceso a internet de calidad y asequibilidad en todo el territorio nacional, así como a la formación, capacitación y desarrollo de habilidades digita-

---

8 La Secretaría de Estado de Digitalización e Inteligencia Artificial (Ministerio de Asuntos Económicos y Transformación Digital), con la participación de los Ministerios de Justicia y Presidencia, Relaciones con las Cortes y Memoria Democrática, y la Agencia Española de Protección de Datos, ha puesto en marcha un proceso amplio de consulta pública (dos consultas públicas) y ha impulsado los trabajos de un grupo de expertos y expertas en la materia formado por juristas, representantes de usuarios e internautas o consultores de ciberseguridad,...dando como resultado la elaboración de la Carta de Derechos Digitales.

9 https://www.lamoncloa.gob.es/presidente/actividades/Documents/2020/230720-Espa%C3%B1aDigital_2025.pdf

les en todos los sectores de la población[10]; pero va más allá tal y como señala en sus consideraciones previas: "*el objetivo de la Carta es descriptivo, prospectivo y asertivo. Descriptivo de los contextos y escenarios digitales determinantes de conflictos, inesperados a veces, entre los derechos, valores y bienes de siempre, pero que exigen nueva ponderación; esa mera descripción ayuda a visualizar y tomar conciencia del impacto y consecuencias de los entornos y espacios digitales. Prospectivo al anticipar futuros escenarios que pueden ya predecirse. Asertivo en el sentido de revalidar y legitimar los principios, técnicas y políticas que, desde la cultura misma de los derechos fundamentales, deberían aplicarse en los entornos y espacios digitales presentes y futuros*"[11].

Con esos objetivos, la Carta trata de proteger los derechos de las personas en el nuevo ámbito digital garantizando, con un "plus de protección", aquellos derechos contemplados en la Constitución y añadiendo derechos fruto de los cambios producidos en los últimos tiempos pero no como otros derechos nuevos, sino reforzados, ya que los mismos se encuentran previamente contemplados en diferentes disposiciones como la LO 3/2018, de 5 de diciembre, de Protección de datos personales y garantía de los derechos digitales, el Código civil, la LO 1/1982, de 5 de mayo, de protección civil del derecho al honor, a la intimidad personal y familiar y a la propia imagen, la LO 2/1984, de 26 de marzo, reguladora del derecho de rectificación, o en la Ley 34/2002, de 11 de julio, de servicios de la sociedad de la información y de comercio electrónico. Es decir, se trata de concretar los derechos más relevantes en el entorno digital y de describir derechos instrumentales o auxiliares de ellos ya que estamos ante un terreno nuevo en continuo cambio al que las normas y políticas públicas

---

10 Vi. González Bustos, Mª A.: "Nuevo enfoque de los Derechos humanos en el entorno digital", *Inteligencia artificial y defensa. Nuevos horizontes,* Terrón Santos, D. (dir.), Aranzadi, 2021, pp. 131-178.

11 https://www.lamoncloa.gob.es/presidente/actividades/Documents/2021/140721-Carta_Derechos_Digitales_RedEs.pdf

se deben adaptar para garantizar y promocionar esta nueva realidad tecnológica, garantizando "una digitalización humanista" tal y como señala la justificación de la carta.

Una regulación previa de los derechos digitales la encontramos, aunque dirigida expresamente a la protección de datos, en el Reglamento (UE) 2016/679, del parlamento Europeo y del Consejo de 27 de abril de 2016 relativo a la protección de las personas físicas en loque respecta al tratamiento de datos personales y a la libre circulación de datos, desarrollado en España por la Ley Orgánica 3/2018, de 5 de diciembre, de Protección de Datos Personales y garantía de lo derechos digitales[12], que en su título X, contempla bajo el epígrafe "garantía de los derechos digitales" una serie de derechos de la era digital como el derecho a la neutralidad de internet[13], el derecho de acceso universal a internet[14], derecho

---

[12] Vid. sobre la Ley de protección de datos y garantía de los derechos digitales, entre otros, Acin Ferrer; A.: "Protección de datos. Aplicación de la LO 3/2018, de Protección de datos personales y garantía de los derechos digitales en las entidades locales", *LaAdministración práctica,* núm. 2, 2019, pp. 63-75; Barrios Andrés, M.: "Garantía de los derechos digitales en la LOPDGDD (Título X)", en L*a adaptación al nuevo marco de protección de datos tras el RGPD y la LOPDGDD,* Wolters Kluwer, 2019, pp. 217-271; Arenas Ramiro, M. y Ortega Giménez, A.: Comentarios a la Ley Orgánica de Protección de Datos y Garantías de Derechos digitales (en relación con el RGPD), SEPIN, 2019…

[13] Artículo 80. Derecho a la neutralidad de Internet: Los usuarios tienen derecho a la neutralidad de Internet. Los proveedores de servicios de Internet proporcionarán una oferta transparente de servicios sin discriminación por motivos técnicos o económicos.

[14] Artículo 81. Derecho de acceso universal a Internet: 1. Todos tienen derecho a acceder a Internet independientemente de su condición personal, social, económica o geográfica.
2. Se garantizará un acceso universal, asequible, de calidad y no discriminatorio para toda la población.
3. El acceso a Internet de hombres y mujeres procurará la superación de la brecha de género tanto en el ámbito personal como laboral.

a la seguridad digital[15], derecho a la educación digital[16], protección de los menores en internet[17], derecho de rectificación en internet[18], derecho a la actualización de informaciones en medios

---

4. El acceso a Internet procurará la superación de la brecha generacional mediante acciones dirigidas a la formación y el acceso a las personas mayores.
5. La garantía efectiva del derecho de acceso a Internet atenderá la realidad específica de los entornos rurales.
6. El acceso a Internet deberá garantizar condiciones de igualdad para las personas que cuenten con necesidades especiales.

15 Artículo 82. Derecho a la seguridad digital: Los usuarios tienen derecho a la seguridad de las comunicaciones que transmitan y reciban a través de Internet. Los proveedores de servicios de Internet informarán a los usuarios de sus derechos.

16 Artículo 83. Derecho a la educación digital: 1. El sistema educativo garantizará la plena inserción del alumnado en la sociedad digital y el aprendizaje de un uso de los medios digitales que sea seguro y respetuoso con la dignidad humana, los valores constitucionales, los derechos fundamentales y, particularmente con el respeto y la garantía de la intimidad personal y familiar y la protección de datos personales.

17 Artículo 84. Protección de los menores en Internet. 1. Los padres, madres, tutores, curadores o representantes legales procurarán que los menores de edad hagan un uso equilibrado y responsable de los dispositivos digitales y de los servicios de la sociedad de la información a fin de garantizar el adecuado desarrollo de su personalidad y preservar su dignidad y sus derechos fundamentales. 2. La utilización o difusión de imágenes o información personal de menores en las redes sociales y servicios de la sociedad de la información equivalentes que puedan implicar una intromisión ilegítima en sus derechos fundamentales determinará la intervención del Ministerio Fiscal, que instará las medidas cautelares y de protección previstas en la Ley Orgánica 1/1996, de 15 de enero, de Protección Jurídica del Menor.

18 Artículo 85. Derecho de rectificación en Internet. 1. Todos tienen derecho a la libertad de expresión en Internet. 2. Los responsables de redes sociales y servicios equivalentes adoptarán protocolos adecuados para posibilitar el ejercicio del derecho de rectificación ante los usuarios que difundan contenidos que atenten contra el derecho al honor, la intimidad personal y familiar en Internet y el derecho a

de comunicación[19], derecho a la intimidad y uso de dispositivos digitales en el ámbito laboral[20], derecho a la desconexión digital en el ámbito laboral[21], derecho a la intimidad frente al uso de dispositivos de videovigilancia y de grabación de sonidos en el lugar de trabajo[22], derecho a la intimidad ante la utilización de sistemas de geolocalización en el ámbito laboral[23], derechos digitales en la negociación colectiva[24], protección de datos de los menores en internet[25], derecho al olvido en búsquedas de internet[26] y en

---

comunicar o recibir libremente información veraz, atendiendo a los requisitos y procedimientos previstos en la Ley Orgánica 2/1984, de 26 de marzo, reguladora del derecho de rectificación.

19 Artículo 86. Derecho a la actualización de informaciones en medios de comunicación digitales: Toda persona tiene derecho a solicitar motivadamente de los medios de comunicación digitales la inclusión de un aviso de actualización suficientemente visible junto a las noticias que le conciernan cuando la información contenida en la noticia original no refleje su situación actual como consecuencia de circunstancias que hubieran tenido lugar después de la publicación, causándole un perjuicio.

20 Artículo 87. Derecho a la intimidad y uso de dispositivos digitales en el ámbito laboral:1. Los trabajadores y los empleados públicos tendrán derecho a la protección de su intimidad en el uso de los dispositivos digitales puestos a su disposición por su empleador.

21 Artículo 88. Derecho a la desconexión digital en el ámbito laboral:1. Los trabajadores y los empleados públicos tendrán derecho a la desconexión digital a fin de garantizar, fuera del tiempo de trabajo legal o convencionalmente establecido, el respeto de su tiempo de descanso, permisos y vacaciones, así como de su intimidad personal y familiar.

22 Artículo 89. Derecho a la intimidad frente al uso de dispositivos de videovigilancia y de grabación de sonidos en el lugar de trabajo.

23 Artículo 90. Derecho a la intimidad ante la utilización de sistemas de geolocalización en el ámbito laboral.

24 Artículo 91. Derechos digitales en la negociación colectiva.

25 Artículo 92. Protección de datos de los menores en Internet.

26 Artículo 93. Derecho al olvido en búsquedas de Internet.
1. Toda persona tiene derecho a que los motores de búsqueda en Internet eliminen de las listas de resultados que se obtuvieran tras

servicios de redes sociales y servicios equivalentes[27], derecho de portabilidad en servicios de redes sociales y servicios equivalentes[28], y derecho al testamento digital[29]. Es decir, configura todo un

---

una búsqueda efectuada a partir de su nombre los enlaces publicados que contuvieran información relativa a esa persona cuando fuesen inadecuados, inexactos, no pertinentes, no actualizados o excesivos o hubieren devenido como tales por el transcurso del tiempo, teniendo en cuenta los fines para los que se recogieron o trataron, el tiempo transcurrido y la naturaleza e interés público de la información.

27 Artículo 94. Derecho al olvido en servicios de redes sociales y servicios equivalentes.1. Toda persona tiene derecho a que sean suprimidos, a su simple solicitud, los datos personales que hubiese facilitado para su publicación por servicios de redes sociales y servicios de la sociedad de la información equivalentes.
2. Toda persona tiene derecho a que sean suprimidos los datos personales que le conciernan y que hubiesen sido facilitados por terceros para su publicación por los servicios de redes sociales y servicios de la sociedad de la información equivalentes cuando fuesen inadecuados, inexactos, no pertinentes, no actualizados o excesivos o hubieren devenido como tales por el transcurso del tiempo, teniendo en cuenta los fines para los que se recogieron o trataron, el tiempo transcurrido y la naturaleza e interés público de la información.

28 Artículo 95. Derecho de portabilidad en servicios de redes sociales y servicios equivalentes. Los usuarios de servicios de redes sociales y servicios de la sociedad de la información equivalentes tendrán derecho a recibir y transmitir los contenidos que hubieran facilitado a los prestadores de dichos servicios, así como a que los prestadores los transmitan directamente a otro prestador designado por el usuario, siempre que sea técnicamente posible.

29 Artículo 96. Derecho al testamento digital.
1. El acceso a contenidos gestionados por prestadores de servicios de la sociedad de la información sobre personas fallecidas se regirá por las siguientes reglas:
a) Las personas vinculadas al fallecido por razones familiares o de hecho, así como sus herederos podrán dirigirse a los prestadores de servicios de la sociedad de la información al objeto de acceder a dichos contenidos e impartirles las instrucciones que estimen oportunas sobre su utilización, destino o supresión.

catálogo de derechos relacionados expresamente con las nuevas tecnologías de la información[30].

Como excepción, las personas mencionadas no podrán acceder a los contenidos del causante, ni solicitar su modificación o eliminación, cuando la persona fallecida lo hubiese prohibido expresamente o así lo establezca una ley. Dicha prohibición no afectará al derecho de los herederos a acceder a los contenidos que pudiesen formar parte del caudal relicto.
b) El albacea testamentario, así como aquella persona o institución a la que el fallecido hubiese designado expresamente para ello también podrá solicitar, con arreglo a las instrucciones recibidas, el acceso a los contenidos con vistas a dar cumplimiento a tales instrucciones.
c) En caso de personas fallecidas menores de edad, estas facultades podrán ejercerse también por sus representantes legales o, en el marco de sus competencias, por el Ministerio Fiscal, que podrá actuar de oficio o a instancia de cualquier persona física o jurídica interesada.
d) En caso de fallecimiento de personas con discapacidad, estas facultades podrán ejercerse también, además de por quienes señala la letra anterior, por quienes hubiesen sido designados para el ejercicio de funciones de apoyo si tales facultades se entendieran comprendidas en las medidas de apoyo prestadas por el designado.

30 Vid. en general: González Tapia, Mª L.: "Los derechos digitales en la LO 3/2018", Diario la Ley núm. 9324, 2018; Cortina, A.: "Derechos humanos y digitales universales: Hacia un nuevo contrato sociodigital", Cuadernos de comunicación e innovación, núm. 110, 2019, pp. 124-129; Domínguez Álvarez, J.L. y otros: "Los derechos fundamentales de la privacidad: Derecho y necesidad en tiempos de crisis", Revista General de Derecho Administrativos, núm. 55, 2020, pp. 1-45; Rallo Lombarte, A.: "Una nueva revolución de derechos digitales", Revista de Estudios Políticos, núm. 187, 2020, pp. 101-135 y del mismo autor: "De la libertad informática a la constitucionalización de nuevos derechos digitales (1978-2018), Revista de Derecho Político núm. 100, 2017, pp. 639-669; Riofrío Martínez-Villalba, J.C.:La cuarta ola de Derechos humanos: los Derechos digitales, Revista latinoamericana de derechos humanos, vol. 25, núm. 1, 2014, pp. 15-45….

IV. LA IGUALDAD Y NO DISCRIMINACIÓN EN EL ENTORNO DIGITAL

1. Actuaciones de la Agencia Española de Protección de Datos en defensa de la igualdad y no discriminación.

La Agencia Española de Protección de Datos (AEPD), consciente de la necesidad de proteger los derechos de las personas en el uso de las nuevas tecnologías ha puesto en marcha el denominado Pacto Digital para la Protección de las Personas, que tiene por objeto compatibilizar el derecho fundamental a la protección de datos con la innovación, la ética y la competitividad empresarial. Las empresas que se adhieren a él, asumen un compromiso de responsabilidad en el ámbito digital señalando unas obligaciones específicas y las correspondientes responsabilidades por infracción de la normativa de protección de datos, así como un decálogo de buenas prácticas. La AEPD, a través de este pacto pretende promover la igualdad de género, la protección de la información y de las personas en situación de vulnerabilidad y garantizar que las tecnologías eviten perpetuar sesgos o aumentar las desigualdades existentes, evitando la discriminación algorítmica por razones de raza, procedencia, creencia, religión o sexo. Estos objetivos son desarrollados en el Marco de actuación de la AEPD en materia de igualdad de género comprometiéndose a tener en cuenta en su desarrollo el Objetivo de Desarrollo Sostenible número 5 relativo a la igualdad de género, para asegurar la participación plena y efectiva de las mujeres y la igualdad de oportunidades de liderazgo a todos los niveles decisorios en la vida política, económica y pública (Meta 5.5 del ODS). Se asumen una serie de objetivos a cumplir[31]:

---

[31] https://www.aepd.es/sites/default/files/2020-04/marco-actuacion-materia-igualdad-genero.pdf

- *Impulso de las modificaciones normativas que protejan la privacidad de las mujeres en los casos de violencia de género*
- *Impulso de protocolos para mujeres supervivientes a la violencia de género que estén sufriendo además la vulneración de su privacidad en internet o en las redes sociales*
- *Proporcionar información a las mujeres supervivientes a la violencia de género sobre los recursos y herramientas para proteger y comprobar la privacidad de sus dispositivos móviles.*
- *Colaboración con organizaciones para promover la protección de datos de las mujeres*
- *Ofrecer información a disposición de los jóvenes, padres y profesores*
- *Convocatoria de Premios sobre el derecho a la privacidad de la mujer*
- *Participación en iniciativas para impulsar el empoderamiento de la mujer*
- *Elaboración o colaboración en guías y herramientas*
- *Impulso de alianzas para fomentar la igualdad de género, así como la igualdad de trato y la diversidad.*

La preocupación por la igualdad y la lucha contra la violencia de género se hace palpable a lo largo del documento, prestando atención especial a la denominada violencia digital (violencia virtual o ciberacoso)[32], ya que se agrava la situación de la mujer que la sufre puesto a que a la agresión física o psicológica producida se le une la grabación de imágenes y su difusión en las redes sociales.

La AEPD tiene un compromiso firme con la defensa de la mujer y la igualdad en todas sus formas, ya que además de la correspon-

---

32 Según el Instituto Europeo de la Igualdad de Género, la violencia digital es un continuo de la violencia ejercida fuera de internet, y entre las diversas formas de ejercerla están el ciberhostigamiento, el ciberacoso y la pornografía no consentida.

diente responsabilidad penal derivada de la violencia de género, los agresores cometen infracción administrativa sobre protección de datos, al vulnerar la privacidad de la víctima, lo que puede traer adicionadas sanciones multadas con hasta veinte millones de euros.

2. La igualdad como principio rector de la Carta de derechos digitales

Este compromiso y preocupación por la protección de los derechos digitales, y en especial por la igualdad en la era digital, necesita un enfoque más global que el contemplado por la vulneración del derecho fundamental a la intimidad de las personas y protegido por la legislación de protección de datos concretamente por la Ley Orgánica 3/2018, de 5 de diciembre, de Protección de Datos Personales y garantía de los derechos digitales. De esta forma la Carta de Derechos digitales ha englobado los derechos contemplados en la normativa de protección de datos, los derechos garantizados en nuestra Constitución, así como nuevos derechos para conformar un texto integrador con el propósito de que en un futuro tenga "fuerza vinculante" en la nueva sociedad digital.

La Carta de Derechos Digitales parte de varias cuestiones que condicionan la estructura de la misma, es decir consta de unas consideraciones previas, tiene en cuenta argumentos o principios éticos, políticas públicas necesarias para desarrollar y hacer efectivos los derechos contenidos en la carta, y la posible evolución de dichos derechos[33]. Y configura conductas ilícitas que deberán tener en cuenta a la hora de establecer sanciones por parte de las diferentes leyes configurando unas garantías de los derechos en los entornos digitales.

Estas garantías hacen referencia al derecho a la tutela administrativa y judicial de los derechos de los ciudadanos en los

---

[33] Vid. González Bustos, Mª A.: "Nuevo enfoque de los Derechos humanos...., pp. 135-144.

entornos digitales que en el caso que produzcan efecto en el territorio español se podrán invocar ante la autoridad administrativa o el órgano judicial competente. Se promueven además mecanismo de autorregulación y procedimientos de resolución alternativa de conflictos como la mediación.

Se revisarán todas las leyes administrativas y procesales que influyan en los entornos digitales para garantizar los derechos digitales proponiendo en su caso las oportunas garantías. Esto nos llevará a la inclusión de la necesidad de un nuevo informe sobre el impacto digital de las disposiciones que se aprueben. Es interesante destacar la importancia de la evaluación continua de las leyes que contempla la Carta para corregir errores en las diferentes disposiciones[34], en dicha labor cumplirá una función destacable el Instituto para la Evaluación de las políticas públicas[35].

La estructura de la Carta tiene 5 partes diferenciadas dependiendo del derecho marco a proteger: libertad[36], igualdad, participación política y conformación del espacio público, mundo empresarial y laboral, y entornos específicos[37].

Sin embargo, a pesar de que se contemplen de forma separada, existe una interrelación entre todos ellos que se observa de manera reseñable en el Derecho a la igualdad.

El Derecho a la igualdad, sin perjuicio de contemplarse de manera específica en el apartado VIII de la Carta relativo a

---

34 Vid. sobre el tema Canals, D.: *La evaluación del impacto por razón de género. Su aplicación efectiva en las instituciones europeas y en España*, Centro de Estudios Políticos y Sociales, 2020.

35 https://www.mptfp.gob.es/portal/funcionpublica/evaluacion-politicas-publicas.html

36 El Derecho de Libertad parte de la Declaración Universal de los Derecho Humanos y de la Constitución Española garantizando los mismos derechos en el entorno digital y analógico.

37 Vid. González Bustos, Mª A.: *Nuevo enfoque…*, pp. 136-143, en donde se analizan los diferentes derechos.

la igualdad y a la no discriminación en el entorno digital, se contiene en todo el documento como principio inspirador y se aboga por la importancia de reducir la brecha digital a través de políticas públicas dirigidas a asegurar un derecho de acceso universal, asequible, de calidad y no discriminatorio a Internet para toda la población. En el desarrollo de las cuales es esencial partir del reconocimiento de un derecho básico, es decir el derecho de acceso a Internet a través del cual se promueve la conectividad a este servicio universal de comunicaciones electrónicas garantizando el acceso a todas las personas en igualdad de oportunidades para combatir así la brecha digital en todas sus vertientes (género, económica, edad, y discapacidad).

De esta forma destaca en el texto la importancia que se le da a la promoción de la perspectiva de género en todos los procesos de transformación digital, aplicándose tanto en el sector público como en el privado. Por cuanto al sector público se refiere, se apuesta por políticas públicas dirigidas a la lucha contra la brecha de género, la brecha territorial, o la brecha que sufren los mayores y las personas con discapacidad, plasmándose así el principio de igualdad para la población más vulnerable.

Dentro de este colectivo la protección de los menores cobra importancia por sí misma ya que se garantiza la protección del interés superior del menor y sus derechos fundamentales, prohibiendo el tratamiento de la información de los menores para obtener perfiles de personalidad en los entornos digitales estableciendo si ilicitud, así como las prácticas de perfilado susceptibles de manipular o perturbar la voluntad de los menores y, en particular, la publicidad basada en este tipo de técnicas. Los progenitores o tutores serán los responsables de que los menores hagan un uso "equilibrado y responsable de los dispositivos, de los entornos digitales y de los servicios de la sociedad de la información", para así "garantizar el adecuado desarrollo de su personalidad y preservar su dignidad y sus derechos fundamentales".

En la misma línea, se contempla el derecho a la protección de personas con discapacidad y de personas mayores en el entorno digital garantizando su accesibilidad y el derecho a la educación digital.

La igualdad como principio rector de la carta se observa en relación a los Derechos de Participación y conformación del espacio público cuando se garantiza el derecho de los usuarios a la neutralidad en la red, donde los operadores deberán ofrecer una oferta transparente de servicios sin discriminación por motivos técnicos o económicos, cumpliendo así con lo establecido en la legislación europea, e intentando luchar contra la brecha tecnológica y económica.

El derecho a la participación ciudadana en medios digitales se garantiza junto al derecho a la educación digital y el derecho de acceso a los servicios de las administraciones públicas, destacándose su disfrute en condiciones de igualdad sin discriminación ni exclusión de personas. Y, en concreto, por lo que se refiere a las relaciones de los ciudadanos con la administración destaca el derecho de igualdad en el acceso a los servicios públicos y en las relaciones digitales con la Administración.

En materia de derechos laborales digitales[38], y en relación a la igualdad y no discriminación, cabe destacar la apuesta por el teletrabajo garantizando siempre el derecho a la intimidad, la esfera privada del domicilio, los derechos de las personas que residen en él y el derecho a la conciliación de la vida personal y familiar. Desde esta prespectiva se ha regulado el teletrabajo tanto en el sector público como en el privado, a través del Real Decreto-ley 28/2020, de 22 de septiembre, de trabajo a distancia por cuanto al sector privado se refiere y el Real Decreto-ley 29/2020, de 29 de septiembre, de medidas urgentes en materia

---

[38] Vid. sobre el tema: Rodríguez Escanciano, S.: *Derechos laborales digitales: garantías e interrogantes*, Aranzadi, 2019.

de teletrabajo en las Administraciones Públicas[39]; que sin perjuicio de que resulten insuficientes en cuanto a su desarrollo dichas ya que se ha optado por una regulación de mínimos para que cada Comunidad Autónoma lo desarrolle, lo que dará como resultado 17 regulaciones diferentes, unido a su desarrollo vía reglamentaria hará que cada Administración Pública regule las características, naturaleza... del trabajo, es decir unas 11.000 regulaciones más o menos, lo que supondrá que el ciudadano tendrá que tener en cuenta los servicios de cada Administración y ver la regulación para saber a qué atenerse, además de no contemplarse los derechos digitales en dichos textos; debemos señalar que con esta regulación se intenta avanzar en esta modalidad de trabajo estableciendo pautas generales tal y como señala la exposición de motivos del Real Decreto-ley 28/2020:

"*El objetivo es proporcionar una regulación suficiente, transversal e integrada en una norma sustantiva única que dé respuestas a diversas necesidades, equilibrando el uso de estas nuevas formas de prestación de trabajo por cuenta ajena y las ventajas que suponen para empresas y personas trabajadoras, de un lado, y un marco de derechos que satisfagan, entre otros, los principios sobre su carácter voluntario y reversible, el principio de igualdad de trato en las condiciones profesionales, en especial la retribución incluida la compensación de gastos, la promoción y la formación profesional, el ejercicio de derechos colectivos, los tiempos máximos de trabajo y los tiempos mínimos de descanso, la igualdad de oportunidades en el territorio, la distribución flexible del tiempo de trabajo, así como los aspectos preventivos relacionados básicamente con la fatiga física y mental, el uso de pantallas de visualización de datos y los riesgos de aislamiento*".

La igualdad también se observa en la referencia a los Derechos digitales en entornos específicos que contiene la Carta apostando

---

[39] Vid., entre otros, González Bustos, Mª A. y Domínguez Álvarez, JL: "Nuevas oportunidades para lograr la conciliación en el sector público. El auge del teletrabajo", *Diario La Ley,* núm. 9766, de 8 de enero de 2021, pp. 1-12.

por el desarrollo tecnológico en condiciones de igualdad para la protección de la salud de los usuarios, así como la no discriminación algorítmica para que ningún ciudadano sea discriminado por las decisiones basadas a través de algoritmos debiendo asegurar "la transparencia, auditabilidad, explicabilidad y trazabilidad" de los mismos e informar explícitamente a los ciudadanos cuando estén hablando con un sistema de inteligencia artificial garantizando la asistencia por un ser humano si la persona interesada lo solicita.

A pesar de la importancia del documento analizado debemos señalar que la Carta no es una norma jurídica ni tiene fuerza vinculante, por lo que si lo que se pretende con ella es establecer unos derechos fundamentales en el entorno digital hay que garantizar el derecho a la conectividad o el derecho de acceso a internet como un derecho básico de todas las personas, siendo adecuado y necesario regularlo mediante una Ley Orgánica o incluso reformar la Constitución, en su caso. Se trata de una declaración de intenciones sin valor jurídico, sin embargo, su redacción y construcción trata de imitar la de un documento jurídico, un claro ejemplo es el epígrafe XXV, que se detiene en los derechos que los ciudadanos tendrán frente a la inteligencia artificial, y contempla los principios de auditabilidad de los algoritmos: "*se deberá garantizar el derecho a la no discriminación algorítmica*", y "l*as personas tienen derecho a solicitar una supervisión e intervención humana y a impugnar las decisiones automatizadas tomadas por sistemas de inteligencia artificial que produzca efectos en su esfera personal y patrimonial*"; o el epígrafe XXVI al señalar que "*para garantizar la dignidad de la persona, la igualdad y la no discriminación, y de acuerdo en su caso con los tratados y convenios internacionales, la ley podrá regular aquellos supuestos y condiciones de empleo de las neurotecnologías que, más allá de su aplicación terapéutica, pretendan el aumento cognitivo o la estimulación o potenciación de las capacidades de las personas*".

El objetivo de la Carta no es otro que aplicar los Derechos Humanos y los establecidos en nuestra Constitución al entorno digital y se plantean unos mínimos para que las leyes puedan ir desarrollándolos y convertirse con el tiempo en un documento con fuerza vinculante tal y como ha sucedido con el Convenio de Derechos Humanos. De esta forma la Carta contempla el principio de igualdad y no discriminación de una manera trasversal en todo el texto, pero sin embargo no contempla la discriminación por motivos económicos a las que se debería referir el texto, ni hace referencia expresa a los derechos sociales ni económicos que influyen considerablemente en la materia que tratamos.

V. A MODO DE CONCLUSIÓN

Partiendo de la declaración del Convenio de Derechos Humanos y de la pregunta sobre la necesidad o no de adaptación del principio de igualdad y no discriminación a la nueva sociedad digital así como a los cambios constantes que se están produciendo en la misma, debemos de señalar que el principio de igualdad como principio jurídico universal contenido tanto en los textos internacionales, como europeos y nacionales, y que se regula de la manera más global posible y de forma transversal en todas las actuaciones y políticas públicas aprobadas, es un derecho en continuo cambio ya que se adapta a todos los entornos y ámbitos, por lo que la necesidad de contener en un texto específico este derecho en un ámbito concreto como es el entono digital se hace evidente.

La realidad derivada de la pandemia provocada por la COVID-19 y sus variantes, ha dado como resultado un mundo más digitalizado en cuanto a las relaciones sociales y labores lo que hace imprescindible garantizar los derechos de los ciudadanos ya existentes y articular nuevos derechos arraigados en este nueva realidad, sobre los que hay que asentar las bases de este nuevo futuro digital al que nos enfrentamos.

El legislador tiene ante si nuevos retos en el desarrollo de los denominados derechos digitales para conseguir un entorno seguro, transparente, interconectado, interoperativo, moderno y adaptable a los continuos cambios de la nueva sociedad digital.

VI. BIBLIOGRAFÍA

-Acin Ferrer; A.: "Protección de datos. Aplicación de la LO 3/2018, de Protección de datos personales y garantía de los derechos digitales en las entidades locales", *la Administración práctica,* núm. 2, 2019, pp. 63-75.

-Arenas Ramiro, M. y Ortega Giménez, A.: *Comentarios a la Ley Orgánica de Protección de Datos y Garantías de Derechos digitales* (en relación con el RGPD), SEPIN, 2019

-Barrios Andrés, M.: "Garantía de los derechos digitales en la LOPDGDD (Título X)", en L*a adaptación al nuevo marco de protección de datos tras el RGPD y la LOPDGDD,* Wolters Kluwer, 2019, pp. 217-271.

-"Génesis y desarrollo de los derechos digitales", *Revista de las Cortes Generales,* núm. 110, primer semestre, 2021, pp. 197-233.

-Canals, D.: *La evaluación del impacto por razón de género. Su aplicación efectiva en las instituciones europeas y en España,* Centro de Estudios Políticos y Sociales, 2020.

-Cerrillo I Martínez, A.: "El derecho para una inteligencia artificial centrada en el ser humano y al servicio de las instituciones", *IDI: Revista de Internet, derecho y política,* núm. 30, 2020.

-Cortina, A.: "Derechos humanos y digitales universales: Hacia un nuevo contrato sociodigital", Cuadernos de comunicación e innovación, núm. 110, 2019, pp. 124-129.

-Davara Rodríguez, M.A.:" Una primera aproximación al Reglamento europeo de protección de datos y su incidencia en el tratamiento de datos de carácter personal en las Administraciones Públicas", Actualidad administrativa, núm. 4.

-De la Sierra Morón, S.: "Inteligencia artificial y justicia administrativa", *Revista General de Derecho Administrativo,* núm. 53, 2020.

-Domínguez Álvarez, JL y otros: "Los derechos fundamentales de la privacidad: Derecho y necesidad en tiempos de crisis", *Revista General de Derecho Administrativos,* núm. 55, 2020, pp. 1-45.

_García del Poyo, R.: "La seguridad jurídica en el entorno digital", *Revista de estudios jurídicos,* núm. 13, 2013, pp. 182-202.

-García Quiñones, J.C.: "La regulación de los derechos digitales en el ordenamiento español: una oportunidad para la ampliación de los derechos laborales", *Derecho de las relaciones laborales,* núm 8, 2020, pp. 1043-1077.

-García González, G.: "El derecho a la desconexión digital de los empleados públicos: alcance y significado de un derecho emergente en el contexto de la crisis sanitaria", *Revista Catalana de Derecho Público*, núm 3 extra, 2020, pp. 54-71

-Garrós Font, I: "El interés jurídico protegido en el derecho a la seguridad digital A propósito de la Ley Orgánica 3/2018, de 5 de diciembre, de Protección de Datos Personales y garantía de los derechos digitales", *Actualidad administrativa*, núm. 11, 2019.

-González Bustos, Mª A.: "Nuevo enfoque de los Derechos humanos en el entorno digital", *Inteligencia artificial y defensa. Nuevos horizontes*, Terrón Santos, D. (dir.), Domínguez Álvarez, JL, y Tomé Domínguez, P. Mª (coords), Aranzadi, 2021, pp. 111-146.

-González Bustos, Mª A. y Domínguez Álvarez, JL: "Nuevas oportunidades para lograr la conciliación en el sector público. El auge del teletrabajo", *Diario La Ley*, núm. 9766, de 8 de enero de 2021, pp. 1-12..

-González Tapia, Mª L.: "Los derechos digitales en la LO 3/2018", Diario la Ley núm. 9324, 2018.

-Megino Fernández, D y Lanzadera Arencibia, E.: "El derecho a la desconexión digital: delimitación y análisis", *Revista Vasca de Gestión de Personas y Organizaciones Públicas*, núm. 64-91.

-Mora Ruiz, M.: "El informe de impacto de género en las disposiciones administrativas de carácter general: ¿una garantia efectiva de la igualdad desde el Derecho Administrativo?", en Mora Ruiz, M. (dir.): *Formación y objeto del Derecho antidiscriminatorio de género: perspectiva sistemática de la igualdad desde el Derecho público*, Atelier, 2010, pp. 207-233.

-Rallo Lombarte, A.: "Una nueva revolución de derechos digitales", *Revista de Estudios Políticos*, núm. 187, 2020, pp. 101-135.

-"De la libertad informática a la constitucionalización de nuevos derechos digitales (1978-2018)", *Revista de Derecho Político* núm. 100, 2017, pp. 639-669.

-Riofrío Martínez-Villalba, J.C.: "La cuarta ola de Derechos humanos: los Derechos digitales", *Revista latinoamericana de derechos humanos*, vol. 25, núm. 1, 2014, pp. 15-45.

-Rodríguez Escanciano, S.: *Derechos laborales digitales: garantías e interrogantes*, Aranzadi, 2019.

-VVAA: Red Derecho Administrativo de la Inteligencia Artificial (DAIA): "Carta de Derechos digitales y sector público: propuestas de mejora": https://bit.ly/3paFoHo

-VVAA: Monográfico: "Los derechos fundamentales entre la justicia y la administración pública", Coordinado: Rodríguez Portugués, M. y Cubillo López, I., *Estudios de Deusto*, vol. 66/2, julio-diciembre 2018.

Tributos, presupuestos e igualdad

MARÍA ÁNGELES GUERVÓS MAÍLLO
Profesora Titular de Derecho Financiero y Tributario
Universidad de Salamanca

SUMARIO:

Resumen: El Derecho Financiero y Tributario tanto en la parte de ingresos públicos como en la dedicada al gasto público tiene mucho que aportar en el tema de la igualdad de hombres y mujeres. Se analiza en este trabajo los puntos en los que afecta, cómo se pueden regular y cuáles son las políticas más útiles en ingresos y gastos para conseguir dicha igualdad.

Abstract: Financial and tax law, both, the public income and that dedicated to public spending, have a lot to contribute to improve the equality between women and men. The aim of this paper is to analice the points in which it affects, how they can be regulated and which are the most useful public policies in income and expenses to achieve such equality.

1. INTRODUCCIÓN

En un momento vital, tan duro como en el que nos encontramos, para todos los sectores de nuestra sociedad y para todas las personas que los componen, se une una crisis económica enorme fruto de dicha situación, provocada por cierre y quiebra de tantos negocios, empresas y sectores dañados profundamente. Con esta situación de pandemia hemos sentido la incertidumbre de lo desconocido, la conmoción de la fragilidad de la vida por un pequeño virus contra el que no podíamos luchar, la vulnerabilidad general en igualdad pero que al mismo tiempo ha desvelado muchas desigualdades y desde luego muchas deficiencias de nuestra sociedad y en concreto muchas deficiencias en el destino del gasto público que ha visto cómo servicios como la sanidad o la investigación se encontraban desprovistas de las inversiones necesarias para superar un momento como el vivido. También hemos vivido la evidencia de que el trabajo y dedicación de las mujeres -muchas en sectores nada reconocidos- en este momento, han ayudado a la superación de los tiempos más duros de la pandemia. En esta situación, vemos que las primeras medidas que toma el gobierno son medidas fiscales. Este hecho que todos hemos o vamos a constatar en nuestros bolsillos puede resultarnos clarificador para entender el efecto y alcance que dichas medidas pueden tener en todos los campos de la sociedad incluida por supuesto la conciliación de la vida familiar y laboral[1].

---

[1] Sobre esta cuestión comparando la situación en diversos países, *vid.* PÉREZ DE VEGA, L.Mª: "Una visión comparada de las medidas fiscales de conciliación de la vida laboral y familiar. Especial referencia al modelo norteamericano", *Nueva Fiscalidad*, núm. 5, 2010, págs. 10-52, quien señala que "en este sentido, la actividad financiera pública, como mecanismo idóneo para la consecución de objetivos constitucionales de política social y económica, constituye una vía adecuada en esa búsqueda de soluciones que permitan una mejor convivencia entre el compromiso laboral y las responsabilidades familiares o privadas".

Para centrar este tema lo primero que tenemos que preguntarnos es ante qué materia nos encontramos, en segundo lugar, plantearnos si en ella existen problemas de igualdad de género[2] y si la respuesta es positiva, entonces analizaremos las medidas que afectan a esta problemática. Nos encontramos ante la materia tributaria, es decir la que analiza o trata de los ingresos y de los gastos públicos. Pagamos tributos para colaborar con los entes públicos que nos prestan servicios públicos financiando esos gastos públicos. ¿Existen aquí problemas de igualdad o los tributos están al margen del sexo de los contribuyentes? ¿Existe la discriminación fiscal por razón de género? Pues hemos de decir, en la brevedad de este trabajo y con la claridad con la que se nos pide expresarnos, que no existe tal problema si hablamos de individuos independientes, solteros, sin hijos[3], pues todos pagamos los mismos tributos sin atender a razones de sexo. Pero, si hablamos de una mujer, trabajadora y sobre todo con hijos o ascendientes a su cargo, pues sucede que comienzan los "problemas": trabajo, jornada parcial, deducciones en el Impuesto sobre la renta de las personas físicas[4], bonificaciones a empresas

---

2 Para un tratamiento profundo de esta materia vid. IGLESIAS CARIDAD, M.: *Igualdad y perspectiva de género en el derecho de la Hacienda Pública*, Ed. REUS, Zaragoza, 2017.

3 Sobre el tema de la igualdad en materia tributaria no es este trabajo el lugar para hablar de algo tan sumamente complejo y al que se han dedicado monografías completas. Para ello remitimos, entre todos, al trabajo del prof. RODRÍGUEZ BEREIJO, A.: *Igualdad tributaria y tutela constitucional. Un estudio de jurisprudencia*, Marcial Pons, Madrid, 2011 y a todos los magníficos trabajos que en él se citan. págs. 185-196, quien además pone de manifiesto que "lo que separa la igualdad ante la ley y la igualdad tributaria no son muros estancos, sino membranas a través de las cuales se comunican ambas manifestaciones de la igualdad".

4 Vid. la excelente monografía de IGLESIAS CARIDAD, M. *El tratamiento fiscal de la mujer trabajadora y emprendedora en el IRPF*, Tirant lo Blach, Valencia, 2017, donde se analizan de manera profunda todos los pormenores que señalaremos en este trabajo y otros muchos más.

en Impuesto sobre Sociedades[5]. Todo un galimatías jurídico tributario para proteger lo que la Constitución y las directrices europeas nos piden. En España la protección social, jurídica y económica de la "familia" se consagra en el artículo 39.1 de la Constitución Española, precepto cuyo contenido debe ponerse en relación con el mandato constitucional del artículo 9.2, que atribuye a los poderes públicos el deber de promover las condiciones para que la libertad y la igualdad del individuo y de los grupos en que se integran sean reales y efectivas, y remover los obstáculos que impidan o dificulten su plenitud facilitando la participación de todos los ciudadanos en la vida política, económica, cultural y social. El marco legal de protección en materia de maternidad y paternidad en el que se puede encuadrar la política de conciliación aparece fijado por dos Directivas del Consejo: la 92/85/CEE, de 19 de octubre, y la 96/34/CE, de 3 de junio. En cumplimiento de estas Directivas se aprueba primero la Ley Orgánica 3/2007, de 22 de marzo, para la igualdad efectiva de mujeres y hombres que va más allá y recoge en su artículo 44 los derechos de conciliación de la vida personal, familiar y laboral; y poco después la Ley 39/2009, de 5 de noviembre, para promover la conciliación de la vida familiar y laboral de las

---

5 Cft. AA.VV. (dirección Ana María Pita Grandal), *El trabajo de la mujer: impuestos y subvenciones*, Tórculo Edición, 2004; LÓPAZ PÉREZ, A.: "Tratamiento de las desigualdades de género en el ámbito jurídico-tributario", en Congresos internacionales Eumed.net, Universidad de Málaga; DE VILLOTA GIL-ESCOÍN, P.: "Aproximación desde una perspectiva de género a la política presupuestaria desde la vertiente impositiva. El caso de España", en AA.VV: *Economía y Género.* Icaria Editorial. Barcelona. 2004; CARBAJO VASCO, D., "La tributación conjunta en el Impuesto sobre la Renta de las Personas Físicas y la igualdad de género. Algunas reflexiones", ponencia presentada en el seminario "Política fiscal y género" en la sede el Instituto de Estudios Fiscales, Madrid 14 de abril de 2005; GONZÁLEZ GONZÁLEZ, A.I.: "Las medidas fiscales como instrumento de apoyo a la incorporación de la mujer al mercado laboral", *RUCT,* 7, 2004, págs. 248-270.

personas trabajadoras. Posteriormente complementados con el Real Decreto-ley 6/2019, de 1 de marzo, de medidas urgentes para garantía de la igualdad de trato y de oportunidades entre mujeres y hombres en el empleo y la ocupación, que modificó determinados artículos del Estatuto de los Trabajadores con el fin principal de mejorar los derechos de los trabajadores en relación con la conciliación de la vida laboral y familiar, sobre todo en relación con el nacimiento de un hijo[6].

Como ya hemos puesto de manifiesto, la incorporación de la mujer al mercado de trabajo ha motivado uno de los cambios más profundos de este siglo en las estructuras familiares y sociales[7]. Esta incorporación de la mujer en los años en los que coincide con la crianza de sus hijos pequeños, ha ido unida al incremento de medidas que ayuden al cuidado de los hijos y hagan el trabajo más flexible y equitativo. Actualmente España se encuentra entre

---

6 En esta norma se destaca la importancia para lograr "la igualdad real y efectiva entre hombres y mujeres, en la promoción de la conciliación de la vida personal y familiar, y en el principio de corresponsabilidad entre ambos progenitores, elementos ambos esenciales para el cumplimiento del principio de igualdad de trato y de oportunidades entre hombres y mujeres en todos los ámbitos", según se refleja exactamente. Las medidas que incorpora modifican disposiciones del Estatuto de los Trabajadores, en concreto el apartado 8 del artículo 34, así como los apartados del 4 al 10 del artículo 48 y del 4 al 6 del artículo 37. El primero de estos dos títulos aborda la adaptación de los horarios laborales y formas de trabajar (como el teletrabajo) a las necesidades personales. El segundo, trata la corresponsabilidad en el cuidado de los hijos.

7 Vid. GUERVÓS MAÍLLO, M.A.: "Medidas fiscales que afectan a la mujer", en AA.VV.: GONZÁLEZ BUSTOS, M.A. (coord.); CORCHETE MARTÍN, M.J.; GONZÁLEZ IGLESIAS, M.A; GUERVÓS MAÍLLO, MARÍA ÁNGELES; MARTÍNEZ GALLEGO, E.M. y SANZ MULAS, N.: *La mujer ante el ordenamiento jurídico: soluciones a realidades de género.*, Atelier, Barcelona, 2009-; Id.: "Familia, crisis económica y tributación: subida de impuestos o aumento de beneficios fiscales", en AA.VV.: *Lecciones de Derecho Tributario inspiradas por un maestro,* Vol. II, págs. 828-859, Instituto Colombiano de Derecho Tributario (ICDT), Colombia, 2010.

los países europeos que menor porcentaje de gasto público en términos de Producto Interior Bruto (PIB) dedica a la familia, el 1,2% frente a la media UE-15 y UE-27 del 2,1%, si bien en contrapartida ha apostado por incorporar medidas de apoyo directo a las familias, vía subvenciones o transferencias con el objetivo de lograr un mayor nivel de conciliación[8].

Vamos pues a analizar, más bien, dar cuenta brevemente, tanto de las medidas fiscales que afectan a una mujer, independientemente considerada, como de las medidas fiscales que afectan a una familia en la que una de las células sea una mujer. Y esto desgraciadamente tenemos que seguir analizándolo porque el trabajo de la mujer no es todavía igual que el de los hombres y sobre todo no es igual la repercusión económica de ese trabajo para la familia.

Es evidente que en la decisión de la mujer de participar en el mercado de trabajo e incluso en la cantidad de trabajo por ellas realizado, el Sector Público, a través de sus políticas de ingresos y gastos, puede influir decisivamente. España, como hemos reflejado, no es todavía un país que se caracterice por un apoyo y promoción intensivos del trabajo de la mujer. Evidentemente desde el punto de vista de un empresario el ofrecer un puesto de trabajo a una mujer todavía puede resultarle poco rentable debido a las posibles bajas por maternidad y a lo que ello supone no solo en los gastos para su sustitución en esas dieciséis semanas sino, más aún, en lo que este cambio puede alterar el orden normal de la empresa y del trabajo desarrollado por esa mujer. Esto es una realidad clara que provoca el rechazo de los empresarios a contratar a mujeres y sobre todo para determinados puestos.

Existen muchas medidas que pueden ayudar a fomentar el trabajo de la mujer, así por ejemplo, las *deducciones por maternidad* reguladas correctamente y de una manera general sin los

---

8 *Vid.* PÉREZ DE VEGA, L.Mª: *Una visión comparada de las medidas fiscales de conciliación de la vida laboral y familiar…*, ob.cit., pág. 11.

exagerados requisitos de la regulación actual, los permisos por paternidad remunerados, que permitiesen a las parejas repartirse los cuidados del hijo, etc. Aunque esta medida ha sido la última regulación incluida en nuestro país[9], sin embargo, el escaso desarrollo de otras medidas en España hace que la mujer se vea en muchos casos obligada a abandonar temporalmente su carrera profesional para atender a sus dependientes, fundamentalmente a sus hijos, dado que el Estado no se hace cargo de ellos. Ni decir tiene que estas medidas fiscales si no van de la mano de un cambio en la educación de nada servirán.

Vamos a centrar nuestro repaso en esas medidas fiscales que afectan a la mujer y a la familia en el Impuesto sobre la Renta de las Personas Físicas[10], por ser el impuesto más general y que afecta por tanto a más mujeres en nuestro sistema tributario y desde luego a las familias y a su conciliación con el trabajo (mínimos, reducciones y deducciones). También plantearemos brevemente cuestiones que afectan al Impuesto sobre el Valor Añadido. Hay además un campo muy grande que afecta de lleno a las políti-

9 Desde 2021, el permiso de maternidad y el de paternidad será igual e intransferible entre ambos progenitores. Ambos podrán disfrutar de 16 semanas, de las cuales serán obligatorias las seis semanas ininterrumpidas inmediatamente posteriores al parto, que habrán de disfrutarse a jornada completa. Las diez semanas restantes son de libre distribución en el primer año de vida del hijo. No obstante, la madre biológica podrá anticipar su ejercicio hasta cuatro semanas antes de la fecha previsible del parto. El disfrute de cada período semanal o, en su caso, de la acumulación de dichos períodos, deberá comunicarse a la empresa con una antelación mínima de quince días. Este derecho es individual del empleado sin que pueda transferirse su ejercicio al otro progenitor.
El permiso de maternidad/paternidad transcurridas las primeras seis semanas, podrá disfrutarse en régimen de jornada completa o de jornada parcial, previo acuerdo entre la empresa y el trabajador, y conforme se determine reglamentariamente.

10 En profundidad, vid. IGLESIAS CARIDAD, M. (2017): *El tratamiento fiscal de la mujer trabajadora y emprendedora en el IRPF.* Valencia: Tirant lo Blanch.

cas de conciliación familiar y laboral que son las situaciones de discapacidad y dependencia (en las que la mujer también suele ser parte afectada) a lo largo de todos los impuestos existentes en nuestro sistema fiscal. Sin embargo, y dada la extensión del trabajo nos remitimos a otros trabajos específicos sobre estas cuestiones tan amplias, interesantes y con necesidad de regularse en nuestro país[11]. Y a continuación, y dentro de la materia del

---

[11] Vid. DIZY MENÉNDEZ, D.: "Fiscalidad y dependencia: Tratamiento e incentivos", Ponencia presentada al Congreso Internacional sobre Dependencia y Calidad de Vida, organizado por Edad & Vida, Instituto para la Mejora de la Calidad de Vida de las Personas Mayores, celebrado en L'Oceanogràfic de la Ciudad de las Artes y las Ciencias de Valencia, los días 28 de febrero al 2 de marzo de 2007, con la colaboración de la Conselleria de Bienestar Social de la Generalitat Valenciana y el IMSERSO. Existen ya estudios, a los que remitimos, que analizan en mayor profundidad este tema, en particular vid. VV.AA.: Guía de la fiscalidad de las personas discapacitadas en el ámbito del trabajo: las personas y las empresas, obra cofinanciada por el fondo social europeo y la fundación ONCE en el marco del programa operativo plurirregional 2000–2006 de lucha contra la discriminación, Madrid, 2004; PÉREZ HUETE, J.: "Régimen fiscal del patrimonio protegido de los discapacitados", en *CT* núm. 116, 2005; el excelente análisis de ALONSO-OLEA GARCÍA, B.; LUCAS DURÁN, M. y MARTÍN DÉGANO, I.: La protección de las Personas con Discapacidad en el Derecho de la Seguridad Social y en el Derecho Tributario, Thomson-Aranzadi, Navarra, 2006; CARBAJO VASCO, D.: "La situación fiscal del discapacitado: Algunas reflexiones", *CT* núm. 119, 2006, págs. 81-88; DIZY MENÉNDEZ, D. (directora); RUIZ CAÑETE, O. y FERNÁNDEZ MORENO, M. (investigadoras): Las personas mayores en situación de dependencia. Propuesta de un modelo protector mixto y estimación del coste de aseguramiento en España, PREMIO Edad & Vida 2004, Edad & Vida, 2006; la última referencia en el detallado trabajo de MARTÍN DÉGANO, I.: "Novedades en la regulación de la discapacidad y dependencia en el Impuesto sobre la Renta de las Personas Físicas", en *Nueva Fiscalidad,* núm. 3, 2007, págs. 51-118. GUERVÓS MAÍLLO, M.A.: "Medidas fiscales sobre la dependencia y la familia en la Unión Europea y en España", *Noticias*

gasto público, analizaremos la necesidad de hablar del concepto de presupuesto con perspectiva de género para mejorar nuestro futuro, con ánimo y conseguir la recuperación de todo lo perdido.

2. ANÁLISIS DE LAS CUESTIONES FISCALES QUE AFECTAN A LA MUJER Y A LA FAMILIA EN EL IMPUESTO SOBRE LA RENTA DE LAS PERSONAS FÍSICAS Y EN EL IMPUESTO SOBRE EL VALOR AÑADIDO

En la actualidad, el Impuesto sobre la Renta de las Personas Físicas (IRPF) en España es un impuesto compartido por el gobierno central y los gobiernos regionales, lo que implica que el impuesto se comparte en recaudación por los dos niveles de gobierno y se otorga a las CCAA capacidad normativa para regular ciertos aspectos del impuesto. Recae sobre el aumento de renta que experimenta una persona física. Es decir, lo pagamos porque obtenemos renta y nuestra capacidad económica (riqueza) aumenta.

El IRPF es un instrumento con un importante valor social al afectar con generalidad a las familias y no es ajeno a los nuevos comportamientos que reclaman mayor atención de las autoridades públicas. La política fiscal es fundamental en la toma de decisiones de consumo, inversión y empleo y al sector público no le es indiferente que las familias decidan tener menos hijos, que se incrementen el número de ascendientes dependientes en una familia o que la mujer compatibilice se actividad profesional y familiar.

La adecuación del impuesto a las circunstancias personales y la atención a las cargas familiares para determinar la verdadera capacidad económica de las familias, se realiza a través de unos

---

de la Unión Europea. Monográfico: "El reto de la Dependencia en la Unión Europea y España", núm. 303. CISS, Valencia, 2010.

mecanismos que operan en la base imponible del impuesto denominados *mínimos vitales* (son los conocidas actualmente como mínimo personal y familiar, mínimo del contribuyente, mínimos por descendientes, mínimo por ascendientes y mínimo por discapacidad)[12] y las *reducciones* por atención a situaciones de dependencia y envejecimiento.

En esencia, todas estas cantidades son: a) instrumentos para adecuar la capacidad de pago de los contribuyentes; b) su cuantía depende del tamaño, composición y situación familiar y c) permiten evaluar, desde el ámbito fiscal, los niveles de renta que no han de ser gravados por entender que son cantidades que deben destinarse a la estricta cobertura de las necesidades básicas, definidas en función del número de ascendientes, descendientes a cargo y factores tales como la edad o el grado de discapacidad. Además, las Comunidades Autónomas incorporan algunas otras deducciones similares. Podemos decir que las CCAA han iniciado un proceso que supone un refuerzo a las medidas instituidas por el gobierno central en materia de tratamiento fiscal de la familia en el IRPF cuyo cambio fundamental se produce a partir del 2002. Algunas de estas deducciones coinciden con las establecidas en términos centrales (nacimiento o adopción de hijos, discapacidad, edad, ascendientes), lo que supone un incremento de las cantidades destinadas a cubrir esas circunstancias. En otros casos, son conceptos nuevos que tratan de cubrir el incremento de gasto que origina el encontrarse en esas situaciones para determinadas familias, entendemos, que dependiendo también de las necesidades diferenciales por lugar de residencia (partos múltiples, familia numerosa, gastos de estudios, labores no remuneradas en el hogar (con condiciones muy estrictas para la

---

12 Remitimos para un excelente desarrollo y análisis profundo de los mismos a IGLESIAS CARIDAD, M. (2016): "Los mínimos personales y familiares del IRPF, especialmente a raíz de la reforma de la Ley 26/2014, *Revista Técnica Tributaria*, núm. 113, págs. 61-112.

aplicación: fuente de rentas, cuantía de las rentas, niños a cargo), etc. Conceptualmente muy distintas por CCAA.

Otro punto regulado dentro del IRPF, en principio como instrumento para favorecer el acceso al mercado laboral de la mujer, es la deducción por maternidad. Es lo más parecido a una prestación por cuidado de hijos que existe en nuestro sistema de impuestos y prestaciones[13]. No es técnicamente una prestación por cuidado de hijos, pues no está asociada a la justificación de la utilización de servicios de guardería o de gastos de contratación de personas para el cuidado de niños. Sin embargo, se trata de una desgravación para las mujeres con hijos que trabajan, por lo que se puede presumir en cierto modo que cubre los gastos de cuidado. Su importancia cuantitativa es considerable en comparación con las demás desgravaciones y prestaciones por hijos, y sus efectos de descenso de los tipos impositivos efectivos de estas mujeres son significativos. Sin embargo, tiene muchos puntos problemáticos. En primer lugar, si es una ayuda por cuidado de hijos, debería ser para todas las personas que trabajen y no tengan un cónyuge en casa para cubrir el cuidado de los hijos. Aunque en la práctica no haya un número significativo de hombres que sean cabeza de familia monoparental, negarles este derecho sienta un precedente en contra del proceder habitual en nuestro sistema de impuestos y prestaciones. Hasta ahora, excepto el permiso por maternidad no había ninguna medida que dependiera del sexo de las personas. Es pues, jurídicamente discriminatoria. Otra contradicción es su *denominación* de 'deducción por maternidad', lo que ha dado lugar a innumerables protestas por parte de todas

13 Vid. VAQUERA, A. y MATA, M.T (2004): «La deducción por maternidad en el Impuesto sobre la Renta de las Personas Físicas», en *Carta Tributaria,* Monografía, núm. 10.

las madres que, no trabajando fuera de casa, quedan excluidas de una prestación con un nombre que las identifica[14].

Además de estos instrumentos en el IRPF tenemos otros puntos que pueden afectar directamente a la mujer, no podemos desarrollarlos en este trabajo, dada su extensión, por lo que remitimos a otros materiales donde los hemos estudiado. Así determinadas exenciones (como las reguladas por prestaciones familiares por hijo a cargo, nacimiento, parto múltiple, adopción y las pensiones y haberes pasivos por orfandad; ayudas públicas

14 Para un desarrollo de las críticas a esta medida vid. Vid. GUERVÓS MAÍLLO, M.A.: "Medidas fiscales que afectan a la mujer", en AA.VV.: GONZÁLEZ BUSTOS, M.A. (coord.); CORCHETE MARTÍN, M.J.; GONZÁLEZ IGLESIAS, M.A; GUERVÓS MAÍLLO, MARÍA ÁNGELES; MARTÍNEZ GALLEGO, E.M. y SANZ MULAS, N.: *La mujer ante el ordenamiento jurídico: soluciones a realidades de género.*, Atelier, Barcelona, 2009-; Id.: "Familia, crisis económica y tributación: subida de impuestos o aumento de beneficios fiscales", en AA.VV.: *Lecciones de Derecho Tributario inspiradas por un maestro,* Vol. II, págs. 828-859, Instituto Colombiano de Derecho Tributario (ICDT), Colombia, 2010. En el mismo sentido, DÍAZ CALVARRO, J. M. (2019). "Los sesgos de género en el sistema financiero y tributario español: Propuestas de solución". IUS ET VERITAS 59, quien señala que esta deducción termina encadenando más a la mujer a su rol de cuidadora dentro de la familia, ya que no la incentiva a incorporarse al mercado laboral y que la limita a la hora de solo poder recibirlo cuando tiene hijos menores de tres años. Esta autora piensa que el establecimiento de beneficios fiscales no debe incidir en los roles de hombre productor y mujer reproductora, sino que se deberían aplicar a hombres y mujeres respetando el principio de capacidad económica y de las circunstancias personales de los individuos. Sobre el particular IGLESIAS CARIDAD, M.(2017): *El tratamiento fiscal de la mujer trabajadora y emprendedora en el IRPF.* Valencia: Tirant lo Blanch, entiende que, aunque el colectivo de las mujeres es el más afectado, también se deberían adoptar acciones positivas en favor de los varones, ya que de esta forma, mediante estos beneficios directos se incentivaría que los varones se encarguen de las responsabilidades de cuidado.

por el acogimiento de menores, personas con discapacidad o mayores de sesenta y cinco años o para financiar su estancia en residencias o centros de día; anualidades por alimentos percibidas de los padres en virtud de decisión judicial); también la regulación de la tributación conjunta[15] o problemas causados por otras situaciones (capitulaciones matrimoniales, pactos prenupciales y parejas estables no casadas[16].

El otro punto en la parte de ingresos que debemos mencionar es el debate que existe en el Impuesto sobre el Valor Añadido respecto al tipo de gravamen aplicado a los productos higiénicos femeninos y también a los productos dirigidos a la mujer. Desde hace tiempo y a nivel mundial se debate una rebaja del IVA a los productos de higiene femenina. En nuestro país, en concreto, una bajada del 10% al 4%, lo que probablemente reduciría el precio de estos productos. Algunos países incluso han llegado a eliminar el conocido como "tampon tax", tras incluir los productos de higiene femenino entre los bienes de primera necesidad, y considerar que gravar este bien puede ser discriminatorio hacia las mujeres (al ser estas, lógicamente, las únicas destinatarias). Algunos de estos Estados son Irlanda, Canadá, la India o Australia. Sin embargo, en el otro extremo se encuentran las economías en las que este tributo asciende a más del 20% del precio de los artículos, como Hungría (el 27%), Suecia (el 25%) y Argentina (el 21%).

---

15 Vid. IGLESIAS CARIDAD, M. (2020): "Normas aplicables en la tributación conjunta: aspectos susceptibles de mejora" en AAVV (dir. CUBERO TRUYO, A; TORIBIO BERNÁRDEZ, L.): *Análisis transversal de la atención al hecho familiar en el ordenamiento tributario*, Aranzadi, Thomson-Reuteurs, págs. 97-145.

16 Vid. MEDINA ALCOZ, M.; HERAS HERNÁNDEZ, M.M.; IGLESIAS CARIDAD, M.; (2014): "Capitulaciones matrimoniales, pactos prenupciales y pactos de organización económica de las parejas estables no casadas" en AAVV: *Contratos civiles, mercantiles, públicos, laborales e internacionales, con sus implicaciones tributarias*, Aranzadi-Thomson Reuteurs, Vol. 6.

Dentro de este debate, la diferencia va más allá, ya que muchos artículos son más caros en su versión femenina que en la masculina. Las maquinillas desechables de afeitar son el ejemplo más habitual. Las rosas, para mujeres, tienden a ser más caras y hay quien lo achaca a cuestiones de marketing. Esta disparidad es popularmente llamada tasa rosa y, junto a la tasa tampón, perjudica económicamente a la mujer[17]. Y con este planteamiento enlazamos con el siguiente epígrafe.

3. CONCEPTO/NECESIDAD DE UN PRESUPUESTO CON PERSPECTIVA DE GÉNERO

Pasando ahora a la parte del gasto público en este trabajo debemos hablar de la existencia del Presupuesto con enfoques de género (PEG), el cual consiste en un análisis del proceso presupuestario con objeto de conocer el alcance e impacto de las políticas públicas sobre las mujeres y niñas en comparación con los hombres y niños, buscando la igualdad. Sorprende este planteamiento porque el presupuesto es considerado un instrumento neutro al género, ya que se presenta en términos de agregados financieros, sin existir una mención expresa ni a las mujeres ni a los hombres. Pero esto no es cierto: es un presupuesto "ciego al género"[18]. Por ello, los objetivos de un presupuesto

---

[17] Para un mayor desarrollo de esta cuestión que aquí solo podemos mencionar, vid. VILALTA FERRER, M. y RIVAS VALLEJO, P.: "La fiscalidad y el género: una relación tan necesaria como perentoria", *Revista de educación y derecho.education and law review* número 21. Octubre 2019- marzo 2020.

[18] Vid. VILLOTA GIL-ESCOÍN, P.; JUBETO RUIZ, Y. y FERRARI HERRERO, I.: *Estrategias para la integración de la perspectiva de género en los presupuestos públicos,* Ed. Instituto de la Mujer, Observatorio 17, Madrid, 2009, pág. 19, donde señalan que "sería más adecuado definir el presupuesto como ciego al género, ya que se están ignorando los diferentes roles, responsabilidades y capacidades, determinadas

de estas características son, por una parte, identificar y evaluar de forma clara las implicaciones para las mujeres de las políticas gubernamentales y por otro, influir en la cantidad y calidad de las asignaciones presupuestarias, evitando la discriminación y desigualdad existente en el uso efectivo de los recursos públicos.

Los presupuestos públicos generalmente: infravaloran la contribución de las mujeres a la macroeconomía, ya que descuentan la economía no remunerada, en la que las mujeres realizan la mayor parte del trabajo de cuidados y mantenimiento de la fuerza de trabajo y obvian el efecto que la distribución del trabajo, los recursos y activos tienen en la producción total, el nivel de ahorros, de inversión, etc, en función de las relaciones de género.

Hombres y mujeres adoptan diferentes papeles en la sociedad y en la economía, papeles que reciben distintas valoraciones. Estas valoraciones van a determinar, en última instancia, que las tareas reciban el reconocimiento público o sean olvidadas por el legislador. Así por ejemplo, nos encontramos con el ámbito de los cuidados no remunerados en el seno de la familia o los recortes en sanidad (con reducción del número de camas y altas más rápidas que implican para las mujeres cuidado de parientes convalecientes en casa).

Lo mismo ocurre con la economía sumergida de la mujer. Nos encontramos mujeres trabajando en: cuidado a nuestros mayores; cuidado de discapacitados; cuidado a nuestros niños; limpieza y en el sector servicios: hoteles, cafeterías[19].

---

socialmente, que se asignan a as mujeres y a los hombres, así como los diferentes efectos de las políticas sociales sobre estos colectivos".

19 En este sentido, vid. VILLOTA GIL-ESCOÍN, P.: ob.cit, quien señala que "dentro de la sociedad, algunos de los roles o papeles que desempeña cada sexo tienen más valor que otros: por lo general, aquéllos a los que se les atribuye menor importancia tienden a ser invisibles para los arquitectos de políticas. Por ejemplo, el trabajo de las mujeres en la esfera reproductiva no es reconocido como un valor, ya que se parte del supuesto de que estará siempre disponible. Estas diferencias en

Un presupuesto que se analiza con perspectiva de género persigue, en primer lugar, cuantificar de manera diferenciada en función del género el impacto en términos de producción y empleo del gasto. Es decir, de todos los puestos de trabajo que se crean o que se sostienen al llevarse a cabo la actividad económica que se genera o se induce desde los presupuestos, de qué manera estos puestos de trabajo tienen como destinatario último a hombres y mujeres. Así, con este instrumento se pretende asegurar que la política fiscal tenga en cuenta y valore la contribución realizada por la economía de los cuidados o economía reproductiva, a la producción económica nacional.

Como señala VILLOTA GIL, desde el momento de la formulación de los presupuestos públicos generalmente se ignoran los roles, responsabilidades y capacidades diferentes y socialmente determinadas que predominan para mujeres, hombres, niñas y niños. Estas diferencias están estructuradas de tal manera que dejan a las mujeres y a las niñas en posición de desventaja frente a los hombres, con menos recursos económicos, prestaciones sociales y poder político.

Como resultado de lo anterior, los presupuestos públicos, instrumento donde se plasman las políticas públicas, son mecanismos de transmisión y reproducción de la desigualdad entre los géneros. Al asignar recursos sin reconocer e incluso invisibilizando las desigualdades existentes entre diferentes sujetos sociales, se asume una neutralidad que no es acorde con el impacto diferenciado de las políticas públicas en los grupos de población[20].

---

el valor de los papeles desempeñados por mujeres y hombres, que están integradas a las estructuras sociales y económicas, también se reproducen en las políticas, los programas y la asignación de recursos".

20 Vid. DE PABLOS ESCOBAR, L. y VILLOTA GIL-ESCOÍN, P.: "Las políticas públicas y la igualdad de oportunidades hombres-mujeres", en *VII Encuentro de Economía Pública: hacienda pública y recursos humanos,* 2000, pág. 10, quienes afirman que "las ayudas familiares son prácticamente inexistentes. No se ofrecen políticas públicas que

Tenemos ejemplos en otros países, así Australia en1984, puso en marcha un proceso de análisis de las propuestas presupuestarias de cada departamento gubernamental a nivel interno, implicando a cada organismo en la reflexión sobre el potencial impacto de sus políticas sobre las relaciones de género de los colectivos afectados o beneficiados por las mismas.

Reino Unido en 1989 y con mayor influencia desde 1997 con el partido laboralista, fueron conscientes de la ligazón entre la economía reproductiva y de cuidados y las políticas públicas, por lo que han intentado analizar los efectos de éstas sobre la división sexual del trabajo, del tiempo y de los recursos y activos entre mujeres y hombres, teniendo como marco la percepción integral de la actividad económica que reivindica la economía feminista.

Canadá en 1990 analizó la viabilidad de una política pública favorable a la mayoría social, que prestara especial atención a la población más vulnerable y, que hiciera hincapié en las necesidades no cubiertas de las mujeres.

---

contemplen la situación de la mujer trabajadora, con hijos. No hay guarderías en los centros de trabajo, pero tampoco existe una política de transferencias que se haga cargo de los importantes costes que supone el cuidado de los hijos. En otros países europeos estas ayudas son realmente importantes. Este es el caso de Francia, Bélgica o Luxemburgo. Tampoco existen ayudas específicas a las familias monoparentales como en el caso de Bélgica, Irlanda o Francia. La realidad social actual ha multiplicado notablemente el número de mujeres divorciadas, separadas o solteras que tienen hijos a su cargo y que están en una situación económica realmente difícil. Este tipo de colectivo no goza de medidas de protección especial por parte del sector público. En consecuencia, el trabajo fuera de casa ha multiplicado considerablemente las horas de trabajo de las mujeres de rentas bajas y medio-bajas, que deben hacer frente a sus obligaciones laborales y domésticas simultáneamente sin ayuda pública alguna. En muchos casos esta realidad resulta inhibidora de la actividad femenina fuera del hogar, e incide, como estamos comprobando en España, de forma determinante en el índice de natalidad."

Sudáfrica en 1994 tuvo iniciativas cuyo objeto consistía en impulsar mejoras en las condiciones de vida de la población autóctona, en general, y de las mujeres en particular, al ser este el colectivo que había sufrido con mayor intensidad las políticas discriminatorias de los gobiernos racistas anteriores

En Europa, los Países nórdicos, Alemania, Austria, Bélgica, España, Francia, Italia, Escocia y Suiza, se comenzó a dar pasos aunque con menor intensidad, que poco a poco va agrandándose.

4. PRESUPUESTO DE BENEFICIOS FISCALES EN ESPAÑA[21]

El artículo 134.2 *in fine* de la Constitución Española manifiesta (caso insólito en el mundo, dada la relevancia del texto en el cual se inscribe esta obligación para el Gobierno):

«....2. Los Presupuestos Generales del Estado tendrán carácter anual, incluirán la totalidad de los gastos e ingresos del sector público estatal *y en ellos se consignará el importe de los beneficios fiscales que afecten a los tributos del Estado.*»

El Presupuesto de Beneficios Fiscales se define en España como "la expresión cifrada de la disminución de ingresos tributa-

---

21 Vid. CARBAJO VASCO, D.: "El uso de la perspectiva de género en el presupuesto de gastos fiscales español", en *Crónica Tributaria*, núm. 139, 2011, págs. 45-57, quien señala que "el simple hecho de que nuestra Carta Magna refleje esta obligación presupuestaria, la de consignar el importe de los beneficios fiscales que afecten a los tributos del Estado, con el mismo nivel y rigor que la inclusión en los PGE de las dos tradicionales vertientes del mismo, es decir, los ingresos y gastos públicos, refleja inmediatamente la importancia con la que el legislador español dota a la existencia de un PBF, cuyo tenor, anualmente, informe a los representantes de la nación, constituidos en el Parlamento y a la opinión pública, de la estructura, naturaleza y cuantía de los mismos".

rios que, presumiblemente, se producirá a lo largo del año como consecuencia de la existencia de incentivos fiscales orientados al logro de determinados objetivos de política económica y social".

Según la Organización para la Cooperación y el Desarrollo Económico (OCDE), un incentivo fiscal se conceptúa como beneficio fiscal (tax expenditure o gasto fiscal en terminología anglosajona)70 cuando se cumplen las siguientes condiciones:

- Un determinado hecho imponible o parámetro aplicable al impuesto se desvía de la estructura del mismo (por ejemplo, un tipo impositivo reducible).
- Que esta alteración de la estructura beneficie a una determinada actividad o grupo de contribuyentes (la deducción por maternidad sólo es aplicable a las madres de hijos/as menores de 3 años que trabajen en el mercado laboral).
- Que persiga un objetivo particular claramente identificable (por ejemplo, facilitar la conciliación).
- Que el objetivo perseguido pueda ser alcanzado con otros instrumentos, en especial con gasto directo (por ejemplo, ofreciendo a estas madres guarderías públicas gratuitas).
- Que el beneficio fiscal pueda ser eliminado de manera sencilla del sistema fiscal.

No obstante, los países que cuantifican estos beneficios no siguen de igual manera las pautas anteriores pues algunos de ellos dan más peso a unos criterios que a otros, lo que dificulta hacer comparaciones entre ellos. Incluso, en un mismo sistema fiscal puede darse un cambio en la interpretación de los criterios, como ocurrió en España desde la reforma de 1998, pues la deducción por descendientes se consideraba hasta esa fecha como un beneficio fiscal pero a partir de entonces se considera como parte de la estructura del impuesto, por lo que ha sido eliminada del Presupuesto de Beneficios Fiscales.

Señalan VILLOTA, JUBETO y FERRARI[22], que el uso de beneficios fiscales como instrumento de política social ha sido avalado e incentivado por organismos internacionales, como la Organización Internacional de Trabajo (OIT) en el Convenio número 156, adoptado en el año 1981 y en la Recomendación asociada número 165, en la que se subraya que los problemas de los/las trabajadores/as con responsabilidades familiares afectan a la sociedad en su conjunto y, por consiguiente, han de reflejarse en el diseño de las políticas nacionales. Esta Recomendación, en su apartado VI sobre Seguridad Social, alienta el desarrollo de instrumentos propios de la política fiscal, es decir gastos fiscales, como herramientas adecuadas en el ámbito de las políticas públicas.

Y por ello, si analizáramos el componente de género en los mismos se dispondría de un mejor instrumento para evaluar las políticas de igualdad en España, al menos para publicitar e informar sobre la incidencia recaudatoria, analizada desde la perspectiva de género, de los incentivos tributarios.

Permitiría manifestar cómo los beneficios fiscales operan sobre la desigualdad histórica del sexo femenino y si su instrumentación está ayudando o no a la igualdad.

Por ejemplo, analizadas las deducciones por maternidad, se observa que las madres españolas son de las que menor participación laboral muestran de la zona euro, entre otras cosas por las dificultades en la conciliación laboral y familiar.

El objetivo principal de estas deducciones es el de reducir la tributación de los contribuyentes con mayores cargas familiares,

---

22 Vid. VILLOTA GIL-ESCOÍN, P.; JUBETO RUIZ, Y. y FERRARI HERRERO, I.: *Estrategias para la integración de la perspectiva de género en los presupuestos públicos…*, ob.cit, pág. 150.

además de fomentar la natalidad y la participación laboral al estar condicionadas a cotizar a la Seguridad Social[23].

Como ha señalado el estudio realizado por la AIReF[24], la deducción sobre la maternidad se creó en 2003 y la deducción por familia numerosa o por personas con discapacidad a cargo en 2015. Desde su origen hasta 2018 no se registran cambios en la estructura de estos beneficios, ampliando sus importes desde dicho año en las tres modalidades. En el caso de la maternidad, se añaden en 2018 los gastos por guardería. En el caso de las personas con discapacidad a cargo, se incluyen los cónyuges discapacitados con rentas inferiores a 8.000 euros anuales.

Finalmente, en el caso de familia numerosa, se incrementa la cuantía por cada hijo adicional al mínimo exigido para obtener las deducciones anteriormente existentes. España es uno de los países con menor tasa de natalidad, aunque todos los países de la zona euro tienen una natalidad por debajo del índice de reemplazo (2,1 hijos por mujer).

Las madres españolas son de las que menor participación laboral muestran de la zona euro. Entre las posibles dificultades a la hora de tener hijos, la posibilidad de conciliar la vida familiar y laboral cobra un especial interés. En España, el porcentaje de madres que trabajan es sensiblemente inferior al de la mayoría de los países de la zona euro. Esta diferencia se explica en parte, por la situación estructural de la mujer en el mercado laboral

---

23 Para una mayor extensión sobre esta materia, vid. los excelentes trabajos de IGLESIAS CARIDAD, M: *Igualdad y perspectiva de género en el derecho de la hacienda pública*, Ed. Reus, Zaragoza, 2017; Id.: "Los mínimos personales y familiares del IRPF, especialmente a raíz de la reforma de la Ley 26/2014", en *Revista Técnica Tributaria*, núm. 113, 2016, págs.61-112 y *El tratamiento fiscal de la mujer trabajadora y emprendedora en el IRPF*, Tirant lo Blanch, 2017.

24 Vid. Autoridad Independiente de Responsabilidad Fiscal (AIReF): *Evaluación del gasto público 2019. Estudios sobre los beneficios fiscales*, 2019, págs. 129-144.

que, aún sin hijos, muestra una diferencia significativa respecto del resto de países analizados.

Las personas con discapacidad suelen vivir en hogares con bajos ingresos, un patrón que se repite en España. Aproximadamente dos tercios de las personas con discapacidad en los países de la zona euro viven en hogares que están dentro del 40% con menores rentas. En España, un 32% de las personas con algún grado de discapacidad viven en hogares entre el 20% más pobre, una cifra algo inferior a la media de la zona euro (36%).

Por ello, como señala CARBAJO VASCO, si queremos conocer cómo afectan los Presupuestos a la igualdad de género, resultaría imprescindible dotar de una "perspectiva de género" al Presupuesto de beneficios fiscales, al igual que se está intentando hacer en materia fiscal o en el área de los gastos públicos[25].

La Ley Orgánica 3/2007, de Igualdad entre Hombres y Mujeres, exige en su art. 15, que la perspectiva de género se aplique a la presupuestación pública, y en consecuencia, las tres vertientes del PGE, ingreso, gasto directo y gasto público, deberían haber sido objeto de la correspondiente sistematización y organización de acuerdo con la perspectiva de género.

Otro campo fundamental en este terreno sería incorporar beneficios fiscales en el Impuesto sobre Sociedades para fomentar la igualdad de género en este ámbito[26]. Está claro que la

---

25 Vid. CARBAJO VASCO, D.: *El uso de la perspectiva de género en el presupuesto de gastos fiscales español…*, ob.cit., pág. 53, donde mantiene que "al igual que cualquier instrumento para implantar Políticas Públicas, los PGF pueden ser objeto de diferentes evaluaciones, generándose con las mismas las correspondientes medidas de estimación: indicadores, índices de cumplimiento, análisis coste-beneficio, etc. Y, por la misma causa, deberían ser evaluados mediante instrumentos que cuantificasen o cualificasen, al menos, su incidencia en la igualdad".

26 Vid. MATA SIERRA, M.T.: "El fomento de la igualdad de género a través de un beneficio fiscal en el impuesto de sociedades: Análisis

capacidad de las mujeres para asumir todas las responsabilidades dentro de las empresas, pero sigue costando tener ese reflejo en los puestos de alta dirección.

5. FUTURO POSTPANDEMIA: REFORMAS TRIBUTARIAS Y MODIFICACIONES EN LOS PRESUPUESTOS

Cuando superemos la situación pandémica habrá que reorganizar los presupuestos teniendo en cuenta estos ámbitos:

1- Violencia de género: Hay que intensificar todas las medidas aprobadas en estos meses. Se ha puesto de manifiesto el especial impacto en determinados colectivos de personas especialmente vulnerables, entre ellos, las mujeres víctimas de violencia de género, que se encuentran en una posición de especial vulnerabilidad ante el aislamiento domiciliario, originando con ello una situación de mayor riesgo al verse forzadas a convivir con su agresor (servicios telemáticos, geolocalización)

Además, la ciberviolencia se ha convertido en una característica típica de Internet y es un área que vigilar para proteger a las niñas, ya que las limitaciones de movimientos aumentan el juego en línea y el uso de salas de chat.

2- Integración de la mujer al desarrollo socioeconómico: Se ha constatado que, sin escuelas, las madres podrán seguir trabajando desde sus hogares, pero muchas también se convertirán en maestras y cuidadoras de sus hijas e hijos, lo que traerá consecuencias también para aquellas que tenían un empleo en estas funciones.

Se necesita incrementar la ayuda a trabajadoras domésticas migrantes, quienes a menudo se encuentran en condiciones la-

---

crítico y propuestas de mejora", en Crónica Tributaria, núm. 173, 2019, págs.. 117-158.

borales frágiles: la pérdida de ingresos también afecta a quienes dependen de ellas en sus hogares.

3- Mirar hacia adelante en relación con los roles de las mujeres y las medidas de recuperación, además, tener en cuenta el uso innovador de la tecnología para resolver problemas.

4- Repaso del impacto y eficacia de los beneficios fiscales en las mujeres. En concreto, sectores en los que las mujeres son mayoría y reciben ingresos bajos como en el caso de: las jornaleras, las dueñas de pequeños negocios, quienes trabajan en los sectores de limpieza, cuidado, caja y catering, y en la economía informal. También: enfermeras, matronas.

En este sentido algunas medidas ejemplo en los presupuestos podrían ser: Incluirse un refuerzo financiero para los refugios de mujeres, a fin de que puedan apoyar a mujeres que necesitan escapar de relaciones violentas; o brindarse apoyo económico y medidas que alivien económicamente a sectores de venta minorista y pequeños negocios en los que se brinda empleo a mujeres con modalidades precarias de contratación o directamente sin ellas, que son más vulnerables al ahorro forzado.

Desde la Unión Europea se han planteado también varias medidas:

1- Suministro de equipos médicos. En este sentido, la UE creó la reserva de emergencia "rescEU" para que los países miembros tuvieran acceso rápido a equipos médicos, como respiradores y mascarillas de protección, como parte del Mecanismo de Protección Civil de la UE. Además, la UE organizó una gran licitación internacional para permitir a los Estados miembros realizar compras conjuntas de equipos y medicamentos y movilizó más de 3.000 millones de euros para dar apoyo a los sistemas sanitarios en las regiones de la UE más afectadas por la crisis del coronavirus. La UE también ha organizado una recaudación de fondos en línea que tiene como objetivo recaudar 7.500 millones de euros iniciales o vacunas, medicamentos y diagnósticos para combatir el coronavirus en todo el mundo.

2- Promoción de la investigación. El programa de investigación "Horizonte 2020" de la UE está financiando 18 proyectos de investigación y 151 en toda Europa para ayudar a encontrar una vacuna rápidamente contra el COVID-19. El objetivo es mejorar el diagnóstico, la preparación, la gestión clínica y el tratamiento.

3- Impulsar la solidaridad europea. El Parlamento Europeo ha respaldado nuevas normas que permiten a los Estados miembros solicitar asistencia financiera del Fondo de Solidaridad de la UE, cuyo alcance se ha ampliado, para cubrir emergencias sanitarias. El alcance de este fondo se ha ampliado recientemente, por lo que este año se pondrán a disposición de los países miembros hasta 800 millones de euros para combatir la pandemia de coronavirus.

4- Asegurar la recuperación de la UE. Para ayudar a la UE a recuperarse del impacto económico y social de la pandemia, la Comisión presentará una nueva propuesta para el presupuesto a largo plazo (2021-2027), que incluirá un paquete de estímulo. El Parlamento Europeo tiene que dar su visto bueno a esta propuesta. Los eurodiputados pidieron un plan sólido de recuperación y un Fondo de Solidaridad y subrayaron que las medidas económicas deben incluir "bonos de recuperación" garantizados por el presupuesto de la UE. A estas medidas se suma la hoja de ruta presentada por la Comisión Europea, en cooperación con el presidente del Consejo Europeo, europea para levantar progresivamente las medidas de confinamiento adoptadas como consecuencia del brote de coronavirus.

5- Apoyo a la economía. La UE trabaja en un paquete de ayuda de 540.000 millones de euros para abordar la crisis y apoyar a los trabajadores, las empresas y los Estados miembros. Además, el Banco Central Europeo está proporcionando 750.000 millones de euros para aliviar la deuda pública durante la crisis, así como 120.000 millones de euros en flexibilización cuantitativa y 20.000 millones de euros en compras de deuda. Los eurodiputados también votaron para poner a disposición de los países de la UE 37.000 millones de euros de los fondos estructurales existentes de la UE para hacer frente a la crisis del coronavirus y apoyar la asistencia sanitaria, las empresas y los trabajadores.

6- Protección del empleo. Para garantizar que los empleados puedan conservar su puesto si sus empresas se quedan sin trabajo debido a la crisis del coronavirus, la Comisión ha propuesto ayuda para el trabajo a corto plazo respaldado por el Estado (SURE). La Comisión Europea también ha desbloqueado 1.000 millones de euros del Fondo Europeo para Inversiones Estratégicas, lo que permitirá al Fondo Europeo para Inversiones Estratégicas emitir garantías para incentivar a los bancos y otros prestamistas a proporcionar hasta 8.000 millones de euros liquidez en apoyo a unas 100.000 empresas europeas.

7- Ayudar a los países en desarrollo ante la pandemia. La Comisión ha desbloqueado 20.000 millones de euros para ayudar a los socios de terceros países a luchar contra la crisis como parte de un paquete de la UE para dar una respuesta mundial coordinada para hacer frente a la propagación del COVID-19.

En definitiva, este es un momento de reflexión sobre nuestros valores. Es una oportunidad para construir una sociedad mejor, más fuerte, resiliente e igualitaria. Se necesita consenso en las medidas fiscales, sistema de financiación territorial y modernización del sistema tributario. En todo caso, no hay que perder de vista en todas estas medidas en las distintas economías el papel que las mujeres han tenido en este momento vital complicado para que sirva de referencia siempre cuando estructuremos las partidas presupuestarias y en ellas el reconocimiento al trabajo de todas ellas en nuestras sociedades. Preparar los presupuestos desde una perspectiva de género nos ayudará a establecer un orden mundial más inclusivo. Esto se ajusta tanto al Objetivo 5 de Desarrollo Sostenible de la ONU para lograr la igualdad de género, como a la declaración emitida por Business 20 (B20), Labor 20 (L20), que representa los intereses de los trabajadores, y Women 20, en la que se insta al G20 a "utilizar todas las herramientas de política disponibles para minimizar el perjuicio económico y social de la pandemia, restaurar el crecimiento global, mantener la estabilidad del mercado y fortalecer la resiliencia".

6. BIBLIOGRAFÍA

AAVV (2004): (dir. Ana María Pita Grandal), *El trabajo de la mujer: impuestos y subvenciones,* Tórculo Edición.

AAVV (2016): *La fiscalidad en España desde una perspectiva de género,* Institut per a l'Estudi i la Transformació de la Vida Quotidiana.

CARBAJO VASCO, D. "La tributación conjunta en el Impuesto sobre la Renta de las Personas Físicas y la igualdad de género. Algunas reflexiones", ponencia presentada en el seminario "Política fiscal y género" en la sede el Instituto de Estudios Fiscales, Madrid 14 de abril de 2005.

CARBAJO VASCO, D.(2006): "La situación fiscal del discapacitado: Algunas reflexiones", *CT* núm. 119.

CARBAJO VASCO, D. (2009). "Impuestos y género. Algunas reflexiones". *Crónica Tributaria* 132.

CUBERO TRUYO, A. M.; JIMÉNEZ NAVAS, M. D. (2012): "El tratamiento de la mujer en el IRPF. Medidas de discriminación positiva y medidas que favorecen la prolongación del rol tradicional". *Estudios Financieros. Revista de Contabilidad y Tributación* 355.

CUBERO TRUYO, A. M., JIMÉNEZ NAVAS, M. D.; SANZ GÓMEZ, R. (2009): "¿Perspectivas de género en los impuestos? La discriminación positiva en el IRPF. Investigación y género, avance en las distintas áreas de conocimiento: I Congreso Universitario Andaluz Investigación y Género,[libro de actas]. Universidad de Sevilla.

DE VILLOTA GIL-ESCOÍN, P. (2004): "Aproximación desde una perspectiva de género a la política presupuestaria desde la vertiente impositiva. El caso de España", en AA.VV: *Economía y Género.* Icaria Editorial. Barcelona.

DE VILLOTA GIL-ESCOÍN, P. (2007): "Análisis de un retroceso desde la perspectiva de género en la política fiscal española: Ley 35/2006, de

28 de noviembre". *Aequalitas: Revista jurídica de igualdad de oportunidades entre hombres y mujeres* 21.

DE VILLOTA GIL-ESCOÍN, P.; FERRARI HERRERO, I. (2016). "Diferencias por razón de sexo en el tratamiento fiscal de las rentas: la discriminación del Impuesto sobre la Renta de las Personas Físicas". En *Estudios del Instituto de la Mujer* núm. 119. España: Estudios del Instituto de la mujer y para la Igualdad de oportunidades.

DÍAZ CALVARRO, J. M. (2017). "La valoración del sistema fiscal desde el feminismo y la perspectiva de género". *Anuario de la Facultad de Derecho.* Universidad de Extremadura 33.

DÍAZ CALVARRO, J. M. (2019). "Los sesgos de género en el sistema financiero y tributario español: Propuestas de solución". *IUS ET VERITAS* 59.

GÓMEZ DE LA TORRE, M.; TERESA, L. L. (2013). "El IRPF en España: aspectos y evolución de la tributación familiar". *Anuario Jurídico y Económico Escurialense* 46.

GONZÁLEZ GONZÁLEZ, A.I. (2004): "Las medidas fiscales como instrumento de apoyo a la incorporación de la mujer al mercado laboral", *RUCT,* 7.

GUERVÓS MAÍLLO, M. A. (2009). "Medidas fiscales que afectan a la mujer", en AA.VV.: GONZÁLEZ BUSTOS, M.A. (coord.); CORCHETE MARTÍN, M.J.; GONZÁLEZ IGLESIAS, M.A; GUERVÓS MAÍLLO, M.A; MARTÍNEZ GALLEGO, E.M. y SANZ MULAS, N.: *La mujer ante el ordenamiento jurídico: soluciones a realidades de género.,* Atelier, Barcelona.

GUERVÓS MAÍLLO, M.A. (2010): "Familia, crisis económica y tributación: subida de impuestos o aumento de beneficios fiscales", en AA.VV.: *Lecciones de Derecho Tributario inspiradas por un maestro,* Vol. II, págs. 828-859, Instituto Colombiano de Derecho Tributario (ICDT), Colombia.

GUERVÓS MAÍLLO, M.A. (2010): "Medidas fiscales sobre la dependencia y la familia en la Unión Europea y en España", *Noticias de la Unión Europea.* Monográfico: "El reto de la Dependencia en la Unión Europea y España", núm. 303. CISS, Valencia.

IGLESIAS CARIDAD, M.(2012): "Las ayudas a las víctimas de violencia de género desde el derecho presupuestario" en AAVV. (dir. FIGUERUELO BURRIEZA, A; DEL POZO PÉREZ, M.; LÉON ALONSO, M.): *Igualdad: retos para el siglo XXI.*

IGLESIAS CARIDAD, M. (2016): "Los mínimos personales y familiares del IRPF, especialmente a raíz de la reforma de la Ley 26/2014, *Revista Técnica Tributaria,* núm. 113.

IGLESIAS CARIDAD, M. (2017). *El tratamiento fiscal de la mujer trabajadora y emprendedora en el IRPF.* Valencia: Tirant lo Blanch.

IGLESIAS CARIDAD, M. (2017). *Igualdad y perspectiva de género en el Derecho de la Hacienda Pública.* Reus.

IGLESIAS CARIDAD, M. (2020): "Normas aplicables en la tributación conjunta: aspectos susceptibles de mejora" en AAVV (dir. CUBERO TRUYO, A; TORIBIO BERNÁRDEZ, L.): *Análisis transversal de la atención al hecho familiar en el ordenamiento tributario,* Aranzadi, Thomson-Reuteurs.

LÓPAZ PÉREZ, A.: "Tratamiento de las desigualdades de género en el ámbito jurídico-tributario", en Congresos internacionales Eumed.net, Universidad de Málaga.

MARTÍN DÉGANO, I.(2007): "Novedades en la regulación de la discapacidad y dependencia en el Impuesto sobre la Renta de las Personas Físicas", en *Nueva Fiscalidad,* núm. 3.

MEDIALDEA GARCÍA, B.; PAZOS MORAN, M. (2011). "¿Afectan los impuestos a la (des)igualdad de género? El caso del IRPF español". *Presupuesto y gasto público,* 64.

PÉREZ DE VEGA, L.Mª (2010): "Una visión comparada de las medidas fiscales de conciliación de la vida laboral y familiar. Especial referencia al modelo norteamericano", *Nueva Fiscalidad,* núm. 5.

PÉREZ HUETE, J. (2005): "Régimen fiscal del patrimonio protegido de los discapacitados", en *CT* núm. 116.

RODRÍGUEZ BEREIJO, A. (2011): *Igualdad tributaria y tutela constitucional. Un estudio de jurisprudencia,* Marcial Pons, Madrid.

RUIZ GARIJO, M. (2010). "Sobre el androcentrismo fiscal o sobre la ausencia de la perspectiva de género en las políticas tributarias españolas actuales". En D. Heim, B. Encarna, *Derecho, género e igualdad: cambios en las estructuras jurídicas androcéntricas* (págs. 105-122). Barcelona: Grupo Antígona y "Dones i Drets".

SÁNCHEZ HUETE, M. A. (2013). "La tributación y su impacto de género en España". *Revista de derecho* (Coquimbo) 20.2.

VAQUERA GARCÍA, A. Y MATA SIERRA, M.T. (2004): «La deducción por maternidad en el Impuesto sobre la Renta de las Personas Físicas», en *Carta Tributaria,* Monografía, núm. 10.

La presencia de la mujer en las titulaciones de Ciencias de la Educación de la Universidad de Salamanca

VICENTE J. MARCET RODRÍGUEZ
Profesor Titular de Lengua Española
Universidad de Salamanca

Resumen: Este capítulo está dedicado al estudio de la presencia de la mujer en los títulos relacionados con las Ciencias de la Educación. Pretendemos analizar la evolución de la matrícula de estudiantes femeninas en la Facultad de Educación de la Universidad de Salamanca durante los diez primeros años de la implantación de las nuevas titulaciones que surgen en el marco del EEES. Por un lado, analizamos las diferencias entre los tres ciclos educativos superiores: grado, máster y doctorado. Por otro lado, realizamos una comparativa con la presencia de la mujer en el conjunto de las titulaciones de la Universidad de Salamanca.

Abstract: This chapter is dedicated to the study of the presence of women in degrees related to Educational Sciences. We intend to analyse the evolution of the enrolment of female students in the Faculty of Education of the University of Salamanca during the first ten years of the implementation of the new degrees that arise within the framework of the EHEA. On the one hand, we analyse the differences between the three higher education cycles: bachelor, master and doctorate. On the other hand, we made a comparison with the presence of women in all the qualifications at the University of Salamanca.

1. INTRODUCCIÓN

En 2018, la Universidad de Salamanca, una de las más antiguas de Europa y del mundo, cumplía ochocientos años. Pese a esta existencia de más de ocho siglos de historia, la presencia de la mujer en sus aulas, ya fuera como docente o como estudiante, no se ha normalizado, al igual que en el resto de universidades, hasta fecha relativamente reciente. A finales de la Edad Media y durante el Renacimiento, y como consecuencia posiblemente del fenómeno socio-cultural conocido como la querella de las mujeres, se tiene constancia de la presencia en las aulas de la institución salmantina de contadas mujeres, bien como estudiantes, como es el caso de la religiosa y escritora mística Teresa de Cartagena, quien en su primera obra, *Arboleda de los enfermos*, compuesta hacia 1481, hace alusión a "los pocos años que yo estudié en el estudio de Salamanca" (Prado, 2018, p. 205), o Beatriz Galindo (c. 1465-1535), también conocida como la Latina, preceptora de los hijos de Isabel la Católica, y que pudo haber estudiado en la Universidad de Salamanca, o incluso como docentes, como es el caso de Lucía (o Luisa) de Medrano (1484-c. 1527), de quien se cree que pudo haber impartido clases de Derecho y Latín en sustitución de Nebrija[1].

La situación no mejoró en gran medida durante los siglos siguientes, a pesar de que, durante el XVIII, con la Ilustración, se producen los primeros intentos de reforma educativa. A mediados del siglo XIX, la promulgación en 1857 de la Ley Moyano, supuso

[1] No obstante, algunas investigaciones recientes cuestionan la presencia de estas dos últimas mujeres en la Universidad de Salamanca (Carabias, 2019).

un importante avance en la incorporación de la mujer a la universidad, si bien de forma muy tímida. En este caso, la Universidad de Salamanca no se encontró entre las primeras, pues la noticia de la primera mujer matriculada data de 1888, y fueron muy pocas las que la siguieron a lo largo de la centuria (Prado, 2018, pp. 211 y 212)[2].

Todavía a comienzos del siglo pasado, la matriculación de estudiantes femeninas era una circunstancia testimonial, pese a que un buen número de alumnas destacaban por la brillantez de su expediente (Capel y Flecha, 2009). Se producen importantes avances en la concienciación social y en las autoridades legislativas, lo que se traduce en el fomento de la instrucción femenina y la intención de acabar con los impedimentos legales que dificultaban el acceso de la mujer a la educación superior[3]. El ascenso será rápido, pues se pasa de las 345 estudiantes matriculadas en universidades españolas en el curso académico 1919-20 a las 1.744 tan solo diez años después; sin embargo, tan solo 33 cursarían sus estudios en la Universidad de Salamanca (Prado, 2018, pp. 212 y 213)[4].

La situación, en términos generales, es bien diferente un siglo después[5], pues, de los 27.902 estudiantes matriculados en la Universidad de Salamanca, en el conjunto de titulaciones de grado, másteres oficiales, programas de doctorado, títulos propios, etc. durante el curso 2019-20, el número de mujeres era de 16.883,

---

2 Cf., también, para la presencia femenina en el conjunto de las universidades de España durante el siglo XIX, Flecha 1996, o Flecha 2010 para el caso concreto de las primeras profesoras universitarias.

3 Para un estudio de la situación educativa de la mujer en el primer tercio del siglo XX, cf. Capel 1986 o Montero 2009; también Bernal y Delgado 2004.

4 Y una gran mayoría (veintitrés) en la Facultad de Filosofía y Letras, por cinco de Ciencias, cuatro de Medicina y una en Derecho (Prado, 2018, p. 213). Cf. también Prado 2019. Para una visión general de la evolución de la educación femenina en España, cf. Ballarín 2001; también Amo 2009 o Sánchez y Hernández 2012.

5 Para un análisis de la evolución cuantitativa de la mujeres en las universidades españolas en los últimos dos siglos, cf. Guil y Flecha 2015.

lo que supone un 60,5% del total de estudiantes[6]. Su presencia es, además, claramente mayoritaria en las facultades y centros educativos asociados a las ramas de conocimiento de Arte y Humanidades: Facultad de Filología (el 76,95% de los estudiantes matriculados son mujeres), Facultad de Traducción y Documentación (7,49%) y Facultad de Bellas Artes (73,36%); Ciencias Sociales y Jurídicas: Facultad de Educación (76,94%), Escuela Universitaria de Educación y Turismo de Ávila (72,7%), Escuela Universitaria de Magisterio de Zamora (72,09%), Facultad de Ciencias Sociales (68,6%) y Facultad de Derecho (60,24%); y Ciencias de la Salud: Escuela Universitaria de Enfermería de Ávila (85,5%), Facultad de Psicología (82,46%), Escuela Universitaria de Enfermería de Zamora (80,48%), Facultad de Enfermería y Fisioterapia (72,61%), Facultad de Farmacia (74,23%) y Facultad de Medicina (67,89%). Conviene destacar que la presencia de la mujer en el alumnado comienza a ser igualmente predominante en determinadas titulaciones de Ciencias, a juzgar por los datos que aporta la matrícula en la Facultad de Biología (60,9%) y en la Facultad de Química (57,16%).

Por su parte, la presencia de estudiantes masculinos sigue siendo predominante en el caso de las titulaciones tradicionalmente asociadas a los hombres, como es el caso de aquellas pertenecientes a las ramas de conocimiento de Ciencias y de Ingeniería y Arquitectura. Así se observa en los datos de matrícula aportados por la Facultad de Ciencias Agrarias y Ambientales (donde el 60,22% de los estudiantes matriculados son hombres), la Facultad de Ciencias (72,37%), la Escuela Politécnica Superior de Ávila (73,6%), la Escuela Politécnica Superior de Zamora (77,05%), la Escuela Aeronáutica Adventia (91,5%) y la Escuela Técnica Superior de Ingeniería Industrial de Béjar (91,64%). Esta distribución puede observarse en la imagen 1.

---

6 Fuente: https://indicadores.usal.es/portal/estudiantes/estudiantes-matriculados/estudiantes-matriculados-en-el-curso-2019-20/.

Imagen 1. Estudiantes por centro y género matriculados en la USAL

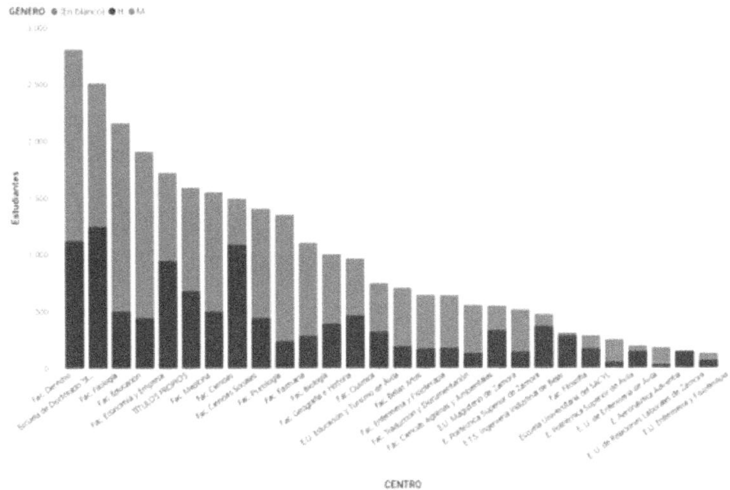

Fuente: Observatorio de la Calidad y el Rendimiento Académico de la USAL

2. OBJETIVOS

El propósito principal de este estudio es analizar la evolución de la matrícula de los estudiantes en función del género en las titulaciones del ámbito de conocimiento de Ciencias de la Educación a lo largo de los diez primeros años de la instauración en la Universidad de Salamanca de los nuevos planes de estudio en el marco del Espacio Europeo de Educación Superior. Pretendemos comparar la presencia de la mujer en los tres ciclos de enseñanza superior: grado, máster y doctorado, con el objetivo de determinar si existen diferencias significativas a medida que aumenta el nivel de los estudios. Para ello, nos serviremos principalmente de los datos aportados anualmente por el Observatorio de la Calidad y el Rendimiento Académico de la Universidad de Salamanca, dependiente de la Unidad de la Evaluación de la Calidad de dicha institución.

Consideramos que es muy importante la presencia de la mujer en las titulaciones de cualquier ciclo universitario de Ciencias de la Educación, pues, en tanto perteneciente a la rama de conocimiento de las Ciencias Sociales, la inserción de buena parte de estas estudiantes en el mundo laboral y académico en los distintos niveles educativos, desde la Educación Infantil hasta la Educación Superior, puede contribuir a un profundo cambio de la concepción tradicional de los roles de género en la mentalidad de las nuevas generaciones[7].

3. LA PRESENCIA DE LA MUJER EN LAS TITULACIONES DE CIENCIAS DE LA EDUCACIÓN

3.1. Estudios de grado

En la Universidad de Salamanca se imparten 68 titulaciones de grado y 25 dobles grados. Tomaremos como referencia los datos extraídos de la matriculación en los grados y dobles grados relacionados con la Ciencias de la Educación impartidos en la Facultad de Educación. Desde la instauración del EEES en la Facultad de Educación y la sustitución de las antiguas diplomaturas y licenciaturas por los nuevos grados durante el curso 2010-11, se imparten en el centro cuatro titulaciones de primer ciclo: Maestro en Educación Infantil, Maestro en Educación Primaria, Educación Social y Pedagogía. Todos los grados tienen una duración de cuatro años, durante los cuales se imparten un total de 240 créditos ECTS, a razón de 60 por curso. En todos ellos predomina ampliamente

---

7 Por ejemplo, mediante una revisión de los libros de texto, "que a menudo no transmiten fehacientemente la igualdad entre sexos, que no cuidan el lenguaje sexista o que invisibilizan la aportación histórica de las mujeres", como han puesto de manifiesto J. V. Gil *et al.* (2019, 57). Sobre esta cuestión y otras relacionadas, cf., asimismo, Díaz y Anguita (2017), Gutiérrez e Ibáñez (2013) u Ortega (2018).

la presencia de estudiantes femeninas[8]. Esta preponderancia es especialmente abrumadora en el caso del grado en Maestro en Educación Infantil, como se observa en la tabla 1[9].

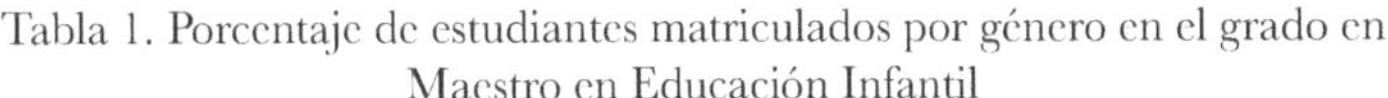

Tabla 1. Porcentaje de estudiantes matriculados por género en el grado en Maestro en Educación Infantil

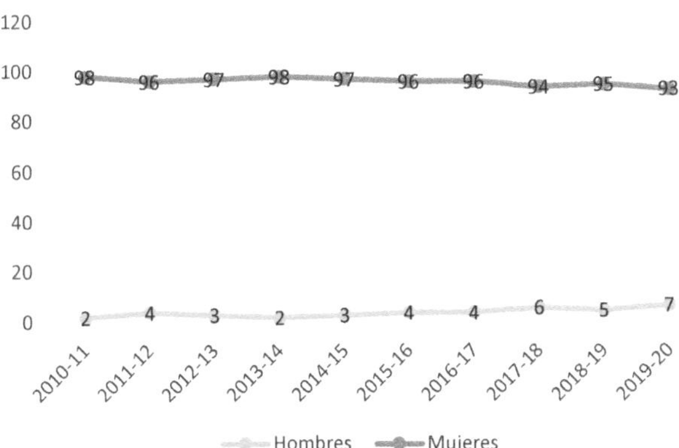

Destaca, a juzgar por los datos de esta tabla, la escasa presencia de estudiantes masculinos asociados a esta titulación, si bien, esto no debe sorprender, ya que tradicionalmente el desempeño del magisterio en la primera etapa de escolarización ha corrido a cargo de mujeres. Durante los primeros cinco cursos académicos de implantación de la titulación, la presencia de estudiantes masculinos ha sido muy escasa, con un porcentaje del 2 o el 3% del total de 80 estudiantes matriculados en cada uno de los cursos. Se observa, no obstante, durante los cinco últimos cursos, un ligero incremento de tendencia ascendente, al pasar de un 4% a un 7% en el curso 2019-20, lo que podría considerarse un

---

8 Fuente: Observatorio de la Calidad y el Rendimiento Académico de la Universidad de Salamanca: https://indicadores.usal.es/portal/estudiantes/evolucion-de-matricula/evolucion-de-la-matricula-de-grado/.

9 Todas las tablas son de elaboración propia.

indicio, aunque débil por el momento, de la igualdad efectiva entre hombres y mujeres en el desempeño indistinto de una profesión tradicionalmente desempeñada y asociada a las mujeres

La presencia de la mujer sigue siendo predominante en el grado en Maestro en Educación Primaria, si bien en este caso la diferencia es menor. Así, el porcentaje de estudiantes femeninas matriculadas siempre ha estado situado entre el 63 y el 69%, sin que podamos apreciar una clara tendencia ni al alza ni a la baja en estos diez años, según se observa en la tabla 2.

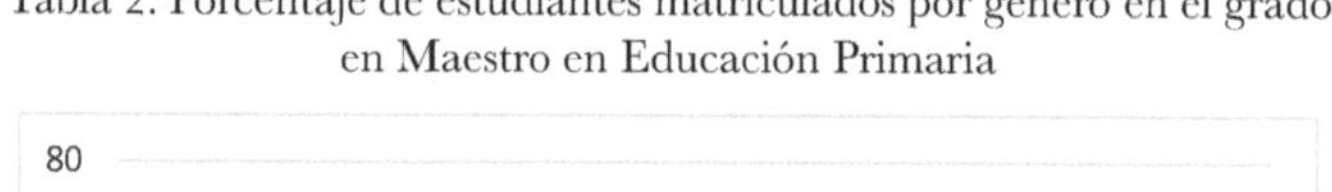

Tabla 2. Porcentaje de estudiantes matriculados por género en el grado en Maestro en Educación Primaria

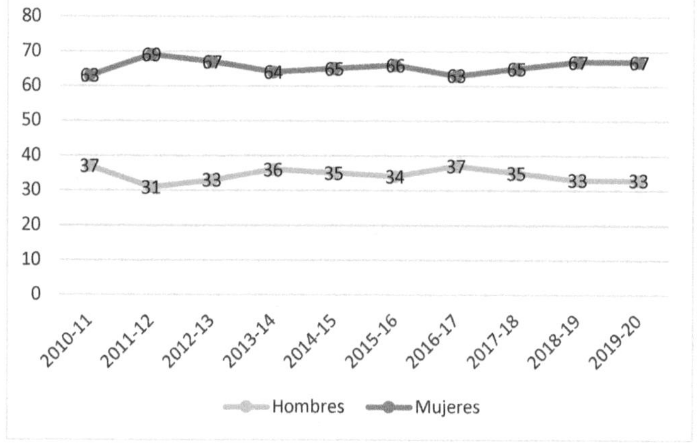

Desde el curso 2018-19, se imparte en la Facultad de Educación, respondiendo a una amplia demanda académica durante años, el doble grado en Maestro en Educación Primaria y en Maestro en Educación Infantil. La presencia de estudiantes femeninas matriculadas es claramente mayoritaria: diez frente a un único estudiante masculino, lo que supone un porcentaje de cerca del 91%.

Tabla 3. Estudiantes matriculados en el doble grado en Maestro en Ed. Primaria y Maestro en Ed. Infantil

El grado de Educación Social también cuenta con una amplia demanda y una matrícula en el año académico 2019-20 de 330 estudiantes, distribuidos a lo largo de los cuatro cursos de la titulación. El porcentaje de estudiantes femeninas matriculadas es muy elevado y se ha mostrado bastante uniforme a lo largo de los diez primeros años de implantación del título, pues siempre ha oscilado entre el 81 y el 87%, como se aprecia en la tabla 4.

Tabla 4. Porcentaje de estudiantes matriculados por género en el grado en Educación Social

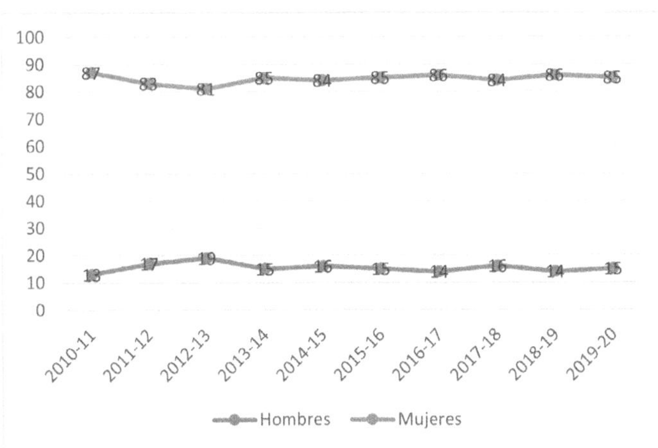

Desde el curso 2017-18 se imparte también, juntamente con la Facultad de Traducción y Documentación, el doble grado en Educación Social y en Información y Documentación. Se trata de una doble titulación en la que, pese a no alcanzar la cifra de matriculados del grado en Educación Social, también se observa una presencia claramente mayoritaria de estudiantes femeninas. En sus primeros tres cursos de impartición, cada año se han matriculado cinco estudiantes de nuevo ingreso, oscilando el porcentaje de estudiantes femeninas incorporadas cada curso entre el 60 y el 80%. Durante el curso 2019-20, el porcentaje de estudiantes femeninas matriculadas en la titulación era del 80%. La evolución se puede apreciar en la tabla 5.

Tabla 5. Porcentaje de estudiantes matriculados por género en el doble grado de Educación Social y en Información y Documentación

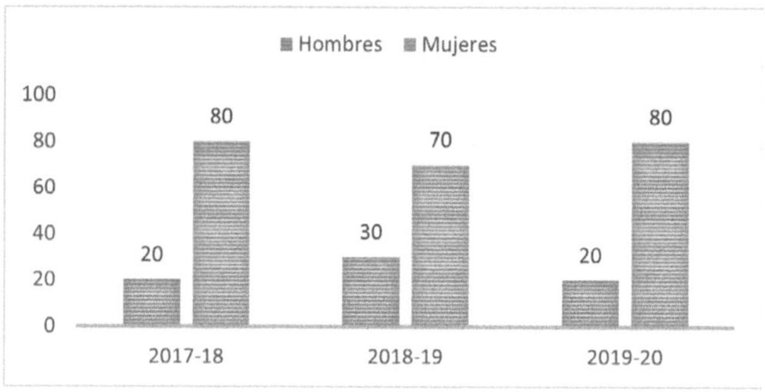

La cuarta titulación de primer ciclo de las impartidas en la Facultad de Educación es el grado en Pedagogía, de cuatro años de duración y una nota de corte de 6,909. En el curso 2019-20 contaba con una matrícula total de 286 alumnos. También ofrece un porcentaje muy elevado de estudiantes femeninas, que se ha mantenido prácticamente uniforme a lo largo de estos primeros diez cursos, al situarse siempre entre el 84 y el 87%, como se aprecia en la tabla 6.

Tabla 6. Porcentaje de estudiantes matriculados por género en el grado en Pedagogía

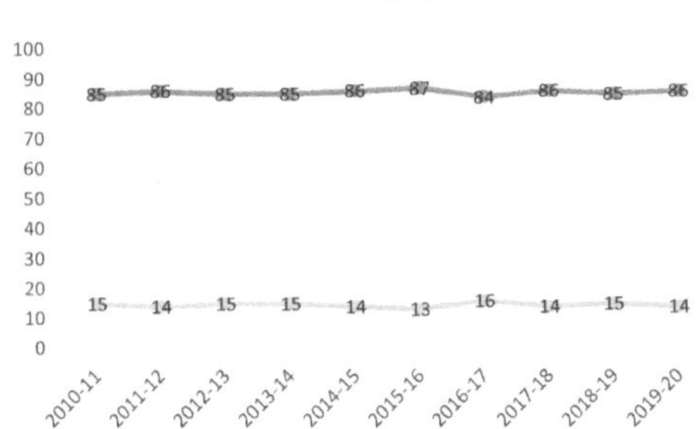

Durante el curso 2017-18, también se puso en marcha, en colaboración con la Facultad de Traducción y Documentación, el doble grado en Pedagogía y en Información y Documentación. Esta doble titulación ha contado con menos aceptación que su homóloga con Educación Social, ya que el número de estudiantes matriculados, que fue de uno en el primer año en que se impartió, ha disminuido del segundo al tercer año, al pasar de un total de seis estudiantes matriculados a cuatro. El porcentaje de estudiantes femeninas matriculadas siempre ha sido superior, como se observa en la tabla 7. Tan solo se matriculó un estudiante masculino, durante el curso 2018-19, quien abandonó la doble titulación el curso siguiente.

Tabla 7. Porcentaje de estudiantes matriculados por género en el doble grado en Pedagogía y en Información y Documentación

3.2. Estudios de máster

En la Universidad de Salamanca se imparten 75 másteres, de los cuales 29 corresponden a la rama de conocimiento de Ciencias Sociales y Jurídicas. A la Facultad de Educación corresponden cinco másteres[10], cuatro presenciales y uno impartido en línea. El Máster Universitario en Profesor de Educación Secundaria Obligatoria y Bachillerato, Formación Profesional y Enseñanza de Idiomas es un máster habilitante para el ejercicio de actividades profesionales reguladas, que tiene su origen en el antiguo Curso de Aptitud Pedagógica (CAP), y que se imparte en la Facultad de Educación desde el curso 2009-2010, con una oferta de 300 plazas de nuevo ingreso cada año, si bien solo contamos con datos estadísticos desde el curso 2010-11. Sus estudiantes proceden de diversas titulaciones, a consecuencia de su oferta formativa de 19 especialidades: Orientación Educativa, Matemáticas, Física y Química, Biología y Geología, Lenguas Clásicas (Latín y Griego), Lengua Española y Literatura, Inglés, Francés, Lenguas Modernas (Alemán, Italiano y Portugués), Educación Física, Dibujo, Música, Filosofía, Geografía e Historia, Administración de Empresas, Economía y Comercio, Formación y Orientación Laboral, Tecnología, Sanidad, y Comunicación Audiovisual. Posiblemente esta heterogeneidad temática explique el hecho de que, aunque también mayoritaria, la presencia de mujeres no sea proporcionalmente tan alta como en el caso de los grados en Educación, puesto que este máster también se nutre de estudiantes procedentes de titulaciones de la rama de conocimiento de Ciencias, en muchas de las cuales predomina el alumnado masculino. Pese a ello, y como ya hemos indicado, es mayoritario el porcentaje de mujeres, que durante estos primeros cursos ha oscilado entre el 54 y el 67%, como se aprecia en la tabla 8.

---

[10] Información disponible en https://indicadores.usal.es/portal/estudiantes/evolucion-de-matricula/matricula-de-master/.

Tabla 8. Porcentaje de estudiantes matriculados por género en el Máster en Profesor de ESO y Bachillerato, FP y Enseñanza de Idiomas

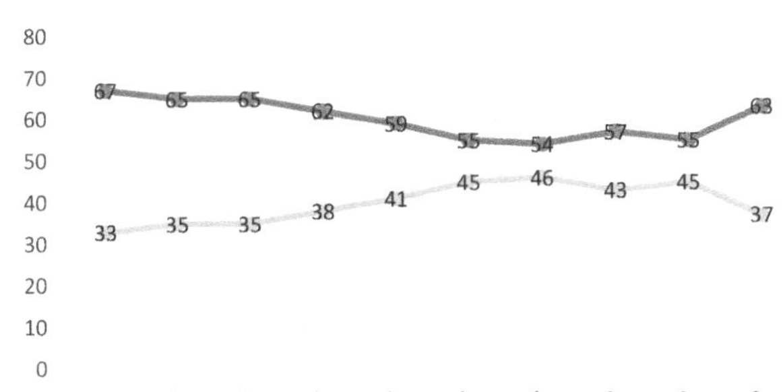

El Máster Universitario en Las TIC en Educación: Análisis y Diseño de Procesos, Recursos y Prácticas Formativas tiene su origen en el curso 2006-07, aunque en su nuevo formato se imparte desde el curso 2013-2014. Cuenta con 40 plazas anuales de nuevo ingreso. Destinado principalmente a titulados en carreras del ámbito educativo, como es el caso de los cuatro grados impartidos en la Facultad de Educación, en los que predomina, según hemos observado, la presencia de estudiantes femeninas, en los tres primeros cursos de implantación del máster, y especialmente en su primera edición, fue mayoritaria la presencia de hombres. Esta circunstancia pudo deberse, quizás, al carácter tecnológico del máster, pues, como hemos observado en la introducción, las carreras técnicas y tecnológicas suelen estar más demandadas entre el estudiantado masculino. En los últimos cuatro cursos académicos, no obstante, la tendencia se ha invertido, si bien ligeramente, y ha pasado a ser predominante la presencia de mujeres en el máster, con un porcentaje bastante uniforme, situado entre el 55 y el 61%, como se observa en la tabla 9.

Tabla 9. Porcentaje de estudiantes matriculados por género en el Máster en las TIC en Educación

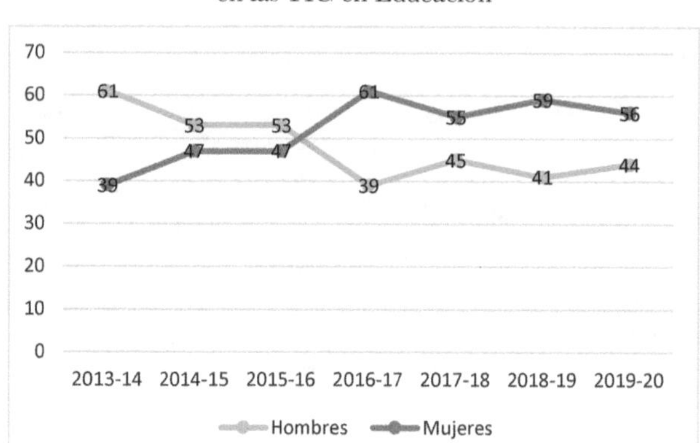

El Máster Universitario en Estudios Avanzados en Dificultades de Aprendizaje se imparte desde el curso 2013-14 y cuenta con un número anual de 20 plazas de nuevo ingreso. Con una amplia demanda, es claramente mayoritaria la presencia de estudiantes femeninas, con un porcentaje que en el menor de los casos ha sido del 70%, en la edición de 2015-16, y que durante los últimos cuatro cursos se ha mantenido entre el 86 y el 96%, como se observa en la tabla 10.

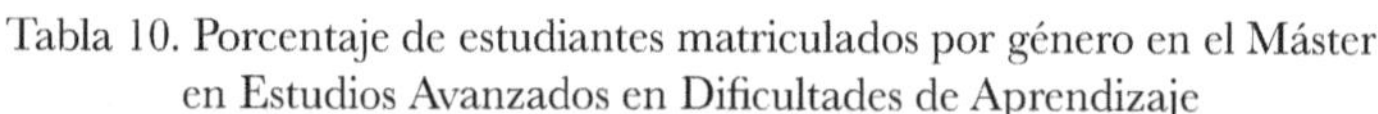
Tabla 10. Porcentaje de estudiantes matriculados por género en el Máster en Estudios Avanzados en Dificultades de Aprendizaje

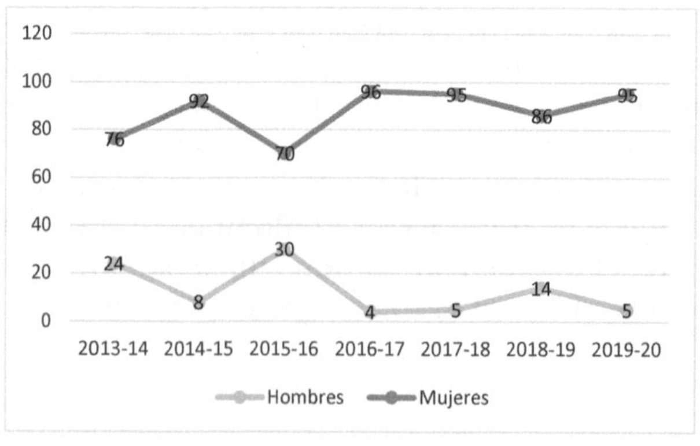

El Máster Universitario en Estudios Avanzados en Educación en la Sociedad Global se implanta igualmente en el curso 2013-2014, con una oferta de 25 plazas anuales de nuevo ingreso. Incluye las especialidades de Pedagogía Social y Formación y Gestión de la Calidad en Educación. En este caso, la evolución del porcentaje de mujeres matriculadas no ha sido tan uniforme, pues, aunque siempre mayoritario, si bien con un estrecho margen durante el curso 2017-18, las cifras oscilan entre el 52%, del mencionado curso, y el 89% del curso 2015-16, según se recoge en la tabla 11.

Tabla 11. Porcentaje de estudiantes matriculados por género en el Máster en Estudios Avanzados en Educación en la Sociedad Global

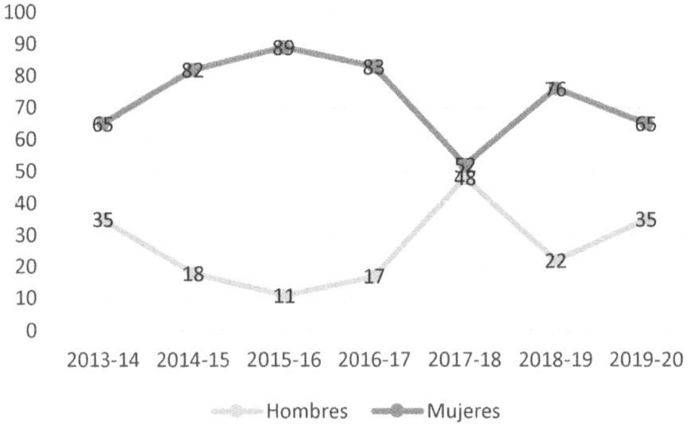

Desde el curso 2019-20, se imparte en la Facultad de Educación de manera virtual, y en colaboración con la Universidad de Cádiz, el Máster Universitario en Evaluación e Investigación en Organizaciones y Contextos de Aprendizaje, con diez plazas de nuevo ingreso. En su primera edición ha contado con siete estudiantes femeninas y tres masculinos (tabla 12), con lo que sigue predominando claramente la presencia de la mujer.

Tabla 12. Porcentaje de estudiantes matriculados por género en el Máster en Evaluación e Investigación en Organizaciones y Contextos de Aprendizaje

Desde el curso 2016-17, se impartió en la Facultad de Educación, en formato semipresencial, el Máster Universitario en Formación y Perfeccionamiento del Profesorado, en colaboración con SIGUE-e, y dirigido exclusivamente a estudiantes no residentes en territorio español, principalmente de Hispanoamérica. Desde el curso 2019-20, se imparte en la Escuela de Doctorado "Estudii Salamantini". Se trata de un máster que ha tenido una amplia demanda, pues, en sus cuatro primeras ediciones, ha contado con un número de matriculados que ha oscilado entre los 115 y 210 estudiantes. En su mayoría, los estudiantes son docentes de Educación Primaria o Secundaria que ejercen su labor en Ecuador y en otros países de Hispanoamérica. La presencia de estudiantes femeninas matriculadas en este máster también es claramente mayoritaria, con un porcentaje situado entre el 74 y el 78%, según se recoge en la tabla 13.

Tabla 13. Porcentaje de estudiantes matriculados por género en el Máster en Formación y Perfeccionamiento del Profesorado

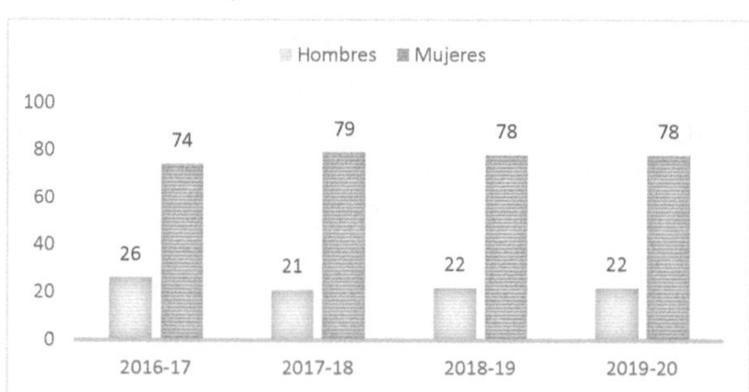

3.3. Estudios de doctorado

En la Universidad de Salamanca existen 41 programas de Doctorado, de los cuales diez se inscriben a la rama de conocimiento de Ciencias Sociales y Jurídicas, y concretamente al campo de las Ciencias de la Educación pueden adscribirse, con mayor o menor relación, tres: Educación, Formación en la Sociedad del Conocimiento y Lectura y Comprensión[11].

El Programa de Doctorado en Educación cuenta en la actualidad con más de ochenta estudiantes matriculados, de los cuales la mayoría han sido siempre mujeres, con un porcentaje que ha oscilado entre el 62%, en el segundo curso académico de edición, con 26 estudiantes matriculados, hasta el 51%, en el curso 2017-18, con 63 estudiantes. Durante el curso 2019-20, con 84 estudiantes matriculados, el porcentaje de estudiantes femeninas es del 52%. La evolución puede apreciarse en la tabla 14.

Tabla 14. Porcentaje de estudiantes matriculados por género en el programa de Doctorado en Educación

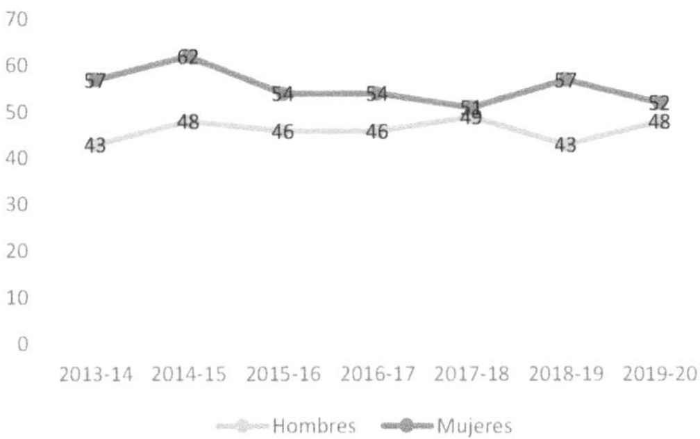

[11] Los datos generales de matrícula pueden encontrarse en https://indicadores.usal.es/portal/estudiantes/evolucion-de-matricula/matricula-doctorado/.

Desde el curso 2013-14, y dependiente del Instituto de Ciencias de la Educación (IUCE) de la Universidad de Salamanca, se imparte el Programa de Doctorado en Formación en la Sociedad del Conocimiento. De los 29 estudiantes inscritos en el primer año, se ha pasado a los 170 matriculados en el curso 2019-20. Si en los dos primeros cursos predominó el número de estudiantes masculinos matriculados, con un porcentaje del 55 y el 51%, a partir del tercer curso académico la situación se ha invertido y ha predominado la presencia de estudiantes femeninas matriculadas, con un porcentaje que mayoritariamente se ha encontrado en el 55 o 56%, como puede observarse en la tabla 15.

Tabla 15. Porcentaje de estudiantes matriculados por género en el programa de Doctorado en Formación en la Sociedad del Conocimiento

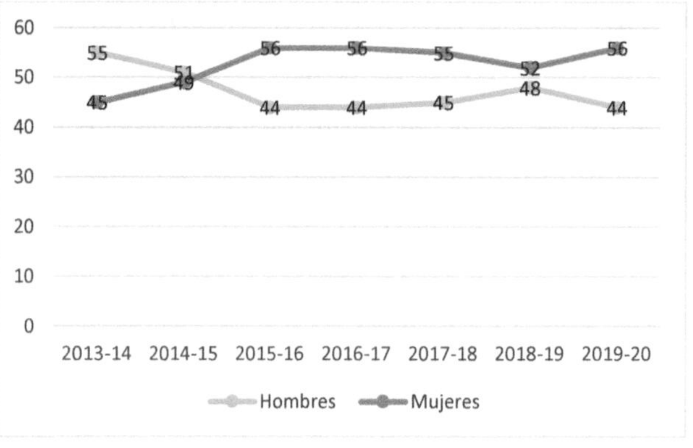

Desde el curso 2014-15, y en coordinación con la Universidad de Valencia, se imparte el Programa de Doctorado en Lectura y Comprensión, destinado especialmente a los estudiantes procedentes de los másteres oficiales Lectura y Comprensión de Textos y Neurociencia Cognitiva y Necesidades Educativas Específicas, asociados a este programa de Doctorado. Se trata de un programa muy específico que posee tres líneas de investigación principales: lectura y dislexia; lectura, comprensión y aprendizaje; y lectura, educación y desarrollo profesional. El número de estudiantes matriculados en este programa no es tan elevado como en los anteriores, puesto que tan solo ha pasado de los cinco estudiantes inicialmente matriculados a los ocho estudiantes del curso 2019-20. El porcentaje de estudiantes femeninas inscritas siempre ha sido superior, como se observa en la tabla 16.

Tabla 16. Porcentaje de estudiantes matriculados por género en el programa de Doctorado en Lectura y Comprensión

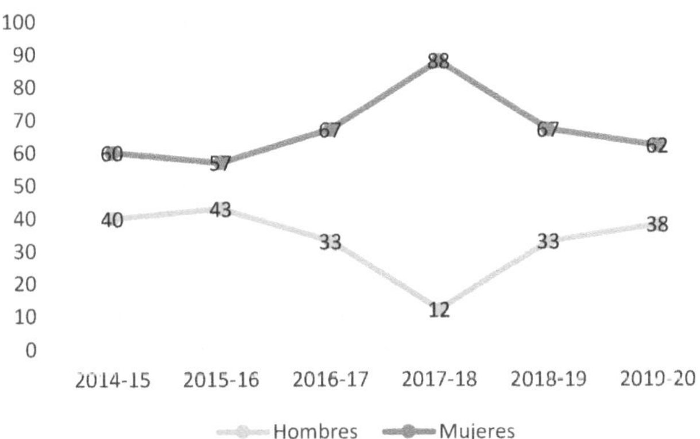

4. CONCLUSIONES

A lo largo de estas páginas hemos podido observar que la presencia de la mujer en todas las titulaciones relacionadas con las Ciencias de la Educación es claramente mayoritaria, si bien ese predominio no es idéntico en todos los ciclos universitarios. Así, si nos fijamos tan solo, y a título de ejemplo, en los datos que aporta la matrícula del curso 2019-20, obtenemos los siguientes resultados: 1.193 estudiantes femeninas (80,5%) frente a 290 estudiantes masculinos (19,5%) en las titulaciones de grado; 275 estudiantes femeninas (64,7%) frente a 150 estudiantes masculinos (35,3%) en los másteres oficiales; y 145 estudiantes femeninas (55,3%)

frente a 117 estudiantes masculinos (44,7%) en los programas de doctorado. Los datos aparecen reflejados en la tabla 17.

Tabla17. Porcentaje de estudiantes matriculados por género en los ciclos de Ciencias de la Educación

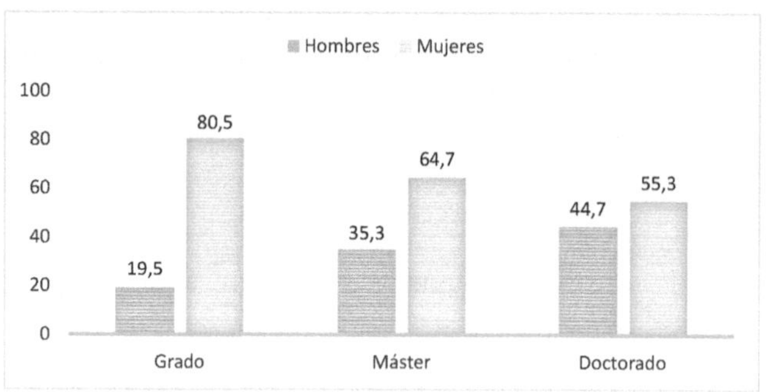

Si comparamos los datos que nos ofrecen las titulaciones de Ciencias de la Educación con el total de estudiantes matriculados en la Universidad de Salamanca (exceptuados los de las mencionadas titulaciones), se certifica que la Educación es un ámbito universitario que sigue siendo preferido por las mujeres, en una mayor estima que en el conjunto de las titulaciones universitarias, donde, salvo en el Doctorado, también es mayoritaria su presencia, aunque en menor proporción. Así se observa en la tabla 18.

Tabla 18. Porcentaje de mujeres matriculadas en los ciclos de la USAL y Ciencias de la Educación

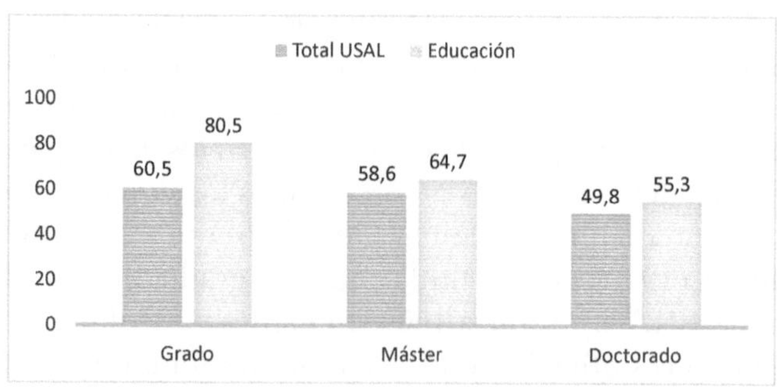

Las mayores diferencias se observan principalmente en las titulaciones de grado, donde el 80,5 de los estudiantes matriculados en Ciencias de la Educación son mujeres, frente al 60,5% de media en el resto de las titulaciones de primer ciclo (12.361). Este margen de veinte puntos porcentuales se estrecha en las titulaciones de segundo ciclo: en Ciencias de la Educación el porcentaje de mujeres es del 64,7%, frente al 58,6% en el resto de másteres y títulos propios. La diferencia prácticamente se mantiene en el caso de los programas de doctorado, si bien se observa una diferencia notable: si en Ciencias de la Educación sigue predominando la presencia de la mujer, si bien con un porcentaje del 55,3%, en el conjunto de los restantes programas de tercer ciclo, su presencia ha dejado de ser mayoritaria, con un porcentaje del 49,8%, aunque se trata de una diferencia mínima con respecto a los estudiantes masculinos.

Como conclusión final, podemos destacar que nuevamente se constata que, a mayor nivel de estudios, menor es la presencia de la mujer, tanto a nivel general como en el caso específico de las titulaciones de Ciencias de la Educación, y aunque siga siendo predominante. Se trata, por lo tanto, de una brecha que sigue abierta y que motiva que, en muchos casos, aunque la población femenina sea predominante, los altos cargos en el mundo laboral o en el mundo académico, como es el caso de los profesores titulares o los catedráticos de universidad, sigan siendo mayoritariamente masculinos, pese a que su presencia en el primer ciclo educativo superior es considerablemente menor.

Referencias bibliográficas

Amo, M.ª Cruz del. La educación de las mujeres en España. De la amiga a la universidad. *CEE Participación Educativa*. 2009, 11, 8-22.

Ballarín Domingo, Pilar. *La educación de las mujeres en la España contemporánea (siglos XIX y XX)*. Síntesis, Madrid, 2001.

Bernal, J. M. y Delgado, M.ª A. (2004). De excluidas a protagonistas: Las mujeres en la construcción de las ciencias escolares en España (1882-1936). *Revista de Educación*, 2004, 335, 273-291.

Capel Martínez, Rosa M.ª *El trabajo y la educación de la mujer en España (1900-1930).* Madrid: Ministerio de Cultura, 1986.

Capel Martínez, Rosa M.ª y Flecha García, Consuelo. La educación de las mujeres en el primer tercio del siglo XX. En Alcalá P. *et al.* (coords.) *Ni tontas ni locas: las intelectuales en el Madrid del primer tercio del siglo XX.* Madrid: FECYT, 2009, pp. 67-79.

Carabias Torres, Ana María. Beatriz Galindo y Lucía de Medrano: ni maestra de reinas ni catedrática de derecho canónico. *Investigaciones Históricas, Época Moderna y Contemporánea.* 2019, 39, 179-208.

Díaz de Greñu, Sofía y Anguita, Rocío (2017). Estereotipos del profesorado en torno al género y a la orientación sexual. *Revista Electrónica Interuniversitaria de Formación del Profesorado.* 2017, 20(1), 219-232.

Flecha García, Consuelo. *Las primeras universitarias en España (1872-1910).* Madrid: Narcea, 1996.

Flecha García, Consuelo. Profesoras en la universidad. El tránsito de las pioneras en España. *Arenal,* 2010, 17, 255-297.

Gil Noé, José Vicente, Ramiro Roca, Enric y Prades Plaza, Sara. Recursos educativos para una agenda feminista desde la didáctica de las Ciencias Sociales. *Dossiers Feministes.* 2019, 22, 57-72.

Guil Bozal, Ana y Flecha García, Consuelo. Universitarias en España: De los inicios a la actualidad". *Revista Historia de la Educación Latinoamericana.* 2015, 17(24), 125-148.

Gutiérrez, Prudencia e Ibáñez, Patricia. ¿Cómo se transmiten los estereotipos culturales y sexistas a través de las imágenes de las TIC en los libros de texto? *Enseñanza & Teaching.* 2013, 31(1), 109-125.

Montero, M. *la conquista del espacio público: mujeres españolas en la Universidad (1910-1936).* Madrid: Minerva, 2009.

Ortega, Delfín. Las mujeres en la historia enseñada: resultados de un programa docente en formación inicial del profesorado. *Enseñanza de las Ciencias Sociales.* 2018, 17, 13-21.

Prado Herrera, María Luz de. De las *puellae doctae* a las estudiantes pioneras en la Universidad de Salamanca. En Romano Martín, Y., Velázquez García, S. y Bianchi, M. (Coords.), *La mujer en la historia de la universidad. Retos, compromisos y logros.* Salamanca: Universidad de Salamanca, 2018, pp. 203-216.

Prado Herrera, María Luz de. Universitarias en Salamanca en el primer tercio del siglo XX: cuantificación y perfiles. *Culture & History Digital Journal,* 2019, 8(1).

Sánchez Blanco, L. y Hernández Huerta, J. L. LA educación femenina en el Sistema Educativo español (1857-2007). *El Futuro del Pasado,* 2012, 3, 255-281.

Violencia obstética: la gran invisible dentro de la violencia contra las mujeres

LAURA PEÑARRUBIA NAVARRO
Doctoranda. Universidad de Salamanca

SUMARIO:

Resumen: La violencia obstétrica es un tipo de violencia machista ejercida contra las mujeres en el ámbito sanitario, implicando todos aquellos comportamientos que generen un daño físico y/o emocional a las mujeres antes, durante y después del parto. Es una de las violencias más invisibles en tanto que queda oculta bajo la aparente necesidad médica, en tanto que genera un profundo daño psicológico, conformando el denominado iceberg de la violencia obstétrica. Los informes publicados muestran que esta violencia está muy presente en nuestros días y que requiere de actuaciones que garanticen los derechos y libertades de las mujeres en la atención sanitaria. Varios países, como se indicará, ya han implantado una legislación que regule y condene este tipo de violencia, marcando la guía de actuación frente a la violencia obstétrica.

1. INTRODUCCIÓN

La lucha por los derechos sexuales y reproductivos ha sido una constante en las reivindicaciones feministas de las últimas décadas, como podemos advertir, ya en los 60, en Shulamith Firestone y su *Dialéctica del sexo* o en Kate Millet y la *Política Sexual*. Con estas autoras, integrantes destacadas del Feminismo Radical, se produce un cambio en las reivindicaciones. Es decir, las teóricas feministas que las precedieron centraron sus reclamos en los derechos civiles: derecho a voto, a una educación equitativa... Sin embargo, en esta nueva década de los 60, las feministas radicales prestarán atención a un ámbito más oculto, apenas tratado hasta el momento: la sexualidad femenina.

Con estos planteamientos en mente, Shulamith Firestone y Jo Freeman, en 1967, reclamaron derechos civiles para las mujeres en la *National Conference for New Politics*, pero también dirigieron su mirada hacia el ámbito privado condenando "Los estereotipos sexistas, el matrimonio, las leyes de propiedad, manifestándose a favor de la información anticonceptiva y el aborto como formas de control de sus propios cuerpos" (Puleo, 2007, p. 40).

Este reclamo por los derechos sexuales y reproductivos de las mujeres provocaron una auténtica Revolución Sexual, marcada por una fuerte crítica a la doble moral sexual; por la ruptura del vínculo sexualidad-reproducción; por la defensa del placer femenino; y, sobre todo, por ser de las primeras veces que se hablo de sexualidad y violencia (De Miguel, 2015), tal y como nos muestra Kate Millet con sus ejemplos de política sexual en su obra *Política sexual* (1969).

En esta mirada hacia los reclamos de las feministas que nos preceden debemos destacar la aportación de François D'Eaubonne, creadora del término "Ecofeminismo" que dio pie a una nueva rama del feminismo capaz de unificar la justicia climática con la justicia de género. D'Eaubonne, en su obra de 1974, *El feminismo o la muerte*, unía su voz a las feministas radicales para reclamar el control de nuestra sexualidad, de nuestra reproducción y de nuestros cuerpos. Así nos muestra:

> En un mundo, o simplemente en un país, donde las mujeres (y no como puede ser el caso, una mujer) estuvieran realmente en el poder, su primer acto habría sido limitar y espaciar los nacimientos. Desde hace mucho tiempo, desde mucho antes de la superpoblación, es lo que siempre han intentado hacer (Puleo, 2008, p. 38).

D'Eaubonne reclamaba para las mujeres el control de sus cuerpos y de su reproducción, pues solo de esta forma, podríamos poner freno a la superpoblación y, con ello, al consumo desmedido y se podría frenar la destrucción ambiental.

Desde estos años 60-70, el feminismo no ha dejado de mirar hacia ese ámbito privado, reivindicando, todavía a día de hoy, esos derechos sexuales y reproductivos para las mujeres, reclamando una sexualidad sin violencia, libre y respetuosa. Una violencia que el patriarcado todavía ejerce de una manera cruel y visible en algunos casos, como es el feminicidio que Marcela Lagarde nos define, pero también sutil, normalizada e imperceptible, silenciada por los instrumentos propios de este sistema de poder.

Durante las décadas de lucha feminista que nos preceden se han sellado múltiples tratados, convenciones y legislaciones que condenan y rechazan la violencia machista en todas sus formas. Sin embargo, perviven formas de violencia naturalizadas en nuestra sociedad, invisibilizadas en este sistema patriarcal, como es la violencia obstétrica.

Esta violencia obstétrica es un tipo de violencia ejercida contra las mujeres en el ámbito sanitario a través de una serie de prácticas que violentan los cuerpos, vidas y mentes de las mujeres. Es una violencia que, si bien ha existido siempre, está comenzando a ser analizada, escuchada y denunciada. Es ahora cuando se está escuchando el testimonio de estas mujeres, cuando se les está dando voz para poner de relieve que no es un caso aislado, sino que el patriarcado sigue actuando contra nosotras en otra de sus múltiples formas: la violencia obstétrica.

2. VIOLENCIA OBSTÉTRICA: UNA APROXIMACIÓN CONCEPTUAL.

El término "Violencia Obstétrica" es un término con un desarrollo muy reciente. Si bien desde los años 60, principalmente, se han condenado todos los tipos de violencia ejercidos contra las mujeres y se ha llevado a cabo una férrea defensa de los derechos sexuales y reproductivos de las mujeres, junto a otros derechos como el derecho a la intimidad, a la autonomía, no fue hasta inicios del siglo XXI cuando se le dio nombre a una práctica muy habitual y que pone de relieve una violación sistemática a los derechos antes mencionados. Una práctica que muchas mujeres padecían pero que, a la vez, era naturalizada, silenciada e invisibilizada, permitiendo el libre desarrollo de una violencia que atenta contra los cuerpos y los derechos de las mujeres.

Con ello, podemos definir la Violencia Obstétrica (VO) de la siguiente forma:

> Toda conducta, acción u omisión, realizada por el personal de la salud en el ámbito público o privado, que, directa o indirectamente, afecta al cuerpo y los procesos reproductivos de las mujeres, expresada en un trato deshumanizado y un abuso de medicalización de los procesos naturales (Llobera Cifre, Ferrer Pérez, & Chela Álvarez, 2019)

Es decir, se trata de una violencia ejercida por el personal sanitario (médicos obstetras, enfermeras/os, celadores/as, personal administrativo…) contra las mujeres. Dicho de otro modo, la característica principal de este tipo de violencia es que es ejercida, como se ha mencionado anteriormente, en el ámbito sanitario por el personal sanitario, lo que no implica -desde luego- que todo el personal sanitario ejerza este tipo de violencia. Por supuesto que existen excelentes profesionales sanitarios, pero no puede obviarse la existencia de numerosos casos de esta forma de violencia. Por lo tanto, para que esta violencia sea considerada violencia obstétrica debe haber sido ejercida por este personal.

Es una violencia que no atañe meramente al parto, sino que engloba todos los procesos reproductivos; esto es: el embarazo, el parto, el puerperio, así como otros procesos que, en ocasiones, no se ubican dentro de esta violencia obstétrica, como puede ser la esterilización forzada, los abortos y los abortos forzados.

La violencia obstétrica repercute de manera directa en estos procesos, violentando sus cuerpos y sus derechos, de manera visible o invisible, y que sucede tanto en la sanidad privada como en la sanidad pública. Es, por tanto, una práctica general, un fenómeno silenciado y normalizado en esta atención a las mujeres.

Comprende, a su vez, todas aquellas acciones u omisiones, como se indica en la definición, que ataquen a los cuerpos de las mujeres. En esta línea, destacamos la intervención excesiva de sus cuerpos, la sobremedicalización y la patologización de procesos naturales como es un parto, de tal forma que se convierte en un fenómeno médico sujeto a las decisiones del personal sanitario antes que un fenómeno natural donde la voz de la mujer afectada sea la principal.

Además, es una violencia tipificada como violencia machista en tanto que afecta a las mujeres por su condición, por el género al que pertenecen que las ubica en una posición inferior sobre la que ejercer poder, y que es "producto de los valones culturales patriarcales" (Llobera Cifre, Ferrer Pérez, & Chela Álvarez, 2019). Al respecto, Eulalia Pérez Sedeño en su obra *Mentiras científicas*, relata cómo estos sesgos inundan la práctica científica hasta el punto de patologizar todos los procesos que suceden en los cuerpos de las mujeres, desde el embarazo a la menstruación. El resultado, como se ha indicado, es una medicalización y una intervención excesiva que, en algunos casos, ignora las decisiones y la autonomía de las mujeres para mantenerlas subordinadas a un sistema que no quiere escuchar su voz.

Así pues, el ambiente sanitario puede convertirse en un ambiente violento, generador de múltiples formas de violencia contra las mujeres, violando sus derechos sexuales y reproductivos, entre otros; violando sus cuerpos, sus decisiones, su intimidad; violentando bajo la legitimidad médica que parece justificar toda práctica y que garantiza que esta violencia tan generalizada permanezca en la sombra pues, "la violencia contra la mujer en los servicios de salud reproductiva y durante la atención del parto en los centros de salud se producen en todo el mundo y afectan a las mujeres de todos los niveles socioeconómicos" (Simonovic, 2019, p. 8).

Puede suponer, pues, una violación de los derechos sexuales y reproductivos de las mujeres, de su autonomía para decidir sobre sus procesos, un ataque a su bienestar físico y emocional, así como el de los y las bebés antes, durante y tras el parto. Como se puede advertir, esta violencia va desde lo físico a lo emocional, incluyendo aquellos comportamientos en que la voluntad de las mujeres no es respetada y sus decisiones no son escuchadas, siendo tratadas como meros objetos, muñecas maltratadas y cosificadas.

Durante los últimos años, la voz de numerosas mujeres que han puesto rostro a esta violencia obstétrica ha permitido que sea condenada. La Organización Mundial de la Salud, consciente del peligro que supone este tipo de violencia para las mujeres y sus bebés, "promueve la implantación de políticas de control de calidad en los centros sanitarios con la implicación de todos los intervinientes, incluidas las mujeres, a quienes se exhorta a denunciar las malas praxis y a reclamar un trato digno y respetuoso hacia sí mismas y sus bebés" (Asociación El parto es nuestro, 2016, p. 3).

Dicho de otro modo, la violencia obstétrica, al igual que cualquier otro tipo de violencia, ataca a los derechos de las mujeres y los bebés, violenta sus cuerpos y sus vidas, anulando su autonomía y su bienestar y, por tanto, se necesita una articulación legislativa que garantice la protección de estos derechos en el ámbito sanitario.

3. EL ICEBERG DE LA VIOLENCIA OBSTÉTRICA.

La Violencia Obstétrica se manifiesta de múltiples formas; unas graves que afectan de manera directa a la vida de las mujeres, una violencia visible. Y, por otro lado, formas de violencia más sutiles, avaladas por la práctica científica, invisibles incluso, pero que generan un gran daño sobre las vidas y cuerpos de las mujeres. Belén Castrillo se refiere a esta segunda forma de violencia como "el iceberg de la VO, esto es, la existencia de formas evidentes y sutiles de violencia" (Castrillo, 2019, p. 202).

Es decir, como un iceberg, en la pequeña parte visible encontramos la violencia física y la violencia sexual. En primer lugar, la violencia sexual dentro de la violencia obstétrica es entendida como "insinuaciones o comentarios sexuales en medio del desarrollo del proceso obstétrico" (Jojoa-Tobar, y otros, 2019). Si bien se trata de uno de los tipos con menor incidencia, sí podemos encontrar testimonios de mujeres que reconocen haber vivido estas situaciones: "Tuve delante a unos diez y cada uno manipulaba una parte de mi cuerpo" (Asociación El parto es nuestro, 2016, p. 18).

Por otra parte, la violencia física implicaría el maltrato físico que puede provocar lesiones tanto en la madre como en el/la recién nacido/a, así como su muerte. En esta línea, podemos ubicar las "inmovilizaciones físicas durante el parto mediante esposas que las atan a la cama, y son amordazadas" (Simonovic, 2019, p. 10) que se realizan a las presas. También encontraríamos dentro de esta violencia aquellas prácticas que generan lesiones a las mujeres y que se realizan bajo la aparente idea de necesidad médica: "Me ataron las manos en la cesárea y pedí que no lo hicieran en el plan de parto" (Asociación El parto es nuestro, 2016, p. 15).

A su vez, podríamos ubicar en este tipo de violencia la sobremedicalización de las mujeres, con los riesgos que esto genera, como la administración de oxitocina "como agente utilizado para inducir las contracciones y el alumbramiento presenta un daño para su salud" (Simonovic, 2019, p. 11).

Sumergiéndonos en lo invisible, en la parte del iceberg que no vemos, encontramos la gran parte de acciones propias de la violencia obstétrica. Esta violencia más sutil puede ser clasificada en violencia institucional, violencia psicológica y violencia avalada por la necesidad médica. Así, en tanto que la mayor parte de actuaciones violentas se ubican en esta cara oculta, la violencia obstétrica pasa desapercibida, naturalizada e invisibilizada.

La violencia institucional comprende las "políticas institucionales que no satisfacen las expectativas de las gestantes en el proceso del parto e inconformidad con la atención en salud recibida durante el trabajo de parto" (Jojoa-Tobar, y otros, 2019). Dicho de otro modo, implica todas aquellas políticas que no garantizan los derechos humanos de las mujeres, como puede ser largas esperas, falta de intimidad (ser explorada por multitud de médicos junto a sus estudiantes), experimentación con sus cuerpos por parte de los estudiantes, como la realización de episiotomías para que estos practiquen la sutura; impedir el acceso de familiares provocando que la mujer pase sola todo este tiempo: "Me dijeron que estaría sola porque estaba prohibido entrar cualquier familiar al quirófano conmigo, echaron a mi pareja de paritorios y entré sola" (Asociación El parto es nuestro, 2016, p. 15).

En segundo lugar, encontramos la violencia psicológica, una de las grandes invisibles pero que genera una de las mayores cicatrices en las mujeres. Dentro de la violencia psicológica encontramos las humillaciones, amenazas, maltrato verbal, insultos, culpabilización de la mujer si algo sale mal, no proporcionar la información necesaria a la mujer, no pedir su consentimiento para la realización de determinadas prácticas: "me suben nuevamente la dosis de epidural pues van a sacarme al niño con fórceps, esto no me lo informan, solo que yo lo deduzco" ; el impedimento de expresar el dolor libremente sin miedo a ser castigadas por ello. También encontramos comentarios sexistas y ofensivos, burlas, falta de empatía por parte del personal, desprecios: "Ninguna frase amable, nadie se acercaba a la cabecera de la cama, pero sí pronunciaban sentencias desgarradoras como "no colabora nada" (Asociación El parto es nuestro, 2016, pp. 14 y 18).

Esta violencia psicológica es una de las que más sufren las mujeres. Refieren recibir constantemente insultos, burlas; un maltrato verbal constante que sumerge a la mujer en una situación de indefensión y desconocimiento.

Y, por último, la violencia producto de las necesidades médicas. Los últimos avances en medicina han permitido una mejora en la asistencia a los y las pacientes. Sin embargo, en tanto que es una ciencia realizada por seres humanos con unos valores determinados, no siempre realiza prácticas que garanticen el bienestar de la paciente, sino que, en muchas ocasiones, generan un mayor daño.

Dentro de este tipo de violencia ubicamos todas aquella técnicas que no favorecen ni el proceso reproductivo ni la atención a la mujer. Prácticas como el no realizar cesáreas cuando es necesario o las cesáreas excesivas, frente a las cuales la OMS recomienda que, del total del intervenciones, un máximo del 10% sean cesáreas. Este porcentaje se supera en gran medida. El problema no es la realización de cesáreas, pues, si esta es realizada para salvaguardar la vida de la mujer y/o del recién nacido, sí están justificadas. El problema es cuando estas cesáreas se realizan en la mayor parte de los casos como un sustituto del parto vaginal, aun cuando las condiciones sean propicias para este último. Así, "las mujeres se convierten en víctimas de sistemas de salud deficientes donde los servicios se planifican y gestionan centrándose en la eficacia en función de los costos y el tiempo" (Simonovic, 2019, p. 11).

Por ello, no resulta extraño que los partos se programen mediante cesáreas, que los nacimientos, en los últimos años, se han reducido durante los fin de semana o durante los días festivos y se concentre en los días laborables.

Los testimonios al respecto demuestran cómo de innecesarias fueron las cesáreas en determinadas ocasiones: "En el momento de hacer la cesárea, el bebé ya había sacado parte de la cabeza por vía vaginal, por lo que el equipo médico tiene que tirar de él hacia atrás, produciendo así el desgarro de mi útero" O, por ejemplo "Me preguntó cuánto mido y me dijo que estaba dilatada de 6cm y sin más dilación me sentenció a cesárea por desproporción" (Asociación El parto es nuestro, 2016, pp. 17 y 20).

En esta misma línea encontramos prácticas como la maniobra de Kristeller, rechazada por la OMS y que todavía se aplica en la gran parte de partos. Esta maniobra consiste en la presión ejercida sobre la parte superior del útero con el fin de acelerar la salida del bebé. Sin embargo, genera profundo dolor en la madre, llegando a estar prohibida en numerosos países pero que, a pesar de ello, sigue practicándose: "me sacó a la niña con la maniobra de Kristeller sin mi consentimiento y a pesar de que la matrona que asistía al parto le pedía que parase (...) no puedo expresar el dolor que sentí" (Asociación El parto es nuestro, 2016, p. 13). En la misma línea, junto a esta maniobra es frecuente el uso de fórceps y ventosas.

Otra de estas prácticas habituales es la realización de episiotomías, una práctica también muy generalizada y que, en numerosas ocasiones, es realizada de forma innecesaria. La episiotomía consiste en una incisión en la pared vaginal y en el perineo para facilitar el parto, el cual podría ser evitado si se permitiese a las mujeres dar a luz en otras posturas que, si bien pueden no agradar al médico, si facilitarían el parto. La realización de estas episiotomías, sin haber informado previamente y con la negativa previa de las mujeres, es uno de los casos de violencia obstétrica más frecuente en los testimonios: "En menos de una hora pasé de "estar muy verde" a recibir oxitocina artificial, una episiotomía temprana, dos maniobras de Kristeller, fórceps, corte de cordón temprano, desagarro de perineo hasta el ano, hemorroides y comentarios desagradables varios y faltas de respeto" (Asociación El parto es nuestro, 2016, p. 17).

La esterilización o el aborto forzado son, a menudo, practicados sin ningún tipo de consentimientos. Realizados por el personal sanitario, supuestamente indicando que "redundan en beneficio del denominado interés superior de la mujer" (Simonovic, 2019, p. 9) pero cuya realidad es el reflejo de unos prejuicios contra las mujeres, a las cuales consideran incapaces de ser buenas madre por ser portadores del VIH, entre otros motivos.

A través de estos tipos de violencia ejercidos contra las mujeres en el ámbito sanitario descubrimos que, visibles o invisibles, todas ellas generan un profundo daño en las mujeres. Las convierte en meros objetos de intervención, sin poder de decisión, sin autonomía, sin intimidad, sin derechos sexuales ni reproductivos. Esta violencia se basa en el ejercicio de prácticas que atentan directamente contra los cuerpos de las mujeres, prácticas realizadas sin consentimiento propio de estas, sin pensar en los daños, más allá de lo físico, que les puede generar.

Una atención, al fin, basada en bastantes ocasiones en la carencia de emociones. Como si de una fábrica se tratase, las mujeres parecen formar parte de un proceso productivo deshumanizado, donde sus cuerpos son maltratados, medicados e intervenidos de manera excesiva. El resultado son mujeres marcadas por la soledad, la inseguridad, la indefensión. Mujeres víctimas de una violencia que, dado que parece tener una justificación médica, no sale a luz, no es denunciada, no es frenada.

4. LA VIOLENCIA OBSTÉTRICA EN CIFRAS

Durante los años 2015 y 2016, la Asociación El parto es nuestro realizó un cuestionario a 1921 mujeres con el objetivo de trasladar todos los aspectos hasta ahora tratados a cifras. Los datos que nos muestra este informe reflejan cómo de generalizada está la violencia obstétrica en la atención sanitaria a las mujeres en todas las fases que engloba el embarazo.

Así, tal y como nos muestra este informe, el 40% de las mujeres señala no haber recibido un trato adecuado, siendo incluso criticadas por su actuación durante el parto. A su vez, un 60% señala no haber autorizado ninguno de los tratamientos que les fue aplicado. Advertimos, pues, que un gran número de mujeres fue víctima de violencia psicológica.

Si atendemos a la violencia producto de necesidades médicas, las cifras se convierten en un claro reflejo de la alta presencia de la violencia obstétrica en nuestros días: el 50% de las mujeres muestra que no fue informada de las maniobras practicadas, y por tanto no las autorizó, entre ellas, maniobras desaconsejadas por la OMS, como la maniobra Kiresteller.

Los porcentajes de cesáreas realizados, tal y como nos muestra el Informe realizado por el Ministerio de Sanidad respecto a la atención perinatal en el periodo 2010-2018, reflejan unos porcentajes muy por encima de los recomendados. Como se ha indicado, la OMS recomienda que, del total de partos, el 10%-15%, como máximo, sean cesáreas. Sin embargo, en 2018 "los hospitales de la red del SNS tuvieron un 21,8% de partos por cesárea, en los hospitales privados dicha tasa fue del 36,5%" (Ministerio de Sanidad, 2021, p. 22). Luego, el porcentaje de cesáreas duplica el aconsejado y, en el caso de la sanidad privada, llega a triplicar la cifra recomendada.

Junto a este gran porcentaje de cesáreas practicadas, debemos señalar la realización de episiotomías, una práctica que, como el propio informe señala "no aporta beneficios y sí tiene complicaciones a corto y largo plazo" (Ministerio de Sanidad, 2021, p. 35). A pesar de ello, la episiotomía sigue siendo una práctica muy habitual, realizada sin previo aviso y sin el consentimiento de la paciente. En 2018, del total de partos, en el 27,5% de ellos se practicó una episiotomía a las mujeres, provocando, en un amplio número de casos, desgarros perineales.

No obstante, la práctica de estas incisiones está experimentando una reducción en los últimos años. Frente a la cifra antes señalada, en 2010 la práctica de episiotomías era mucho mayor, siendo realizada en un 42,14% de lo partos atendidos. Luego, esta práctica está disminuyendo, pero todavía sigue estando presente en la atención sanitaria a las mujeres durante el parto, provocando daños físicos y psicológicos a las mujeres que lo padecen.

Frente a este descenso de episiotomías, el uso de instrumentos como fórceps o ventosas durante el parto está experimentando un pequeño ascenso. El uso de este tipo de instrumentos se fue reduciendo desde el año 2010, sin embargo, desde 2016, está comenzando a ascender, aunque sean diferencias poco significativas y puedan considerarse datos puntuales. Así, del total de partos atendidos en 2018, en el 17,5% de ellos se utilizaron fórceps o ventosas (frente al año 2017, en el que se utilizaron en el 16,8% de los casos)

Las consecuencias de la utilización de este tipo de instrumentos son claras: "aumenta la realización de episiotomías, la producción de desgarros, el dolor en el puerperio, el riesgo de lesiones del periné con secuelas a largo plazo" (Ministerio de Sanidad, 2021, p. 38).

Por lo tanto, nos enfrentamos a una cierta presencia de violencia obstétrica en nuestro sistema de salud, con una realización de cesáreas por encima de la recomendada, con un porcentaje muy elevado de episiotomías que generan evidentes daños en las mujeres y con la práctica de maniobras que ponen en riesgo el bienestar físico y emocional de las mujeres.

Las consecuencias son claras, cerca del 35% de las mujeres reconoce haber necesitado ayuda psicológica "para superar las secuelas o malos recuerdos de su parto" (Asociación El parto es nuestro, 2016, p. 8) y se muestran reticentes a futuros embarazos por temor a experimentar las mismas vivencias.

5. CAUSAS DE LA VIOLENCIA OBSTÉTRICA

El informe de la ONU respecto a la Violencia Obstétrica (Simonovic, 2019), señala unas posibles causas de esta violencia para puntualizar que la mayoría no son causas, sino excusas para permitir que siga existiendo, que se siga violentando a las mujeres, dañándolas en muchos aspectos de sus vidas.

Entre estas causas destaca la falta de instalaciones adecuadas y de condiciones laborales dignas para el personal sanitario. Condiciones como los bajos salarios, jornadas intensivas, falta de derechos laborables... parecen justificar que este personal, en ocasiones, trate de manera deshumanizada a las mujeres y sus procesos naturales. No obstante, debemos recordar que este tipo de violencia no es ejercida por la totalidad del personal sanitario, habiendo trabajadores y trabajadoras sanitarias que aún con estas condiciones laborales presenten un trato respetuoso a las mujeres en todas estas fases. Por lo que, lejos de que esto sea una causa, es una excusa que protege una causa más profunda pues nada justifica un trato que destruya los derechos humanos de las mujeres.

Sin duda, la causa principal son los estereotipos de género y las jerarquías de poder. Es decir, los estereotipos de género influyen en la práctica médica. Estereotipos como la madre sumisa, la mujer incapaz de tomar decisiones, la mujer que está al servicio de sus superiores, se traduce en el hecho de que no se transmita información veraz y completa a la mujer; que no se le pida el consentimiento para las prácticas médicas pues ella no puede decidir sobre su cuerpo; que no se le deje decidir sobre su embarazo y su parto pues ella desconoce lo que es mejor.

A estos estereotipos debemos sumar las jerarquías de poder. Tradicionalmente la medicina ha sido un campo donde predominaban los varones y que, a través del control de los cuerpos de las mujeres y sus procesos, se garantizaba la sumisión y subordinación de estas. Así, como se ha comentado, no resultaba extraño la patologización de procesos naturales para medicarlas constantemente, para considerarlas enfermas constantemente, para ser, al fin, inferiores, incluso biológicamente.

En la actualidad, el ámbito de la medicina ya no está conformado por varones casi en exclusividad, sino mayoritariamente por mujeres (debido a la feminización de los cuidados). Sin embargo, este ámbito y, dentro de ella, la obstetricia, conserva el rol masculino de poder. Es decir, se establece una relación desigual entre el/la médico, que es quien reúne los saberes y conocimientos necesarios, y la paciente, la cual parece tener un desconocimiento absoluto sobre dichos procesos.

Estas relaciones desiguales, que hunden sus raíces en las desigualdades de género, provocan la realización de diversas prácticas bajo la legitimidad médica. Provocan, a su vez, que la mujer en bastantes ocasiones no sea informada, no se le permita tomar decisiones, sea tratada de una forma infantil, sea humillada, sea vejada como si de un ser inferior se tratase.

No obstante, la segregación vertical sigue muy presente en estos ámbitos, por lo que la mayoría de las mujeres siguen concentrándose en los puestos de menor responsabilidad (enfermería) y los varones en los puestos más superiores (médico obstetra).

Por ello, la causa que subyace a estas explicaciones de la violencia obstétrica es la misma causa que se halla en la raíz de todas las violencias ejercidas contra las mujeres: el sistema patriarcal, ese sistema de poder, como Kate Millet nos definió en los años 60, que subyace a cualquier sistema económico, político y social bajo el principio de que el hombre es superior a la mujer y, por tanto, construye una sociedad que responda a estos patrones, incluso en el ámbito sanitario e incluso en la atención al parto.

6. LA CONDENA A LA VIOLENCIA OBSTÉTRICA

Como hemos podido comprobar, estas prácticas son, ante todo, inhumanas, ilegítimas, ilegales. Las OMS ha rechazado muchas de ellas, como la maniobra de Kristeller o las esterilizaciones forzadas. Sin embargo, a pesar de ser una vulneración de los derechos humanos de las mujeres, no ha habido un pronunciamiento al respecto hasta hace poco más de una década.

La primera legislación que busca regular la violencia obstétrica se desarrolló en 2007 en Venezuela bajo el nombre de *Ley Orgánica sobre el Derecho de las Mujeres a una vida Libre de violencia.* En esta Ley Orgánica se realiza una clasificación de las violencias contra la mujer, desgranando 19 tipos distintos de violencia.

En su artículo 15 desarrolla estos 19 tipos de violencia, encontrando la violencia obstétrica en el número 13, seguida de la esterilización forzada. La violencia obstétrica aparece definida de la siguiente forma:

> Violencia obstétrica: Se entiende por violencia obstétrica la apropiación del cuerpo y procesos reproductivos de las mujeres por personal de salud, que se expresa en un trato deshumanizador, en un abuso de medicalización y patologización de los procesos naturales, trayendo consigo pérdida de autonomía y capacidad de decidir libremente sobre sus cuerpos y sexualidad, impactando negativamente en la calidad de vida de las mujeres. (Ley N° 38.668, 2007)

Es decir, la Ley de Venezuela fue pionera en lo que respecta a la condena de la violencia obstétrica como esa apropiación de los cuerpos de las mujeres a través de medicalización excesiva, patologización de procesos, trato deshumanizado. Una violencia ejercida por el personal de salud y que provoca una pérdida de derechos de las mujeres.

Más adelante, en su artículo 51, establece aquellos puntos que serían considerados violencia obstétrica. Entre ellos encontramos algunos de los ya citados anteriormente:

> **Artículo 51.-**
>
> *"Se considerarán actos constitutivos de violencia obstétrica los ejecutados por el personal de salud, consistentes en:*

> *1. No atender oportuna y eficazmente las emergencias obstétricas.*
>
> *2. Obligar a la mujer a parir en posición supina y con las piernas levantadas, existiendo los medios necesarios para la realización del parto vertical.*
>
> *3. Obstaculizar el apego precoz del niño o niña con su madre, sin causa médica justificada, negándole la posibilidad de cargarlo o cargarla y amamantarlo o amamantarla inmediatamente al nacer.*
>
> *4. Alterar el proceso natural del parto de bajo riesgo, mediante el uso de técnicas de aceleración, sin obtener el consentimiento voluntario, expreso e informado de la mujer.*
>
> *5. Practicar el parto por vía de cesárea, existiendo condiciones para el parto natural, sin obtener el consentimiento voluntario, expreso e informado de la mujer. (Ley N° 38.668, 2007)"*

Además, establece cuáles serían las sanciones en caso de denuncia por violencia obstétrica. Sin embargo, aplicar estas sanciones va a ser lo más complejo. Y es que, debido a la interiorización de los roles, a la normalización y naturalización de esta violencia, muchas mujeres no denuncian. Bajo la idea de que se trata de un caso aislado, conviven toda su vida con ese maltrato que no se transforma en denuncia por miedo, por estigmatización o por desconocimiento de que estas leyes existen.

Tras Venezuela fue Argentina la que elaboró una ley para defender un parto humanizado, seguida de otros países latinoamericanos.

El pronunciamiento internacional por parte de la ONU no se produjo hasta hace unos años: primero en 2016 (Gherardi, 2016) y después en 2019 (Simonovic, 2019).

En estos informes se presta atención a aquellas otras formas de violencia contra las mujeres. Violencias que, como se ha comentado, han sido interiorizadas por las mujeres, normalizadas por el sistema sanitario. Sin embargo, en estos últimos años los testimonios de mujeres que han vivido esta violencia han aumentado. Así, como nos relatan desde la ONU, han recibido multitud de testimonios de estas mujeres que les han motivado a dar forma a este informe (Simonovic, 2019).

En ellos se define la violencia obstétrica de una forma muy similar a la establecida en la legislación venezolana, se dan multitud de ejemplos de violencia obstétrica, se analizan las posibles causas y, por último, establece unas recomendaciones para los estados miembro.

Entre estas recomendaciones, encontramos la necesidad de que los estados investiguen estos casos para ir dando forma a una violencia que nos ha acompañado durante siglos pero que está saliendo ahora a la luz. Recomiendan también escuchar a las mujeres y asociaciones en pro de la igualdad para poner fin a esta lacra.

La ONU interpela a la responsabilidad de los estados, a garantizar los derechos de las mujeres en estos procesos y que los centros sanitarios dejen de encubrir una violencia tan dañina, tan inhumana.

No obstante, muchos países siguen sin regular la violencia obstétrica, como es el caso de España. En España, al igual que en el resto de los países en tanto que se trata de un fenómeno global, la violencia obstétrica tiene un gran peso. Acciones violentas en este campo se suceden todos los días: programación de partos, cesáreas excesivas, maniobras desautorizadas, humillaciones, vejaciones… Pero, a nivel nacional, no tenemos ninguna regulación normativa.

Sin embargo, a día de hoy cada vez son más las mujeres que no dudan en dar su testimonio, en sacar a la luz sus vivencias e ir dando forma a esta violencia obstétrica. Así, gracias a estos testimonios, se han llevado a cabo pronunciamientos internacionales, como ha sido la reciente resolución del Comité de la CEDAW ante un caso de violencia obstétrica sucedido en España.

Dicho pronunciamiento procede de la denuncia de una mujer que reconoce haber sido sometida a un trato deshumanizado en el que no se informó a la paciente del procedimiento, se le realizaron multitud de tactos vaginales sin su consentimiento (ocho en total) y le fue suministrada oxitocina para acelerar el parto, nuevamente, sin consentimiento. Durante el parto, se le practicó una episiotomía y se emplearon ventosas.

Estos hechos no solo generaron daño físico a la paciente y a su hija, sino que también provocó un profundo daño psicológico, de tal forma que necesitó ayuda psicológica para superar estos acontecimientos. La mujer víctima de esta violencia inició todos los recursos posibles, denunciando esa intervención y medicalización excesiva violando sus derechos y convirtiéndola en objeto de violencia obstétrica.

Finalmente, se logró un pronunciamiento histórico en materia de violencia obstétrica, logrando una condena internacional por parte de la CEDAW en la que establece que el estado español debe indemnizar a la mujer sometida a este maltrato.

Esta condena, vinculada al desarrollo legislativo logrado por diversos países, como Venezuela o Argentina, muestran el avance en la condena de este tipo de violencia, creando el camino para establecer una legislación nacional e internacional que condene la violencia obstétrica como un tipo más de violencia machista.

7. CONCLUSIONES

Como se ha podido advertir, la violencia obstétrica es una violencia que afecta a una gran parte de las mujeres en todas las fases que engloba el embarazo. Es una realidad silenciada bajo la necesidad médica, bajo la normalización, bajo la naturalización de comportamientos y maniobras que llegan a estar prohibidos, como la maniobra de Kristeller, pero que se siguen ejerciendo, generando un profundo daño físico y psicológico a la madre y al bebé.

Uno de los principales problemas a la hora de abordar la violencia obstétrica es que gran parte de las mujeres, así como de profesionales, desconocen la existencia de leyes que regulan esta violencia. Desconocen, a su vez, los derechos que las mujeres, como mujeres y como pacientes, tienen en la atención sanitaria. Por ello, gran parte de la solución reside en la formación e información: formación para personal sanitario e información para unas pacientes que ven cómo son cosificadas y deshumanizadas durante su embarazo.

A esto debemos sumar un aspecto: la insuficiente formación ética de los futuros profesionales. O, dicho de otro modo, la falta de atención humana en bastantes casos, de unos valores éticos fundamentales para dar una atención de calidad a nivel físico y a nivel emocional:

> La bioética fundada en los principios de autonomía, beneficencia, no maleficencia y justicia ordena el análisis crítico de las prácticas médicas transformadas por un proceso de creciente tecnificación, burocratización y mercantilización de la medicina (Gherardi, 2016, p. 18)

Así, la violencia obstétrica está marcada por la cosificación, medicalización, sobreintervención, deshumanización. Por ello, se deberían sustituir estos aspectos por los principios bioéticos: autonomía, beneficencia, no maleficencia y justicia. Solo de esa forma, con la incorporación de estos principios, podemos garantizar el respeto de los derechos de las mujeres junto con una atención digna y de calidad.

La bioética, pues, puede ser el vehículo que nos permita caminar hacia una rápida detección de la violencia obstétrica, hacia su desnaturalización y su denuncia, para que los derechos de estas mujeres no vuelvan a ser violados, para que sus cuerpos y su mente sean tratados de forma humanizada y empática, siendo sujetos y no objetos.

8. BIBLIOGRAFÍA

Alexandría, S., Oliveira, M., Alves, S., Albuquerque, G., Santana, M., & Bessa, M. (2019). La violencia obstétrica bajo la perspectiva de los profesionales de enfermería involucrados en la asistencia al parto. *Cultura de los cuidados, 23*(53), 119–128. doi:http://dx.doi.org/10.14198/cuid.2019.53.12

Amorós, C. & De Miguel, A., *Teoría feminista: de la Ilustración a la globalización. Del feminismo liberal a la posmodernidad* (Vol. II, págs. 35–68). Madrid: Minerva Ediciones.

Asociación El Parto es nuestro (2016). Informe del Observatorio español de la violencia obstétrica. Madrid.

Bellón Sánchez, S. (2015). La violencia obstétrica desde los aportes de la crítica feminista y la biopolítica. *Dilemata*(18), 93-111.

Castrillo, B. (enero/junio de 2020). Parir entre derechos humanos y violencia obstétrica. Aproximación conceptual y análisis del reciente posicionamiento de la Organización de las Naciones Unidas. *Revista Encuentros Latinoamericanos, IV*(1), 196–220.

de Miguel, A. (2015). La revolución sexual de los sesenta: una reflexión crítica de su deriva patriarcal. *Investigaciones feministas, 6*, 20–38. doi: http://dx.doi.org/10.5209/rev_INFE.2015.v6.51377

F. Belli, L. (2013). La violencia obstétrica: otra forma de violación de los derechos humanos. *Revista Redbioética/UNESCO, 1*(7), 25-34.

Faneite, J., Feo, A., & Toro Merlo, J. (2012). Grado de conocimiento de violencia obstétrica por el personal de salud. *Revista de obstetricia y ginecología de Venezuela, 72*(1), 4–12.

Gherardi, Natalia (2016). Otras formas de violencia contra las mujeres que reconocer, nombrar y visibilizar. Naciones Unidas. Serie Asuntos de Género, 141, 17-26.

J. Pereira, C., L. Domínguez, A., & Toro Merlo, J. (2015). Violencia obstétrica desde la perspectiva de la paciente. *Revista de Obstetricia y Ginecología de Venezuela, 75*(2), 81–90.

Jojoa-Tobar, E., Chuchumbe-Sánchez, Y.-D., Ledesma-Rengifo, J.-B., Muñoz-Mosquera, M.-C., Paja-Campo, A.-M., & Suárez-Bravo, J.-P. (2019). Violencia obstética: haciendo visible lo invisible. *Revista de la Universidad Industrial de Santander Salud, 51*(2), 135-146. doi:http://dx.doi.org/10.18273/revsal.v51n2-2019006

Llobera Cifre, R., Ferrer Pérez, V., & Chela Álvarez, X. (2019). Violencia obstétrica. La perspectiva de mujeres que la han sufrido. *Investigaciones Feministas, 10*(1), 167–184. doi:http://dx.doi.org/10.5209/INFE.60886

Ministerio de Sanidad (2021). Atención perinatal en España: Análisis de los recursos físicos, humanos, actividad y calidad de los servicios hospitalarios, 2010-2018 [Publicación en Internet]. Madrid

Naciones Unidas. Dictamen del Comité en virtud del artículo 4, párrafo 2c), del Protocolo Facultativo Respecto de la comunicación núm. 138/2018. CEDAW/C/75/D/138/2018, 28 de febrero de 2020.

Puleo, A. (2007). Lo personal es político: el surgimiento del Feminismo Radical. En C.

Puleo, A. (2008). Libertad, igualdad, sostenibilidad. Por un ecofeminismo ilustrado.

Isegoría. Revista de Filosofía Moral y Política(38), 39–59.

Simonovic, D. (2019). *Enfoque basado en los derechos humanos del maltrato y la violencia contra la mujer en los servicios de salud reproductiva, con especial hincapié en la atención del parto y la violencia obstétrica.* Informe ONU [en línea]. Recuperado de https://digitallibrary.un.org/record/3823698/files/A_74_137-ES.pdf

Soto-Roussaint, L. (2016). Violencia obstétrica. *Revista Mexicana de Anestesiología, 39*, 55–60.

Venezuela (2007). Ley n.° 38668/07. Ley orgánica sobre el derecho de las mujeres a una vida libre de violencia.

tirant PRIME

Inteligencia jurídica
en expansión

Trabajamos para
mejorar el día a día
del **operador jurídico**

Adéntrese en el universo
de **soluciones jurídicas**

prime.tirant.com/es/